本书为山西省哲学社会科学规划课题项目
"媒体推动山西旅游文化产业升级的路径研究"(项目编号:2018B128)、"晋北长城堡寨文化旅游开发研究"(项目编号:2018B127)
山西省高等学校哲学社会科学研究项目"旅游与媒体结合下的山西村镇旅游文化研究"
(项目编号:2019W113)的总结成果并受其资助出版
山西大同大学著作出版基金资助

媒介引导与文化传播——
山西及部分省区旅游文化传播调查研究

乔秀峰 ◎ 著

中国戏剧出版社
CHINA THEATRE PRESS

图书在版编目（CIP）数据

媒介引导与文化传播：山西及部分省区旅游文化传播调查研究 / 乔秀峰著 . -- 北京：中国戏剧出版社，2022.12
ISBN 978-7-104-05320-0

Ⅰ . ①媒⋯ Ⅱ . ①乔⋯ Ⅲ . ①旅游文化－文化传播－研究－中国 Ⅳ . ① F592

中国版本图书馆 CIP 数据核字（2022）第 242462 号

媒介引导与文化传播——山西及部分省区旅游文化传播调查研究

责任编辑：肖　楠
项目统筹：李　静
责任印制：冯志强

出版发行：中国戏剧出版社
出 版 人：樊国宾
社　　址：北京市西城区天宁寺前街 2 号国家音乐产业基地 L 座
邮　　编：100055
网　　址：www.theatrebook.cn
电　　话：010-63385980（总编室）　010-63381560（发行部）
传　　真：010-63381560

读者服务：010-63381560
邮购地址：北京市西城区天宁寺前街 2 号国家音乐产业基地 L 座

印　　刷：北京九州迅驰传媒文化有限公司
开　　本：787mm×1092mm　1/16
印　　张：28.75
字　　数：500 千字
版　　次：2022 年 12 月　北京第 1 版第 1 次印刷
书　　号：ISBN 978-7-104-05320-0
定　　价：178.00 元

版权专有，违者必究；如有质量问题，请与出版社联系调换。

序

乔秀峰教授将其最近一段时间的著述汇总形成了《媒介引导与文化传播——山西及部分省区旅游文化传播调查研究》（下面简称《媒介引导与文化传播》）这一专著，在该书稿正式出版前特邀我为其作序。乔秀峰教授是学者，由于在山西省学术交流及短期工作的机会，其主要观点我是熟悉的，所以欣然接受。在我所了解的地方高校人才中，乔秀峰是具有独立创新见解的一位教授。他多年从事媒介与文化传播的研究工作，现为山西大同大学新闻与传媒学院副教授、硕士生导师，还兼任山西大同大学现代社区文化研究中心研究员，主持多项省部级社科基金资助的科研项目，是一位优秀的中青年学者。多年的传媒理论与传媒业务教学研究工作实践，使他积累了宝贵的经验，为其后来的研究开展做好了准备工作，更为其研究实践的进行开辟出一条可行的路径。《媒介引导与文化传播》对媒介传播与旅游文化的关系进行了深入解读，是当前文化传播学研究最为关注的内容之一，包括旅游文化的主要代表形式、旅游文化下的媒介和受众、媒介传播对旅游文化的影响、媒介传播下旅游文化的问题与对策等。从这些研究内容中能够看到，乔秀峰教授对现今文化传播业界的把握与认识具有系统性与深刻性。他能够把所擅长的研究领域和所承担的科研项目有机地融合，水到渠成地达到现有的引人关注的成果。

当下传媒生态出现了急剧变化，文化传播的发展正处于重要的转型阶段，实现媒介的文化传播使命涉及文化产业振兴的方向性与根本性难题，也是国内多数传播学界的学者不断研究的重要内容和文化企业需要面对的困境。《媒介引导与文化传播》以文化传播学的结构体系作为主要的理论支撑，以文化产业的发展，尤其是十九大以后所取得实践成果，作为主要的研究内容，以国内外最新的文化研究理念为参考，将文化产业的高效全面创新发展定为研究主题，在当下该方面研究成果尚不充实并且文化产业发展的现实又切实需求的条件下，表现出显著的理论价值与实践意义。

　　作者长期对研究成果进行积累，以对文化产业发展的实践与理论创新的担当，面对文化传播的实际，因此，从我的角度而言，《媒介引导与文化传播》这一专著具有许多值得关注的地方。首先，以相对广泛的研究视野，对传播学界提出建立文化产业发展的中国化本土模式的观点，主要对旅游文化业10多年的创新实践做出了概括，归纳了中国化本土模式的主要特点，而且结合现有文化企业的通行做法，指明了中国化本土文化产业发展模式亟须持续巩固与不断开拓的路径性问题。其次，以开拓的思路，提出了"媒介的文化传播"与旅游文化业的创意发展方向，阐明了在旅游市场与文化产业融合发展下，媒介的引导效果发挥、理论发展和实践创新共同作用的科学性和有效性，在中国化本土文化产业发展模式的实施中，明确地阐述了自身的看法，特别是对"媒介的文化传播"影响作用的分析，显示出了研究思路的创新，体现出作为传播业界的研究者，在当前媒体发展背景下对文化产业发展的思考。再次，以对传媒业发展负责的态度，探讨旅游文化产业发展的现实问题。现阶段，国内旅游文化业的转型发展步入关键期，各省区都逐步推出一些创新策略，根据不同的发展方式都取得了程度不一的进展。不过，需要特别指出的是，在缺乏有力的传媒研究理论与实际的成熟模式参照下，各省区旅游文化业的创新模式还处于初创时期。《媒介引导与文化传播》把解决这一问题与行业发展困境当成研究工作的中心，经过深入研究，就传播理念、传播策略、行业衍生、传播技术、创意文化等层面，提出不少创新与拓展的对策以及国内旅游文化产业整体提升的重大发展课题。这些建议，对于旅游文化业的发展，具有很强的现实价值。最后，以高度的传媒业发展的社会效益为视角，分析了以中部地区为代表的省区旅游文化业面临的问题，并提出合理、现实的解决对策。这方面的研究内容与理论观点，由于具有现实的指导价值，其内容作为前期研究成果，申请了多项省级科研项目并顺利结项，赢得了地方省区行业发展的广泛认同，其中一些理论成果，得到了地方政府对旅游文化业发展规划的部分采纳，给地方旅游文化企业的发展指出了一个有效的实践方向，对于我国中部地区旅游文化业的发展具有很大价值。

　　文化产业的进步，需要不断地创新，创新需要借助研究才能完成。这部厚实的书稿呈现在我面前时，我体会到的是国内研究者的求真意识，并且感受到国内传媒研究不断进步的动力。假如没有长期的研究工作的积累，没有踏实地对研究对象的调查、分析，没有对文化传播学相关理论的深入钻研，撰写出这部书稿是很不容易的。乔秀峰教授处于教学科研的第一线，承担的教学任务很重，然而他克服困难并持续不断地开展科研工作，而且积极带动同行形成良好的学术研究氛围，其敬业精神是值得鼓励的。近些年，媒体急速发展，国内传媒从业者在业务技能、媒体技术的把握上有了极大程度的提高，然而业务实效的归纳、传播范例的精炼、传媒理论的提高等方面还有较大进步空间，传媒业务的开展多是日常事务，缺少创新性内容，对业务理论的发展不够重视。这些都是传媒工作中的问题，对于业务素养的提升、理论水平的提高、研究工作的进步都是不利的，亟需改善。认识能力、业务水准的全面升华，以及传媒业的持续高效发展，都要求我们来认真看待这些问题。纵然《媒介引导与文化传播》只是作者的思考与认识，不少方面值得继续深入研究下去，然而本书凸显的治学态度与研究精神，是值得赞扬与崇敬的。希望更多的研究者能够不断拓展视角，投入到文化传播学的相关研究工作中，为文化产业的振兴与发展贡献自己的智慧力量。

匡文波
中国人民大学新闻学院教授、博士生导师
中国人民大学新闻与社会发展研究中心研究员
2022 年 5 月

CONTENTS 目录

第一篇　导论 - 001

　第一章　传播媒介与旅游文化概述 - 003

　　第一节　传播媒介及其文化传播优势 - 003
　　第二节　媒介传播对旅游文化的引导及作用 - 006

　第二章　旅游文化及其产业概述 - 017

　　第一节　旅游文化及其产业的内涵与特征 - 017
　　第二节　旅游文化及其产业的发展和研究现状 - 020

第二篇　山西及部分省区旅游文化介绍 - 023

　第三章　山西晋北地区旅游文化概述 - 025

　　第一节　大同旅游文化 - 025
　　第二节　云冈石窟旅游文化 - 034
　　第三节　五台山旅游文化 - 037

　第四章　山西晋中地区旅游文化概述 - 039

　　第一节　太原旅游文化 - 039

第二节　太谷旅游文化 - 040

第三节　和顺旅游文化 - 043

第四节　晋商旅游文化 - 046

第五节　平遥古城旅游文化 - 052

第六节　晋祠旅游文化 - 054

第七节　绵山旅游文化 - 056

第八节　晋剧旅游文化 - 059

第五章　山西晋南地区旅游文化概述 - 062

第一节　长治红色旅游文化 - 062

第二节　临汾旅游文化 - 066

第三节　洪洞旅游文化 - 068

第四节　晋城上党梆子旅游文化 - 072

第六章　山西省域旅游文化总述 - 079

第一节　山西省旅游文化 - 079

第二节　山西省旅游文化产业 - 081

第七章　部分省区旅游文化概述 - 089

第一节　内蒙古民歌旅游文化 - 089

第二节　天津相声旅游文化 - 090

第三节　辽宁满族旅游文化 - 093

第四节　吉林延边朝鲜族旅游文化 - 094

第五节　上海海派旅游文化 - 098

第六节　浙江嘉兴红色旅游文化 - 100

第三篇　山西及部分省区旅游文化下的媒介和受众 - 105

第八章　山西晋北地区旅游文化下的媒介和受众 - 107

第一节　大同旅游文化下的媒介和受众 - 107

第二节　云冈石窟旅游文化下的媒介和受众 - 115

第三节　五台山旅游文化下的媒介和受众 - 117

第九章　山西晋中地区旅游文化下的媒介和受众 - 123

第一节　太原旅游文化下的媒介和受众 - 123

第二节　太谷旅游文化下的媒介和受众 - 125

第三节　和顺旅游文化下的媒介和受众 - 128

第四节　晋商旅游文化下的媒介和受众 - 132

第五节　平遥古城旅游文化下的媒介和受众 - 139

第六节　晋祠旅游文化下的媒介和受众 - 145

第七节　绵山旅游文化下的媒介和受众 - 151

第八节　晋剧旅游文化下的媒介和受众 - 155

第十章　山西晋南地区旅游文化下的媒介和受众 - 160

第一节　长治红色旅游文化下的媒介和受众 - 160

第二节　临汾旅游文化下的媒介和受众 - 162

第三节　洪洞旅游文化下的媒介和受众 - 165

第四节　晋城上党梆子旅游文化下的媒介和受众 - 170

第十一章　山西省域旅游文化下的媒介和受众总述 - 175

第一节　山西旅游文化下的媒介和受众 - 175

第二节　山西旅游文化产业下的媒介和受众 - 184

第十二章　部分省区旅游文化下的媒介和受众 - 190

第一节　内蒙古民歌旅游文化下的媒介和受众 - 190

第二节　天津相声旅游文化下的媒介和受众 - 195

第三节　辽宁满族旅游文化下的媒介和受众 - 199

第四节　吉林延边朝鲜族旅游文化下的媒介和受众 - 204

第五节　上海海派旅游文化下的媒介和受众 - 208

第六节　浙江嘉兴红色旅游文化下的媒介和受众 - 214

第四篇　山西及部分省区媒介传播对旅游文化的影响 - 223

第十三章　媒介传播对山西晋北地区旅游文化的影响 - 225

第一节　媒介传播对大同旅游文化的影响 - 225

第二节　媒介传播对云冈石窟旅游文化的影响 - 233

第三节　媒介传播对五台山旅游文化的影响 - 237

第十四章　媒介传播对山西晋中地区旅游文化的影响 - 241

第一节　媒介传播对太原旅游文化的影响 - 241

第二节　媒介传播对太谷旅游文化的影响 - 244

第三节　媒介传播对和顺旅游文化的影响 - 247

第四节　媒介传播对晋商旅游文化的影响 - 249

第五节　媒介传播对平遥古城旅游文化的影响 - 252

第六节　媒介传播对晋祠旅游文化的影响 - 261

第七节　媒介传播对绵山旅游文化的影响 - 263

第八节　媒介传播对晋剧旅游文化的影响 - 266

第十五章　媒介传播对山西晋南地区旅游文化的影响 - 270

第一节　媒介传播对长治红色旅游文化的影响 - 270

第二节　媒介传播对临汾旅游文化的影响 - 274

第三节　媒介传播对洪洞旅游文化的影响 - 277

第四节　媒介传播对晋城上党梆子旅游文化的影响 - 279

第十六章　山西省域媒介传播对旅游文化的影响总述 - 282

第一节　媒介传播对山西旅游文化的影响 - 282

第二节　媒介传播对山西旅游文化产业的影响 - 286

第十七章　部分省区媒介传播对旅游文化的影响 - 290

第一节　媒介传播对内蒙古民歌旅游文化的影响 - 290

第二节　媒介传播对天津相声旅游文化的影响 - 292

第三节　媒介传播对辽宁满族旅游文化的影响 - 294

第四节　媒介传播对吉林延边朝鲜族旅游文化的影响 - 299

第五节　媒介传播对上海海派旅游文化的影响 - 301

第六节　媒介传播对浙江嘉兴红色旅游文化的影响 - 303

第五篇　山西及部分省区媒介传播下旅游文化的问题与对策 - 313

第十八章　山西晋北地区旅游文化的问题与对策 - 315

第一节　大同旅游文化的问题与对策 - 315

第二节　云冈石窟旅游文化的问题与对策 - 325

第三节　五台山旅游文化的问题与对策 - 328

第十九章　山西晋中地区旅游文化的问题与对策 - 331

第一节　太原旅游文化的问题与对策 - 331

第二节　太谷旅游文化的问题与对策 - 337

第三节　和顺旅游文化的问题与对策 - 340

第四节　晋商旅游文化的问题与对策 - 344

第五节　平遥古城旅游文化的问题与对策 - 349

第六节　晋祠旅游文化的问题与对策 - 353

第七节　绵山旅游文化的问题与对策 - 356

第八节　晋剧旅游文化的问题与对策 - 360

第二十章　山西晋南地区旅游文化的问题与对策 - 365

    第一节　长治红色旅游文化的问题与对策 - 365

    第二节　临汾旅游文化的问题与对策 - 371

    第三节　洪洞旅游文化的问题与对策 - 376

    第四节　晋城上党梆子旅游文化的问题与对策 - 383

第二十一章　山西省域旅游文化的问题与对策总述 - 387

    第一节　山西旅游文化的问题与对策 - 387

    第二节　山西旅游文化产业的问题与对策 - 395

第二十二章　部分省区旅游文化的问题与对策 - 405

    第一节　内蒙古民歌旅游文化的问题与对策 - 405

    第二节　天津相声旅游文化的问题与对策 - 408

    第三节　辽宁满族旅游文化的问题与对策 - 413

    第四节　吉林延边朝鲜族旅游文化的问题与对策 - 416

    第五节　上海海派旅游文化的问题与对策 - 419

    第六节　浙江嘉兴红色旅游文化的问题与对策 - 423

参考文献 - 430

附　录 - 435

    附录一　关于山西平遥古城旅游文化认知状况的问卷调查 - 435

    附录二　关于浙江嘉兴红色旅游文化认知状况的问卷调查 - 438

后　记 - 441

第一篇
导　论

第一章 传播媒介与旅游文化概述

第一节 传播媒介及其文化传播优势

一、传播媒介概述

传播媒介的发展是一个由初级到高级,由单一到综合,由简单到复杂的过程。传播学者麦克卢汉认为,人类用于物质和精神交换的技术与工具都可称为媒介,不仅是语言、文字、印刷物、广播电视,还包括交通工具等。本书中的媒介专指人与人之间进行信息传播所使用的工具,即传播媒介,包括书刊、报纸、广播、电视、电影、互联网等多种形式。随着书籍、杂志、报纸等纸质媒介的出现,它们开始传播、交流着各种不同的旅游文化。广播、电视、电影、互联网等类型多样的视听媒介的诞生,以及通信技术的巨大突破,使视听媒介更加有利于不同形态旅游文化的传播与拓展。作为大众传播媒介当中极其重要的媒介类型,视听媒介以其画面表现的可观性、可感性、激发性、带动性成为蔚为壮观的旅游文化的不二载体。不同于精英文化,旅游文化是以满足受众愉悦感和消遣为主的商业性的大众文化形式。在当前环境下,社会大众所热衷的旅游文化主要依托视听媒介和网络新媒介等大众媒介形式来进行传播。

当下,视听媒介是旅游文化传播媒介中最有实际效用的媒介形式。视听媒介以其声画影像的直观性、生动性、鲜活性,最易被大众所接受和喜爱。视听媒介传播方式的现代化、科技化,使得视听媒介的社会化程度、普及化程度达到有史以来最高。视听媒介传播手段、传播方式和传播渠道的不断独特化、个性化、精准化,使其传播的范围越来越广,传播的信息越来越多,传播的质量越来越高。尤其是接收方式的便捷高效,使得视听媒介进一步面向社会普通大众,使其传播的主要内容之一,即旅游文化,更加为大众所接受。

二、传播媒介的文化传播优势

传播媒介，尤其是视听媒介，它们也有一般大众传媒的特性，如传播速度快、传播范围广。如同网络新媒介一样，它还具有传播信息内容的多层次性。与此同时，视听媒介是用视频技术和音频技术两条通道同时进行传播、面对受众，视听媒介的这种传播方式，使其对旅游文化的传播，具有了不同寻常的特性与优势。

（一）媒介的文化传播形式具有多样性

由于视听媒介通过音频技术和视频技术双通道传播，因此视听媒介可以兼容绝大多数的信息传播形式。与此同时，视听媒介具有传播新闻、知识、文艺，提供服务、教育、娱乐等功能。比如，在地方旅游文化代表之一的晋商文化的传播中，与纸媒、传统广播相比，视听媒介具有全方位的优势。纸媒用文字符号来传递信息，诸如余秋雨的散文——《抱愧山西》，虽是对晋商文化的描写，但是它只能用文字来展示晋商文化，其晋商文化的传播效果并不明显；传统广播则是依靠声音符号来传递晋商文化信息，效果也不是很好。而视听媒介信息传播的符号除了声音和文字外，还有图像。例如，从电视剧《乔家大院》、电影《白银帝国》、纪录片《晋商》中我们可以看见晋商文化的符号：晋商大院、票号等。视听媒介通过声音和画面两种形式，直接地作用于人们的视听器官，并且声音和画面可以依靠各种硬件设施，灵活多样而又高效便捷地组合，可以给受众最佳的视听享受，进而能够达到传播晋商文化的良好效果，这就是视听媒介传播旅游文化的独特魅力所在。

（二）媒介的文化传播内容具有直观性

受众通过文字的描述和声音的记录，来再现纸质媒介和传统广播中的人物活动和现场情景，但是这种"人物活动和现场情景"的再现，无论多么生动、形象，都需要受众发挥想象力并根据自身经验去联想。而视听媒介可以通过动作表现、声画一体等的纪实手段，再现晋商旅游文化中晋商的本来状态，从而把晋商活动的宏大场景、晋商自身的发展变化、晋商历史的文化脉络等用文字描述的晋商文化清晰地呈现给受众，使受众有种身临其境的感觉，而不用刻意地想象并尽力理解它。视听媒介传播的直观性，还可以为受众提供晋商文化的各种信息，比如晋商的人物形象、主题戏剧、历史环境等，使受众自由地去欣赏和感受晋商文化。视听媒介的这一特性，能够降低人们对相应影视剧情的理解和接受难度，进而便于人们充分理解和接受影视作品中所展现出来的旅游文化。由此看来，媒介对旅游文化内容及形式的直观表现，提升了旅游文化的影响力。

（三）媒介的文化传播效果具有交互性

生活中我们进行信息的交流时，往往采用的是面对面的人际传播，这种传播方式能够增进彼此之间的信任，使交流变得真诚有效。视听媒介中，虽然不会有面对面的人际传播，但是视听媒介的传播具有面对面传播的接近性。这种接近性主要指视听节目中的主持人、嘉宾、各界知名人士等，都能以类似于面对面的方式与受众进行交流。比如，在地方旅游文化代表之一的晋商文化的纪录片《晋商》里面，我们可以看到被采访的专家学者、知名人士们，从他们的言语交谈中了解到晋商文化。这种近乎面对面的交流使受众近距离、看得见，进而产生一种即视感，能够极大地提升受众的关注度和提高受众的参与欲。在心理学上，这种传播方式能够激发受众对晋商文化的好感度，从而对晋商文化产生内心反应和情感共鸣，所以视听媒介也被人们称为高情感的媒介。正是基于这一特点，视听媒介才能更好地抓住受众的心理并吸引受众。随着媒介视听技术的发展，受众之间可以进行高效的交流，2008年Ac Fun网站推出了弹幕视频，随后各大主流视频网站也添加了此功能。这样一来，受众在观看旅游文化中的文化内容及其相应影视作品时，可以参与实时互动，这样有助于旅游文化在不同社会群体之间进行深入地传播。

总体来看，视听媒介对旅游文化有优势作用。这不仅取决于视听媒介本身的特性，还与当今旅游文化的方方面面有着莫大的关系。首先，视听媒介自身传播符号的多样性，使其能通过多种渠道去传播旅游文化中的文化内容，这样就可以让受众有选择空间，进而找到其所能接受的方式来了解旅游文化，从而达到传播其文化形态的良好效果。视听媒介可以直观地表现旅游文化中的多样文化形式，并且这种表现是动态的、真实的，能使观众对文化本身产生亲和感。其次，作为大众传媒的一种，视听媒介具备传播速度快、传播范围广、传播质量高的特性，它可以短时间内实现对旅游文化中文化内容的拓展性传播。最后，随着社会生活水平的提高，网络电视、数字影院、手机媒体越来越普及，视听媒介成为人们生活中的必备工具，人们可以更加便捷地获取、观赏旅游文化中多种文化形态的媒介作品。这些都有助于旅游文化的深入传播，使得旅游文化的影响渗入到人们日常休闲、康养等生态旅游生活中，并成为现代社区文化生活的重要内容。

第二节　媒介传播对旅游文化的引导及作用

一、媒介传播对旅游文化的引导

媒介传播对旅游文化的引导效应，也被称为影视旅游，国外对这一方面的研究在20世纪80年代末90年代初就已开始，目前理论界相对认可的是把媒介的引导效应等同为"电影引致旅游（movie induced tourism）"或"电影旅游（film tourism）"[①]。这一观点认为，旅游景区出现在电影、电视等视听媒介，或者这些媒介对游客的感想、感知造成影响，从而吸引游客的表现形式即为影视旅游。国内影视旅游的研究起步稍晚，起初是由同济大学风景科学与旅游系主任、风景科学研究所所长刘滨谊教授提出的，在其2004年发表的《中国影视旅游发展的现状及趋势》一文中，提出了"影视旅游，是以影视拍摄、制作的全过程及与影视相关的事物为吸引物的旅游活动"[②]。他主要认为影视旅游有广义和狭义之分，广义上，影视旅游所囊括的对象可以是人造或自然的所有景观景物，即可以是跟影视有关的各种事物；狭义上，则主要指的是类似迪士尼那样与影视相关的主题公园等人文景观。这一研究观点受到了国内相关研究领域学者的广泛认可。针对影视旅游目前发展的实际情况来看，主要包括将旅游景点植入影视剧、将旅游景区纳入纪录片、将旅游文化融入影视园等方面的实践体验形式。这些文化形式所产生的媒介的引导效应，对旅游文化及其产业的发展大有裨益，影响作用十分显著、突出。

随着人们对旅游文化需求的不断增加，传统的旅游文化内容逐渐难以达到

[①] 郭文、黄震方、王丽:《影视旅游研究：一个应有的深度学术关照——20年来国内外影视旅游文献综述》，《旅游学刊》2010年第10期，第85—94页。

[②] 刘滨谊、刘琴:《中国影视旅游发展的现状及趋势》，《旅游学刊》2004年第06期，第77—81页。

消费者的需求预期。尤其是随着体验经济时代的到来，消费者更加注重个性化的旅游文化项目，影视旅游随之应运而生。目前比较一致的看法认为，影视旅游主要是因某些影视剧的热播，从而引发观众的旅游兴趣，带动相关地区旅游业发展的一种新型旅游模式。通过影视旅游，可以实现影视业和旅游业的互利共赢，最终实现旅游目的地的跨越式发展，这一过程媒介传播的引导发挥了突出作用。

针对国内旅游业发展的实际情况，从20世纪80年代起，我国就已经出现了影视旅游的雏形，其主要表现形式为对影视拍摄地的参观、观光与考察。目前，刘滨谊和刘琴在影视旅游发展阶段方面的研究，受到了国内学界的广泛认同。通过分析影视旅游发展兴衰的规律，归纳和总结影视旅游发展的阶段特点后，他们提出"我国的影视旅游目前正处于发展阶段，游客的旅游参观对象以拍摄地和影视基地为主，且旅游活动内容比较单一，仅限于参观娱乐"[1]。综上所述，对于我国旅游文化业的发展现状，以及综合学术界的主流观点，整体来说，我国媒介传播对旅游文化的引导效应，依旧处于初级发展阶段，无论是发展的层次，还是发展的水平，以及发展的效果都有待提升，媒介的引导还有很大的拓展空间。

二、媒介传播对旅游文化的积极作用

媒介传播对旅游文化的作用，在目前条件下，主要体现在大众媒介传播对旅游文化的促进与发展上。如下，主要从三方面进行具体分析：

（一）促进旅游文化行业的有序性发展

传媒经济是以传播媒介为主导形成的经济活动的总称，也是研究人们在传播活动中支配的各种资料的科学。[2] 在人类社会发展的不同阶段，传媒经济的地位也有所不同。随着信息时代的来临，传媒经济开始进入人们的视野，并逐渐成为经济活动中的重要组成部分。在传媒经济条件下，其生产的产品需要的基本原料是信息，所运用的设施都是现代技术设备，生产出的产品都是信息高密

---

[1] 刘滨谊、刘琴：《中国影视旅游发展的现状及趋势》，《旅游学刊》2004年第06期，第77—81页。

[2] 周鸿铎：《传媒经济"三论说"》，社会科学文献出版社2006年版，第8—10页。

度产品。并且，它们所产生的价值效益并不是随着产品同时产生的，而是在和不同产业发生联系之后，进一步产生的多层次、多方面的扩散价值。因此，不难看出，传媒业本身就是一种产业，是一种在传媒市场中进行的，主要涉及报纸、期刊、图书、广播、电影、电视以及网络等媒介的产业。

随着科学技术的进步，传媒产业中涉及的生产力要素也会有所变化。马克思说，"生产力的增长、社会关系的破坏、思想的产生都是不断变动的"[①]。从这个角度讲，视听媒介也可以作为生产力的一个要素。在现代化大生产环境下，生产力结构变得十分复杂，传统的面对面的语言传播，以及文字传播已经不能满足生产对信息的需要。与此同时，视听媒介也是生产力，其作用的发挥就显得越发重要，就视听作品的发展来说，在经济领域已经出现了影视产业。大众媒介，通过对传媒企业的生产经营活动进行舆论监督和舆论引导，并不断介绍先进经验与传递发展信息，实现社会管理职能，推动影视作品的生产活动有序性开展。

（二）促进旅游文化项目的高效性发展

影视作品的热播，不仅可以让地方景区知名度得到迅速提升，还可以带来丰厚的经济效益。因此，在业界普遍认为，良好的影视作品对于旅游景区及旅游文化业的带动效应是显著的。在国内旅游文化业大发展的环境下，很多旅游景区的管理部门及宣传媒体，正是看到了影视作品对潜在游客的巨大吸引作用，所以近年来利用影视作品，进行大众媒介宣传的各省市旅游文化项目数不胜数。以下针对山西省的一些主要的成功案例，展开详细分析。

1991年上映的电影《大红灯笼高高挂》，火遍全国的大街小巷，使原本名气平平的乔家大院迅速成为全国热门旅游文化景点。电视剧《乔家大院》在2006年首播后，当年的景区门票收入比上一年提高一倍，获得了巨大的经济效益与社会效益。影视剧热播的带动作用不止于此，在山西省乔家大院成为热门旅游文化景点的同时，晋商文化也成了乔家堡人的"发展重点"，除了可以做群众演员之外，一些本地居民在兼职做乔家大院导游讲解工作的同时，还在大院附近做起了旅游文化生意，经营一些晋商文化的工艺品，或者开办民宿，都取得了可观的收益，并带动了晋商文化的深入传播，成为外地游客了解这一文化

---

① 姜海波编著：《马克思〈哲学的贫困〉研究读本》，中央编译出版社2013年版，第3—5页。

的一个重要窗口。

2009年央视一套首播的电视连续剧《走西口》，讲述了民国初年，山西青年田青背井离乡走西口，用血泪与坚韧成就了一番事业的奋斗故事。电视剧播出之后，通过荧屏展现出的山西独特的地域风貌和民俗风情，深深地吸引了全国观众，随之而来国内又一次掀起晋商旅游文化的热潮。其中，晋商文化的代表——灵石王家大院和榆次常家庄园，也竞相成为山西地区旅游文化业的"香饽饽"。大量全国各地的游客来观赏这些晋商文化的遗址，感受晋商文化所折射出的文化魅力。以上这些，都是在视听媒介所代表的大众媒介的带动下，所产生出的经济效益和社会效益，并逐渐成为地区性旅游文化发展的品牌项目之一。

（三）促进旅游文化模式的跨越性发展

据悉，2018年元旦，横店影视城三天假期共迎来游客十余万人次，与往年同期相比增长近半，来了一个开门红。① 如此巨大的社会作用力，使影视旅游模式成为我国旅游文化业新的增长点。党的十九大以来，旅游文化业作为文化事业中的重要一环，在新时代的文化事业建设中，面临着新的发展时机和机遇。

2018年4月3日，在第31届电视剧"飞天奖"评选中，由山西卫视打造的、全国首档"真人竞演"的旅游品牌推介节目——《人说山西好风光》获得"电视文艺栏目大奖"提名奖。② 栏目组邀请了山西各地市政府领导干部走上荧幕，通过"真人秀"的形式，为全省各地风土人情作了别开生面的推介演讲。与此同时，借力旅游文化这一话题，山西也通过这档节目在很大程度上摆脱了经济"断崖式下跌"、政治"塌方式腐败"等长期以来在人们心中的负面印象。这就是影视与旅游相结合的一个典型范例，类似的影视旅游案例近年来已呈井喷式的出现。这主要得益于我国居民收入的稳步提高，人们不再满足于电视机前或者电影院中单一的娱乐方式，更愿意走出去亲身体验一下影视当中的文化内容，感受其深厚的文化魅力。这当中，以视听媒介为代表的大众媒介发挥了重要的作用力。由此可见，影视旅游这样一种新的形式对于景区知名度的提升是很明显的，如果运用到位，还能以此为基点打造出一批休闲旅游文化基地。

---

① 杜倩倩：《喜迎开门红，横店影视城元旦游客量同比增45.8%》，搜狐网，https://www.sohu.com/a/214056384_682434，2018-01-01。

② 陈红瑾：《〈人说山西好风光〉荣获第25届电视文艺"星光奖"电视文艺栏目提名奖》，黄河新闻网，http://jz.sxgov.cn/content/2018-04/19/content_8734078.htm，2018-04-19。

在这样的景区中，观众不仅可以追随影视作品中的人物来体验故事情节发展，更能将自己带入剧情，亲身体验一把"主角光环"。这些都是影视旅游这一形式的魅力所在。

在全国的文化大省之中，山西拥有着绚烂而悠久的历史和丰厚而多样的文化，作为中华民族的发祥地之一，山西对于发展旅游文化有着得天独厚的优势。近几年来，为了进行产业升级，发展第三产业，山西对旅游景区的改造和投入逐年增多，"晋善晋美"的新名片越擦越亮。"晋善晋美"是山西旅游主题宣传标语，从2012年开始，山西省就以"晋善晋美"作为主要宣传词，在中央电视台、凤凰卫视等多家国内主要媒体上投放了城市形象和知名景区宣传片，以巧妙的谐音形式，体现出山西省自然景观的"美"和人文景观的"善"，简洁而又不失文化底蕴，使得这一宣传语家喻户晓。同时，山西还以国家历史文化名城青龙古镇为依托建成了影视基地，吸引了全国众多剧组到此拍摄。在影视旅游方面，尤其以山西省太原市及晋中地区最为典型，其在影视旅游方面所做的努力最为突出，取得的成果也比较显著，已经成为山西旅游文化发展的领头羊，对全省的带动作用显著。

三、媒介传播对旅游文化的消极作用

值得一提的是，影视旅游在对旅游文化景区产生积极影响的同时，也会随之产生一系列问题，造成一些方面的消极影响。下面结合全国各省市的一些突出案例，对我国在影视旅游发展过程中曾出现过的消极影响进行简要分析，将其作为经验教训进行有益成分的吸收，以更好地发挥大众媒介对旅游文化的正能量作用。

（一）对旅游文化景区古迹文物造成破坏

在旅游文化急速发展下，并不是所有的旅游景区都对摄制剧组表示欢迎。影视作品的热播固然能为不少景区扬名，但因为拍摄缘故导致景区古迹文物被损坏的现象，在国内并不鲜见。作为具有极高历史意义、艺术特点、科学价值的历史文化遗产，每一件文物都是不可再生的珍贵资源，虽然影视旅游能带动景区旅游文化业的发展，但是仅为了经济效益，就让景区内珍贵的文物受到破坏，显然得不偿失。所以，影视旅游的发展需要综合考量其社会效益。

（二）对旅游文化景区生态环境造成污染

影视作品的拍摄，动辄需要动用成百上千的群众演员。因此，剧组在旅游景区进行拍摄的同时，每天也会给景区内制造大量的废弃物，甚至破坏原有的生态环境。最为典型的例子就是电影《无极》，其拍摄剧组从云南香格里拉市撤离后，剧组人员留下遍地的生活废弃物及临时搭建物，使得原本美丽的景色变得面目全非。原本对剧组表示欢迎的本地民众，也开始对各地的拍摄剧组改变了态度，从欢迎变为抗拒。由此可见，开展影视旅游，必须合理规划和保护影视旅游环境。

（三）对旅游文化景区社会管理造成干扰

众多影视拍摄地的景区在影视作品热播后，景区迅速走红，成为知名的旅游胜地，迎来如潮的游客，给当地社会造成了不同程度的干扰。其中，云南大理古城就是典型的例子，居民原本清静、悠闲的生活被打破，遍地的娱乐场所、茶馆、酒吧十分喧嚣，扰人清静。同时，在节假日期间，大理市内如潮的游客给当地居民的生活造成了很大不便。这种突然的变化让管理部门变得无所适从，严重影响了其原本正常的社会秩序。由此，影视旅游的发展要考虑到周边社会管理的问题。

就目前来看，这些问题在旅游文化发展较快的省市，都不同程度地出现过。山西省的旅游文化产业还处于发展阶段，因此全省各地所呈现的消极影响并不明显，即使这样，依旧要吸取国内其他省市发展旅游文化业的经验教训。这是今后在发展山西旅游文化产业过程当中，需要完善和改进的方面，更是需要关注的方向。

四、媒介传播对旅游文化的引导作用

随着现代化脚步的加快，人们逐渐由物质文化消费转向了精神文化消费，并且对于精神文化的需求也发生着一定的变化。正因如此，符合大众需求的旅游文化当中的草根文化，便不知不觉地充斥在我们生活的方方面面，而那些"草根演员""草根相声艺术家""草根歌手"也潜移默化地进入了老百姓的旅游文化生活中。追溯其背后的作用机制，笔者认为可以从传播媒介、传播受众、传播者、传播模式四个要素来具体分析。

（一）新型媒介的共同推动作用

新科技时代的到来，使得各种新型媒介如雨后春笋般地涌现出来。它们的出现不仅改变了信息传播的方式，同时也改变了信息接收的方式。电视、手机、博客、播客、BBS 等都有自己独特的传播途径，也有独特的受众群体，通过各类媒体的相互联系、互动，可以将任何一个讯息、任何一个节目传播到社会的各个角落，从而引发公众的广泛关注。广受关注的小沈阳、著名的相声演员郭德纲、"快男""超女"选秀、从《星光大道》走出的阿宝等，都是借助各类媒体的共同推动，才能从普通的民众迅速走红并闯入公众的视野。

（二）受众积极的支持和参与

受众是传媒信息的使用者或消费者，他们同时也享有信息的传播权，有权利将自己的思想、观点、创作等通过大众传媒渠道进行传播。因此，受众可以是传播活动的发起者，也可以是传播活动的接收者。没有受众的积极参与，就没有完整的传播活动。可以说，受众在整个传播过程中起着举足轻重的作用。此外，草根文化与精英文化不同，比如小沈阳和他的表演，不是以那种高高在上，让人望尘莫及的姿态展现给大家，而是以一种平民化、通俗化的形式表现出来，去迎合大众的心理，使人们能够积极地参与。

（三）传播媒介对娱乐精神的培养

在传播过程中，传播者不仅担任着重要的引导作用，而且扮演着议程设置的角色，通过提供信息和安排有关议题来有效地引导人们关注某些事情，从而能够逐渐地培养观众的一些习惯和兴趣。"快男""超女"的成功也并非全是"庶民"的成功，小沈阳的成功也不能仅仅归功于其本身和观众，也有部分原因是因为大众传播媒介长期以来对娱乐精神培养的结果，否则也不可能有如此大的影响力。

（四）传播模式向数字化的转变

数字化的媒介使得人们接受信息的时间和空间都有了很大的灵活性。就时间而言，数字化媒介打破了与传统媒介同步化的特点，受众可以在任何时间收听或收看自己喜欢的节目，并且可以无限重复；就空间而言，数字化媒介改变了传统媒介地域性的局限，它使得全球的信息都可以自由流通，可以在任何地点都实现与任何形态信息的交流与沟通。此外，数字化媒介的出现大大拓展了传播者的队伍，即使是普通受众也可以参与到传播活动当中，过去的信息接收者成为了信息的传播者和制造者，这也成为草根文化不断发展的重要原因。小沈阳的走红与数字化媒介的发展是息息相关的。网络视频、博客、BBS 等媒介的传播，使小沈阳迅速走入了千家万户，成为了家喻户晓的大众明星。①

五、媒介传播对旅游文化人才培养的引导作用

（一）人才培养理念的引导作用

近年来，新闻专业实践教学的项目化成为热点。项目化教学是职业教育的一种重要的教学模式，主要包含内容、活动、情境和结果四个板块。它以具体项目为载体，以工作任务为驱动，有机地结合理论与实践内容，帮助学生在项目实操过程中逐步掌握并深化知识和技能。笔者认为，这种实践教学方式在资源相对短缺的地方性高校中值得大力推广，对于与旅游文化相适应的传媒人才培养更是意义重大，对于国内旅游文化业的持续性发展，更是提供了实践人才方面的支撑。

第一，课程体系建设从实践教学出发。地方高校的新闻专业要想做大做强，必须培养学生的综合素质，即一专多能、注重应用能力。那么，从人才培养制度到教学系统，都必须贯彻落实这个核心。其体现在课程上主要为提高实践类课程的比例和课时，例如，新闻采访与写作、新闻摄影、新闻评论、报纸编辑、纪录片、多媒体编辑等，这些课程从新闻学实践教学出发，项目实践的过程就是检验教学成果的过程。根据各个年级开展的课程差异，地方院校的实践项目也要循序渐进，与课程内容匹配。教师和学校也要对项目的实施效果进行跟踪观察，时刻了解项目的需求，调整教学内容，或者根据教学的需求调整项目方向。在综合能力的培养上，要充分实现跨专业融合，培养学生多种思维和较为全面的知识体系，以满足当今新媒体时代的综合需求。

第二，通过项目实践提升教师队伍的整体素质和积极性。一方面，地方性高校要加强本校教师队伍的建设，通过多种形式和途径提高教师的实践经验。例如，湖北师范学院组织教师参加实践培训；增强与地方媒体合作，派遣教师

---

① 乔秀峰：《新媒体时代的"草根文化"现象研究——以"小沈阳现象"为例》，《当代电影》2013 年第 05 期，第 175—178 页。

在一线媒体挂职锻炼。另一方面，学校要严抓教师的教学环节，对于实践课程的教学方案进行严格审核。教学分管部门可以协同专家对新闻实践方案的质量进行评估，细化、规范具体步骤和要求，明确进度安排和阶段性任务，明确考核依据和标准。这样既方便学生对新闻实践操作和新闻实践作品质量进行自评，也为教师提供了评估标准和依据。教师根据确定的标准和依据考核学生的成绩，提升学生完成实践项目的积极性。

第三，拓宽经费来源渠道，与媒体一道建设实验室体系。首先，学校拨款是创建实验室资金的主要来源，但是学校拨款毕竟是有限的。其次，新闻学院可以通过申报省级实习实训基地项目获得省厅项目资助。例如，湖北师范学院新闻系通过这种方法已经建设了完备的新闻演播室、摄影摄像器材室、非线性编辑实验室、报纸编辑实验室，配备了技术先进的非线性编辑网络系统、报纸编辑网络系统，拥有了摄影、摄像、排版、多媒体等多项处理设备。最后，高校与媒体合作建设实践实训基地也是弥补实验室资源短缺的重要方法。学校可以利用媒体已经具备的资源优势，为学生搭建一个良好的实践平台。

第四，地方院校项目化实践教学必须结合当地特色。地方院校新闻学实践课程要实现与全国知名高校的差异化，就要立足地方和基层进行新闻实践项目的设计，充分吸收和弘扬地方文化，做好地方服务。在实践项目平台的选择上，高校要充分调动地方机构和新闻媒体资源，参照当地媒体的新闻选题和新闻业界要求，使项目实践内容接地气、可操作、有意义。

新闻行业建设不是通过少数几个知名高校的努力就可以的。有数据显示，我国现有各类新闻传播从业者50多万人，其中从新闻传播院、系毕业的人员为3万多人，仅占新闻从业人员总数的6%左右。可见，新闻院校为社会输送的新闻人才还远远无法满足行业的需求。所以，地方性高校的新闻专业同样是我国新闻教育的中坚力量，仍然肩负着培养新闻人才，尤其是为地方输送新闻人才的重任。

因此，地方高校新闻专业的教育工作尤其是实践教学工作，尽管面临很多困难，依然要迎头赶上。实践项目教学为这些高校的实践教学提供了一种很好的模式，高校应该勇于创新和突破，通过灵活运营实践项目教学模式夯实本校的实践教学工作。[①]这些人才培养理念，对于旅游文化发展中所亟需的实践性传媒人才培养机制的形成，大有裨益。项目化的培养方式，可以锻炼其实践能力，

---

① 乔秀峰：《项目化：地方高校新闻专业实践教学的有效路径》，《传媒》2019年第05期，第85—87页。

并最终形成良好的职业能力。

（二）人才培养方法的引导作用

根据传媒专业实战能力的要求定位培养目标，就实践方案的制定要有针对性、灵活性，结合多媒体演播中心、媒体实习基地、校园新媒体平台，以及各个级别的赛事项目，进行旅游文化实用人才特色化的培养。

第一，采用"团队分工"的方法达到培养专业意识的目的。新媒体行业的快速发展、变革创新，决定了这一专业的人才更需要实战技能与素养。具体方法的执行中"团队分工"成为相对有效的形式。"专业意识"是与新媒体业务结合紧密的专业素养与能力。在学生培养中设置各个阶段包括不同专题内容的校内外实践内容，通过"团队分工"的形式既激发了学生发现问题的能力，又可以融会贯通相应知识要点。"团队分工"的培养方法，使学生真正参与到学习活动中，并且主动去寻找问题、解决问题，既培养了协作精神与合作意识，又锻炼了执行能力，这些恰恰是新媒体业界所需要具备的专业意识与品质。

第二，采用"工作坊"的方法达到培养基本职业能力的目的。工作坊的培养方法，和旧时的师徒传帮带比较接近，在此基础上又有所发展。由于处于自由公开的氛围当中，指导人员与学习者的沟通传授更加灵活多样，学生的积极性、主动性都很强，能够有针对性地锻炼专业技能，提高合作意识与协作精神。对表现优秀的人才，可以申请国家大学生创业基金的支持，在现有多媒体演播中心基础上，进行新媒体平台的创办运营，以此锻炼学生的基本职业能力。"工作坊"是在团队分工基础上的进一步提高，可以让学生围绕某一专题进行舆情调查、受众意见反馈征集，同时利用受众意见的反馈数据，为一些文化传媒企业进行适度的品牌策划与整合营销。对于运行较好且有影响力的平台，可以逐步推向市场，募集社会资金入股，为人才的创业、就业搭建一个很好的过渡平台，全面提升其实战能力与职业技能。

第三，采用"企业实训"的方法达到培养核心职业能力的目的。企业见习和志愿服务是在人才实践能力培养中的重要一环，全面检验并提升其新媒体技能与素养，对将来的职业定位、职业目标的确立，起到很好的辅助作用。同时也强化了专业精神、职业理念，为走向社会服务大众做最后的准备。企业实训的培养方法，还需要提升专职教师的水平与能力，使其实时地与业界保持紧密联系，紧跟业界的发展步伐。同时，实现企业、学校的双向交流轮岗。一方面，在"部校共建"的政策下，专业教师下到一线的新媒体企业中去，亲身体验、参与到产品制作与营销推广业务，及时掌握最新的技术和要求，给予学生最前沿的技能培养，使其学有所用、学有价值。另一方面，和一些本地知名新媒体企业建立制度化合作机制，使其能够派出一部分业界能手、技术人才参与到高校的实践内容的指导中，包括部分专业内容的演练。最终达到企业、学校的融合发展，在合作中实现双赢。①

---

① 乔秀峰：《地方应用型高校新媒体教育特色化的途径探讨——以"乌大张"地区为例》，《山西大同大学学报（社会科学版）》2021年第06期，第98—102页。

第二章　旅游文化及其产业概述

第一节　旅游文化及其产业的内涵与特征

一、旅游文化及其产业的内涵

(一) 旅游文化的内涵

每一种文化的产生和发展，都是当时社会生产力发展的结果。同样，旅游文化也是现代社会生产力和社会文化不断发展的产物。同时，旅游文化作为一种文化形态也有其特定的含义。学术界关于旅游文化的概念有旅游+文化说、民族文化说与总和说等多种学说。"旅游文化是指以一般文化的内在价值因素为依据，以旅游诸要素为依托，作用于旅游生活过程中的一种特殊文化形态，是人类在旅游过程中（一般包括旅游、住宿、饮食、游览、娱乐、购物等要素）所创造的与旅游有关的精神文明和物质文明的总和"[①]。这就是所谓的总和说，目前学术界大多是以总和说来给旅游文化下定义的。所谓民族文化说，简要地来讲就是"某个民族或某个国家在世世代代的旅游实践过程中，所体现出来的本民族或本国家的文化，包括这个民族、这个国家独有的哲学观念、审美习惯、风俗人情等文化形态"[②]。这一观点只是从部分层面进行了分析说明，所以其认可度不是很高。

旅游文化是一种文明所形成的生活方式系统，它是依托于旅游的诸多要素，把一般文化价值要素作为依据并且作用于旅游过程中的一种特殊文化形态，而这种文化形态适合旅游业的自身发展需要。因此，旅游文化不是形而上学、抽

[①] 冯乃康：《首届中国旅游文化学术研讨会纪要》，《旅游学刊》1991年第01期，第57—58页。

[②] 喻学才：《"山以贤称　境缘人胜"——中国旅游文化的重人传统》，《湖北大学学报（哲学社会科学版）》1987年第06期，第67—71页。

象的东西，它既包括具体可感的内容，又包括不可感的文化成分，如旅游地的风俗人情、审美习惯和历史底蕴，这些都是在漫长的旅游过程中表现出来的民族的文化，换句话说旅游文化是本民族的共同文化传统在旅游过程中的特殊表现。

据此，我们就可以给旅游文化下这样一个定义：旅游文化是把旅游活动当作核心而形成的文化关系和文化现象的总和。旅游文化是世界各族人民在旅游实践过程中所形成的，包括旅游、住宿、饮食等要素，综合人类精神文明和物质文明并在一定程度上促进旅游业持续健康发展的一种特殊文化形态。

旅游文化有它自身的属性，创造性、综合性、继承性、服务性、优美性以及地域性与多样性，在不同的空间与时间中又表现出一定的差异。总而言之，旅游文化的内涵和外延十分丰富，下面主要以旅游文化产业为范畴来研究它。

（二）旅游文化产业的内涵

旅游文化产业是旅游产业的一个重要组成部分。但近年来，我国学术界和一些省市政府部门对旅游文化产业的认识存在泛化现象，许多人把旅游业主体都作为文化产业的组成部分，其实，这是把旅游文化与文化旅游混为一谈。真正的旅游文化产业主要是由人文旅游资源所开发出来的旅游产业，是为满足人们的旅游文化消费需求而产生的一部分旅游产业，它的目的就是提高人们的旅游活动质量。旅游文化的核心是创意。特别强调"创造一种文化符号，然后销售这种文化和文化符号"，并强调旅游文化的"文化"是一种生活形态，"产业"是一种生产行销模式，两者的连接点就是"创意"。因此，旅游文化产业可以理解为"蕴含人为因素创造的生活文化的创意产业"[①]。

在低碳经济时代，旅游和文化两大产业逐渐成为世界主要国家优先发展的"绿色朝阳产业"。党中央提出"要推动文化产业与旅游、体育、信息、物流、建筑等产业融合发展"[②]。作为我国大力扶持发展的第三产业新模式，旅游与文化两大产业的融合发展，对促进整个国民经济的升级发展和结构转型有着重要意义。旅游文化的项目和目的决定了其文化含量，于是除了常规旅游项目外，还

---

① 南京大学城市科学研究院：《关于文化旅游产业，你知道多少？》，南京大学城市科学研究院官网，https://ius.nju.edu.cn/91/5e/c9742a299358/page.htm，2018-10-25。

② 人民网：《文化旅游产业要融合发展》，人民网，http://culture.people.com.cn/n/2013/1206/c172318-23761798.html，2013-12-06。

有许多为实现专门文化目的而开展的旅游活动项目,如:汉诗旅游、历史探秘旅游、书法学习旅游、围棋交流旅游、名人足迹寻访旅游、民族风俗旅游等,可谓种类众多,文化深厚。这些类型的旅游活动就被冠名为旅游文化项目,其特征是有明确的求知目的,通过旅游活动有目的地学习某种专业,研究发现并了解这一专业的现状,发掘其运用价值等方面的认识。使得参加这种旅游活动的人,在这一专项领域,掌握更多的信息资料,以便更好地施展才干,提高技能并有所作为。[①]

综上所述,结合以上观点,我们认为旅游文化产业,实际上是文化经营者对于现有旅游文化资源进行合理利用,以社会性效益为主要目标,兼顾商业性利益的一种经济行为组合所形成的旅游产业。

二、旅游文化及其产业的特征

(一)综合性

在旅游文化中,无论是著名建筑,还是自然山水,它们都不是单一的,必然掺杂着人们的设计理念或是人们对美好生活的寄托。旅游文化产业自然也不例外,在旅游的过程中传递特定的文化需要借助一定的外物,毕竟文化是一种传承,是存留在人类脑海和记忆中的一种习惯或者积淀,并不是虚幻的空想,它需要依托一定的物质环境或行为方式,才能更好地传递给每一位来欣赏的旅游者,并实现文化的进一步传播与传承。所以旅游文化及其产业的发展需要精神层面的文化与物质层面的文化合二为一,表达的方式也是根据具体环境、特定条件,而呈现出千姿百态的文化形态,以展现旅游文化的丰富内涵。

(二)创新性

旅游文化产业是近几年出现的新兴产业,并不是从过去以往传承下来的,所以是新鲜的,古未有之。前面已经提到,旅游文化的传播需要借助外物,而利用外物的方式又是多种多样的。比如,把古代的"丝绸之路"规划成一条旅游路线,可以让旅游者通过重走前人之路,更深刻地体会"丝绸之路"的艰难地开辟与繁荣地发展;通过游客们的亲身经历与体验,去领会某位知名作家笔

---

① 张革文:《肃北县多措并举加快民族文化旅游发展步伐》,新华网,http://m.xinhuanet.com/gs/2017-10/10/c_1121777163.htm,2017-10-10。

下的绝美小镇。旅游文化及其产业在发展过程中，全国各地展现其旅游文化的方式各有不同，这就体现出了不同地域的旅游文化特色，在表达过程中的创新性。而且这种创新与更迭的速度也在加快，这也反映了旅游文化的生命力是很旺盛的。

（三）人为性

自然观光旅游，更多的是对大自然造物主奇观的探索，而文化是存留在人类记忆中的一种方式，人们对未知的文化无法想象，需要借助外物。旅游文化项目的观光路线开辟、特色节目表演等，都是经过开发者人为策划的。因为一些思想境界和精神层面的文化，是无法用语言或文字完全表达出来的，人们也很难参透其中的奥妙。所以就需要开发者或者设计者，通过通俗化或大众化的方式，来引导民众深入了解和接受旅游资源背后所蕴含的深厚文化底蕴。相比自然景观而言，旅游文化及其产业需要更多的人参与其中，进行卓有成效的创意策划、设计布景，才能体现其价值与作用，具有较为明显的人为痕迹。

第二节　旅游文化及其产业的发展和研究现状

一、旅游文化及其产业在业界的发展现状

文化可以说是旅游资源当中的精华，旅游又是文化发展十分重要的依托。"十二五"时期，文化产业作为"国民经济支柱性产业"被提出来，有了"战略性支柱产业——旅游业"这个发展前提，文化产业的发展在与旅游业的结合下也更加如鱼得水。至此，旅游文化产业的融合发展，给全国更多地区提供了机遇，许多省市通过对地方特有的旅游文化资源的开发利用，在经济上得到了不少的利益回报，同时也提高了人们对旅游文化发展的重视度，提升了地方的社会文化形象。

旅游文化产业相当于一个跨行业的朝阳产业，它是现代经济发展衍生出来的一种特殊形式，也是经济发展中众多呈现方式中的一种，是我国经济由粗放型经济向集约型经济转变的重要途径，其中所蕴藏的经济利益与社会效益是不可估量的。旅游文化发展的潜力仍待慢慢挖掘，同时旅游文化产业的发展也是

解决我国社会矛盾的重要方式，它能满足我国人民日益增长的文化需求，并对人民生活品质的提高有着重大意义。随着经济社会的不断发展和人民生活水平的不断提高，旅游成为一种时尚。旅游文化产业整合丰富的旅游文化资源，已经成为地方发展的现实优势，一些文化资源富足的省市，发展旅游文化产业的条件已经成熟。①

当前国内不同省市发展地方旅游文化产业，主要以重点打造特色化的旅游文化品牌为主，不同类型旅游文化品牌的传播，应该与地方旅游文化产业紧密联系起来。因此，本书研究以文化内涵为载体的旅游文化传播，对于旅游产业的经济与社会发展是有实际意义与重要价值的。

二、旅游文化及其产业在学界的研究现状

（一）国外研究现状概述

关于旅游文化及其产业的推广与营销，国外学者做过许多研究，但是针对旅游文化产业的重点内容——旅游文化品牌的研究起步较晚。"首次提出'旅游文化'概念的是罗伯特·麦金托什和夏希肯特·格波特（1977）出版的《旅游学——要素·实践·基本原理》。"② 20世纪80年代，旅游文化产业作为一个新兴产业，以文化感受作为旅游的首要目的，将文化作为人文资源的内核而流行，并得到研究者们的关注。格林翰·汉金森（2005）分析确定了八大品牌形象属性，通过提供选择相关品牌形象属性的框架，来开发目的地的商业旅游定位策略。艾伦·路易（2014）分析了旅游营销中的另类景点和群众形象的"揭示地方""遗产身份"，对文化遗产旅游在创造地位方面的作用。玛索瓦莱里亚·戴纳和西蒙·艾马斯克兰特（2016）提到了文化路线旅游活动所涉社区的文化特征。以上是国外学者对于旅游文化品牌相关内容的研究概况分析，研究内容多侧重旅游文化品牌的建立及营销等方面，研究视角较为多样化，成果比较明显。

---

① 李冉：《用文化筑牢绿色崛起之基——承德市大力推进文化产业建设力促综合实力实现新跨越》，和合承德网，http://www.hehechengde.cn/news/cdnews/sz/2015-08-17/38645.html，2015-08-17。

② 李海龙：《文化引致旅游：对文化旅游概念的系统重构》，《河南教育学院学报（哲学社会科学版）》2013年第05期，第28—31页。

（二）国内研究现状概述

随着国内经济结构的调整，文化产业所占比重逐年增大。国内学者对于旅游文化产业之中的重点内容——旅游文化品牌，主要从品牌传播、品牌营销，以及品牌对旅游文化及其产业的作用等研究角度展开，并且其研究成果日益受到业界的重视。杨新军、崔凤军、佟玉权（1998）分析了加拿大城市在吸引旅游者方面，采取和其他商业文化活动类似的形式，如参与旅游市场促销、创建城市形象和建设文化设施等内容，以期给国内城市旅游文化的发展提供有益借鉴。魏向东（2000）认为旅游者以文化为内涵的旅游需求，是推动旅游发展的直接动力。[①] 这指出了旅游文化的发展对于旅游业的社会价值与意义。朱桃杏、陆林（2005）从文化旅游地景观及其形象、文化旅游者及市场、文化旅游资源及开发等多个方面，对近十年来国内外旅游文化研究所涉及的重点问题和研究领域进行了归纳和深入研究。唐勇（2006）认为文化营销，是旅游文化产业经济一体化发展的必然趋势，其产业的纵深化发展，是旅游文化品牌经营深入发展的必然结果。张春琴（2006）对旅游品牌能够在旅游市场中建立起品牌忠诚进行了详尽论证，并就在旅游营销中如何建立起真正的品牌忠诚作出研究，并提出可行性对策。欧阳友权一直从事文化品牌研究，他认为文化品牌的发展有不同的路径，文化与旅游的结合，最重要的是紧扣地区特点，重视旅游功能、文化属性的一致性，并且适应不同地区文化产业的发展模式，从而形成独有的旅游文化品牌，引领其旅游产业发展方向。国内从事旅游文化产业研究的学者们，多数观点侧重认为，城市群内部不同城市之间旅游与文化的融合发展，应该实现资源的共享，应当提高文化产业的规模化、集约化和专业化水平。[②]

综上所述，本书试图从文化传播与品牌拓展角度，利用新闻传播学的知识进行深入分析，着重研究在国内地方旅游文化发展过程中，媒介承担的角色和旅游文化传播的实际效果，并挖掘旅游文化品牌拓展过程中存在的现实问题及相应的对策。

[①] 魏向东主编：《旅游概论》，中国林业出版社2000年版，第56—58页。

[②] 北京市社会科学界联合会编：《北京社会科学年鉴》，北京出版社2014年版，第931—933页。

第二篇

山西及部分省区旅游文化介绍

第三章　山西晋北地区旅游文化概述

第一节　大同旅游文化

在中国，只要提起煤都，人们脑海中第一反应便是大同。大同作为中国无可争议的煤城，其煤炭质量上乘、存储丰富，在新中国成立后直到21世纪初，它始终以煤炭资源为支柱，是一个传统的资源型城市。倘若大同一直以煤炭为发展的支撑点，那么煤炭总有耗尽的一天，必然无法长久。煤炭与风能、水能、太阳能和地热能等可再生能源不同。煤经过亿万年时间的演变才慢慢形成，是一种不可再生资源，无论人们如何科学开采并节约利用，其始终会有被消耗殆尽的一天。当前依靠煤炭发展的策略还有一个致命的缺陷，即其会破坏生态系统、污染生存环境，给大同本地的一些历史文物古迹，以及人们的健康带来不可逆的伤害。为了旅游文化发展的可持续性，为了保护和改善大同人民以及其子孙后代的生存环境，推进大同旅游文化的绿色发展、转型升级已势不可挡。

大同不仅以煤炭资源在全国闻名遐迩，其人文和自然旅游资源亦是丰富多彩。1982年2月，国家首次发布全国历史文化名城名单，共计24座城市，大同市成为当时山西省内唯一入选的城市，与北京、洛阳、南京等城市并列。大同位于黄土高原东北部边缘，作为北魏的发家之地，其在辽金、明清时期亦是重要的城市，不仅拥有着璀璨的佛学文化，更有着北岳恒山等雄伟的自然景观。大同云冈石窟是中国四大石窟之一，规模宏大，万佛朝宗；华严寺是中国现存最大的辽代木结构寺院，具有巨大的历史和文化研究价值；北岳恒山与其翠屏山下空悬于峭壁的悬空寺，人文与自然和谐共处，令人心仪。知名学者余秋雨，曾这样评价大同，称其是唯一体现了人文理想的城市名字。

发展旅游文化产业是大同的必然抉择，然而自20世纪末以来，大同旅游文化的发展一直表现出迟缓的状态与趋势，利用媒体进一步增强大同旅游文化的传播效果，具有深远的影响。

一、大同市旅游文化及其产业发展概况

（一）地理区位优势介绍

大同的区位优势显著。大同是山西省最北的一个市，北与内蒙古自治区乌兰察布市相邻，东与河北省张家口市相接。随着基础设施建设和道路交通事业的发展，大同逐渐成为山西连接东部地区的北大门，也成为中西部交通连接的重要节点。另外，已经投入运行的有大西高铁和大张高铁，另外还有城际间的大同直达太原和北京的"云冈号"旅游专列，都在近几年发挥出了更大的作用。大同云冈机场占地面积2000多亩，可起降B737-300及以下机型，跑道长2400米，宽度45米，站坪1.65万平方米，机位3个，是山西省北部最大的民航支线机场。这些基础设施的完善，为旅游文化的发展打下基础。

（二）旅游文化资源介绍

大同有两千多年的历史，拥有发展旅游文化业的巨大市场潜力和深厚文化内涵。大同旅游资源丰富，拥有被国家旅游局评定为5A级旅游景区的云冈石窟、4A级旅游景区的恒山，逐步形成了"佛、山、寺"特色鲜明的文化品牌，以及平型关战役遗址和万人坑等国家级爱国主义教育基地和红色旅游文化资源，还有大同火山群地质公园，乃至以煤炭工业文化体验旅游为代表的晋华宫井下游等，形成了多元发展的旅游文化产业体系。

从2008年以来，大同市委市政府高度重视旅游文化产业发展。随着交通条件的完善和城市环境的整改，截至2015年，据大同市国民经济和社会发展统计公报显示，全市地区生产总值超过1000亿元，增长9%；旅游总收入超过280亿元，增长17.8%。三类产业比由2010年的5.1 : 48.8 : 46.1调整为2015年的5.3 : 41.8 : 52.9，三产超二产11.1个百分点。服务业增加值增长1.7倍，旅游总收入增长2.4倍。

近几年大同先后举办SD太阳能大赛、"影像的力量"国际摄影周、中国古都灯会和山西旅游发展大会等国内外大型赛事和节庆活动。另外，随着大同御东新区五大场馆的逐步竣工并投入使用，大同御东新区现已成为大同市民最常去的休闲娱乐场所，逐渐成为与御河西岸古城交相辉映的新的文化中心，并将成为大同市乃至整个山西省城市转型发展的新名片。

二、大同市旅游文化概述

（一）历史悠久的古代都城

在山西有这样一座城市，宛若明珠，镶嵌在山西的北部。大同，有着"塞外名城"以及"凤凰城"的美名，是除山西省省会太原之外的第二大城市。

大同历史悠久，在远古时期便有人类文明的活动。20 世纪 70 年代，在大同市阳高县徐家窑村发现了古人类活动遗址，震惊了整个学术界。经过中国科学院古人类研究所专家们的研究，此遗址距今约 10 万年，并且是北京人西徙到大同后定居的活动场所。2016 年 4 月，在大同县、浑源县等地又发现了几十处远古人类活动遗址，其中大同县李汪涧村的遗址更是将大同人类活动的历史提前到距今约 20~30 万年。

在《山海经》中，古大同为古平国。商朝实行分封制，汤封同姓于此地。春秋战国时期，大同属于雁门县，是赵氏的重要边界。秦始皇统一六国后，大秦帝国上升，县制度得以实施。到两汉时期，因为渴望和平，在此地设立平城县，隶属雁门郡。

后来，北魏以大同为都，经过了道武帝、孝文帝等"六帝一王"，足足有 97 年。隋朝为北防突厥，在大同川建立大同城。唐朝末期，沙陀人向内地迁徙，大同侨置于此地。自此之后大同之名便未曾更改，一直沿用至今。大同的历史悠久可见一斑。

（二）名人众多的人杰之城

大同悠久的岁月，孕育了众多优秀的儿女，并续写了一段段可歌可泣的传奇故事，流芳千古，供后人瞻仰。

提起鲜卑族的拓跋宏、独孤信等人，对历史稍微有一点了解的人就会对其肃然起敬，但是大多数人会觉得这些名字很陌生。但是说起宋朝的佘老太君，想必每个炎黄子孙都会对这个名字如雷贯耳，尤其对于山西人来说更是如此。杨家将保家卫国的故事在中华大地流传甚广，在山西其故事更是被编写成晋剧《杨家将》进行演艺传播。

其余诸如清朝栗毓美、宋世杰等历史人物，都在各自所处的那个时代书写着属于自己的精彩人生，历史的滚滚长河一去不返，而这些人、这些故事反而折射着更加璀璨的光芒。这些历史名人，都是旅游文化发展的基石与保障。

在大同这片土地上，同样也有丰富的墓葬文化资源。其中，最为古老的莫过于位于大同灵丘县王家庄的三皇墓。根据唐朝司马贞所著的《三皇本纪》记载，三皇为太皞、女娲、炎帝，而王家庄便是三皇所葬之处。虽然三位皇帝说有一些传说色彩，但他们却给大同带来了神秘的文化气息。

其余在大同阳高县、浑源县等地，有史可循的汉朝墓葬群更是为数众多。清代的"六大人墓"位于大同县大王村北，其是清朝一位大学士李殿林的墓地，该大学士谥文僖，追赠相国，可谓极尽哀荣。这些墓地给大同增添了历史的厚重感，更是昔日大同风流名人的见证。

（三）历代兵家的必争之城

在中国漫长的两千多年封建时代，一直是以农耕文明为主，而中国北方的匈奴等游牧民族，由于气候等原因无法做到自给自足，时常南下侵略，双方暴发了激烈的冲突。大同因其特殊的地理位置，是游牧民族南下之关口，成为双方争夺的必然之地。

赵国的名将李牧曾在此长期驻守，以防备匈奴南下；秦国大将蒙恬更是率领部众在此修筑长城，同样也是为了防守匈奴；在大同的马铺山，汉高祖刘邦曾和匈奴在此大战。唐朝军神李靖、宋朝杨家将、明朝明英宗等都曾在此浴血奋战。

几千年来，在大同发生大大小小的战役多达数千次，成就多少名将，又有多少士兵骨枯。然而，英雄的血不会白流，他们的事迹流传民间数千年，依旧被人称赞。士兵的血不会白流，他们用鲜血保卫着身后的家园，用自己的骨枯换来了民族文明数千年不曾间断的延续。

（四）人文自然的旅游之城

大同拥有数十万年的历史，积累了丰富的人文景观。在其境内有300多处古代遗址，这些众多的古代遗址和古建筑，体现了大同古人的文明和智慧。散发着大同悠久岁月的古老气息。大同佛学文化氛围浓郁，留存下来的古代佛教建筑甚多，被尊称为"佛国龙城"。大同云冈石窟、大同悬空寺便是其中的翘楚。

云冈石窟的开凿始于北魏时期，建造时间长达60多年，时称代京灵岩寺、武州山石窟寺，其规模宏大，艺术成就杰出，甚至洛阳龙门石窟、天水麦积山石窟、敦煌莫高窟也深受其影响，称其为"四大石窟之首"也并不为过。2001

年，云冈石窟被评为国家4A级旅游区，同年被列入世界遗产名录；2007年，云冈石窟被评为中国首批5A级旅游景区。毫无质疑，大同云冈石窟已然成为了大同的一张名片。

"悬空寺，半天高，三个马尾挂空中"，这是流传于大同浑源县的一句俚语，形象生动地描绘了悬空寺。悬空寺位于北岳恒山脚下，建于北魏，是儒、释、道三教合一的典型寺庙，佛教释迦牟尼、道家老子、儒家孔子三位圣人同处一殿，它体现了中华文化的开放性和宽容性，体现了对世界的理想追求。

除却云冈石窟以及悬空寺外，大同亦是有众多人文景观。善化寺始建于唐代，华严寺建于辽代，兴国寺始建于明代，其余大同九龙壁、观音堂、文庙、许从赟墓、高山遗址等文物景观数不胜数。其中，27处是国家级重点文物保护单位，20处是省级文物保护单位。

大同人文底蕴深厚，自然风景亦是得天独厚。其中有代表性的当属北岳恒山以及大同火山群。据传说，4000多年前，舜帝将恒山封为"北岳"。恒山位于浑源县，海拔2000多米。大同火山群是中国六大火山之一，有"东亚大陆稀有自然遗产"的美誉。大同县的大同土林，鬼斧神工，造型独特，宛若奇异世界。

大同人文资源众多，自然风光宏伟秀丽，二者交相辉映，共同构成大同丰富的旅游文化资源。

三、大同市旅游文化产业发展的现状

（一）旅游文化产业发展势头良好

大同市有着丰硕的历史文化、民俗文化、革命文化及当代文化资源，曾以"三代京华、两朝陪都、边塞重镇"知名华夏。人文景观，如"世界文化宝库"云冈石窟、"天下巨观"悬空寺、善化寺等300多处古建筑和古遗址；民间文化，如蒙眼剪纸、碓臼沟秧歌、耍孩儿、罗罗腔等，都是非物质文化遗产的杰出代表。红色文化遗产也较为丰富，它留给后人一份以爱国为中心理念的热忱与自强不息的华夏民族精神。这些丰厚的文化资源，能够与传媒科技深度结合，转化为旅游文化产业发展的优势和后劲，形成极具大同地域风情的文化品牌。

1. 文化基础设施得到持续完善

山西省大同市旅游文化产业全面展开的时间比较晚。然而，随着我国文化领域体制变革的逐步深化，其进一步开展的势头较为良好，并且该市已经在不断努力下具有了相当的规模。"十二五"规划后,在大同市政府加大文化基础设施建设力度的前提下,全市范围内,陈旧的文化设施得到了根本性的改观,新闻媒体的数量及其规模不断扩大。2015年,根据官方所统计的数据显示,大同全市的广播媒介覆盖率已经高达98.98%,有线电视用户达到48.6万户,数字电视用户达到41.1万户,拥有有线电视网14个。这些成就,标志着大同传媒产业的发展进入新常态。①

2. 新兴文化产业得到较快发展

据山西省统计局的数据显示,在2015年,山西全省的文化产业增加值达到268.65亿元,相较于2014年,增长了12.1%,较全国增速快1.1%,全省范围内文化产业的开展表现出了较快的增长态势。其中,大同市在2015年的文化产业增加值抵至17.53亿元,成为山西省新型文化产业进一步拓展的主力军。

在大同市的地域范围内,人文资源的开拓和应用,冲破了当地"一煤独大"的传统经济、社会发展方式,将文化产业作为产业转型的龙头,涌现出了一批具备大同地域特征的新型文化产业,把丰硕的自然景观、风土习俗、特产小吃等地域特色与新兴产业的竞争力和影响力的提升进行能动结合,有效促进了大同市旅游文化产业的大发展、大兴盛,走出了一条绿色发展的道路。

(1)影视旅游文化产业

影视旅游文化产业,是大同市文化产业新常态大家族中的一种新兴形态。近年来,在大同市官方机构的鼎力支持下,影视行业进入了快速发展阶段。自1986年开始,大同电视台便开始自拍影视作品。1999年之后,大同市便已经开展了与各大上星电视台以及大量影视机构共同协作,开始了拍摄影视作品的影视业前进之路。2002年,大同市成立了自己的影视创制单位——大同影视制作中心,踊跃展开当地影视业的发展历程,拍摄了《凤临阁》《北魏冯太后》《云冈遗韵》《梦回云冈》等多部影视作品。2016年,第一个在大同当地上线的片子《莫斯科离大同不远》有幸入围了在我国有着世界影响力的北京国际电影节。②除了影视作品的广泛拍摄、制作以外,大同市还在2011年成立了自己的影视产业园区,并且成立了一个致力于更好发展本市文化产业,为其汇集更多项目进行发展的基金会,将所成立的影视基地打造成了国内又一大古装片拍摄基地。

---

① 山西省统计局:《大同市2015年国民经济和社会发展统计公报》,山西省统计局官网,http://tjj.shanxi.gov.cn/tjsj/tjgb/201706/t20170627_729290.shtml,2016-04-11。

② 史勇涛:《文化大同离世界很近》,《大同日报》2016年04月20日。

此外，大同市还积极同国外的一些文化协会进行了合作，有力地推动了大同市旅游文化产业的品牌化、效益化、专业化的纵深进展。

（2）旅游文化整体产业

从图 2.3.1 和表 2.3.1 中能够看出，在"十二五"期间，大同市的旅游文化业呈现出了稳步增长的趋势，旅游业的总收入从 2011 年的 136.60 亿元增长到了 281.20 亿元，完成了翻一番的进步和突破，国内的游客接待量从 1592.68 万人次，增长到了 3194.50 万人次，五年之中增长了 1601.82 万人次，旅游行业逐步成为该市产业转型后的支柱性产业。大同市委、市政府高瞻远瞩、放眼长远，为了寻求本市的持续、良性、健康发展，及时、主动做出了大胆、正确的抉择，鼎力支持旅游业的开发、进展、改革、突破，致力于为大同民众创造一个美丽的家园。在 2016 年制定的一份有关该市在未来三年进一步开展旅游行业的实施方案中指出，从 2016 年起，大同市旅游行业接待量年均增长计划超过 15%，该市力争到 2018 年实现接待国内外游客 3800 万人次的目标，完成本市旅游行业总收入达到 350 亿元。① 在接下来的几年里，大同市将依照"3+3+3+1"的模式，力促中心景区、新型景区、休闲体验式景区以及周边旅行一体化开展，并致力于把"商、休、学、养、情、奇"这六个方面有效结合起来，以推动该市旅游

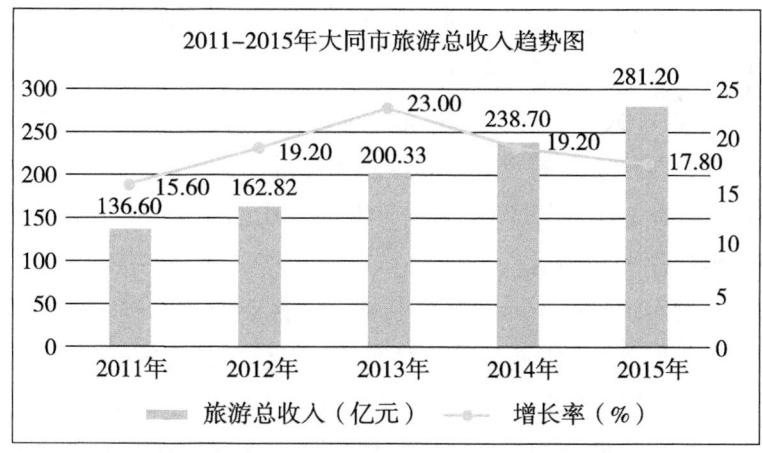

图 2.3.1　2011—2015 年大同市旅游总收入趋势图

数据来源：山西省统计局（https://tjj.shanxi.gov.cn/tjsj/tjgb/）2011—2015 年大同市国民经济和社会发展统计公报。

---

① 杨晓明：《大同绘就文化旅游发展蓝图》，山西经济网，http://www.sxjjb.cn/dt/tt/news105555.htm，2016-03-01。

业的良性进展。种种举措，都为大同市运用媒介更好开展文化产业创造了良好的前提。

表 2.3.1　2011—2015 年大同市旅游业整体发展情况

	2011 年	2012 年	2013 年	2014 年	2015 年
旅游总收入（亿元）	136.60	162.82	200.33	238.70	281.20
国内旅游收入（亿元）	130.90	156.20	192.90	236.50	278.90
国内游客（万人次）	1592.68	1890.29	2324.56	2751.80	3194.50
入境海外游客（万人次）	23.49	27.75	31.27	6.18	6.57

数据来源：山西省统计局（https://tjj.shanxi.gov.cn/tjsj/tjgb/）2011—2015 年大同市国民经济和社会发展统计公报。

（3）旅游文化相关产业

除了影视旅游业和旅游文化业以外，大同市其他领域的文化产业也已经获得了长足的进展，譬如会展行业、传媒行业。以展览业为例，在大同市，会展业随着我国市场经济的纵深发展，以及党的十八大以来经济领域变革走向深水区的大局使然，促使诸行各业为了融资生存、长效发展，不得不借此类活动来吸取更多利润，完成资本周转、循环。自 20 世纪 80 年代的"首届中国（大同）国际蒸汽机节"在大同举办后发展至现在，大同的会展业现已具备了相当大的规模和影响力，该市施行了一系列的文化会展项目，举办过诸如"国际自行车骑游大会""中国（大同）国际摄影文化展""山西文博会"等大型高端文化交流活动，面向国内外人民展现了大同这座古城的文化生活，并为大同带来了可观的经济收入。在 2016 年公布的一份针对推进山西省会展行业发展的报告中，山西省政府提出了"市场化、专业化、国际化、品牌化、信息化"等"五化"的发展方向，提出了打造山西省会展品牌、培育会展业主体、大力引进优质会展企业、设立山西会展官方网站等统筹协调发展会展经济的举措。[①] 这也成为大同市会展业整体发展的方向。在大同市政府印发的《关于印发大同市"十三五"开放型经济发展规划的通知》中也明确提出加快发展步伐，增强该市会展业影响力、知名度的要求，建设区域性会展核心城市，建成全国性会展名城。

---

① 山西省人民政府：《山西省人民政府关于促进会展经济发展的若干意见》，山西省人民政府网，http://www.shanxi.gov.cn/sxszfxxgk/sxsrmzfzcbm/sxszfbgt/flfg_7203/szfgfxwj_7205/201611/t20161129_262289.shtml，2016-11-29。

（二）旅游文化产业融合发展规模可观

文化大同，会成为产业交融和革新的楷模，产业交融和集群式开展，成为文化大同的发展方式。文化产业，现已成为大同市经济发展、社会进步的重点领域。早在2006年，在大同市"十一五"规划里，便对今后该市文化领域的良好发展给予了充分的政策支持，力求大同在未来发展之路中以文化为动力，振兴、强化自身综合实力。此后，大同市又致力于构建以旅游业为"顶梁式"产业的可持续经济、和谐社会的发展形态。2014年，《大同市文化产业发展战略规划（2014—2020）》对大同市文化产业发展的现实基础、重点行业、重大项目以及保障措施等方面都进行了合理规划。在我党成立一百周年前夕，力图将大同从文化大市发展为文化强市，把文化产业打造成为众多产业当中最关键的一种，成为本市经济蓬有力发展的一大增长极。2015年前后，山西省先后出台了诸多针对性较强的文化、经济政策，并设立了促进本省文化产业开展的系列投资基金等专项项目，再次加大对文化产业扶持的力度。"十三五"期间，大同着力优化社会、经济规划，加快推进"数字大同"和"智慧大同"建设。这些规划和部署，以极大的践行价值成为了旅游文化产业不断开创新局面的强力后盾。

在战略转型的新时代里，大同市在"十三五"规划纲要中明确提出，以大同电子信息产业园为平台，推进全球互联网、物联网、大数据、云计算等新技术的运用及其与文化产业的有效融合，开展分享经济，构建智慧城市，推动互联网和经济、社会的交融发展。①在新型的旅游行业、领域，该市则进一步指明了将旅游文化产业作为新兴支柱产业、非煤产业之首，以旅游文化产业为重点，构建政府主导、企业主体、市场运作、全民加入、全业交融的机制。在这一政策大局的指引下，产业交融成为大同市新型文化产业向前进展的趋势所在，这为大同市利用传媒发展文化产业、合理优化传统产业、努力造就新兴产业、构建产业融合格局提供了机遇。

大同市编制的《大同市文化产业发展战略规划（2014—2020）》致力于到2020年将文化产业打造成为具有带动作用的支柱型产业，带动大同市经济的发展，并规划了文化与旅游、工业、生态养生、当代观光农业等产业的交融，重

---

① 大同市人民政府：《关于下发大同市十三五规划纲要的通知》，大同市人民政府网，http://www.dt.gov.cn/dtzww/szfwj1/201607/lzcc3fjsum5k21phwarbz661vtso7u5g.shtml，2016-06-03。

视文化与其他产业的密切组合，使旅游文化产业成为大同市社会、经济转型升级的动能和革新的重心。目前，大同市已经组建了多个文化产业园区，并且引进了众多骨干文化企业。在此基础上，大同市将利用本市的魏碑书院、广灵剪纸园等地域性特色文化资源，促进旅游文化产业的集群式开展。而在新近编发的有关大同市旅游文化业今后三年发展的规划中，就所设想的构思规划进展步骤，以及今后三年的发展计划目标，大同市将完成文化产业的重要布局，实现地域文化与旅游产业的有效结合，助力大同旅游文化产业的集群式发展，以带动旅游业的全面进步。

第二节　云冈石窟旅游文化

云冈石窟的文化艺术，由于历史原因，主要通过纸质传播媒介进行传播。纸质媒介是实现云冈石窟文化艺术传播的重要途径。正如王建舜先生在《云冈石窟艺术审美论》中所说，云冈石窟的开凿创建，无论在思想内容、表现形式、精神指向和审美方式诸多方面，都大大地丰富和完善了佛教石窟艺术的生命内涵和民族特征，强化、凸显了佛教石窟艺术的表现功能和审美价值，改变了佛教石窟艺术单纯地礼赞佛陀和演示佛经义理的文化内质。① 云冈石窟旅游文化，即云冈石窟的艺术精神，它既是一种艺术精神、美学精神和宗教精神，也是一种民族精神、时代精神和人的主体精神。它将在人类精神创造的文化长河里，奔腾不息。

一、帝佛合一、人神合一的人格精神

云冈石窟最大的文化特征和品质是其造像的帝佛合一。规模宏大、气势威严，至尊至美的云冈石窟佛像，是鲜卑人勤劳智慧的结晶。他们用热情建造了人与佛共同生活的精神领域，开创了人类佛教石窟艺术的里程碑，成为人类精神文化和审美创造的典范。

---

① 王建舜：《云冈石窟艺术审美论》，中国社会科学出版社1998年版，第17—19页。

用人格取代神格,从而在审美层次、文化形态和生命意义上的人神同格。石窟艺术文化,就是对佛教中,诸佛、诸菩萨、诸天神及其佛界庄严净土的美术图写和艺术雕刻。在宗教信仰和宗教心态的自我实现过程中,人忘却自己和轻贱肉体生命地跪伏在自己精心创造的偶像下,规范自己,寻找精神上永存的自我。云冈石窟在新的审美和文化观念下,将佛教石窟艺术融入中国风格。在直观的艺术造像中注入人的生命意识、感情和愿望,在虚静的图式中融入历史的内容、民族的色彩和世俗生活的情调,在单一原始的宗教艺术造型中,开出了宗教和世俗、人和神、理想和现实双重品格与缤纷色彩之花。《魏书》记载着鲜卑人在构建云冈石窟艺术的理念、思想和价值取向。"是年,诏有司为石像,令如帝身。既成,颜上足下,各有黑石,冥同帝体上下黑子。""兴光元年秋,敕有司于五缎大寺内,为太祖已下五帝,铸释迦立像五。"[①]拓跋鲜卑人将抽象虚构的宗教之神变为具体存在的人,从而在一个更高的审美层次和全新的文化意义上,达到人神合一,人成为自己的主宰、创造历史的神。

云冈石窟将神的纪念和礼赞变为人和人的纪念与礼赞。自云冈石窟开凿始,把原来佛教石窟艺术表现中的单一主题,变成既纪念神又纪念人为主题的双重变奏。云冈石窟第十六窟到第二十窟,这些窟造像既有超人的神的品格,又有现实的人的品格,但这种品格的主调内质却是人的品格,人的神情和人的风度。在这里,人是生活和历史的主体,也是云冈石窟表现的内容和最高主题。

二、回归意识、死亡体验的宗教忏悔

拓跋氏鲜卑人在现存的物质世界的结构和秩序外,建构了一座人与佛共同生活的生命之堡——精神的领域。他们用悠久的历史文化和民族生命意识内在完整的精神构想与思想力量,默然地激起世人情感世界的凄苦与快乐、欣慰与忏悔的精神共鸣,唤起人们心中那一部分的民族记忆。

拓跋氏鲜卑人举国南迁,逐渐融入汉族文明,是生命认同和文化寻根意义上的回归。恩格斯在《路德维希·费尔巴哈和德国古典哲学的终结》一书中说道:"在远古时代……那么就没有任何理由去设想它本身还会死亡;这样就产生

[①] 〔北齐〕魏收撰:《魏书》卷一百三十《释老志》,中华书局1974年版,第210—212页。

了灵魂不死的观念。"① 古人试图寻找借代物质和某种形式以超越死亡。古人面对死亡，希望能寻找一种永恒存在的物质形式，以证明灵魂和肉体的共同永存，达到对自然、时空和生命的超越。此外，对死亡的恐惧、焦虑是人类永恒的恐惧和焦虑，也是人类心灵深处所体验到的最深切、最沉重的恐惧和焦虑。这些死亡体验让拓跋氏鲜卑人在选择题材、立意构思和艺术传达时，灌注了他们全部的生命永恒和生命幸福的精神渴望。他们在精神活动和艺术创作的每个环节，都力图在有限的物化形态中注入尽可能多的心理内容，力图超越生命形式的有限存在，来显示或证明他们的生命是永恒的。而云冈石窟佛教艺术，就是鲜卑人在死亡体验下，所创造的超越死亡、追求永恒的生命艺术。

鲜卑人在面对死亡和痛苦，他们逐渐形成了一种具有宗教祈祷性质的感悟、自省和礼拜祖先、祭求神灵的忏悔行为方式。他们在个体生命与环境的矛盾冲突中，达到一种自觉的高度来认识生命与自然、人与社会的关系。并寻找到确定的、具体的忏悔对象——释迦牟尼佛，完成他们强健生命、超越死亡和追求永恒的愿望。

三、相继相成、风格统一的艺术精湛

云冈石窟佛教艺术在多重文化内质表现下，艺术造像的表现端庄肃穆，或清逸秀丽，或凝重典雅，或纯真质朴，达到刚柔并济和雄壮华美互补的美学境地。

昙曜五窟造像气势威严，凝重自得。造像形式整体上广泛使用平直刀法，以及舒缓劲健的流动线条，使得早期洞窟中佛像具有一种雄伟、粗犷、豪迈的野性之美。五尊皇帝造像，在时间序列里表现了生命的延续和运动。父子相传的皇权更迭，同时间状态中的父子衍生相一致。人类代代的生命延续，构成了另一层意义上的存在——历史存在。

云冈石窟早期洞窟布局主次分明、重点突出，紧凑完整。每一窟都围绕主尊佛像来安排、开展，显示出完整的构思和一气呵成的雕刻技艺，雕刻技法拙朴，造像圆润，并将佛教艺术工艺和中国石雕艺术结合起来。佛像雕刻注重内在精神和个性气质的揭示，具有生命气息。中期洞窟布局讲究结构完整，注重

---

① ［德］恩格斯：《路德维希·费尔巴哈和德国古典哲学的终结》，中共中央马克思恩格斯列宁斯大林著作编译局译，人民出版社1997年版，第219—221页。

层次分明。洞窟壁面上下重层，左右分段，形式多样，技法娴熟，圆润自然，运用柔和舒缓的线条，流畅地表现不同对象的形体，另外注重线条速度，注重线刻与浮雕结合，注重写实与变形结合。后期相对比较凌乱，没有统一的构思安排。刀法简省，注重实用性，生活情趣气息较浓。

云冈石窟佛教艺术，汲取、吸收和消化中外文化营养，是鲜卑人用生命理解宗教艺术，来表现人类生命状态的伟大尝试和艺术壮举，形成了独特的艺术品性和美学规范。

第三节 五台山旅游文化

一、五台山佛教旅游文化传播概述

五台山位于山西省忻州市北部，是中国佛教四大名山之首、世界五大佛教圣地之一。五台山不仅是一座山，一个景区，更是文殊菩萨的道场，代表着一种佛教文化。五台山历史悠久，文化底蕴深厚，有着不可多得的文化遗产。而五台山佛教文化的传播发展，也随着传播媒介的发展经历了曲折历程。

佛教传入中国，被统治阶级和普通百姓所接受，并得到传承。这当中，有其能够满足社会大众心理诉求的原因。佛教在中国的传播是自上而下的。随着社会动荡和社会矛盾激化，作为保证统治者中央集权的主流思想儒学显得力不从心，因佛教思想能够缓和社会矛盾和儒学的冲突，而被统治者采纳。封建王权对宗教信仰的传播有着决定权，统治者利用佛教维护其政治统治，宣扬"逆来顺受"和"来世"以麻痹百姓。佛教对于文化精英层而言，是一种对精神解放和言论自由的精神追求，使僧侣可不受"君为臣纲"之限，少受纲常束缚，借宗教对皇权进行反抗，追求尊严。因此文化精英阶层能够积极传播佛教。

佛教最初传播路径是自上而下，但佛教思想却不像儒学为上层而生，而是由底层出发，从生老病死等人生痛苦讲起，为大众营造极乐世界的精神安慰，减缓苦难中民众的痛苦，加强了其对封建统治阶级的顺从，从而逐渐形成适应大众精神需求的文化信仰。佛教描绘的极乐世界对饱受战争苦难，向往和平的百姓具有很大吸引力，也巩固了封建统治，有利于当时社会安定和思想统一。由于佛教思想符合社会大众心理需求，佛教地位逐渐提高，佛教文化传播覆盖面广泛。

二、五台山佛教旅游文化的重要性

佛教文化作为五台山地方文化的特色，以其宗教旅游文化产业带动地方经济发展，提高地方知名度。五台山要获得生存发展，必然离不开对本地佛教文化的传承发扬，而佛教文化本身更是在历史上有着不可替代的价值。

其一，五台山佛教文化也是一部"古代建筑史"。从佛教传入五台山以来，现今保存了从北魏到民国时期，历朝历代建造的寺庙现存留的达86处，充分展示了各个时代不同的建筑风格和特色，建筑群雄伟壮观，建造手法精密。在古代建筑史上具有重要价值。

其二，佛教文化历史久远，其思想观念已和中国传统思想相融合，对现代社会有着重要意义。佛教文化所宣传的众生平等、因果报应、克己观念等，促使人们对自身行为进行反省和自律，多做利国利民的善事，这样有利于维护社会稳定，也有利于精神文化的建设。

第四章　山西晋中地区旅游文化概述

第一节　太原旅游文化

太原地区旅游文化的发展情况良好，其旅游文化的内核和发展现状，经过笔者调查研究，大致包括如下内容。

一、太原旅游文化的内核

太原自古处于汉民族与草原民族交集的中心地带，千余年的相互交融，共同生活，使得这一地区成为了农耕文明和游牧文明的交汇处。太原市文化属晋阳文化[①]，其历史可以追溯到 2 500 多年前的晋国所建的晋阳城。两千多年的民族纷争、融合，使太原旅游文化呈现包容、多样且完备的特点。唐代时李渊父子从太原起兵，建立唐王朝，并随后开启了大唐盛世。所以追根溯源，唐文化的本源就在太原，而且从此以后隋唐文化，也成为太原地区最主要的文化渊源。太原也称"龙城"，可以看出盛世皇家发源地对太原的深远影响。隋唐文化，就是晋阳文化中最辉煌的一支。在这片土地上，不仅诞生了唐王朝的创建者李氏家族，也诞生了狄仁杰等一大批旷世奇才。所以，太原旅游文化内核在于隋唐文化，并且有着非常悠久和深厚的文化底蕴。

二、太原旅游文化的发展现状

2017 年，山西省省长楼阳生在文化旅游发展专题会议中强调："举全省之力

---

① 张彬彬：《太原市文化旅游产业发展模式探讨》，《山西青年管理干部学院学报》2012 年第 01 期，第 88—90 页。

推动黄河、长城、太行三大旅游板块发展取得突破性进展，加快把文化旅游业打造成我省战略性支柱产业"的旅游发展战略。① 太原市据此确定了太原旅游文化产业发展实施的"四大战略"，其中"大营销"战略，便是旨在加强山西省在全国，甚至部分国际市场中的旅游宣传营销能力的重要战略举措。在其中明确提出要打造微信公众号、拍摄旅游微电影等，一系列利用互联网新媒体的具体措施。从中可以看出，太原市正在积极部署影视旅游的发展规划，特别是更加注重利用快速发展的新媒体，努力将太原的旅游产业与影视媒介深度融合，为太原旅游文化的发展、传播打下基础。

第二节　太谷旅游文化

太谷旅游文化资源丰富，表现形式多样。经过笔者调查研究，发现主要存在以下几种旅游文化：

一、建筑旅游文化

（一）曹家大院

该大院又名三多堂，位于太谷县城西南方的北汪村，开始创建于17世纪中叶，建成于19世纪后期，时间跨度近乎二百余年。现存为明清建筑，是保存比较完整的古建筑之一。曹家大院坐北朝南，总占地面积10600平方米，由内宅、外宅这两部分组成，楼里又套着楼，还分布着许多的小院，仅房舍也有277间之多。楼院的周围都是高大的砖墙，就好像是一座城堡。曹家大院是楼宅大院宽大敞亮，显得极其宏伟壮观，特别是主楼的高大和堂厅的规格，突破了明清两代以来官方对民宅规格的严格限定，其财富实力自然可想而知，而且在当时等级森严的封建社会，能够突破政府对建筑的严格限制，在某种意义上也表现了被当时统治者赋予的建筑上的特权。现在曹家大院也是重点文物保护单位。

---

① 山西省政府办公厅：《楼阳生在主持召开文化旅游发展专题会议时强调举全省之力打造黄河长城太行三大旅游新品牌》，山西省人民政府网，http://www.shanxi.gov.cn/yw/zwhd/201711/t20171102_345763.shtml，2017-11-02。

（二）孔祥熙宅院

它是清代中叶建筑群，位于太谷老城的上官巷1号，和无边寺白塔相邻，宅院沿袭北方习惯的坐北朝南，由横向排列的几个套院组成。现存六院两园。整个院子东西宽大约有91米，南北长大约为16米，面积约占有6300多平方米，在当时称得上人们常说的"大宅子"了。孔祥熙宅院开始建于清乾隆年间，后来孔祥熙从当地乡绅手中购置并重新进行了修缮。现存建筑秉持了我国北方建筑凝重雄厚的特色，又有南方园林的灵秀雅致，若说起我国清代建筑南北融合的上乘之作，孔祥熙宅园绝对可以算是一处。整个宅院建筑看起来相当宏伟壮观，有富丽堂皇之象。

（三）梅苑山庄

它是一座具有高品质的综合类的度假村，是由当地企业山西梅园工贸集团投资兴建的，而且它集住宿、餐饮、娱乐休闲、商务洽谈、会议培训、农林开发为一体，是当地人及邻近城市居民休闲度假的首选之地，风景秀丽，空气清新。近年来其邻近地区相继被开发，如滑雪场、农家草莓采摘园地，形成了综合性的旅游文化园区。

（四）山西农业大学

它前身为铭贤学堂，坐落于山西省太谷县东部，是民国初期由孔祥熙投资创办的一所私立学校，曾与当时的山西大学堂比肩而立，20世纪中叶在原址基础上成立了山西农学院，后又于20世纪80年代更名为山西农业大学。山西农业大学是一所百年老校，其建筑风格有当时近代建筑的余韵，百年学府也承载了诸多历史的厚重，是不可多得的一处古色古香的读书圣地，到现在也是山西省唯一一所农学类高等学府。

二、历史名人旅游文化

（一）白居易

他是家喻户晓的唐代大诗人，曾经倡导了新乐府运动，为我国诗歌的发展做出了巨大的贡献，他还与大诗人刘禹锡共同称为"刘白"。白居易诗歌的题材涉猎相当广泛，有乡村田园诗，也有山水诗。诗歌形式也是变化多样，语言平易近人，通俗易懂，被后世称为"诗魔"和"诗王"。据《太谷县志》考察可知，其祖上"白建"，是土生土长的太谷人。

（二）孔祥熙

他是山西省太谷县人，出生在一个中国传统家庭。这个家庭在经商有业的同时，也甚是遵从孔孟之道。孔祥熙曾担任过中华民国南京国民政府行政院院长，兼财政部部长，双重角色，亦官亦商。孔祥熙的妻子是著名的"宋代三姐妹"之一的宋霭龄，这就表示孔祥熙与当时的富商政要都是有紧密联系的。孔祥熙长期主理国民政府财政事务，深受当时政府信任，他改革了中国币制，初步建成了中国银行体系，为近代中国的经济发展做出了很大的贡献。

三、民俗旅游文化

（一）太谷饼

它是山西省传统名吃，其由来与太谷县有紧密的联系。最早出现于清代，太谷饼以其独特的"香酥绵软"被人们所喜爱，因其味美鲜香而闻名天下，被人们称为"糕点之王"。在封建社会时代，太谷饼也是"朝廷贡品"之一。太谷饼也是"晋商饮食文化"的杰出代表，著名歌唱家郭兰英曾经唱过一首民谣《夸土产》，歌词中曾提到"平遥的牛肉太谷的饼……"这说明太谷饼在民间的口碑非同一般，这一民谣也间接地让太谷饼的美名传遍天下。

（二）壶瓶枣

它是山西省太谷县有名的特产，并且也是中国优良的枣品种之一。此枣皮薄，肉厚，质脆，味甜，而且枣实个大，入口清香可口，微微甘甜，口感佳，其营养价值也非常高。壶瓶枣在山西地区甚至全国享有盛誉，并且在山西省和全国各地多次获奖。如1997年10月在太原被评选为"十大名枣"之一，2000年1月在南京被评为"最受欢迎产品奖"，2007年9月成为国家地理标志产品。

（三）太谷秧歌

它是山西省传统民间曲艺，主要流行于山西晋中等地区，距今也有百余年的历史。秧歌的主要内容大多是反映农村劳动人民的日常生活，基本上都是一戏一调，节奏清新明快，朗朗上口，深受城乡大众的喜爱。太谷秧歌综合了小曲、杂说、歌舞、戏曲等艺术形式，是由老百姓自编自演的一种艺术形式，这种艺术由太谷人民继承并发展下来，至今在太谷很多大型的喜庆佳节活动中也是很常见，长期以来也深受当地人民的喜爱。

（四）形意拳

它是中国武术其中的一个拳派，形意拳融合各家拳术之所长，技术性强，观赏性强，有强身健体的功能。形意拳的传人，曾经很长一段时间担任当地富商曹家货物运输的护镖师，在当时也是声名大振。山西太谷是众所周知的形意拳的发源地，被人们称作"形意之乡"。现在学习形意拳的人日益增多，在武术界引起了强烈反响，形意拳武术素有强身健体的效果。为发扬形意拳，太谷举办过多次"国际形意拳大赛"，致使形意拳开始在国际上有了一些名气与影响。

四、其他旅游文化

太谷的玛钢铸造业非常发达，是中国玛钢生产基地之一。长期以来玛钢制造业是太谷县的支柱型产业。从1976年以来开始，经过了三十多年的艰辛发展，太谷玛钢业创下了"亚洲玛钢在中国，中国玛钢在太谷"的辉煌战绩，这样的成功也是其同行很难望其项背的。太谷玛钢虽大多销往全国，其出口量也是相当可观的。现在这一工业园区，已经发展成为太谷工业旅游文化的重要景区。

第三节 和顺旅游文化

在中国源远流长的历史文化长河中，流传着四大民间传说，牛郎织女传说是其中具有代表性的一个。这些民间传说由来已久，不仅对中华民族的思维方式、社会伦理和道德情操等都产生了深刻的影响，而且也寄托着中华民族的美好理想和真挚愿望。关于这些传说的起源、演变和传播，历来受到很多专家学者的热切关注，尤其是故事传说起源地的研究已经成为热点。仅以牛郎织女的故事为例，全国很多地方都在争抢故事起源地。最终经过反复论证，山西和顺被确定为牛郎织女传说的起源地。

中国民间文艺家协会曾于 2006 年 12 月 13 日命名和顺县为"中国牛郎织女文化之乡"，山西省人民政府也将其列入全省第一批非物质文化遗产名录。2009 年 10 月 28 日晚，由中华文化促进会、节庆中华协作体等单位联合主办的第二届"节庆中华奖"颁奖盛典在宁波举行，和顺县获得"节庆中华奖"十佳奖，"和顺牛郎织女文化节"获得"最佳文化传承奖"。2009 年 12 月 7 日在北京举办的第三届中国旅游论坛会上，和顺县也被命名为"中国优秀生态旅游县"。国务院将"和顺牛郎织女文化传说地"列为第二批非物质文化遗产保护名录。和顺牛郎织女文化传说地的美名也愈来愈受到更多的关注。当地旅游文化"牛郎织女文化"传说的由来，具体分析如下：

一、遗迹追踪

故事的发生地太行山，自盘古开天之时就已经耸立在华北黄土高原的东部，好比一道巨大而坚实的屏障，护佑着当地的子民。在太行山中部的深山腹地，有一个类似世外桃源的村落，这个村子叫作南天池村。村子海拔 1350 米，周围林木茂盛，郁郁葱葱。南天池村旁边的牛郎峪村，就是故事的男主人公牛郎的出生地。

牛郎出生于和顺县松烟镇东南方向的牛郎峪村。村里人们的姓氏以青、曹、刘、张、崔为主。牛郎的舅舅姓青，牛郎因自幼丧父且时常与老牛相伴而被人们习惯称为牛郎。牛郎家里清贫，只有一头老牛与之做伴，感情深厚。牛郎在家里排行老三，两个哥哥对他疏于照顾，再加上父母去世后，哥哥嫂子获得大半家产，而牛郎只和老牛为伴，生活愈加艰难。后因为牛郎舅舅的接济，牛郎的生活才有些许好转。

在牛郎峪村中有两座庙，它们分别是玉皇大庙和龙王庙。玉皇大帝的第九个女儿织女美丽动人，因私下凡间玩耍，沉醉在人间的繁华，并与牛郎结缘，共谱一段爱情佳话，但是织女下凡并与牛郎结为夫妇的行为却触怒了玉皇大帝和王母娘娘，他们随即派遣天兵将其带回天庭。为防止玉皇大帝迁怒于当地百姓，村民便修建了玉皇庙对其进行供奉。同时为了祈求来年风调雨顺和农业获得大丰收，对主管雨水井泉的龙王也立庙供奉。

从南天池村看去，平日在天河梁西北可以看到牵牛星，在其东南则会看到织女星。但是每到七夕的晚上,牵牛星和织女星则会紧挨着,或许这是牛郎织女相会的另一种方式吧。天河梁便是"看天"的最佳观景点,它贯穿南天池村南北,其南端峭崖壁立,并落差千米,为牛郎织女的故事更添了一份美感。

牛郎织女的爱情故事感染了很多人,人们往往对王母娘娘将二人拆散而深感惋惜,传说居住在和顺的仙人曾被这段爱情佳话感动,以一己之力帮助二人相爱。曾居住在老牛口的金牛大仙在天兵天将欲抓织女返回天庭的时候,施以援手,与天兵开始大战。最终,金牛大仙连喷三口仙雾困住天兵,救出织女。现在,位于南天池村天河梁东南的老牛口仍然有牛郎织女文化的遗迹。

当时伸出援手的不止一位仙人,药王楼位于南天池村的东面,里面供奉的药王也可称之为药圣。相传牛郎因思念织女而整日郁郁寡欢,最终病入膏肓。织女听闻伤心不已,但又迫于王母娘娘的压力无法下凡,只能祈求药王为牛郎治病。药王被二人真情感动,用尽各种方法为其医治,最终牛郎得救,重获新生。药王为了给牛郎治病,寻获世界珍奇药材,攀登各种长有药材的山脉,后终于在灵山采到了能治疗牛郎病的药材。这座山上遍布各种奇花异草,每一种植物都具有独特的药性,且药效显著无可替代。生态文化之乡的和顺,为美丽的传说提供着独一无二的自然地理环境。

二、古籍资料

(一)乞巧

由阴法鲁、许树安主编的《中国古代文化史》第三册中记载道:"山西临晋(今临猗县)有用麦、豆芽为针乞巧的风俗,七夕前将麦、豆浸在盛水瓦器内,七夕时将麦、豆芽放在水面上,就为漂针试巧,以针影作笔尖、鞋底状者为佳。"[①] 宋代孟元老的《东京梦华录》和民国时期的《和顺县志》也有相关记载。

七夕那天,要在自家的院子里晾一盆水,等到水面生膜,便让被测试的人用手把绣花针放在水面使其漂浮,而后观察水底影子:影子有动物、花鸟的,则可称作"巧";影子又粗又直的,则被叫作"拙",即为不得"巧"。

---

① 阴法鲁、许树安主编:《中国古代文化史》,北京大学出版社1991年版,第247—249页。

（二）婚配

古代长期延续严格复杂的"六礼"（纳采、问名、纳吉、纳征、请期、亲迎。）婚姻礼仪，但在和顺县境内却奉行男女婚配，仅需媒人通融即可的婚姻习俗。民国三年《和顺县志·风俗志》中记载："两姓结亲，只凭媒妁之一揖……男家用红柬，女家用绿柬……慎重婚姻，构讼免焉。"这也可以印证牛郎舅舅促成牛郎织女美满婚姻的情节，同时对当地人民产生了潜移默化的影响。

综上可以看出，山西省和顺县的南天池村，不仅拥有牛郎织女故事中体现的"男耕女织"的理想状态，当地遗留的古风古俗和古代农业社会十分相近，同时其周边环境与牛郎织女爱情故事的发生背景很相像，而且当地景点景物与传说的细节吻合程度很高，再加上各位专家学者不懈努力地探索和考察，最终在 2006 年 12 月 13 日，中国民间文艺家协会授予和顺县"中国牛郎织女文化之乡"的称号。[①]

第四节　晋商旅游文化

晋商文化是晋中地区旅游文化的重要形式之一，下面从晋商文化的起源、含义、内容、特点、精髓等方面作出分析。

一、晋商文化的起源

文化的发展具有历史的延续性和继承性。晋商文化的起源也是源远流长的，最早可追溯到先秦时期"日中为市"的春秋时代，晋文公在称霸的时候，山西的榆次、安邑（今运城市盐湖区）就成为了比较有名的贸易集镇，对内实行"工商食官"，对外便实行"轻关易道通商"。后来，"猗顿居猗氏，用鹾盐起"。《孔丛子》又提到，其受陶朱公之教，"大蓄牛羊于猗氏之南，十年之间其息不

---

① 宋方灿：《和顺被民间文艺家协会授予牛郎织女文化之乡称号》，中国新闻网，http://www.chinanews.com/cul/news/2007/04-25/923583.shtml，2007-04-25。

可计,赞比王公,名驰天下"①。今临猗县王寮村有猗顿之墓。秦汉时期,其中的太原、平陆、平遥、汾阳等地已经成为了重要的商品贸易集镇。隋唐五代时期,又出现了漳州(今晋城市)、太谷、平定、大同等地的贸易集镇。李唐起兵并州,定并州为北都。唐代诗人韩愈有诗描绘:"朗朗闻街鼓,晨起似朝时"。前期晋商文化的繁荣发展,为后来晋商文化在明清时期达到巅峰奠定了基础。

二、晋商文化的含义

"晋商"的含义有两个方面:一方面"晋"是山西的简称,所以山西商人统称为"晋商";另一方面专指古代晋国时期的商人。山西春秋时期称晋国,战国时山西境内有韩赵魏三国,所以山西又被称为三晋大地。而晋商文化主要是明清山西商人所创造的关于经商、建筑、家族、理念等方面的文化。

晋商文化,主要是指山西商人在从事商品贸易过程中,积累的财富和经验,以及由此衍生、发展出的商业制度、商会组织等文化形式。山西商人能在明清时期取得卓越的成就,成为了享誉海内外的商业巨人,在一定程度上是有赖于晋商文化的缘故。"晋商文化在其鼎盛时代已经相当完善,把传统文化的精髓'仁、义、礼、智、信'渗透到整个晋商的精神世界,成为他们的灵魂,指导和维系晋商几百年的经营活动,长盛不衰。"②

三、晋商文化的内容

我们掌握了晋商文化的概念,便可以发现晋商文化的内容是十分丰富的。"它不纯粹只是赤裸裸的商业文化,它包括戏曲、信仰、建筑、风俗等等,无一不体现在人们的日常生活中。"③综合来看,晋商文化的内容主要包括:

---

① 赵汝泳:《"晋商"的历史地位及其产生发展的原因》,《理论探索》1987年第04期,第50—53页。

② 徐继开、韩慧莲:《晋商文化及其发展的研究》,《全国商情(经济理论研究)》2008年第11期,第18—20页。

③ 孙长青:《晋商学说史概论》,经济管理出版社2008年版,第95—97页。

（一）晋商伦理文化

晋商文化坚持以儒家的思想来指导贸易活动，是名副其实的儒商。他们以"仁、义、礼、智、信"为基础，晋商深知"仁"的重要性，讲究"和为贵"，伙伴之间互相扶持；晋商还秉承"国家有难，匹夫有责"的胸怀，对人民、社会负责；晋商传承和发扬了儒家文化中的"礼"，遵循了"家有家规，铺有铺规"的原则；而在"智"方面，体现在晋商的勇于创新和足智多谋；所有晋商都供奉"关公"，体现了他们对"信义"的遵循。晋商在不断地发展中，形成了一套属于山西商人独特的经商理念和价值观，而且不断丰富着晋商文化的内涵。

晋商非常重视家族观念，他们有着完整且严格的家规，同时他们的商业经营管理也是家族式的经营模式。同时晋商注重家庭的教育，晋商子女不仅学习经典的四书五经，还要学习现代数学、物理、化学等，其对后代的培养还是特别重视。

在理念方面，晋商的成功与他们身上的精神品质有着密切的联系，概括来说就是进取精神、敬业精神、团结精神。晋商文化的内核是儒商精神，这也是他们成功的根本所在。在当时晋商深受儒家文化的影响，有着先进的经营管理理念，他们重视信誉，这在当时乃至现在都有进步意义。

（二）晋商企业文化

晋商可以取得如今的成就，离不开其独具一格的管理制度和经营艺术：独特的企业治理机制、财务会计机制以及人力资源管理机制。结合上述属于晋商的诚实守信、重商立业、积极进取和团队合作的精神，这些成为了晋商文化中的精华，在一定程度上代表了晋商文化。晋商企业文化，不仅对当代新晋商的发展起到了推进作用，而且对现今企业的经营和管理，仍然具有十分重要的借鉴意义。

具体来看，在经商方面，晋商在经营管理上注重规章制度，他们在各个商号里都会有极其严格且规范合理的号规。在人事任用上，晋商任人唯贤，反对任人唯亲，并严格执行。晋商尤其重视大掌柜等管理人才的选拔、伙计的激励约束机制的建立。

（三）晋商建筑文化

晋商大院，是晋商几百年来取得巨大财富的重要象征，也是晋商文化的物质载体。这些大院的建筑，无不折射出当时晋商的伦理思想和艺术价值等，这都属于晋商文化的丰富内涵。山西大学文学院王春林教授认为："大院文化是晋商文化的一个具体表现，从大院中可以了解明清时期晋商的辉煌，大院文化有着十分重要的历史文化意义，甚至可以把它当作历史文化的'活化石'。"①

晋商的民居住宅大多是整齐划一，高墙大院式的布局。它们集中体现了山西乃至中国北方的建筑风格。在建筑方面，比较有代表性的，有祁县的乔家大院与渠家大院、太谷的曹家大院、灵石的王家大院、榆次的常家庄园，还有著名的平遥古城。这些建筑都属于深宅大院的风格，整体的院落布局都呈现一定的对称性，但又具有各自的特点。比如，从高空俯瞰乔家大院像是一个囍字；王家大院被称作"山西故宫"；渠家大院以精湛的设计和严谨的布局著称；曹家大院有名的是其别称"三多堂"，其"寿"字形的布局闻名海内。这些晋商全盛时期所修建的院落，能够很好地反映晋商建筑的艺术风貌。

（四）晋商民俗文化

晋商民俗文化，体现在多个方面，尤其是在饮食、戏曲、会馆、技艺等方面，甚至风俗、家规和拳术等方面。其中，饮食文化经过晋商的发展，而在全国各省市全面推广开来；山西戏曲也在各地晋商会馆搭建戏台进行演出，晋剧逐渐成为闻名全国的重要戏种；山西人历来供奉"关公"，在全国各地的山西会馆中，都供奉有"关公"的殿堂，这也成为山西会馆的独特文化；山西的表演技艺，杂耍、剪纸、舞蹈以及秧歌，伴随晋商的足迹也得到了不断的推广和发展。晋商走到哪里，晋商票号就开到哪里，晋商文化就会传播到哪里。随着各种民俗文化的发展和传播，晋商民俗文化，也走出了山西、走向全国。

四、晋商文化的特点

（一）重视儒家文化

晋商在商业经营过程中呈现出儒商的特点。在古代中国社会儒家文化具有很大的影响力，是中国的正统文化。当时中国的各个朝代、各个行业都渗透着浓厚的儒家气息。晋商文化处处可见儒家文化的影子，诸如晋商诚信第一的经营理念，乔家"义""信""利"的祖训；在建筑方面，无论是晋商的大宅大院，

---

① 杨文：《说不尽的大院文化》，《今日山西》2004年第05期，第22—23页。

还是分别建在各地的晋商会馆，都有着儒家文化的身影。同时，在子女的教育上，晋商也是以儒家经典著作为主。正是由于儒家文化的熏陶、影响，晋商才找到正确的行商之路，才会成为中国古代商业的代表之一。

（二）重视官商联系

晋商文化一个突出的特点便是官商属性明显。从明太祖朱元璋时期的"开中制"的实施、到明末后金与晋商之间持续的贸易联系、再到清朝康乾年间政府为平叛与晋商进行的随军贸易，这些不同时期的政府都为晋商的发展提供了有利条件。同时，受到传统士农工商思想的影响，山西的大商人虽然"富可敌国"却没有与其财富相匹配的社会地位，因此他们常常会通过买官来提升自己的社会地位。据统计，山西有名的大商人都曾买有官职，比如日升昌的李箴视，以及灵石的王家、祁县的乔家、渠家等，都有在朝廷买过一官半职的经历。

（三）重视家规家风

晋商的成功离不开他们严格的家规和优秀的家风。晋商大族中，多数家族之所以能够兴盛几十年、上百年，是因为他们有着严格的家规、家风，重视家风与子女的教育。无规矩不成方圆，正是在这些家规、家风的影响下，他们的子女乃至后世很少有纨绔子弟。在晋商大族中，乔家的家规就是一个代表，其家规有不准赌博、不得吸食大烟、不得虐仆等等。晋商大族为了子孙的教育，愿意花费大量的人力物力，甚至会把教育写入祖训。比如，乔家在子女的教育上不惜重金去聘请名师，在重视传统私塾教育的同时，让后代兼学数学、物理、化学甚至英语等西式科目；介休的侯家，就曾以"读书好"作为家族的一条祖训。正是因为如此，晋商才能兴盛并发展延续下去，其文化教育功不可没。

五、晋商文化的精髓

（一）诚信天下的经营理念

山西商人有着儒商的特点，他们深受儒家文化的影响，将经商与孔孟之道相结合来推崇信义。晋商文化存在着学而优则商的思想，通过学习儒家文化来积累、培养人才。在"义"与"利"的取舍方面，他们有着自己独特的理解，认为君子爱财、取之有道。由于山西商人对诚信义利的极度推崇，因此明清时期的古代中国（尤其是北方地区），山西商人在许多城市修建孔庙、关帝庙。出于对"信""义"的推崇,晋商把关羽作为自己的信仰,而关帝庙作为祀奉关羽的地方,更是被山西商人信崇,最有代表的当属今山西省运城市的解州关帝庙。

(二)博大宽厚的经营胸怀

晋商文化的底蕴正是博大宽厚,同时博大宽厚也是晋商赖以存在和发展的精神支柱。海纳百川、有容乃大,正是这种博大宽厚的胸怀,使得晋商在商场里游刃有余。他们用机敏的眼光审时度势,观察商情捕捉一切有利于自身发展的各种因素,使自己在竞争中始终处于主动地位。在与他人进行业务合作、利益协调方面,晋商能够宽厚待人,取财以义、厚利他人,以求得长远的发展。晋商这种博大宽厚的胸怀,使得晋商在化解商业纠纷、协调各方利益关系时,能够展现出大家风范,以及远大的眼光,不计较眼下的得失,而是注重长期的合作共赢。

(三)兼容并蓄的经营气度

山西商人在经营上能够做到让利经营,在管理上能够做到与人相处平和宽容。因此,晋商在发展的过程中,有数量不少的伙计、相与、合作伙伴,并且与官府保持良好的联系。灵石县的王家在乾隆皇帝时是显赫一方的大商人。乾隆皇帝南下江南的时候,由王协接驾,他便礼遇所有随行官员,在奸臣当权时能随机应变,和谐共处。王协还积极向朝廷捐军饷,然后获得一官半职,使其在盐运方面获得合法权益。王家在与官府保持良好关系的同时,以一己之力走南闯北,沟通南北的茶路、盐路、丝路、绸路,从而做到货通天下,便利万民。晋商这种经营气度,对后世民族工商业发展产生了深远影响。

(四)同舟共济的经营思想

晋商注重与社会各方的和平共处,在商业经营中既能做到公平竞争,又能做到相互帮助、支持。在晋商之中,有一种称谓叫作相与,相与最初是指往来朋友,在晋商中便是生意伙伴。相与之间必须相互帮助,在对方最困难的时候,即使知道自己无利可图也要伸出援手。乔家的乔贵发在创办乔氏家业的时候,就有山西商人的大力相助,因此乔贵发告诫后代不与山西商人争霸。后来乔致庸到包头挽救了乔家生意,在与包头的山西商人和解后,确立了诚信第一的经营理念。这些都是晋商文化中同舟共济思想的体现,其对后世商会制度的产生有着深远影响。

(五) 自强不息的经营精神

多数商帮的发展都是低开高走。晋商也不例外,凡是有名的山西大商人都是从推着小推车走南闯北,开始自己的事业,后来的成功便是对他们自强不息精神的回报。自清朝道光皇帝开始,西方列强逐渐入侵中国,中国逐渐沦为半殖民地半封建社会。从此之后,西方商品如洪水般涌入国内,民族手工业、商业遭受重创。在 20 世纪 20 至 30 年代,中国各地都充斥着国外的商品,如洋烟、洋面、洋煤油、洋布等。在目睹西方商人在中国廉价购买原材料,并高价卖给国人后,平阳(今山西省临汾市)的丁家挺身而出,开始抵制洋货,振兴民族工商业。这一精神,一直传承到现在,对当代新晋商、国内企业的发展都影响颇深。

第五节 平遥古城旅游文化

山西平遥古城,在山西省晋中市平遥县城内,是一座历史文化名城,距今已有 2700 多年的历史,是中国四大古城之一。其他三大古城,分别是云南丽江古城、四川阆中古城和安徽徽州古城,可谓是中国汉族地域保存最为完好的古城。山西平遥古城旅游文化资源非常丰富,可分为平遥古城旅游文化物质资源和平遥古城旅游文化非物质资源两大部分。平遥古城旅游文化,具体分析如下:

一、山西平遥古城旅游文化物质资源

山西平遥古城旅游文化物质资源,主要是指平遥古城旅游文化的载体,指游客能够看得见的外在旅游文化形态,即旅游文化景点。平遥古城的旅游文化景点众多,具有代表性的,主要包括平遥城隍庙、日升昌票号、平遥县衙、平遥双林寺和中国镖局博物馆等 22 处。

(一) 平遥城隍庙

它是明朝的建筑,规模宏大,由寝宫、正殿、土地祠和灶君庙等部分组成,乃我国目前保存最为完整的城隍庙之一,具有丰厚的宗教和历史文化。其最大

的特色是琉璃艺术与建筑结构，殿宇、楼阁形式奇特多样，结构精妙叫人赞不绝口，蓝、绿和黄色所组成的清冷色调，更加显现出一种神秘威严之感。

（二）日升昌票号

它位于平遥古城中的西大街，是中国第一家票号，相当于中国第一家银行，由中国票号第一人雷履泰所创立，当时的经营网点以平遥为中心，散射到大半个中国。现如今已成为中国票号博物馆，向人们展示了那个年代中国银行业的辉煌历史。日升昌票号和平遥古城内的其他票号，因其创立时间早、延续年代长、网点分布广、票号数量多而闻名于世，在中国金融发展史上留下了光辉的一页。直至今天人们提到它，也是常常赞不绝口，感叹其所发挥的历史文化作用。

（三）双林寺

该寺院又名"中都寺"，距今已有1400年的历史，因其地本为中都古城所在而得名。镇国寺是平遥古城的一大名寺，它和双林寺等景点一起列入《世界遗产名录》，这两座寺庙都不在古城内，而是位于县城不远的村落中。两寺各具特色，双林寺以其两千多尊彩绘泥塑而闻名，因为镇国寺是我国现存最古老的木结构建筑之一，在国内现有的寺庙中也颇有名气与代表性。

总而言之，平遥古城的22处旅游景点个个都是文化精品，都是山西平遥古城旅游文化物质资源的重要组成部分。

二、山西平遥古城旅游文化非物质资源

山西平遥古城旅游文化非物质资源，主要是指平遥古城传统文化的载体，指与地方传统文化相关的外在的实物和场所，即民俗旅游文化形式。平遥古城的民俗旅游文化形式众多，具有代表性的，主要包括冠云平遥牛肉、晋商镖局、平遥推光漆器等传统技艺、传统民俗的实物与场所多处。

（一）冠云平遥牛肉

它是山西省平遥县的传统特色名菜，名声传遍祖国的大江南北。其全面继承了"老字号"的传统工艺，是平遥古城旅游文化非物质资源的一大亮点，在加工工具和制作工序上十分讲究，生牛的屠宰，生肉的切割、腌制、蒸煮等操

作程序和操作方法上，与其他省市均有所分别，种种技艺蕴其中，道道工艺有诀窍。现在到平遥古城，欣赏其旅游文化的游人，无不去品尝冠云平遥牛肉。

（二）晋商镖局

清朝初年，随着平遥县票号金融业的兴起，平遥人在外经商的逐渐增多，往来业务数额也急剧增加，为了保证分布于全国各地票号金融业务的安全性，镖局应运而生。当时镖局的主要任务，就是给各票号护送银子，相当于今天的运钞业务。具体看来，也有票镖、粮镖和人身镖等的区分，共有六大镖系，我们平常在相关纪录片中见得最多的是银镖和人身镖。晋商镖局现已成为这段历史文化的忠实记录者，供游客去体验品位。

（三）平遥推光漆器

它是山西省晋中市平遥地区的一种古老的手工技艺，其与福州脱胎漆器、扬州漆器和成都漆器，并称为中国四大漆器。该漆器，以其特有的自然生漆和人工手掌推光的独特工艺闻名于世，其外观非常精美，玲珑剔透、光彩照人，在灯光的照耀下更显大气和尊贵。此种漆器手感也十分细腻，既耐热又防潮，乃漆器中的精品。其实用推光漆技艺制作的漆器，远在唐代就已闻名中外，后来在传承发展中有所衰落，但是一直持续不断流传至今。伴随各地游客的欣赏与喜爱，现已成为平遥旅游文化名片之一。

总之，山西平遥古城旅游文化非物质资源十分丰富，它和平遥古城 22 处旅游景点，一并构成了平遥古城丰富多彩、灿烂辉煌的旅游文化。

第六节　晋祠旅游文化

一、晋祠旅游文化概述

晋祠是中国最早的"皇家园林"。晋祠，因在晋水发祥处而得名，是"三晋文明"的符号，处于太原市西南方 25 千米处的悬瓮山脚下，是为纪念周武王次子、周成王胞弟、晋国建国君主姬虞而立的祠，唐太宗游晋祠时曾写下《晋祠之铭并序》。晋祠是人工缔造的最值得骄傲的古代文明成果之一，它有着显著的历史意义、重要的文物价值、高超的建造技艺、深厚的艺术功用，是太原市著名的旅游文化胜地，也是国家级4A级旅游景区和全国最重要的文物保护单位之一。

晋祠有"三大国宝建筑"即圣母殿、鱼沼飞梁、献殿。圣母殿是晋祠现存最古老的建筑，也是我国规模较大的一座宋代建筑；鱼沼飞梁是造型优美独特的十字形桥梁，在我国建筑史上仅此一例，其对中国古代桥梁建筑的研究很有价值；献殿建于金代，是国内同期现存的古建中所独有，颇具艺术价值。晋祠还有"三绝"即宋塑侍女像、难老泉、周柏。宋塑侍女像神态自然，神情各异，塑工生动形象，是我国宋代彩塑中的精品；难老泉温度常年保持在17℃，歌颂赞美的诗句屡见不鲜，其中最著名的是李白的《忆旧游寄谯郡元参军》"晋祠流水如碧玉""微波龙鳞莎草绿"等佳句；千年古木周柏在当地人眼中是长生不老的象征，其见证了晋祠的历史变迁与文化传承，欧阳修曾写下"地灵草木得余润，郁郁古柏含苍烟"的诗句。

二、传媒对晋祠旅游文化形象的塑造

（一）概念界定

大众传媒是信息传递过程中的传播媒体，又称"传媒""媒体"或"媒介"，是传播信息资讯的载体。按照其传播渠道，有纸质类传媒（报纸、期刊）、声讯类传媒（电台、广播APP）、视频类传媒（电视、电影）、网络类传媒（手机媒体、网络媒体）。伴随移动互联网的普及，网络社交媒体已经成为当前信息资讯传播中主要的新媒体形式。

晋祠旅游文化形象，是晋祠地区长期形成的政治、经济、文化和内在精神等，在公众意识中所留下的印象。晋祠旅游文化形象，充分体现了公众对晋祠旅游文化的热爱和对文化发展的诉求。晋祠旅游文化形象塑造，是培养公众地区文化意识的必然要求，其中传媒对于塑造晋祠良好形象、推动晋祠旅游文化的传播，以及引领人们感受三晋文化有着至关重要的作用。

（二）形象塑造

一方面，传媒的影响力决定晋祠旅游文化形象塑造的力度，以及晋祠旅游文化形象塑造的理念与方向。另一方面，传媒的发展程度与水平，和晋祠旅游文化形象的塑造又是互为影响的，两者的发展休戚与共、荣辱共存。

晋祠旅游文化形象是衡量晋祠文化软实力的重要指标，大众传媒传播其形象要靠传媒自身的传播力和影响力。传播力，主要指传媒通过各种传播形式的组合，将关于晋祠文化的讯息扩散出去，使之最大程度地产生积极的传播成效的能力。它包含传播的精确度、信息量、时间差，同时也包括信息的受众数量和接受效果。影响力，指的是传媒所报道的关于晋祠文化的讯息，能否被人们接受并接纳，并将转变或扭转受众的立场和行为，进而产生有益于晋祠文化的舆情氛围，塑造出良好的晋祠形象的能力。

晋祠旅游文化形象的提升，与传媒的发展程度关系十分紧密。要使传媒的发展与晋祠文化形象塑造达到共赢，必须结合传媒自身的发展需要，来确定其对晋祠旅游文化的报道理念、报道方向。最终使传媒的发展与晋祠文化形象的塑造，形成统一的目标，增强二者合力。同时在晋祠旅游文化定位上，做到对内传播与对外传播的统一。只有这样，才能取得预期的社会效果。

传媒为晋祠旅游文化塑造了良好的形象，促进其全面快速发展，同时晋祠旅游文化的健康发展，也能够为当地传媒做大做强提供强大的物质支持和市场保障。晋祠旅游文化，在传播过程中，随着本地公众的认同感逐渐加强，凝聚力不断增大，晋祠文化的吸引力和影响力将不断彰显出来，外地公众对其的关注度、认可度随之加深。与此同时，晋祠旅游文化全面发展的力量，得到加强以后，传媒的社会价值也会得到普遍认可，传媒企业的文化精神也能够得到发扬，传媒的社会声誉、社会形象，也会得到民众的一致好评、广泛认可，最终达到双赢。

第七节　绵山旅游文化

介休位于山西省中南部，汾河横过其境北，绵山屹立其境南，周边与平遥、灵石、汾阳、孝义、沁源等县市接壤。介休历史悠久，公元前514年建制，距今已有2500多年的历史。因史出春秋时期割股奉君的介子推、东汉时期博通典籍的郭林宗、北宋时期出将入相五十载的文彦博，素有"三贤故里"之称。[①]

---

① 介休市人民政府：《介休概览》，介休市人民政府网，http://www.jiexiu.gov.cn/zjxs/xsjj，2021-04-01。

介休市辖区内有绵山风景区、张壁古堡、介休袄神楼、介休后土庙、介休源神庙等旅游文化景点。

一、绵山景区概述

山西介休绵山,地处汾河以南,太岳山以北,太原盆地南部,介休市城南20千米处,地跨介休、灵石、沁源。中国清明节(寒食节)发源地,中国寒食清明文化研究中心,中国寒食清明文化博物馆,是山西省首批公布的六大风景名胜区之一,同时于2013年获批为国家5A级旅游景区,是晋中市首个5A级旅游景区。绵山最高海拔2560多米,规划面积为135平方公里,管辖范围为40平方公里。景区拥有14个大景点,400多个小景点,人文景观与自然景观种类众多,佛、道文化气氛浓厚。绵山于1995年起由山西三佳集团以私营资金的方式进行旅游开发与文物保护,使得绵山旅游文化得到极其有效的恢复与延续。

二、绵山景区历史

相传春秋之时,介子推曾跟随晋国公子重耳流亡于他国,曾在逃亡队伍食不果腹,在重耳即将饿死时,介子推割下大腿的一块肉给重耳充饥。重耳归国为君,即晋文公,介子推则携母亲到绵山隐居。晋文公为报答介子推的恩情,同时爱惜介子推的才华,派人前往绵山请介子推出山辅佐自己。但被介子推婉拒,晋文公便下令放火烧山,以逼迫介子推母子出山,但反而将介子推母子烧死。晋文公得知噩耗,赞叹介子推的士节但同时悲愤交加,遂下令将绵山改为介山,阳县改为介休县,又将"环绵山山中而封之,以为介推田",以示怀念。同时下令在介子推被焚的日子,即清明节前一天,家家户户不得烧火做饭,只能吃冷饭,这日便是"寒食节"。

三、绵山景区特色

绵山风景区的旅游文化景观,分为人文景观与自然景观。

绵山景区的旅游文化中,人文景观以博、古、精为特色。其中,绵山拥有佛道两教80多座寺庙、2000多间殿宇,供奉有佛道两教众多神祇,庙宇之多,神佛之全都属国内罕见,是为"博"。从春秋时期起,绵山便有了道教活动,古绵山铁瓦寺的修建更是可以追溯至东汉建安年间，而兴建于各朝代的庙宇、建筑、设施遍布绵山，是为"古"。绵山在历史上曾饱经磨难，但其仍然留存大量精美的古代建筑、碑刻、彩塑、壁画、碑文，是为绵山人文之"精"。

绵山景区的旅游文化中，自然景观则以奇、险、秀为主要特色。"奇"指的是绵山拥有的奇石、溶洞、岩洞，以及岩壁等；"险"则指绵山依托于天然地势而形成的栈道、天桥、索道等；"秀"则指绵山流水、瀑布、青山相依相成而形成的秀美景色。

与此同时，绵山由于自身独有的文化、历史背景，流传下一套完整的、古老的民俗文化。如今这些民俗文化经过旅游景区的传承开发后，成为绵山旅游文化的又一特色。

四、绵山景区文化

介子推，由于其高尚的品德被儒释道三家所尊，儒家封其为圣贤，佛教列其为罗汉，道教奉其为神，在民间则被奉为大道思想的先驱者与代表人物。绵山从春秋时期开始便有了道家的活动痕迹，介子推本人也被道教尊为仙长，在绵山中留有修道成仙的传说与相关的庙宇。佛道并盛，是绵山文化的一个特点，绵山拥有众多的佛道庙宇，其中更藏有世界保存最为完整，数量最多并有相关文字、铭文记载的包骨真身。

绵山汇聚儒释道三家文化，其中尤以佛道为盛，且每一座庙堂殿宇，甚至钟乳岩洞、天险景观，都有着对应的传说与典故。同时也因为如此，绵山吸引着文人墨客留下一段段精美的诗词，其中流传到今的相关碑刻大多保存完好，记录着绵山的过去与历史。

绵山的宗教文化兴盛，绵山拥有着属于自身的独特的宗教音乐文化，并有对应的宗教音乐流传至今。如今绵山仍有一支属于自己的宗教音乐团，并多次为台湾同胞表演、展示。这也成为绵山旅游文化的又一大特色。

绵山由于其佛道两教的兴盛，自古以来香火旺盛，得道高人众，在古代常有帝王前来参拜，与之相辅相成形成了一系列属于绵山的相应民俗文化、传统习俗，如挂灯许愿、还愿等。并且在旅游景区的开发与保护下，这些民俗文化得到了很好的传承，并成为绵山旅游文化的一种特色。

绵山作为中国清明节（寒食节）的文化发源地，同时又是国家寒食清明文化研究中心、中国寒食清明文化博物馆，而以介子推为主的历史文化也是绵山风景区旅游文化的重要组成部分。每年寒食节时，绵山均会举办寒食节的相关活动与大型庆典，并以此彰显自身文化的独特之处。

第八节　晋剧旅游文化

一、晋剧文化概述

晋剧就是山西梆子，也叫中路戏，是中国北方的一个重要戏剧剧种，是山西省宝贵的旅游文化财富。其主要流行于晋北、晋中地区，大致分为上路调（北路梆子）和下路调（中路梆子）。民国以后中路梆子逐渐繁荣，传播到全国各地，得到更多人关注，于是把山西梆子专称为中路梆子，新中国建立后改称晋剧。清末民初是晋剧发展的巅峰时期，之后的抗日战争和解放战争摧残了晋剧的发展，直至20世纪末改革开放后，晋剧才逐步进入平稳发展期。

晋剧的四大梆子——蒲州梆子、中路梆子、北路梆子和上党梆子，均已列入国家级非物质文化遗产名录，受到国家和山西省政府的高度重视。中央和地方政府对晋剧进行了资金援助和政策优惠，通过设立艺术基金等方式，给予其提供支撑，一直在保护晋剧文化，使其有序发展，不被淹没在历史洪流之中。

二、晋剧文化的历史

（一）起源（发展初期）

晋剧产生于封建社会末期，当时属于自给自足的小农经济，男耕女织，老百姓的精神生活很是贫瘠。清朝末期实行闭关锁国政策，统治阶级妄自尊大，整个社会非常闭塞，老百姓的业余活动十分匮乏，看戏就成为了他们的一项重要娱乐活动。戏曲不受教育程度的限制，风雅人士可以欣赏，目不识丁的平民也可以看懂，它并不像话本那样，必须识字才能看懂。戏曲宣扬的价值观、伦理道德影响了一代又一代的人们，看戏成了人们进行自我教育、自我娱乐、自我服务的重要途径。

清代咸丰中后期，众多戏班中的演唱人员经过多年的不懈努力，最终促使晋剧的雏形——戏班基本形成。清同治时期，新型中路梆子的出现，将晋剧带入到新的发展阶段。戏曲班社、业余班社开始成立，本地演唱人员数量开始增加，晋剧唱腔也在一步步摸索中形成。在演出实践活动中，各戏曲班社彼此之间互相学习，不断地改进晋剧的唱腔、服饰、妆容、音乐，并且学习了外省剧种的优势，借鉴了相应剧种经营管理的经验，使晋剧日趋完善。

（二）辉煌（发展中期）

清光绪十年以后，这一时期，山西没有发生内乱，社会秩序良好，经济状况乐观，商业资本逐渐发展，本地商人靠诚信、勤劳发家致富，晋商渐成名气。晋商当中，有些为了扩大知名度，有些为了丰富娱乐活动，有些为了显示自身实力，都纷纷支持晋剧的发展。晋商票号开始出资赞助戏班演出，从此，晋剧在晋商的扶持下快速发展。

晋剧不仅有晋商扶持，也得到了当时政府的重视。清光绪年间，晋剧曾举办过两次大规模的聚会。这两次聚会都是在政府官员的策划下进行的，汇集了山西全省的大多数晋剧演唱人员。聚会使得晋剧艺人可以相互之间观摩表演技艺，交流心得体会，借鉴吸收不同表演优势为我所用，进一步形成并发展了自身的表演风格，客观上有力地促进了晋剧的发展。之后大量晋剧表演班社，如雨后春笋般出现，山西各地也出现了培养晋剧表演人才的组织。一时间，晋剧人才济济，群英荟萃。晋剧艺人随着时代发展，不断改进晋剧唱腔等内容，使其更适合本地观众，晋剧发展进入到了鼎盛时期。

（三）低潮（发展末期）

晋剧产生于封建时代末期，男尊女卑的封建落后思想影响深远。戏班子有许多惯例，不许妇女登台演出就是其中之一，各种角色全部是由男演员来扮演，男扮女的现象很是普遍。民国初年的新文化运动，广泛介绍了西方的科学技术和文化思想，极大地冲击了传统的封建伦理道德，解放了人们的思想，男女平等的观念逐渐流行开来，将妇女从封建伦理道德的锁链中解救出来。女性的地位逐渐提高，人们的观念开始发生变化，不再像前人那样将女性登台演出看作洪水猛兽，不允许女性参与戏曲活动的陈规陋习逐渐被打破。民国初期的山西，不仅女性观众可以进入剧场看戏，而且女性演员也可以公开登台演出。

女性演员天然华美的扮相、精彩绝伦的表演、清脆动听的唱腔，使得大多数男性演员的表演黯然失色，人们对女性演员的接受度逐渐提高。因为女性演员更能吸引观众、更能给剧团带来盈利，女性演员的重要性日益提高，女性演员逐渐占据并垄断晋剧舞台，打破了男性演员一统晋剧天下的局面，但演员"阴盛阳衰"的现象逐渐显现。这就带来了潜在的问题，也是晋剧由盛转衰的重要原因。许多高超的特技让女性演员来演，并没有男性演员那么有力度、有看点，最后致使像喷火、耍花脸这样的高难度动作，逐步停演，甚至失传。使得晋剧这样昂扬向上的特色明显的剧种，逐渐被委婉清新的表演风格取代，晋剧开始失去了往日的那种阳刚之气并渐趋落寞。

第五章　山西晋南地区旅游文化概述

第一节　长治红色旅游文化

一、红色文化的内涵

　　文化是一种历史现象，随着社会历史的发展，文化也在不断地演变。就我国来说，封建社会有三纲五常、家天下等文化观，现代社会有社会主义核心价值观、和谐社会等文化观，当然也包括下面所论述的红色文化，这些都属于文化的表现形式。红色文化的内涵随着历史的发展不断地丰富，在当下，它可以理解为一种积极的文化倾向。

　　中国红色文化研究会会长刘润为借鉴红色文化的广义内涵，提出了"今天所说的红色文化，是广大人民群众在实践科学社会主义的伟大进程中创造的科学文化，是一种超越封建主义和资本主义又不断吸收中国优秀传统文化成果的先进文化，是一种以主动精神为支撑又充分体现人民群众精神内涵的伟大文化，毛泽东称之为'中国人民学会了的马克思列宁主义的新文化'"[①]。那么，由此而言，我们认为当代社会应大力提倡和弘扬的"红色文化"，是指从新民主主义革命以来，在新中国的建设过程中和改革开放过程中，以中华民族优秀传统文化内涵为核心，以正向价值观为特点，以崇高的信念为追求，以明辨的荣辱观为要义的社会先进文化总和。

二、红色文化的特征

　　一方面，红色文化具有大众性。

---

① 刘润为：《主动精神的群众性扬厉——关于红色文化热潮的一种思考》，《文艺报》2011年08月08日。

红色文化，是广大人民群众在艰苦卓绝的斗争中创造出来的，人民群众是红色文化的缔造者。在抗日战争时期，人民群众都爱共产党，人民群众都爱八路军，有人曾说中国抗日战争的胜利，是人民群众用小推车一步一步推出来的。其实这一点也不夸张，正是有了劳动人民的辛勤付出，才有了后来的胜利果实，人民群众在抗战中所表现出来的这种大无畏精神，也是红色文化的一部分。由此看来，人民群众也是红色文化的继承者和发展者，归根结底广大人民群众也是红色文化的享受者。综上所述，红色文化具有明显的大众性特征。

另一方面，红色文化具有开放性。

红色文化的开放性，表现在它不是一个封闭固化的系统，而是一个与世界其他文化不断交流借鉴的开放系统。从红色文化形成和发展的进程来看，它总是不断地汲取世界先进文化中的精华与营养，来丰富自己的精神内涵。红色文化的开放性，还体现在它不是为少数人，而是为大多数人服务的文化，它随着时代发展而不断丰富的核心价值，也终将为全人类所拥有。

同时，我们也注重及时地把红色文化传播到世界。这方面，尤以埃德加·斯诺的《西行漫记》为代表，作者详细记录了从1936年6月到10月期间，在我国西北革命根据地所发生的革命战争故事，并向反法西斯同盟及全世界人民真实反映了当时的情况。自此，西方国家以及整个世界，逐步开始了解我党所推崇的红色文化。随着我国对外开放的日益扩大、中西文化交流的日益频繁，红色文化的价值内涵为越来越多的国家及民众所感知，红色文化的影响力也不断增强，开放性也逐渐扩大。

三、红色文化的形态

长治市武乡县作为华北抗日的指挥中枢，对整个抗战的胜利起着不可磨灭的历史作用。当地革命后留下的红色文化内涵丰富，大致可以分为红色文化物质形态、红色文化非物质形态。

（一）红色文化物质形态

山西红色文化从物质文化方面看，主要包括红色文化遗址、红色建筑纪念场馆与设施、红色历史遗迹、红色文化衍生品、红色文化产物等。山西省作为一个以红色文化享誉盛名的大省，根据官方统计资料显示，全省现存的从20世纪20年代到60年代，记载党的历史的文物遗址、重要革命人物的故居、堪称经典的战役战斗遗址，以及具有特殊纪念意义的基础设施共有3400余处。其中包括武乡县的王家峪和八路军总部旧址、左权麻田八路军总部旧址、太原八路军办事处旧址、平型关大捷纪念馆、国共合作忻口战役遗址、平顺县西沟展览馆、八路军太行纪念馆、晋绥边区革命纪念馆、百团大战纪念馆、临县中央后委所在地旧址、徐向前故居、刘胡兰纪念馆、高君宇故居等100余处在全国具有一定知名度的遗址、设施和建筑。① 老一辈革命家、政治家在山西留下了许多珍贵的红色文化瑰宝，还有众多红色文学、文艺作品，如《老井》《在太行山上》《李有才板话》《小二黑结婚》《吕梁英雄传》等。

1970年，武乡县初步规划完成，准备建设"八路军太行纪念馆"。1988年，纪念馆建成并正式对外开放，邓小平同志亲笔题写馆名。馆内环境优美，设施完善，陈列了大量革命先辈留下来的实物，其中的八路军游击战术演示馆生动地展示了当年抗日战争时窑洞游击战的全貌。除了八路军总部太行纪念馆，位于凤凰山巅的八路军抗战纪念馆、狼牙山五壮士雕像、八路军蜡像等更是栩栩如生地展示了当年的抗战史。

（二）红色文化非物质形态

山西革命老区的伟大精神，在红色文化的哺育下滋长发扬，其中太行精神和吕梁精神最具代表性，这是山西红色文化的丰富内蕴和昂扬旋律。太行精神是无数英雄儿女在国难当头、生活困苦的状况下，仍然保持着百折不挠、不怕牺牲的抗战精神，是为夺取民族解放、人民幸福的胜利，所体现出来的英勇无畏、奋斗到底的奉献精神。抗战时期，无数英烈用鲜血和生命浇铸了伟大的太行精神，其中就有八路军、共产党人和太行人民。同样，吕梁精神，由吕梁儿女、共产党人和八路军用鲜血和生命共同谱写。在抗战期间，吕梁人民表现了对党的忠诚，他们勇往直前和无私奉献的大无畏精神，更是给人们留下深刻印象。在艰苦而伟大的抗日战争中，山西人民展现了强烈的爱国主义情怀，英勇无畏、不屈不挠的民族气节，不惧牺牲、浴血奋战的英雄气概和坚韧不拔、决战到底的必胜理念。解放战争时期，山西人民紧紧跟着党走，他们表现出勇于拼搏、勇于奉献，不怕牺牲的精神情怀。太行精神和吕梁精神，已经成为山西红色文化的重要组成部分，成为山西人民的文化基因，深深地植根于山西人民

---

① 中共山西省委党史办公室：《山西红色文化的形成脉络和内涵价值》，《党史文汇》2015年第12期，第4—12页。

的血脉之中，成为永久相承的精神文化力量。

　　作为重要的革命老区之一，山西从党、团成立到各个时期的革命战争，英雄辈出的山西人，抛头颅洒热血，在激流勇进的时代洪潮当中，无数革命先驱、革命家以及英雄儿女们名垂青史，他们在这片红色土地上浴血奋战，并且留下了可歌可泣的英雄事迹。自党的创建初期开始到解放战争时期结束，山西这块红色的英雄土地上涌现出数不胜数的著名革命英烈和英模人物，例如红军东征牺牲在吕梁的刘志丹，山西抗日战场牺牲的八路军最高将领左权，解放战争时期牺牲的女英雄刘胡兰等等，就是众多革命英烈的代表。我们要向英雄学习，一代一代铭记山西革命热土是用先烈英雄鲜血染红的土地，一代一代传颂英雄，让他们的精神永远激励我们不断前行。

　　许多红色革命斗争在长治市武乡地区上演过，不仅创造了很多红色文化物质遗产，也创造了不可估量的红色文化非物质资源。

　　革命歌谣是劳动人民口头创作的，用老百姓易于理解的语言，将发动群众参加革命斗争的内容编成的歌曲。在几十年的战斗历程中，民歌已成为武乡军民宣传革命精神，激励革命斗志的有效方式和手段，如《拥军爱民歌》唱道"门搭搭开花不来来，咱们队伍进村来，快回家呀呆。镢头开花上下飞，开出多少老山地，谢谢你呀呆。碾盘碨则一个心，军民鱼水不能分，一家人呀呆。"它唱出了在极其艰苦的条件下军民的深厚感情和抗战必胜的信心。武乡地区的红色民歌，既有鲜明的地域文化特色，又具有适应中国共产党领导抗日斗争需要的民族文化的灵活性特征。

　　抗日剧团，今天在宣传长治市武乡红色文化方面有着重要的作用。抗战初期，为了有效地宣传抗日，激发群众的抗日热情，一二九师的"先锋剧团"、八路军总部的"火星剧社"、中共晋冀豫区党委的"太行山剧团"、鲁迅艺术学院和抗日军政大学总校的"文工团"等部队先后驻扎在武乡县，并多次进行演出。他们所留下的剧本，成为人们缅怀先烈的重要凭证。武乡的儿童话剧团排演的《日本哨兵》《游击小组》《空室清野》《打倒汉奸卖国贼》等，有效地宣传了武乡的革命精神。1942年，长治市武乡县成立了一支盲人宣传队，在八路军和当地文艺工作者的协助下，将抗日战争的宣传作为盲人宣传队的主要内容，成为一支活跃在武乡抗日根据地的文艺轻骑兵。这些剧团在抗日革命根据地的演出，留下了振奋人心的抗日佳话，鼓舞了人们的革命斗志，甚至在敌占区起到了侦察敌情的作用。今天，这些剧本仍是一种有效的红色文化资源，对宣传、传承长治市武乡地区红色文化有着举足轻重的作用。

第二节 临汾旅游文化

临汾地区的旅游文化主要以特色化的地方文化为主体，地方文化是一个地方独特的"气质"，是与其他地方区分开来的最好方式。地方文化，在很大程度上是归属于政治经济之外的文化软实力，对于临汾地区综合实力的提升起到很大作用。当下通过传统媒体的报道，可以让更多的人了解和传承地方文化，使人们通过媒体的舆论引导，来主动参与并感受地方文化，实现保护并传播地方文化。

一、地方文化的含义

地方文化，是指具有地方标志性的、独具地域特色的、传承至今仍发挥作用的文化传统，是特定地方的生态、民俗、传统、习俗等的文化表现。地方文化在表现形式上，具有地域性、独特性、标志性和传承性等。

二、地方文化的作用

首先，地方文化可以促进临汾当地政治、经济、文化等综合实力的提高。地方文化属于文化软实力，它可以在潜移默化中来促进临汾地区综合实力的增加。另外，地方文化，也是国家综合实力不可分割的组成部分。临汾地方文化的强势发展，可以间接促进我国文化软实力的增强，使我国从文化大国向文化强国迈进。

其次，地方文化对临汾当地社会产生了重要影响。地方文化可以提高所在地公民的整体素质，有利于社会文明建设、精神文化建设，并促进社会进步。地方文化可以提高人们生活质量，丰富人们文化生活。地方文化独有的地域性、鲜明性，给人一种地方优越感。它更是临汾当地民众不断进取的精神力量，并具有感染力。

最后，地方文化可以增强人们的荣誉感和归属感。地方文化具有独特的地域性和标志性，是独一无二的传统文化，并且已经成为临汾地方的城市名片。这些各具特色的地方文化，使得当地人民拥有了自己独特的荣誉感和归属感，也给临汾地方文化的发展提供了良好的群众基础。同时,进一步丰富了我国的传统文化。

三、临汾旅游文化资源

在中华民族漫长的历史发展进程中,临汾地区作为中华民族发祥地之一,无论是自然文化资源,还是人文历史资源,都有着非常深厚的积淀,它是一个文化底蕴深厚、种类多样的地方,其旅游文化的发展有着得天独厚的地区优势可以利用。

(一)自然文化资源

临汾的自然文化资源,是山西省最为丰富的地区之一。诸如,壶口瀑布,它是中国黄河河道上第一大瀑布。之所以取名为壶口,是因为黄河河道至此,两岸河口收束的形状犹如壶口,因此取名为"壶口瀑布"。壶口瀑布作为中国第二大瀑布,同时也是全球最大的黄色瀑布,其主要景观有孟门山、空中悬壶、冰瀑奇观、旱地行船等,令人叹为观止。

临汾的尧枣,可谓是具有地方特色的一大产品。该枣取名为尧枣的原因,是因为临汾为尧帝故都,所以那里产的枣取名为尧枣。尧枣最大的特点是蜜甜,吃起来非常可口,它代表了临汾地区悠久的历史文化,也成为临汾饮食文化的重要组成部分。

(二)人文历史资源

临汾地区的人文历史资源,也很丰富。其中,临汾尧庙就是代表之一,临汾尧庙是一座集纳了丰富历史文化和五千年华夏文明史的国祖庙,俗称三圣庙,是国内专门纪念尧、舜、禹三位先祖的庙宇。发展至今,尧庙代表了临汾地区历史上的传统文化,并成为临汾对外旅游文化形象的名片,带动其旅游业的发展。

师家沟清代民居也是代表之一,又叫师家大院,主要因为师氏家族的兴建而得名。该大院在清代乾隆年间,由师家第三代子孙师法泽主持修建,经过嘉庆、道光、咸丰、同治时期扩建而成,最终形成了以师家祖宅为中心的民居群。师家沟清代民居最主要的特点是,依山而建,院中套院,楼上套楼。师家沟民居是在传统四合院的基础上,把窑洞与砖木结构建筑相结合,形成了独具特色的民居文化。除此之外，临汾还有关帝庙、蔺相如故里等文化遗产。与此同时，临汾的戏曲文化有着深厚的文化渊源与发展历史，它更是元杂剧的起源地。这些众多的地方特色文化成为临汾重要的旅游文化资源，持续引领着旅游业的发展。

第三节 洪洞旅游文化

洪洞县位于山西省南部地区，地处晋南黄河流域，历史悠久，文化灿烂。辖区之内共有252处人文和自然景观，洪洞旅游文化资源十分丰富，包括：洪洞大槐树寻根祭祖园、明代监狱（苏三监狱）、广胜寺；白石红军八路军纪念馆、马牧八路军总部旧址、韩略村伏击战遗址等红色旅游文化资源；关帝庙、商山庙等明清历史文化资源；上张遗址、师村遗址等古文化遗址，都是极其富有文化底蕴与艺术研究价值的文化遗产。"洪洞大槐树"更是享誉海内外。自1991年，每年的4月1号至10号，洪洞县都会举办大型"寻根祭祖节"，近几年来其规模不断扩大，吸引着世界各地的大槐树儿女。

研究洪洞旅游文化的传播策略，是发展洪洞旅游文化业的必然要求。在对洪洞旅游文化传播现状的实地调研中，了解到洪洞本地的旅游文化有很高的传播价值，洪洞旅游文化品牌有巨大的市场开发潜能。

近年来，洪洞县将旅游与文化紧密结合在一起，坚持以旅游业发展为突破口，努力打造黄河根祖文化旅游品牌，在电视等传统媒体及户外媒体中极力扩大宣传面，在新媒体层面重视旅游文化景点在网络端的宣传，并且线上、线下合作推广。近年来，洪洞县还实施了旅游文化商业步行街项目，在宣传中重视新媒体与传统媒体的融合传播，取得了良好的宣传效果。关于洪洞旅游文化品牌的传播现状，下面我们只针对洪洞大槐树、明代监狱、广胜寺及羊獬村历山庙会游神仪式展开分析。

一、洪洞大槐树的传播现状

（一）将寻根嵌入定位之中

大槐树旅游文化在网络、电视媒体等的一系列宣传片里，都着重强调一个文化定位：寻根。参天之木，必有其根。作为全国最大规模的历史移民遗址，在这里，大槐树不仅仅是棵树，而是移民史实的见证者和移民们心目中的家乡。在中国的移民历史长河中，明代的十八次官方移民总计规模最大、历时最长、范围最广，这使得它打败了全国其他的移民遗址，成为全国影响最大的寻根文化圣地。

（二）将品牌嵌入营销之中

做出好产品，更要会吆喝。近年来，大槐树景区在品牌形象和旅游产品营销上下足了功夫，在中央电视台黄金时段播出了"问我祖先在何处，山西洪洞大槐树"旅游形象宣传片，打造寻根文化品牌。同时，运用新闻宣传、活动展示等传统营销手段，通过在国内各级媒体登载景区新闻，加大对景区的宣传报道力度，不断提高景区的影响力。洪洞县还积极参加省市旅游推介会，在各地进行推广。

（三）将文化嵌入旅游之中

1. 民俗文化与旅游相融合。在每年的祭祖仪式、游学、礼仪传承活动中，发掘出极具地方特色的民俗文化，景区内各处都有情景剧表演，不定时举办的文化节也处处体现了当地民俗。特别是大槐树寻根祭祖大典，生动灵活地展现了大槐树祭祖习俗，每年的典礼在山西电视台、多家网络平台进行直播，在全国各地的媒体中也加大文化形象展示，多方带动下景区顺利成为国家级非物质文化遗产。

2. 习俗文化与旅游相融合。大槐树景区在原有根祖文化的基础上，深挖姓氏文化的旅游价值，创造性地推出了中华姓氏墙、姓氏家谱等文化新亮点。通过搜集姓氏文化的文字记录、典籍说明等历史材料，使得洪洞的根祖文化及姓氏文化有了更深厚的理论依据。在此基础上，当地的旅游文化内涵更加具有历史底蕴，以及强劲的吸引力，更好地满足了游客的文化体验需求，带动了旅游文化的传播。

二、明代监狱（苏三监狱）的传播现状

（一）借文艺作品的故事情节为特色

"苏三离了洪洞县，过往的君子听我言"，一曲《苏三起解》，一段小城往

事。因为小说和戏剧闻名了苏三,因为苏三闻名了洪洞县。洪洞县作为故事的发生地,随着戏剧的传唱知名度越来越高,成为人们体验式旅游的绝佳旅游文化之地。一个弱女子,一座小监狱,苏三监狱在海内外的声名鹊起,都是因为名妓苏三柔弱、美丽、纯洁、忠贞的个人魅力所致。景区把文艺作品所描写的情节、感情,转化为吸引游客的独家魅力,最大程度地满足了其内心情感的消费需要。

(二)借明代监狱的建筑风格为特色

洪洞县监狱内的死囚牢门上画有狴犴,龙子长得却像老虎,因此被人们误称为"虎头牢",而狴犴在传统文化中是掌管刑狱的。在这里,人们能切身体会到明代监狱的独特风格,其墙里灌满了沙子以防止越狱;两扇门打开方向不同为拖延犯人越狱时间;水井的井口只有半尺多宽,这在戏曲中也有所表现,苏三洗衣时提到这么窄为了防止死囚投井自杀。这些巧妙的设计,通过纪录片、宣传片等在网络、电视媒体上推广,起到了很好的旅游文化传播效果,为国内更多的人所熟知。

(三)借明代城镇的风土人情为特色

洪洞县政府实施的旅游文化商业步行街项目,以"苏三起解"历史文化为主线,重新整合洪洞县城内古县衙政治文化旧址,贯穿了关帝庙、大士庵、莲花街、晋曲文化戏台等景点,并推出苏三文化景区,推进古县城旅游文化建设。这样,就将洪洞明代城镇的风土人情系列民俗文化,进行文化的整合,苏三监狱旅游景区成为一个集休闲娱乐与文化生活于一体的旅游综合体验区。最后经过崭新的旅游文化资源整合以后,古县城的形象风貌更加完善,也带给游客更全面的文化体验。

三、广胜寺的传播现状

(一)旅游文化传播形式不够全面

洪洞县与明朝大移民事件,有紧密联系的不仅仅是"大槐树遗址",这当中广胜寺作为政府的设局驻员地,也起着重要的辅助作用。从地理位置上讲,两个景点相隔不远,交通便利,在洪洞旅游文化的传播中,适宜进行集中宣传,整合为"移民文化",使其成为游客关注的主要旅游文化线路。当下广胜寺的媒体宣传中,尤其是传统媒体,对其定位多数还停留在宗教历史文化上,形式也较为单一。新媒体灵活、生动的传播样式,可以打破这种局面并取得良好的效果体验。

(二)旅游文化传播力度不够到位

洪洞旅游文化的宣传中,主要局限在本市媒体,并且以庙会为主宣传点。广胜寺修建于东汉建和元年,对当地的文化影响深远,加之洪洞本地寺庙文化较为流行,庙会很受普通民众欢迎。其年度的古庙会固定在每年农历三月十八日,最初是源于祭祀水神的仪式,逐渐发展为旅游文化节,最后加入了商品贸易展览因素。由于基础设施不完善,特色化程度又不够显著,当地媒体的传播力度、影响力都不是很充分。最后导致对外地游客的吸引力明显不足,传播手段亟须加强。

(三)旅游文化传播内容不够完善

广胜寺历史悠久,建筑精美。其建筑风格具有浓重的元代建筑特点,布局严谨,以轴线对称为主,飞虹琉璃宝塔精致美观。寺院木质的建筑结构和别致的装饰,都具有很高的文化价值。其历史价值还在于珍藏至今的壁画、木雕、泥塑等文物,其中元代的戏曲壁画,面积最大保存完好对戏剧研究文化价值极高。《赵城金藏》更是珍贵的佛教文化遗产。广胜寺历史文化影响国内外,但媒体传播多是侧重一点不及其余,需要全面地推广其旅游文化,使游客得到良好的切身体验。

四、羊獬村历山庙会的传播现状

(一)旅游文化影响比较有限

洪洞县羊獬村、历山两地的游神仪式,主要在当地及周边县城传播,了解途径多是通过代代相传的历史故事与传说,传播方式非常单一,参与人群均为当地村民。由于其历史文化内容较为零散,媒体在传播时,很难把握其核心价值,只能泛泛地进行报道。对于一些深度访谈的文化类节目,很难找到可行性的角度去表现当地的这一民俗文化。所以,这一旅游文化媒体关注度低,影响力有限。

（二）旅游文化内涵较为丰富

每年到尧王寿辰农历四月二十八日，羊獬村附近的乡民都会赶来烧香叩拜，参加接姑姑庙会，欢庆节日并祈求平安如意。在庙会期间，旅游文化与民俗文化充分融合，蒲剧等剧团的表演吸引了游客观赏，并带动周边旅游文化产业发展，拉动当地的旅游文化消费。甚至晋南的美食，如赵城羊杂、羊汤泡馍、拉面等也会来"赶庙会"。旅游文化与民俗文化进一步融合，也增强了对周边游客的文化吸引力。

第四节 晋城上党梆子旅游文化

一、民俗文化的含义

民俗文化就是民间的风俗，是指在一个国家或民族中，通过人自身创建的传承生命起源和发展的文化。关于民俗文化概念的界定，可以认为民俗文化是一种社会意识形态，也是一种文化意识。其本身富有适应性和整合性的特点，是随着经济的发展和进步，而不断促进人们的文化价值观念、社会风俗、生活方式以及审美情趣发生极大的变化，更是人类历史文化的凝聚。晋城上党梆子就是其中的代表。

二、晋城民俗文化——上党梆子

（一）上党梆子的定义

上党梆子，是一种戏曲剧种，又称上党宫调、东路梆子。因流行于古上党郡（今山西东南部）而得名，山西四大梆子剧种之一。上党梆子的主要组成包括昆（昆曲）、梆（梆子）、罗（罗罗腔）、卷（卷戏）、黄（皮黄）等剧种。唱腔以板腔体为主，另有若干"花腔"及曲牌，穿插于板腔之间或独立使用。角色行当有生、旦、净、丑。传统剧目约有 700 余个，以杨家将和岳家戏最有代表性。

（二）上党梆子的形成过程

上党梆子是一个古老的剧种，早在清朝顺治年间，就已有了关于上党梆子的记载。当时记载了上党梆子在顺治十五年间于晋城市阳城县的一场演出，由百顺班参演，演唱曲目众多，其中以《春灯谜》和《双包计》最为出彩。据此可以得出这样一个结论，在18世纪中叶，上党梆子就已经成为一个成熟的剧种，该剧有着属于自己的独特音腔，充分展现了上党梆子作为一种历史悠久的老剧种所含有的底蕴。此后，在清朝咸丰年间至抗日战争以前（1815—1937年）上党梆子的发展到达巅峰，出现了鼎盛的局面。

三、晋城民俗文化的发展现状

（一）晋城上党梆子的发展现状

1. 上党梆子市场生存的现状

（1）市场构成

农村作为上党梆子的主要市场，对于上党梆子的推广有着极其重要的作用。其中，以晋城市为代表的山西东南部地区最为突出，在各个级别的乡镇都有用于上党梆子演出的舞台，舞台形式多以露天或半露天为主，当地观众观看表演曲目时并不需要购票，一般都是观众自己携带座椅，或是随机站立观看。上党梆子农村市场产生的原因，要从农村观众的特点去进行分析。晋城的农村观众一般都具有以下一些特点：他们文化程度不高，收入较低，时间较为宽裕，观众主要以老人和儿童为主；他们对舞台上的场景、舞美、灯光都没有过多的要求，观看上党梆子或其他的戏曲都不用自己直接购票；他们的空闲时间较多，除了农忙之外，其他的时间都可以自由地进行支配；他们对戏曲演出的积极性高。而晋城地区城市的观众相比农村观众就要少很多，主要原因就是因为城市快节奏的生活使人们没有那么多时间去观看上党梆子，此外就是城市比农村更易受到新的文化冲击。

（2）观众年龄

晋城上党梆子的观众主要以老年人为主，他们的闲暇时间比较多，也比较喜欢戏曲这一民俗文化类型。笔者在山西省晋城市所辖的高平市南赵庄村，曾在各个年龄段抽取1000人，就60岁以上的村民、40—60岁之间的村民和40岁以下的村民，发放问卷进行调查，调查他们对上党梆子的关注情况。共发放问卷 3 000 份，共计收回有效调查问卷 3 000 份。从这些收回的有效问卷中，可以得出以下结论：60 岁以上的观众中有 68% 的观众都很关注上党梆子，40—60 岁的观众中有 26% 的人关注上党梆子，而 40 岁以下的观众只有 17% 的人关注上党梆子。原因在于老年观众，他们的闲余时间更多，而且他们对新鲜事物的接受能力不如年轻人。在向当地的老人们询问之后，可以得知，他们还是更喜欢戏曲这一文化类型，而生活在晋城地区的老人们，在戏曲发展十分繁荣而且没有其他休闲方式的年代，他们从小就听着上党梆子，受其熏陶。因此，上党梆子还是在老年人中更受欢迎。

（3）文化程度

在对晋城上党梆子受众的文化程度进行分析后，我们可以得出以下结论：在上面关注上党梆子的 1 110 人中，受教育的程度各不相同。从下面表（2.5.1）和图（2.5.1）中，可以很直观地看到。然而究其原因，在于上党梆子的戏文文盲不易理解和把握，而小学和初中程度的受众，大多集中于农村地区且年龄大多已到中年，而大学及其以上学历的人，有些人关注并观看上党梆子是由于他们需要了解上党梆子，从而进行一些学术方面的了解或研究。

表 2.5.1　晋城上党梆子受众不同教育程度人数分析表

受教育程度	文盲	小学程度	初中程度	高中程度	大学及以上程度
人数（人）	170	270	480	60	130

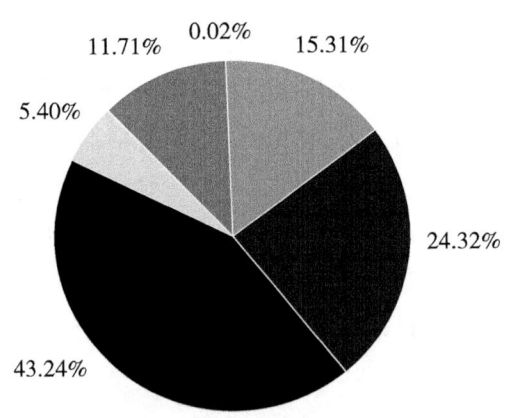

■文盲 ■小学程度 ■初中程度 ■高中程度 ■大学及以上程度 ■其他程度

图 2.5.1　晋城上党梆子受众的教育程度占比图

（4）收入水平

对于晋城上党梆子受众的收入水平，调查中也有涉及，根据晋城地区普遍的收入及消费水平，将每月收入 3 000 元定为分界线，3 000 元以上的人群被视为较高收入群体，而 3 000 元以下为一般收入水平。从图（2.5.2）和图（2.5.3）中，可以很直观地看出 3 000 元以下收入的人群，是上党梆子的主要观众群，其原因在于上党梆子的特点之一是不需要买票就可以观看，这就符合了一般收入水平人群的需要。在 3 000 元以下收入的人群中，农民又是上党梆子的主要观众，这是因为农民的文化程度多数偏低，而且农民除了农忙，其他时间都比较清闲，有充足的时间去观看上党梆子，而学生和工人因为学习和工作忙碌，时间不够充裕。

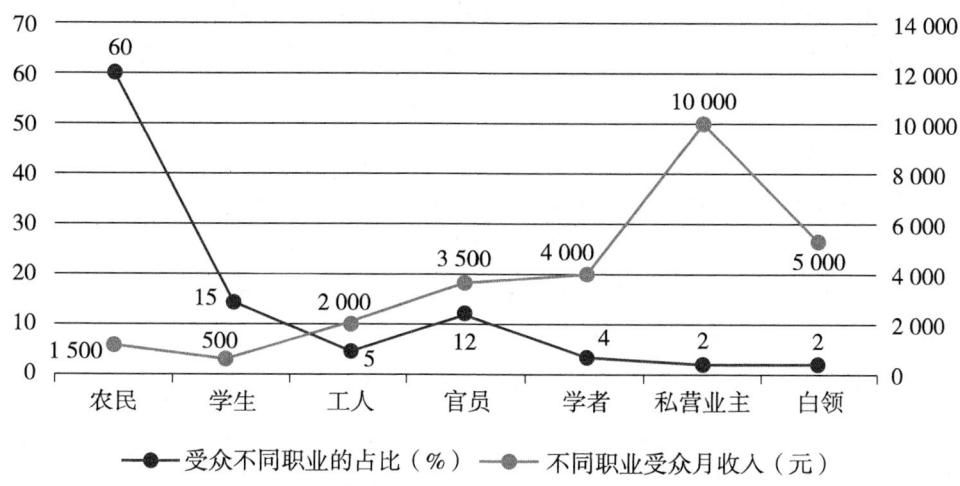

图 2.5.2　晋城上党梆子受众不同职业与收入水平的对比图

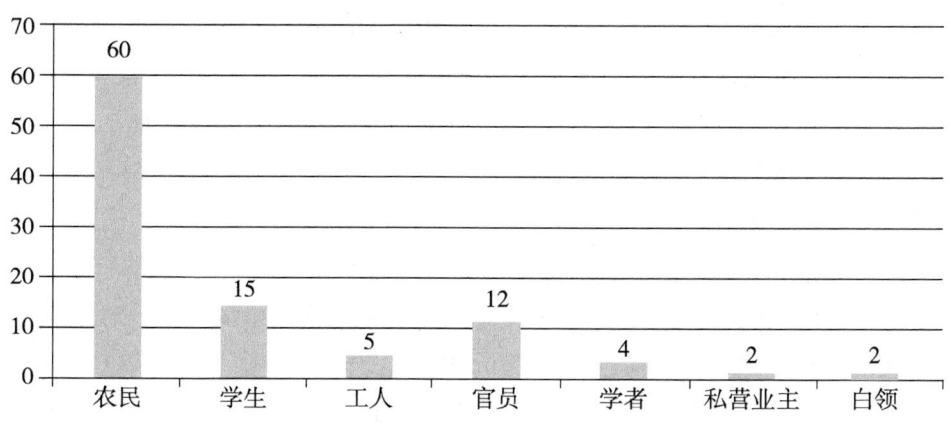

图 2.5.3　晋城上党梆子受众不同职业的占比图

2. 上党梆子目前面临的问题

（1）戏曲环境的发展低迷

山西地区戏曲大环境的低迷不振。目前山西地区的戏曲市场现阶段呈现的总体趋势是低迷下滑。虽然在"文化大革命"后，戏曲得到了短暂的繁荣和发展，但是随着改革开放的不断深入和经济水平的提高，许多新的文化类型和音乐类型在传入、崛起，人们开始不仅仅满足于戏曲这一种文化类型。尤其是电影、电视剧的发展以及网络的迅速普及，从根本上促进了人们对于艺术欣赏方式的转变，不断涌现的各种形式的音乐类型及艺术形式，牢牢抓住了当代年轻人的眼球。与此同时，发展缓慢的戏曲越来越不适应当代社会的发展。因此，整个戏曲大环境的低迷是无从避免的，这使得晋城上党梆子旅游文化的发展越发困难。

（2）观众群体的结构松散

目前观众群体的结构不稳定，导致上党梆子的观众越来越少。当下不稳定的因素有很多，最为突出的是上党梆子的观众年龄开始趋于老龄化。晋城地区上党梆子的观众，不论是在农村还是在城镇，其观众大部分都已经是 60 岁及其以上的老人，从抽样的 3 000 人中，关注上党梆子的有 1 110 人，其中有 680 人都是 60 岁之上的老年人，占了总人数的 61% 还多。

在调查中还发现，上党梆子观众群体结构呈现较为明显的倒金字塔结构，即老年人在最上层，中年人在中间层，青少年在最下层，这种类型的倒金字塔观众结构是很不稳定的。其中老年观众群体随着时间的推移必然会越来越少，其减少的速度也会越来越快；而年轻观众的增长速度是不可预计的，根据之前的分析，可以看出现在的年轻人在他们年老之后，很可能不会再关注上党梆子。总体来讲，上党梆子的观众数量是呈现出下降的趋势，晋城上党梆子旅游文化的形势会越来越严峻。

（3）外来文化的竞争激烈

晋城上党梆子旅游文化面临着许多方面的竞争。现在的年轻人，通过传统媒体或是网络新媒体，接收到的外来文化和新文化越来越多，通过对年轻受众的调查，发现他们更喜欢关注电视剧、电影以及流行音乐，对戏曲这一传统的音乐类型不甚关注。再者，上党梆子的发展受到演员人数、伴奏乐队、舞台设置、服装道具等的限制，演出灵活性较低，导致多数人很少能够接触到上党梆子，很少能够对这一戏曲文化产生热爱或者兴趣。所以对于晋城上党梆子旅游文化来说，当前的严峻形势不仅体现在它要面对来自其他戏曲形式的竞争，还体现在它将面临来自其他流行文化等多样文化形态的冲击，可谓步履维艰。

（4）人才梯队的建设困难

目前晋城上党梆子的人才梯队建设十分困难，同时其从业人员老年化倾向也越来越严重。当前限制上党梆子发展最重要的因素就是人才问题，而上党梆子的从业人员，他们的知识结构比较单一，文化基础也很薄弱。戏曲行业是一个很特殊的行业，它的人才需要从小进行培养，因此就要求戏曲行业的学员年龄很小的时候就要开始高强度地学习戏曲的基本功，导致这些学员没有或者基本没有精力再去学习其他方面的知识，尤其是文化知识。上党梆子的人员大部分年龄比较大，他们来自贫苦的农村，从小就跟着戏团开始学习上党梆子，他们中还有很多人甚至从来没有学习过文化知识，是文盲或半文盲。文化基础的薄弱，对他们在戏曲中的创新性产生了很大程度的限制。

当前从晋城上党梆子的管理层来看，它的管理结构比较简单，基本上由团长来统领全团，直接指导整个上党梆子剧团的各种事务。信息来源比较单一，而且剧团对信息的接收一般处于被动的状态，通常时候，上党梆子剧团基本上不直接去面对文化市场，只是凭借着剧团以往的经验去发展，这对上党梆子的长久性、可持续性发展是很不利的，影响了其在旅游文化市场的竞争力与覆盖率。

当下，晋城上党梆子的后备人才数量稀少，更新的速度也十分缓慢，老一辈的上党梆子艺人年龄已经越来越大，但新的人才还很难跟得上去，出现了青黄不接、后继无人的局面。戏曲的学习是一个很艰苦的过程，很少有人能坚持下来，而且学习戏曲的成名率很低，所以现在学习戏曲的人越来越少，尤其是像上党梆子这样的地方传统戏曲。通过调查可以得知，在晋城职业技术学院中，确实是有开设上党梆子这一专业，但能招收到的学生很少，鉴于这一状况，该学校每隔几年才会招收一次。由于招收人数少，周期长，而且几乎没有回报等这些特点，成为上党梆子发展的最大困境。

（5）资金获取的渠道较少

当前从资金方面来看，晋城上党梆子获取资金的渠道较少，主要是依靠两个方面的资金来源：一个是上党梆子剧团多年来的演出积累，另一个是各级政府的拨款支持。由此可见，上党梆子的发展对政府的依赖性越来越大，资金筹措能力低，这样是没有办法去参与日渐激烈的旅游文化市场竞争的。还有，晋城上党梆子的原创能力低。目前还在上演的上党梆子剧目，大多数是传统的剧目，它们的题材源自历史故事，为人们所熟知。而新剧目的创新中，表现出故事单一、情节老套、不贴近现实生活等不同程度的问题，也不能为当下群众所喜闻乐见，致使旅游文化市场接受度不高，资金收益就比较低，影响了晋城上党梆子旅游文化的进一步发展。

（二）晋城民俗文化的共同现状

随着社会的不断进步和人民物质水平和精神水平的提高，晋城许多的民俗文化也在发生着变化。当下现代化发展形式的推动和传播方式的进步，促进了外来文化的入侵，它们正一点点地损害着晋城的传统民俗文化。晋城当地的民俗文化不仅面临现代文明和先进技术的冲击，同时也必须面对外来文化带来的严峻挑战。

目前传统民俗文化的现实状况，也反映了适者生存的一个必然的走向。在这一过程中，晋城一些民俗文化，在社会发展和经济发展的过程中，已经开始流于物质化。晋城当地部分地区开始利用这些民俗文化，来进行商业化营销，把这些民俗文化变成了拉取赞助或是赚取利润的幌子，使它们越来越商业化。晋城传统民俗文化原有价值的流失，导致了社会认同感弱化。加之国外的民俗文化对我国传统民俗文化产生的冲击，使得晋城民俗文化的表演艺人和观众群体都逐渐趋于老龄化。于是观众群体结构变得不稳定，剧团人才梯队建设越发困难。

综上所述，通过对晋城上党梆子旅游文化的分析，我们可以从中得出一些晋城民俗文化的发展现状，这也是现在晋城多种民俗文化发展的现实状况。当前主要表现为观众及从业者的老龄化、其他文化形态所带来的冲击、文化发展资金主要依靠政府支持、文化创新发展的原创能力低。这些现状的改善，需要政府以及传媒行业在未来做出更大的努力，才能使得晋城民俗文化重现生机和活力，赢得旅游文化市场的普遍欢迎与广泛接受。最终使得晋城上党梆子旅游文化成为其对外形象的新名片。

第六章　山西省域旅游文化总述

第一节　山西省旅游文化

山西省拥有丰富的旅游文化资源，传统文化积淀深厚，拥有大量的国家级重点保护文物，数量更是位居全国第一，被称为是"中华文明的主题公园"和"中国古代建筑艺术博物馆"，一直以来受到广大海内外游客的喜爱。

这些丰富的旅游文化资源，使得山西省逐渐地形成了具有黄土高原特色的旅游文化，这种文化是由当地的地理环境、风俗习惯以及悠久历史共同组成的。这种特色化的旅游文化也在不断变化之中，孕育着新的文化内核，因而具有独特的吸引力。其中"走西口"是近代山西历史上的一次大移民，在"走西口"的过程中形成了独特的"西口"民俗文化，包括地方民歌等具有山西特色的文化内容。央视一套电视剧《走西口》的播出更是将"西口文化"传播到全国，吸引了国内众多的游客来山西感受体验这一文化的内涵。由此逐渐形成了独具山西地方特色的旅游文化形态，即影视旅游文化。

影视旅游是现代影视业与旅游业相互结合的产物，丰富了传统的旅游业形态。而影视旅游文化，是指吸引游客来到旅游地进行观光体验，伴随旅游业发展而出现的综合传统旅游业与现代影视业的旅游文化形式。结合山西省具体情况，可以归纳为以下几种：

一、物质显性的旅游文化

物质显性的旅游文化，是指因为相关影视剧的拍摄而获得知名度，从而吸引游客参观的旅游资源。通常来说，经营者会通过广告宣传、电影拍摄等商业手段进行包装开发，从而提高其商业价值，从中获取利益。一般来说，物质显性的旅游文化指的是拍摄影视剧时的各种物质环境，包括名山与河流。除此之外，还有各种人工建造的影视背景。

山西省位于黄土高原，自然与人文自成一体，东边是太行山，西边是吕梁山，两座山像两条卧着的巨龙分处南北，气势磅礴，风景优美。除此之外，山西省还有"五岳"中的北岳恒山、佛教四大名山之一的五台山，以及绵山等名山。这些数量众多的风景名胜为影视剧的拍摄制作提供了有利的条件。

二、人文隐性的旅游文化

人文隐性的旅游文化，是指在影视作品中展现出的某些具有地方特色的文化内容，这些文化活动内容往往反映出当地的风土人情，通过相关的影视作品表现出来，吸引观众前来观赏。

山西省历史悠久，是中华文明的重要发源地，以黄河文化为主要内核，并且在全国范围内自成一体。山西省具有独特的风土人情，山西省晋中地区的晋商文化便是典型代表之一。清代中后期，随着山西商人经济社会地位的不断提高，晋商发展为全国性的大商帮。随着晋商的足迹遍布全国，晋商文化逐渐从无到有，走向繁荣。晋商繁荣兴盛之余，留下了一系列具有文化特色的遗址，晋中地区的乔家大院、常家大院等，便反映了昔日晋商文化的辉煌，平遥古城中"日升昌"票号遗址也是著名代表。

三、媒体塑造的旅游文化

媒体塑造的旅游文化，主要是指通过影视作品中的情节展现出来的文化、精神等资源。影视作品通过某些情节向观众传达一种价值观，使得观众对电影情节产生兴趣，甚至对电影拍摄地产生进一步的向往。电视剧《走西口》讲述了民国初年，山西青年田青背井离乡走西口，用血泪与坚韧成就了一番事业的奋斗故事，同时展现出山西独特的地域风貌和民俗民情。在央视一套播出之后，全国观众对山西独特的西口文化产生浓厚的兴趣，大量的游客来到山西进行旅游观光。2010年，中央电视台与山西电影制片厂合作拍摄了电视连续剧《大槐树》，该剧描写了明朝初年山西向中原移民300万人过程中，发生的一系列扣人心弦的政治斗争和感人至深的爱情故事，阐释了"华人共祖，本是一家"的理念，是对山西根祖文化的有力传播。首播后，许多观众慕名来到电影拍摄地欣赏品味。电视剧《吕梁英雄传》再现了1942年吕梁地区康家寨在日伪军扫荡时，保守顽固势力的反扑与我党年轻干部指挥群众灵活应对的事迹。该剧在央视一套的热播，使得全国观众对山西的红色文化有了更深的了解，许多人来到影视剧的拍摄地，进行实地参观体验。

综上所述，山西是华夏原始文化的发祥地之一，有着丰富的古代人类文化遗址，素有"五千年中国看山西"的美誉，从新石器时代到夏代，山西都有数量众多的古代遗址。除此之外，山西省还有众多的宗教文化旅游资源，五台山是世界著名的佛教圣地，自古以来就受到佛教信徒的追捧。北魏时期的云冈石窟是佛教文化的重要承载，五岳之一的"北岳"恒山以及芮城永乐宫则是道教圣地。无论是哪座名胜，背后都有丰富的文化内涵等待挖掘，这些都是影视作品创作的重要源泉。

山西旅游文化具有明显的区域性特点。北部地区受佛教文化影响，云冈石窟和五台山是其典型代表。中部地区主要是包括大院文化在内的晋商文化区，在清代雍正、乾隆后期，山西的社会经济不断发展，出现了商人群体"晋商"。晋商中一些实力雄厚的大商人修建了一系列私人住宅，乔家大院便是其中代表，这也是清代中国北方民间建筑艺术的真实写照。山西南部地区包括临汾、运城等地区，该地区以寻根文化与关公文化为代表，着重体现了乡土文化。除此之外，山西省内还有着丰富的红色旅游文化资源，以长治武乡八路军总部、吕梁红色文化等为代表。这些极具特色的文化资源都是"有待媒体开发的宝藏"[①]。

第二节　山西省旅游文化产业

一、山西省旅游文化产业发展现状概述

俗话说"地上文物看山西，地下文物看陕西"，山西拥有着丰富的地上物质文化遗产，古老建筑、名胜古迹繁多。诸如，太行山大峡谷、皇城相府，平遥古城、晋祠、蒙山大佛、北岳恒山、悬空寺、乌龙峡、云冈石窟等。旅游文化资源十分丰富。不过许多旅游文化景点由于缺乏有效的宣传推广，一直冷冷清清，无人问津。由于乔家大院的突然火热，让人们看到了山西旅游业的振兴之

---

① 乔秀峰：《视觉媒体传播对山西旅游文化的效应》，《山西大同大学学报（社会科学版）》2019年第05期，第104—108页。

路,在电视剧《乔家大院》播出之前,基本上没有多少旅游者来体验欣赏。根据景区官方统计显示,电视剧《乔家大院》在2006年热播之后,在4天之内就有8万多游客来访,而在此之前一直比较冷清,一个月的游客数量仅仅3000多人,前后相比游客人数相差近50倍。另据景区官方统计数据,2006年5月1日至5月6日,乔家大院共接待游客38.8万人次。

乔家大院工作人员谈到,在电视剧拍摄的时候就有游客来电询问,而在热播之后,游客更是成倍增长。当时是旅游黄金周之后了,电视剧的热播直接带动旅游热潮的出现,旅游地创收也达到新高。《乔家大院》的火热让人重新开始思考如何用一部优秀的影视作品推动旅游地的发展,而同期晋城市皇城相府的贺岁大剧《别拿豆包不当干粮》同样取得良好效果,在热播期间不断接到有意愿的旅游者来电咨询,游客数量也不断攀升。很显然,乔家大院和皇城相府已经用事实出色地证明了一位营销大师的话——"一个理念的伟大之处,可通过它进入人们意识的速度来衡量。进入速度越快,越可能被记住"①。

2004年起,常家庄园打算大力发展影视基地建设,积极主动地引进有影响力的导演和剧组,电视剧《龙票》的热播使其声名大振,吸引了很多剧组前来拍摄,一年中先后拍摄了《金锁记》《关中匪事》《晋商》《白银谷》等18部影视剧。这些电视剧的拍摄大多围绕山西清末年间的往事,展现山西当时的历史变迁,给观众留下深刻印象。其中《白银谷》讲述了山西太谷晋商两大家族互相争斗的故事,描绘了清末年间山西票号的一段兴衰往事。常家庄园也随着电视剧的上映成功获得巨大的旅游文化经济收益。

在影视基地建设的带动下,常家庄园旅游文化产业的客源得到了开发,并带动旅游周边产业和经济的发展。据榆次常家庄园景区总经理赵继光讲,"通过影视基地的建设不仅对提高常家庄园的知名度、提高晋商文化品牌的知名度起到积极的推动作用,同时也确实为景区和景区周边带来了很多益处。比如说拍摄电视连续剧使用群众演员,全部是由当地居民来充当的,既增加了他们的收入,也使他们参与到影视文化里面来"②。这些由影视带动旅游发展的典范,让人们认识到一个优秀的影视作品对旅游经济的影响,但山西的影视旅游文化产业发展并未就此真正崛起,更多情况下,仍然处于不温不火的发展阶段。

---

① 奚婷:《乔家大院带火了山西旅游》,搜狐网,https://travel.sohu.com/20070809/n251506813.shtml,2007-08-09。

② 同上。

二、电视媒体推进山西旅游文化产业发展

电视媒体顺应时代潮流,将自身优势充分应用到旅游文化产业的发展中,极大地推进了山西旅游文化产业的发展。

(一)电视媒体利用前山西旅游文化产业的状况:宣传渠道相对单一,产业发展比较缓慢,国内竞争优势不强

旅游文化产业发展的基础是什么,是经济。正是由于市场经济的发展,人民手中可掌握的财富增多,生活水平提高,旅游和文化方面的需求旺盛,在东部和南部经济发达的地区催生了一批旅游文化产业。从全国范围来看,我国东部和南部经济发达地区的旅游文化产业发展水平要高于中部和西部地区,东部地区经济、科技发达,产业结构科学合理,尤其是能充分利用电视媒体将旅游文化传播到世界各地,其旅游文化产业发展迅速、规模较大、竞争力较强。

比如以浙江省为例,浙江省地处东部沿海地区,与外部经济来往密切,产业发展机会较多。当下,浙江省已经形成了包括吃、住、行、游、购、娱在内的完整产业体系,并且其产业规模仍在以较快速度持续扩展。现在已经形成了杭州西湖十八景、西溪国家湿地公园、乌镇、绍兴鲁迅故里等一批精品型的旅游文化景区,景区自身文化特色也被融入到文化产品中,形成多种类型旅游文化纪念品,诸如书签、陶瓷娃娃、团扇等带有景区印记的旅游文化产品。除此之外,旅游文化产业链条不断延伸,朝着服饰、饮食、住宿、交通、娱乐等多元化方向发展。尤其是和旅游文化产业紧密结合的融媒体领域,更是成为国内各地竞相学习的典范。2020年3月,浙江省安吉县广播电视台媒体智慧化融合案例被列为国家广播电视总局"2019年度全国广播电视媒体融合典型案例"。在融媒体的建设发展上,浙江安吉新闻集团坚持互联网优先发展战略,积极探索"互联网+融媒体"为引领的智慧信息产业发展,自主创立了融媒体移动客户端"爱安吉",将"爱安吉"打造成为以新闻时政、民生热点、便民服务、政务公开等为一体的智慧化县级融媒体移动APP。

第一,大数据技术深化平台的智能集成。2017年底,浙江安吉新闻集团秉持不断创新、智能研发的发展理念,全面贯彻落实国家关于融媒体建设的发展文件,不断深化广电、纸媒改革,全力发展推动传统媒体向现代融媒体转变,同时也促进了传统广告行业向科技信息产业的转型升级。集团不断整合优势资

源,将旗下广播电视媒体进行深度融合,建立了以"两微一抖"主流新媒体平台与台网报核心媒体交叉互融的新型媒体阵容,借助互联网快速发展。浙江安吉新闻集团还积极运用大数据技术,不断深化平台技术水平和功能模块。在互联网的助力下,连接 PC 端与移动端,实现二者互通互用,将乡镇、部门信息以点阵方式收集起来进行统一分析、发布,有效弥补了传统媒体在新闻信息传播范围窄、传播速度慢等方面的劣势。

第二,不断拓展功能外延,提升服务性。浙江安吉新闻集团自主研发了移动客户端"爱安吉",充分发挥移动互联网快速传播、便捷携带的功能优势,在新闻舆论的管理中做到"三个一",即在"爱安吉"APP 客户端开设每日要闻专区,安排记者进行第一时间权威报道热点时事新闻,坚守新闻阵地一线,进行一天 24 小时全天候、动态化报道。"爱安吉"APP 包含新闻查看、便民服务、政务公开等多个工作模块。在重视客户端新闻权威报道的同时,集团同样注重客户端功能的外延拓展。"爱安吉"APP 便民服务模块功能种类较多,客户端涵盖了县里所有住宿和餐饮商家,群众可以通过客户端满足日常的交通出行和娱乐饮食等需要。安吉新闻集团综合运用各项技术,拓展媒体平台外延功能,实现媒体功能智慧化,更好地服务于群众。

第三,用智慧媒体思路转型升级、拓宽市场。浙江安吉新闻集团利用大型数据中心来建设智慧城市,如应急响应公共指挥中心、智慧旅游等,已有 20 余省市覆盖 2 亿多人口的多家广播电视台加盟。集团与全国各地广播电视台开展合作,积极借助互联网的发展来促进融媒体新型产业的创新。其中,集团自主研发的"游视界"平台,将铁路、航空、高速出行与安吉县域的 A 级景点以及当地星级连锁酒店和特色民宿三者合一,形成新型个性化特色旅游路线。在安吉县内成功推广后,安吉新闻集团顺势联动包括遂昌、海宁、易县、佛山等全国 176 家县市级广电台联盟,打造"游视界"全国联动平台,实现全年营业收入 1718 万元。集团先后与湖北楚天网络、湖南郴州广电等 10 地市签订全面战略性合作,帮助其建立本地县级智慧化融媒体中心。多家战略合作协同开启,不仅可以提升安吉新闻集团的影响力,还能推进传统媒体的发展转型,实现经济效益与社会效益相结合。①

"外界曾这样评价山西旅游业:山西旅游产业发展的理念比沿海要落后很多

---

① 乔秀峰:《浙江安吉新闻集团智慧化融合模式解析》,《传媒》2021 年第 09 期,第 41—42 页。

年，山西的景区是养在深闺里的女子。"① 山西省虽然有众多旅游景点，但其景区规模较小，景区产业效益不尽如人意，难以留住游客。在运用电视媒体传播前，山西省旅游文化产业的宣传渠道很传统（报纸、杂志、条幅等），辐射面小。这种落后的宣传方式，只能在"熟人圈"中宣传推介旅游文化产业资源，这对景区周边的外地人毫无吸引力。陈旧的宣传内容和宣传方式不能抓住外地游客的眼球，浪费很多优质的旅游文化资源。这和综合应用电视媒体宣传的国内其他沿海省市相比，山西省的宣传方式明显落后，宣传效果远不如其他沿海省市，导致旅游文化产业毫无竞争优势。

（二）电视媒体运用后山西旅游文化产业的改善：产业竞争力度提高，引起国内游客关注，整体形象名气增强

现在山西省正处于经济转型期，旅游文化产业成为山西经济发展新的战略支柱产业。2017年，山西省政府提出"旅游+"的产业发展思路，指出要以"晋善晋美"为主题宣传口号引领产业发展方向，加大宣传推介，做大做强山西自己的旅游品牌。当前最主要的宣传方式就是运用电视媒体，通过中央电视台、山西卫视对《人说山西好风光》这一特色节目进行广泛宣传，让山西省11个市的领导登台演讲，对自己辖区内的旅游特色文化进行宣传，由此在全国范围内打开了山西的旅游市场。具体而言，《人说山西好风光》的社会效益主要包括以下四点。

第一，实现政治经济文化旅游和谐发展，同频共振。《人说山西好风光》另辟蹊径，摒弃了主打偶像明星的形式，把重点放在了社会效益上。它的每个环节都体现了政府的施政理念，顺应了政府大力发展旅游文化的政策，将政治、文化、经济紧紧联系在一起。官员上台拉票，演说风格迥异，介绍角度别具一格。如临汾市副市长王振宇在推介中运用了VR技术，360度全景式沉浸式体验，用现在最前沿的科技，触摸历史的脉搏；文艺表演节目加入了大量的传统文化元素，展示当地悠久的历史和旅游特色。大同市的"千古云冈传奇王朝"，以绝佳的视听盛宴重现了云冈石窟独特的艺术魅力，展示了北魏王朝的盛世辉煌景象，节目形式表现丰富，内容深刻有内涵。还有就是利用名人效应，进行城市推介，如聂建华、方青卓、刘芳菲、姜昆等著名艺术家和主持人同台竞技，以

---

① 杨志勇：《山西：发展文化旅游的资源潜力巨大》，人民网-山西频道，http://sx.people.com.cn/n2/2016/0314/c189132-27932242.html，2016-03-14。

提高节目的知名度和影响力。调查结果显示，自节目播出后，人们对山西的印象大为改观。有网友评论称："不管哪个城市赢，都是山西赢了，都是山西的旅游赢了。"

第二，展现了主政者的政治风貌，拉近官民距离。《人说山西好风光》邀请到了11个地市的市委书记或市长、副市长登台亮相，这在国内节目开了先河。他们一改往日严肃的形象，走上舞台，正面PK。自己准备稿子，反复演练，真诚演讲，让人为之动容。阳泉副市长任衍钢带有山西口音的英语，大同市委书记身穿"天下大同"的文化衫，让老百姓看到官员可爱、接地气的一面。

第三，全民参与，让主政者的亲民风格深入人心。《人说山西好风光》节目设置了场内和场外两种投票方式，场外把评审权交给大众，由各城市网络投票成绩决定。在被调查的对象中，有接近一半的人都参与了该节目的投票，这也成了不少山西民众热爱家乡的一种表现形式。如忻州市市长身上贴着二维码亲自走上街头拉票，市民看到后感慨万分，并在微信朋友圈分享了这一份感动。随后全省上下掀起了为山西旅游出力、助力的热潮。各界人士也以各种方式表达自己热爱家乡的情感。

第四，为国内节目的创新打开了新格局新方向。目前，真人秀节目已成井喷态势，基本可以概括为爸妈宝贝系、群星穷游系、奔跑挑战系、梦想穿越系，看似类型丰富，实则选题跟风严重，其关键词只有"明星"与"户外"两个。《人说山西好风光》节目不管是播出背景、目的，还是节目的形式与内容，都值得同类型节目深思。首先，它将政府的施政理念融合在文化创新中，实现了政治、经济、文化的共同发展；其次，勇于开拓新领域，不局限于明星效应；再次，它以群众为基础，借助百姓情怀，实现较好的社会效果；最后，官员的真诚演讲、文艺节目的专业表演、嘉宾的用心点评、节目的精良制作等，都让人感受到了山西全体民众渴望发展的诚心。①

正是因为电视媒体的深入传播，山西省旅游文化产业的知名度迅速增加，众多优质旅游景区被大众所了解，吸引着全国各地游客纷纷来山西游玩、参观、体验。据山西省统计局资料显示，2016年山西省旅游总收入达到4248亿元，比上年同时期增长23.2%；2017年旅游总收入达到5361亿元，比上年同时期增长26.3%；2018年旅游总收入达到6729亿元，比上年同时期增长25.5%。2018年，

---

① 乔秀峰：《深化媒体改革要有创新思维——以山西卫视〈人说山西好风光〉为例》，《新闻战线》2018年第06期，第64—65页。

山西省完成入境旅游收入 3.78 亿美元，比上年同时期增长 7.95%，接待国内旅游者 7.04 亿人次，比上年同时期增长 25.51%。

可以说，采用电视媒体的方式来宣传、推介山西旅游文化资源，有力地推进了山西旅游文化产业的提高。通过向全国乃至全世界观众，进行形象生动的电视媒体宣传，使得山西旅游文化产业的知名度显著增强，游客数量明显增加，整体产业的竞争力显著提高。

（三）电视媒体带动下山西旅游文化产业的走向：新型媒体渠道引领，旅游产业绿色推进，持续创新表现形式

山西旅游文化这一绿色产业的开发，有巨大吸引力，发展前途光明。山西省在旅游文化资源开发方面，充分发挥电视媒体的作用力，使得这一朝阳产业的未来将会越来越好。在这个信息高度发达的社会，电视媒体必须审时度势，与互联网相结合，融合网络视频内容与渠道以共同发展。现今条件下，对于什么是网络视频，其内涵概括来讲，即网络视频是在网络平台以视频、短视频等形式，向网民、用户进行新闻信息、娱乐节目、广告资讯、动画内容等的传播行为。网络视频有着丰富的表现形式，包括幽默搞笑的动画片、特效短片、微电影等。其创意风格十足、参与性强，所表达的内容愈加形象，更具感染力和吸引力，对于大众在旅游文化方面的传播影响力也更强。

当下信息社会的条件下，电视媒体会最大程度地发挥网络渠道的优势，推进山西旅游文化产业的跨越式发展。除了在旅游景点拍摄电影、电视剧、广告片、微电影外，将更多地通过"互联网+电视"的方式，全方位提高山西省域内、外部受众的文化感知度。另外，在"互联网电视"与"融媒体客户端"等新媒体的推动下，山西旅游文化产业将朝着智能化、产业化模式发展，将会立足于用户需求和旅游文化资源，使整体旅游文化产业的管理、营销、服务更加系统与全面。

在未来发展中山西省政府可创建旅游文化专业门户网站，加强与携程旅行网、途牛旅游网等专业旅行网站合作；山西各景区可寻求与山西新闻网、黄河新闻网中旅游文化类栏目的合作推广，在山西新闻网"记述"频道、黄河新闻网"典出山西"历史人文特色频道进行个性化定制，满足广大网民的多方面需求；山西省文化和旅游厅还可通过微博、微信、短视频平台等实时收集用户的反馈、意愿，提高社会关注度，有助于精准营销山西旅游文化品牌；山西广大旅游爱好者可拍摄以山西旅游文化为内容的微电影、微视频，并在腾讯网、优酷网、爱奇艺等知名视频网站发布，使得这些微视频、微电影的内容成为新的旅游文化的组成部分。

综上，电视媒体可以通过网络视频平台、互联网电视端、移动融媒体端等多种传播渠道，来带动山西旅游文化产业的发展。在电视媒体的推动下，其产业发展模式会建设得更加智能化、体系化，受众的个性化需求也能够最大程度地满足，有利于山西旅游文化产业的整体优化发展，提升在全国范围内的影响力、辐射力。

第七章　部分省区旅游文化概述

第一节　内蒙古民歌旅游文化

内蒙古自治区的历史文化悠久，地域环境具有草原民族本身的特色，蒙古族人民的生产方式主要是农牧结合，再加上当地人民特有的语言文化，以及对传统音乐文化的传承，形成了具有独特风格的内蒙古民歌。在漫漫历史长河中，内蒙古人民用他们独具特色的民歌，将当地的历史文化记录了下来，使我们能在歌曲中感受到他们丰富的感情以及对未来美好生活的期盼。内蒙古民歌不仅记录了本民族的发展过程，还体现了当地人们的民俗文化，是我们中华民族中珍贵的文化宝藏。因此，我们必须要努力保护内蒙古民歌并使它很好地传承下去。

随着信息社会的到来，我们的旅游文化生活开始与大众传播媒介紧密地联系在一起，它就像空气一样弥漫在我们的环境当中。民俗旅游文化的不断进步，媒体技术的革新，使得内蒙古民歌文化的传播方式不断创新，它经过报纸、广播、电视、网络等不同的传播媒介，逐渐渗透到社会的每个角落。当下我们需要加强内蒙古民歌与大众传播媒介的关系，探索内蒙古民歌在新媒体条件下的推广方式。在内蒙古民歌保存与发展的基础上，通过旅游文化的崭新形式，以促进民族文化的跨越式发展与传承延续。

蒙古族是一个非常喜欢音乐的民族，有着"音乐民族"的称号。内蒙古民歌具有独特的内容和形式，有着高度完美的艺术性。内蒙古民歌的内容主要是与游牧生活相联系的文化和说唱，不仅有传统的古老圣歌、赞歌、宴歌，还有许多反映牧民生活的歌曲。内蒙古音乐的节奏轻缓，曲调优美，带有极强的抒情性，就像当地醇香的马奶酒，散发出草原生活的气息。内蒙古民歌的声音雄壮浑厚，旋律高亢激昂，将内蒙古人民朴实、热情、豪爽的性格充分地表达了出来。在当地丰富多彩的草原文化中，内蒙古民歌占有极其重要的地位，可以被称作是草原上的艺术之花，对于旅游者有着独特的魅力与吸引力。

内蒙古民歌主要有礼仪歌和牧歌这两大类，一般分为两种类型，一种是

"乌日汀道",也被称为"长调",另一种是"短调"。长调歌曲的文字比较少,装饰性强,它的曲调悠长嘹亮,节拍轻松自由,在歌曲中我们能感受到草原的气息与牧民广阔的襟怀。长调民歌的艺术性很高,它经过内蒙古人民几千年的传颂和不断改进,日益完善。并且蒙古族长调民歌在 2005 年 11 月 25 日申遗成功,推动了内蒙古民歌的发展。短调民歌的曲调短小,节拍比较固定,很多酒歌、叙事类的歌,以及摇篮曲等都属于短调歌曲。其中《森吉德马》《乌云珊丹》《成吉思汗的两匹青马》等短调民歌比较出名,传唱度高,也赢得了众多旅游者的喜爱。

内蒙古民歌是一种具有广泛群众性、社会性的传统音乐形式。在现代社会,内蒙古自治区经过不断发展,拥有了雄厚的经济实力,促进了内蒙古地区传统音乐文化的发展与传播,同时也为内蒙古民歌的搜集、整理打下了坚实的物质基础。不过,内蒙古民歌在发展中还存在不少问题,我们必须重视。内蒙古民族音乐学家赵星就曾指出,每年在鄂尔多斯这一个市就有成百上千的蒙古族民歌在不断消失。而且,在内蒙古很多地区汉族人民的数量比较多,他们在离开原先生活的草原时,并没有将当地的音乐文化一起带走,也没有形成属于自己的音乐文化,他们中大多数人已经慢慢接受现代社会的流行音乐,导致了蒙古族民歌的生态环境遭到破坏,不利于内蒙古民歌的传承与发展,这需要文化管理部门的重视与引导。

第二节　天津相声旅游文化

一、天津相声概述

相声是有着悠久历史的一门民间传统艺术,起源于北京,发祥于天津,深受广大民众喜爱。著名相声艺术家马季在谈及相声的基本概念时指出:"相声就是通过组织一系列特有的'包袱'来使人发笑的语言艺术,这里所指的包袱是语言艺术的包袱,这里所指的语言是包袱艺术的语言……语言、包袱、笑声,可以说是相声艺术的三大要素,并且缺一不可。"[1]

---

[1] 马季:《卅年回首一吐为快》,《曲艺》1987 年第 02 期,第 10—12 页。

天津是培养相声名家的摇篮。天津这座城市，在中国的相声发展史上，有着浓墨重彩的一笔。天津虽然不是相声的故乡，但却是培育相声成长发展的一块沃土。早期相声演出在清末到20世纪20年代。新中国成立后，活跃在天津舞台上的相声演员有郭荣起、常宝霆、苏文茂、刘文亨、高英培、马志明等。自从1949年新中国成立后，曾经岌岌可危的相声艺术逐渐获得了新生，并且发展迅猛，很快就成为风靡全国大街小巷的文化形式。至今，在天津生活的人民，不但可以从广播、电视、网络等媒体中欣赏相声，还可以走进茶馆观赏相声艺术，其发展到现在，相声已经成为天津民俗旅游文化的一个重要组成部分，受到国内游客的喜欢。

二、天津相声民俗旅游文化的发展

（一）茶馆相声的发展

茶馆相声发展的早期，茶馆还没有形成。茶馆最早的雏形是茶摊，原本只是用来饮茶的，最早出现于晋代。清代初期至清代中叶，天津出现了商业性戏曲演出场所——茶馆。20世纪90年代以后，随着现代科技的推动和历史的选择，保存下来了一批善于经营管理、受观众欢迎的茶馆。诸如，中华曲苑、名流茶馆、谦祥益文苑等。以这些为基础，天津茶馆相声逐渐形成，发展为其旅游文化项目。

2002年谦祥益经过全面维修，重新开业，改名为"谦祥益文苑茶艺楼"，专门用于曲艺演出，如今每天都有天津地方特色的相声大会，被誉为"第一相声茶馆"。2014年9月16日，中国邮政与谦祥益文苑茶艺楼联手，打造全国首家相声主题邮局——"相声邮局"，旨在宣传天津曲艺文化，弘扬相声艺术，为天津民间艺术的传承和宣传做出了突出贡献，使得更多的全国游客借此进一步了解了天津相声文化。经过岁月洗礼，存留至今的茶馆，见证了相声艺术一路走来的风霜，天津的茶馆相声，如今已成为天津一张独特的旅游文化名片。

（二）民营相声团体的发展

民营相声团体对相声发展的影响很大，对于这一民俗旅游文化形式的传播起到重要的作用，使其逐渐成为天津民俗旅游文化的新景观。

第一，内容上推陈出新，挖掘传统。

1998年，天津首个民营相声团体成立，后更名为众友相声艺术团。随后，

1999年哈哈笑相声艺术团成立。除此之外，还有名流相声艺术团、世源社相声艺术团、群芳相声艺术团等。这些相声社团挖掘和整理了诸如《灶厨》《五行诗》《太平歌词》等传统相声300余段，将这些相声中符合时代发展要求的、积极的、进步的内容保存下来，对一些被时代抛弃的攀附权贵、侮辱劳动人民的内容加以删除。这些内容，都得到了观众的认可，演出效果也十分火爆。

第二，节目上监督约束，拒绝三俗。

天津民营相声艺术团在市场化的过程中，不断提高演出质量，丰富节目表演形式，逐步建立起舞台监督机制。尤其对节目中涉及伦理的、低级庸俗不健康的"包袱"，不尊重同行和观众的"现挂"都会提出警告，并进行处罚。在这方面，"哈哈笑"相声艺术团的成绩尤为突出。"哈哈笑"相声艺术团的团长宋勇兼任艺术总监，是节目质量和水平的把关人，他提醒演员不能一味地追求演出效果，而掺杂一些庸俗、媚俗、低俗的内容伤害相声的艺术性，保障了相声文化的发展。

第三，演出上培养演员，促进传承。

随着民营相声艺术团的发展壮大，现今相声专业的毕业生成为民营相声社团的主力军，有90%以上的演员是中国北方曲艺学校毕业的学生，中国北方曲艺学校是天津唯一一所综合性的曲艺学校，是以培养曲艺演员和编创人才为目标的专业艺术学校。它的成立使曲艺界走上了由正规的专业教育机构培养人才之路。这些学员在茶馆、剧院的舞台上如鱼得水，得到了锻炼和提高，获取了可观的经济收入，在历届中央电视台相声大赛中，他们不断崭露头角，赢得社会好评。

诸如，张番、刘铨淼合说的相声《串调》在2010年第五届CCTV相声大赛中获得三等奖。马勇、魏吉兆获天津市第一届、第二届青年相声大赛十佳演员称号。张楠在2014年"红旗渠杯"全国快板大赛中获得二等奖。另外，冯阳、刘国君、谷宗翰等青年相声演员，还兼职担任天津人民广播电台、电视台栏目主持人，在观众中颇具影响力。这些优秀的新生代相声演员，逐渐成为天津相声旅游文化的主角，吸引着全国各地的游客前去欣赏、品味，带动着天津旅游文化业的发展。

第三节　辽宁满族旅游文化

辽宁满族民俗旅游文化的形成与发展，经历了较长的时间，并且具有很强的民族色彩。满族在漫长的历史发展过程中，形成了自己的民族文化。满族文化与满族的形成与发展是同步的。在当地满族文化中，可以发现许多从满族先人那里继承下来的痕迹，其中一些主要内容也成为满族文化的基础与核心。

在辽宁满族文化的形成与发展过程中，渔猎和农耕是满族先人的基本生活方式，满族后人无可选择地继承了先人的这一文明传统，这就为满族文化的形成打下了基础。随着社会的进步和生存环境的改变，满族人开始以骑射狩猎为生存的方式，尤其是后金与清朝都以骑兵立国。因此，骑射也成为满族人中最突出的文化特征。后来满族人的服饰，由于历史发展缘故也与女真人大体相同，为骑射方便，满族人都穿长袍马褂、箭袖。经过长期的民族发展，整个满族服饰文化定型，并被传承下来。最后发展成为今天在辽宁当地民俗旅游文化中所看到的情景。

满族人创造的满族文字，对辽宁满族文化在形成过程中发挥了很强的作用力。满族文字的创造促进了满族文化的发展，是满族文化发展史上的里程碑。随着整个民族的发展以及壮大，满族文化具有了较大的开放性，满族文化在发展过程中开始大量吸收外族文化，尤其是汉族文化，在文化融合的基础上，最后形成了自己的民族文化特色。于是，辽宁满族文化从衣、食、住、行等民俗旅游文化的众多方面，都打上了汉族文化的烙印。同时由于发展环境的影响及满族文化相对的稳定性，使得辽宁满族旅游文化在随后的发展过程中，保留了其大多数民族民俗文化的内容与特色，在融合汉族民俗文化的同时始终贯彻"和而不同"的原则。这就使得辽宁满族旅游文化，具有很鲜明的民族特色，这也成为其旅游文化的亮点之一，吸引着国内外的游客前来体验、分享，极大地带动了辽宁满族旅游文化业的高速发展。

第四节　吉林延边朝鲜族旅游文化

中华民族文化具有博大精深、源远流长的特点，对中华民族的形成、发展、统一，以及屹立于世界文化之林起到了举足轻重的作用，并对人类文明的发展进步产生极其深远的重要影响。中华民族文化是由56个绚丽多彩的民族文化组成的，各个少数民族文化都是中华文化不可或缺的重要组成部分，是推进我国旅游文化建设的重要优势资源。而长期生活在吉林延边地区的朝鲜族，其旅游文化有着自身的独特性、民族性、多元性和时代性，对于当地旅游文化产业的带动作用不可小觑，也成为国内少数民族地区发展较好的旅游文化之一。

一、吉林延边朝鲜族旅游文化概述

延边朝鲜族自治州于1952年9月3日正式成立，简称延边州或延边，是我国最大的朝鲜族聚居区，也是东北地区唯一的少数民族自治州。延边地处中、俄、朝三国交界处，其中位于吉林省东部中朝边境的是首府延吉市，全州人口约有207.20万人。目前，在延边州所有人口之中，汉族达60.05%，朝鲜族约占35.82%[1]。延边朝鲜族因其历史环境、地理位置的特殊性，使得其民族文化呈现多元化的发展形态，这种独特的旅游文化对于国内的民众来说，反而更具有吸引力与体验性。

如今居住在延边地区的朝鲜族，是在近现代由朝鲜半岛迁到中国境内的，属于跨境民族。所以，朝鲜族的民族文化与中华传统文化既存在着相同点，也有不同点。延边朝鲜族旅游文化源于朝鲜半岛的传统旅游文化形式，尤其在民俗旅游文化上保留了朝鲜半岛的语言文化、饮食文化、服饰文化、习俗文化、演艺文化、节庆文化、礼仪文化、建筑文化等。朝鲜族旅游文化在中国大地生根以后，虽呈现出多元化的发展形态，但总的来说，既保存了朝鲜半岛旅游文化的独特风韵，又夹入了中国东北大山文化和田园文化的泥土芳香；既具有朝

---

[1] 延边朝鲜族自治州统计局：《延边朝鲜族自治州2019年国民经济和社会发展统计公报》，延边州人民政府网，http://www.yanbian.gov.cn/sj/tjgb/202006/t20200604_152275.html，2020-06-04。

鲜民族的民族特色，又不失中华文化固有的风范。而且朝鲜和中国在历史上就来往甚密，所以在旅游文化上也受到了中国的较大影响，其中儒家文化就对朝鲜社会产生了深远影响，虽"异源"但"同流"。两者在民俗旅游文化的发展上，也是"大同小异"，下面针对吉林延边朝鲜族民俗旅游文化的主要形式，进行详细分析。

二、吉林延边朝鲜族旅游文化的主要形式

（一）语言文化

朝鲜族所使用的语言文字称为朝鲜语和朝鲜文。朝鲜语有 40 个字母，其中有 21 个元音，19 个辅音，还有 7 个辅音所代表的 27 个收音（韵尾）。朝鲜语是表音音素文字，是在 1443 年朝鲜李朝第四代王李祹世宗国王带领一些文人创造出来的，名为训民正音。它由初声子音（声母）、中声音（韵母）、终声子音（韵尾）构成，朝鲜文字和汉字一样都是方块形文字，它的书写单位也和汉语一样，通常一个字一个音节，但结构与构成却不一样。这就是前面所提到的虽"异源"但"同流"，同时也反映了儒家文化对其语言文化在形成过程中的影响。

朝鲜语的固有词是朝鲜民族固有的基础词汇，代表朝鲜族一般生活用语和基本词汇，使用频率很高。这当中，就包含有民间俗语民俗等内容。这些内容，在延边朝鲜族自治州以语言民俗博物馆的形式，吸引着外地游客的浓厚兴趣。另外，朝鲜语中还有很多外来词，也叫借词，包括汉字借词，还有从其他语言中借来的词汇，其中包括有日语中的训读文字。语言民俗中的语讳与口彩，也包含在这些语言文化内容之中，这种语言文化的融合性，给朝鲜语蒙上了一层别样的风采。吉林延边当地一些特色旅游文化村镇，专门开辟出一些猜字谜、猜灯谜的娱乐形式，甚或现在流行起"盲盒"方式，来吸引游客参与游戏活动，幸运的游客可以得到当地特色化的旅游纪念品。这样的方式，吸引着国内众多的"研学游"旅游团的参与，它将当地的语言民俗旅游文化和旅游村镇的旅游文化融为一体，发挥出良好的旅游带动效果与游客拉动作用，有效促进吉林延边旅游文化产业的发展。

（二）服饰文化

朝鲜族注重衣着打扮，喜爱穿素色白衣，表现出朴素大方、淡雅轻盈的特点，因此被称为"白衣民族"。吉林延边当地，其传统服饰最特别之处在于：斜

衣襟、无扣、长带作结。这一鲜明特点也使其服饰文化区别于其他少数民族。同时，也成为延边朝鲜族自治州众多民俗文化体验馆极力推荐的旅游项目之一。

朝鲜族的服装因年龄、性别而略有差别。传统的男装主要是袄、裤、坎肩和长袍。衣服的颜色大致相同，衣服、裤子多为白色，也有灰色和玉色等不同的搭配方式。女装是裙、裤、袄和袍。一般来说，妇女的裙子长而宽松，下垂至脚面，优雅飘逸的长裙和小口的长袖，是朝鲜族传统女装的主要特点。朝鲜族儿童上衣，多用"七彩缎"做料，就仿佛把彩虹穿在身上。在朝鲜族的服饰文化中，彩虹寓意着光明和美好，借助这样的服饰装扮，表达了一种希望儿童可以美丽幸福的文化内涵。现在吉林延边的众多旅游村镇，尤其是一些非遗文化小镇，已经将当地传统服饰的织料、设计、制作、加工、定型等一系列工艺，发展成可以使游客参与、体验的旅游文化项目。游客在设计师的指导下，通过亲身参与可以制作出独一无二的属于自己的旅游纪念品，这种特殊意义与价值给众多游客带来了浓厚兴趣。另外，这些非遗小镇当中的文化传承人，将手工制作的一些传统工艺服饰，开发成了旅游纪念品，由于其独特的花色图案所表达的美好寓意，以及精美的手工技艺，成为外地游客争相购买的畅销品。这些独一无二的民族服饰文化，成为吉林延边旅游文化的亮点之一，更成为当地的旅游名片，以此带动其旅游文化业的兴盛，成为带动吉林延边地方旅游文化提升与发展的强劲动力。

（三）演艺文化

朝鲜族习惯上称民歌为"民谣"，其品种繁多、题材广泛。其中众所周知、广为传唱的有《阿里郎》《道拉吉》(桔梗谣)、《嗡嗨呀》等。这些民族歌谣也成为吉林延边众多民族旅游村镇的主打项目之一，受到游客的欣赏喜爱。

朝鲜族民间流传有很多种乐器，如唢呐、洞箫、笙篁、伽倻琴、奚琴、长鼓、大锣等，其中以伽倻琴与长鼓最具特色。伽倻琴是朝鲜族人最喜爱的乐器之一，相传已有1500多年的历史，形制与汉族的古筝相似，一般有13弦、15弦等，音色深沉悠扬，演奏技巧多样，富于表现力。长鼓的形制比较特殊，两头粗，中间细，两面鼓皮薄厚不一，敲击发出的音响高低不同，常用于民歌和歌舞的伴奏。

朝鲜族传统音乐的特征十分鲜明，尤其是表现在节奏节拍方面。农乐是用于重要节日、庆祝丰收，以及集体娱乐时演奏和伴奏的器乐曲，农乐由多段音乐组成，音乐情绪表现得火热欢愉，且有浓重的乡土气息。散调是大型民间器乐独奏曲，旋律通常采用重复、模进、变奏等手法即兴发展，所以结构较为自由。这些音乐表演，结合民族舞蹈，已经成为吉林延边旅游景区最受欢迎、游客参与度高的项目。朝鲜族传统舞蹈主要有农乐舞、长鼓舞、巫党舞、假面舞、僧舞、刀舞等。农乐舞是朝鲜族传统民俗舞蹈，也是朝鲜族最具代表性的非物质文化遗产之一。长鼓舞是朝鲜族最具代表性的一种传统舞蹈形态，它将演奏、演唱和舞蹈自然而完美地融合于一体，实现了人、鼓、乐三者的协调统一。长鼓舞是以肩挎长鼓，左手拍击鼓面，右手持细竹鼓鞭，边跳边敲鼓的表演形式。这些都得到游客的欢迎。

（四）礼仪文化

在朝鲜族的道德观念中，尊老爱幼是重要的美德。朝鲜族家庭成员之间有着严格的辈分意识，长幼有序，兄弟姐妹之间要关心爱护。长辈是家族里最具权威的人，家族众人都应该遵从他的意愿或命令来行事，其中小辈违抗长辈的意愿是不孝的行为。在吉林延边，朝鲜族还讲究向长辈和父母问安的礼仪，朝鲜族的跪拜问安大致分为鞠躬、大鞠躬（蹲坐式）、半鞠躬（坐姿式）、站立式鞠躬四种。这种礼仪文化的传承，尤其体现在家族的教育当中，吉林延边的朝鲜族对女子后代的教育格外严格，从小教她们说话要规矩，行为要谨慎，要有"女人品德"。

在吉林延边朝鲜族自治州，人际交往的礼仪文化中，朝鲜族人的常规礼节不仅保持了自身民族的特色，也被中国汉族孔孟之道的礼仪文化和欧美等国西式礼仪文化所共同影响，形成了其独有的文化形态。在拜贺礼仪中，晚辈与长辈握手时，要将左手轻放在长辈右手上，躬身相握，表示尊敬。在饮食礼仪中，吉林延边朝鲜族人待客热情，一般用大麦茶、糖果等招待客人，作为正餐前的一个仪式，而这些茶点客人不可以直接拒绝，它是主人表达热情的一种方式。目前，在吉林延边的一些民俗旅游村镇，礼仪文化中的一些内容，已经发展成为表演项目，诸如成年礼仪、婚俗礼仪、饮茶礼仪等，通过身穿当地民族服饰的艺人，给游客展示朝鲜族独有的文化内涵，期间一些游客还可以"客串"参与其中，体味其中的乐趣。与此同时，和这些礼仪文化相关的一些周边文创产品，也已经呈现体系化发展，在满足游客文化需求的同时，极大地带动了吉林延边朝鲜族旅游文化业的成熟与发展。

第五节　上海海派旅游文化

一、上海海派旅游文化概述

1843年上海在开埠以前,吴越文化为海派文化的基础,并逐渐孕育出海派文化。19世纪30至40年代,上海"八面来风"似的移民,促进了海派文化的发展。20世纪70年代以后,以话剧《于无声处》和小说《伤痕》为起点,在党的十一届三中全会精神指引下,海派文化开始新的繁荣发展征程。特别是改革开放以后,上海再次成为东西方文化交流的中心,海派文化重新绽放出活力,获得新的发展机遇,在新的文化征途上正在逐步走向成熟。"20世纪20年代一些北京作家为'海派'下了定义:站在现代都市文明和商业文化的立场上来打量上海,用现代上海人的口气讲述上海故事的文学流派。"[1]海派文化在海派文学的基础上,又进行了很大程度的充实与发展,形成了融合吴越文化、西方文化等,具有独特的地域文化形态的文化样式。随着上海旅游文化的兴盛,海派文化也逐步地融入到旅游文化产业的发展轨道当中,成为其中重要的一环。

海派文化,包括以上海石库门和外滩50多幢异域风情的建筑群为典型代表的建筑文化,以及"以本乡本土的'申曲'(沪剧)与国剧京戏、越剧、淮剧等地方戏与域外的话剧、芭蕾舞等'联袂'的上海舞台文化;由乡土气息浓烈的《紫竹调》《梅花三弄》,以及来自欧美的交响乐、铜管乐、管弦乐为主体的上海音乐文化;被称之为'海上画派'的上海书画文化;荟萃了川、粤、京、鲁、江浙、淮扬等地特色菜系的上海饮食文化;在保存并革新传统节庆、民间技艺、收藏集古等彰显中华特色文化的同时,吸纳并发展随欧风而来的交际礼仪、服饰饮食等异域风情的上海民俗文化"[2]。这些文化元素共同组成了海派文化,也成为海派旅游文化的核心内容,带动着上海旅游文化产业的发展。

作为上海现代文明的支柱,海派文化带着一股丰富的精神气和节奏轻快的前沿文化,深深扎根于市民的旅游文化生活之中。海派旅游文化作为上海极富

---

[1]　崔保国:《媒介变革与社会发展》,南京师范大学出版社1999年版,第55—57页。
[2]　强荧、焦雨虹主编:《上海传媒发展报告(2015)》,社会科学文献出版社2015年版,第89—96页。

有"本土韵味"的特质文化,在其"媒介中心城市"的优势背景下,将极大地推动上海旅游文化产业的高效发展。随着纸质媒体、电视媒体、网络媒体、手机媒体等对旅游文化的快速渗透与传播,上海本土媒体对推动海派旅游文化发展的效用,已经越来越明显。下面主要分析海派旅游文化在发展过程中所表现出的文化特点。

二、上海海派旅游文化的特点

(一)开放性

从海派旅游文化层面而言,上海舞台文化融合了本土与域外文化,上海建筑文化被称之为万国建筑博览会。这就从一个侧面表明了其旅游文化是世界多样文化的交融,但是又互相依存,形成一个独特的地域性旅游文化业态。从旅游文化对市民生活的影响而言,近些年来,上海市一直以大精力、大手笔推动旅游文化事业的大发展、大繁荣。政策支持上截至2011年底,上海所有公益性博物馆、纪念馆等设施均已实现免费开放。这些文化开放与包容并行的发展思路,使得上海旅游文化产业更加富有吸引力,引领上海旅游文化产业的领域拓展与空间扩展。

(二)创造性

就海派旅游文化创新发展而言,推翻破旧无用的工厂房屋,出资创办了第一座以现代艺术为主题的证大现代艺术馆,以及衍生出的"大拇指广场"。此间融汇了20世纪30年代上海的建筑元素,又贯通了现代设计理念,扩充了"世界建筑博览会"的内涵。就市民的旅游文化生活而言,上海市政府为了丰富市民日常生活,刷新了以浦东为中心的"中华艺术宫",其创新性就表现在一改以往政府主导的形式,采取"基金会支持+理事会决策+学术委员会审核"的运营形式。这是全新的举措,如果成熟了,将会大力向全国推广,形成旅游文化业的创新发展模式。

(三)多元性

2010年上海举办的世博会,让众多城市聚集到了一起,展示了不同国家的文化特色。随着世博会参与国家数量的增多,上海本地旅游文化的多元化发展特性也逐步明朗。至此,全球各地的城市相互展示、政府相互激发、民众相互学习，使得城市旅游文化向纵深融合、发展。在相互吸收、相互借鉴的基础上，建立合作关系及实现创造性发展，包括融合了古典乡土与欧美气息的上海音乐文化、汇聚了各地菜系的上海饮食文化等，在世博会的发展中也更加凸显出多元化的发展趋势，成为海派旅游文化中的又一特色景观，引领着上海旅游文化产业的新方向。

第六节　浙江嘉兴红色旅游文化

一、红色旅游文化概述

目前学界对"红色文化"的概念并没有一个明确统一的界定，但大多数学者在具体的研究下都将红色文化理解为一种立足于马克思主义思想，与中国革命、中国共产党及其建立的红色政权有着密切联系的进步文化，是对中国传统文化继承和发展的先进文化。2004年刘寿礼在《苏区"红色文化"对中华民族精神的丰富和发展研究》一文中正式提出了"红色文化"的概念，同时将红色文化的内涵简单地概括为，"红色文化从很大范围来说就是指在第二次国内革命战争时期，诞生于井冈山和以瑞金为核心的中央苏区'红土地'之上的人民反帝反封建的革命文化。它作为一种新的革命意识形态，是中国共产党领导的群众性革命文化运动的产物"[①]。中国红色文化研究会会长、中国解放区文学研究会会长刘润为认为，"红色文化就是中国共产党领导人民在革命、建设、改革进程中创造的以中国化马克思主义为核心的先进文化"[②]。

综上，我们认为，"红色文化"是由中国共产党领导的，先进知识分子和人民群众共同创造的先进文化的结晶。它产生于20世纪革命战争年代，是人类在历史进程中创造的文化产物，是一种历史文化现象，也是人类历史的积淀物。"红色文化"源于新中国的革命和建设，兴起于特定时代的需求，作为一种革命文化激励人民大众前行的脚步。红色文化既包含物质文化也包含非物质文化，

---

① 刘寿礼：《苏区"红色文化"对中华民族精神的丰富和发展研究》，《求实》2004年第07期，第33—34页。

② 刘润为：《红色文化与中国梦》，《人民日报》2013年11月14日。

它以丰富的革命理论为中心，同时容纳了中华上下五千年的厚重历史，这使其极具中国特色。同时，这些极富地方特色的红色文化，又可以成为旅游文化的一个重要组成部分，各具特色的红色旅游文化景致，最终形成红色旅游文化供人们去体验与品味。作为一种文化形式，红色旅游文化最终还是要回归于文化本身，形成并拥有自身独特而又完整的文化体系。下面针对浙江嘉兴红色旅游文化的主要形式进行分析。

二、浙江嘉兴红色旅游文化的主要形式

（一）浙江嘉兴红色旅游文化遗址

嘉兴南湖的红船，1921年8月初，中国共产党第一次全国代表大会在浙江嘉兴南湖的一条游船上胜利闭幕，宣告了中国共产党的诞生，从此中国革命的航船从这里扬帆起航，中国历史从此翻开了新篇章。由于当年的那艘船在战时没有了踪迹，为了纪念中共"一大"在南湖游船上胜利闭幕这一重大历史事件，1959年在党中央和浙江省委的批准下，仿制了一条和当年几乎一模一样的游船作为"一大"会议纪念船，停泊在南湖烟雨楼旁的水面上。这条游船是一条长约16米，宽3米的木质丝网船，里面摆放着简单朴素的木凳和桌椅供游客小憩。虽然从外面看起来十分平凡普通，但是就在那一天，中共第一次全国代表大会就在这艘游船的中舱里举行，从此它开始变得与众不同。如今登上这艘红船，来自天南地北的游客仿佛又重新看到了中国共产党诞生的历史场景。

1964年，董必武重游南湖，感慨万千，挥毫题诗一首："革命声传画舫中，诞生共党庆工农；重来正值清明节，烟雨迷蒙访旧踪。"这条红船作为中共革命源头的象征，更是红色文化的源头。"以开天辟地、敢为人先的首创精神，坚定理想、百折不挠的奋斗精神，立党为公、忠诚为民的奉献精神为主要内涵的'红船精神'"[①]，激励了一代又一代的共产党员不断前进，也使嘉兴人民在面临坎坷和磨难时都有着坚定的理想信念，吃苦耐劳，勇往直前。它是嘉兴地区红色文化历史的见证者，让全国各地的游客们，更能够深切地体会到红色文化带来的精神力量，从而在其情感、内心产生更加深刻的影响。

茅盾纪念馆，就位于其故居旁边，是茅盾童年读书处。纪念馆以"茅盾走过的道路"为陈列主体，放置了记录茅盾一生的150多张照片，还有一些他

---

① 习近平：《弘扬"红船精神"走在时代前列》，《人民日报》2017年12月01日。

的作品、手稿、书刊、信件、题字和曾经使用过的物品等实物,并珍藏着他最早的墨稿——十三岁时的作文本,和他最后的手迹。人们通过游览纪念馆,就可以了解茅盾同志一生走过的革命道路和文学活动。这种红色旅游文化的实体化景观,让人们更能感同身受,深刻领悟,并进而产生良好的视觉体验与情感共鸣。

辛亥革命嘉兴七烈士纪念塔,它由民革中央主席屈武题写塔名,是纪念为辛亥革命而献身的嘉兴籍烈士而建。七烈士纪念浮雕墙正面,是七位烈士在辛亥革命时期的生活写照,背面为七烈士的生平介绍。纪念塔和纪念墙让这些英雄们的事迹和精神永远保留了下来,并成为不断激励人们奋勇前进的红色文化。

抗日嘉善阻击战纪念碑,它是为纪念 1937 年 11 月与拥有飞机大炮的日军十八师团激战七昼夜壮烈牺牲的抗日战士们而建造的。纪念碑的碑面,以浮雕形式再现抗日将士的英雄形象,他们那热烈的爱国主义情感和面对敌人英勇无畏的抗争精神,一直激励着人们奋勇向前。纪念碑东侧为张爱萍将军题写的"嘉善抗日阻击战纪念碑",西侧为嘉善县人民政府镌刻的碑文。这些红色文化吸引着游客驻足观赏。

毛泽东观潮诗碑亭,1957 年 9 月 11 日,毛泽东同志来到嘉兴市海宁县盐官镇七里庙观潮,观潮后作《观潮》七绝一首:"千里波涛滚滚来,雪花飞向钓鱼台。人山纷赞阵容阔,铁马从容杀敌回。"1994 年,经中央宣传部批准,在盐官镇建造了毛泽东观潮诗碑亭。经过后来的拓展与建设,现在已经成为红色旅游文化的重要景观,供全国各地的游客前来欣赏、领略其文化内涵与价值。

浙江嘉兴地区红色旅游文化资源丰富,有为纪念杰出的民主战士沈钧儒先生,也有以其故居改建而成的沈钧儒纪念馆,还有为了让全镇人世世代代缅怀陈云这位曾经到过西塘古镇的无产阶级革命家而修建的留云居等。尤其是嘉兴所辖的平湖市滨海红色长廊线上的"侵华日军登陆处"石碑,成为红色旅游文化的代表深受各地游客的关注。该石碑的碑文为,"1937 年 11 月 5 日,农历十月初三晨,日军在白沙湾、全公亭一带登陆,当地驻军奋起抵抗,百余人壮烈牺牲,日军侵占后屠杀百姓 500 余人,烧毁民房 2000 余间。勒石铭记,以志不忘"[①]。以此,让更多的民众了解过去的历史,勿忘国耻。此外,还有当地政府为嘉兴地方党史人物树碑立传,以及宣传党的先驱光辉形象和革命精神的嘉兴地

---

① 王晨辉:《平湖打响浙江抗战第一枪》,浙江在线,https://zjnews.zjol.com.cn/system/2015/08/03/020767350.shtml,2015-08-03。

方党史陈列馆、新四军北撤澉浦之战革命烈士纪念碑、王会悟纪念馆、龚宝铨故居等等。上述内容共同组成了嘉兴地区红色旅游文化遗址，带动着嘉兴旅游文化产业的发展方向。

（二）浙江嘉兴红色旅游文化人物及事迹

嘉兴是一座拥有悠久历史的古城，同时拥有数量众多的文人墨士。而在20世纪革命战争年代，同样也涌现出了一批文人名士。他们虽然没有在战场上厮杀，但他们用自己手上的笔，一直为中国人民稳定的幸福生活而努力着，用别样的方式为中华人民共和国的崛起而奋斗着。这就为嘉兴地区的红色旅游文化带来了一丝笔墨气息，也成为吸引国内外游客关注嘉兴红色旅游的一大亮点。

沈钧儒，新中国第一任最高人民法院院长、中国民主同盟中央主席。沈钧儒是一个从科举时代的进士到新时期伟大的民主主义者。1935年，他与宋庆龄等人发起并组织了全国各界救国联合会，积极开展抗日救亡运动。之后，他为反对内战争取和平，建立和扩大爱国统一战线做出了很大贡献，是中国民主同盟的创始人之一。新中国成立后，历任最高人民法院院长、全国政协副主席、全国人大常委会副委员长和民盟中央主席等职务，是爱国知识分子学习的榜样。

沈泽民，浙江嘉兴市桐乡人，是中国早期女权主义理论的主要翻译者，也是中共早期重要的领导人之一。他将自己短暂的一生奉献给了中国人民的解放事业和文学事业，为中国的革命做出了不可磨灭的贡献。在1919年他组织了桐乡青年社，出版杂志《新乡人》，倡导白话文，投入到新文化运动中。在加入共产党后，他积极地发起了革命文学运动，发表《文学与革命的文学》《我们需要怎样的文艺》等理论文章，要求写革命文学的人必须先是一个革命者。

穆旦，他是一名爱国主义诗人、翻译家。1929年面对日寇的侵凌，穆旦写下一首《哀国难》："眼看祖先们的血汗化成了轻烟，铁鸟击碎了故去英雄们的笑脸！眼看四千年的光辉一旦塌沉，铁蹄更翻起了敌人的凶焰！"在20世纪40年代，穆旦创作了大量感悟整个中华民族忧患的诗。他写的《不幸的人们》不仅反映了整个中国大地的苦难，也表现出他自身的内心伤痕。其《赞美》一诗中多次提到"一个民族已经起来"，反映了他有多么强烈的愿望希望中国力量强大，希望能结束这场战争所造成的苦难。其他作品《反攻基地》《奉献》《打出去》等，运用那么多的诗歌赞美军人的大无畏，希望祖国得到重生，悲中有壮，歌颂出那个时代带血的赞歌。这些事迹也成为现今游客不断缅怀、赞扬的文化内容。

综上，浙江嘉兴地区还有著名国际问题专家、社会活动家与报刊工作者金仲华，他参与创办《世界知识》杂志，在抗日战争全面开始后协助邹韬奋，先后在上海、武汉编辑《抗战》《全民抗战》等刊物。其余，还有龚宝铨这样的近代资产阶级革命者，更有一代"文豪"茅盾先生、"中共一大"会议工作者王会悟、九三学社发起人之一的褚辅成等。上述这些人物，他们是创造优秀与先进文化的知识分子，留给后人无限的知识财富，其共同组成了浙江嘉兴地区红色旅游文化人物及事迹等非物质文化资源。这些红色旅游文化资源成为浙江嘉兴红色旅游文化产业兴盛的基石。

第三篇
山西及部分省区旅游文化下的媒介和受众

第八章　山西晋北地区旅游文化下的媒介和受众

第一节　大同旅游文化下的媒介和受众

在21世纪初，随着科技迅猛发展，传媒形态不断更替，革新了旅游文化产业的运行方式、创新手段、宣传途径。传媒在媒介交融的新潮流下，正引领着人们接受那些能够超越时空局限，并拥有独特讯息传播方式的新媒体。将传媒运用到文化产业当中，这为旅游文化产业注入了新的血液和活力，使文化产业能依靠传媒的力量增光添彩，促进了旅游文化产业的布局整合和创新突破，传媒的广泛使用对旅游文化产业的发展具有举足轻重的影响。因此，此处所研究的内容，对旅游文化产业的有效开展，具备相当的现实价值，能有效增强区域性文化产业的竞争力和影响力。

当下在国内，结合当地旅游文化产业，研究传媒对该地区旅游文化产业影响的资料比较欠缺。故此，从大同地区自身利用传媒发展旅游文化产业的现状与优势着手，分析传媒对大同地区旅游文化产业发展的作用，就具有了很强的社会现实意义与参考价值。

一、传媒对大同旅游文化产业发展的作用和影响

（一）传媒对旅游文化产业发展的作用

1. 传媒是旅游文化产业发展的重要载体

传媒，为文化产业提供了重要载体。传媒业的发展，促进了新、旧媒体的融合。在传统文化产业中，报刊、电台、电视台等传统媒介形态与文化产业实现了交融。但是传媒业的进一步发展，从网络媒体、移动终端等新媒体形态产生后，这些新型的媒体业态与旅游文化产业相结合，开创出了新兴的赢利手段和营销模式。如手机媒体，可以将传统媒体与之结合，产生出了手机报刊、手机广播以及手机视频等，还可以通过微博、微信、APP客户端等新媒体为旅游

文化产业提供营销推广。手机媒体及其所产生的各种新兴的传播形式，现今已成为移动网络时代的一大宠儿，其便捷的信息交流方式和多元化的生活服务形式、休闲娱乐方式，受到了当今人们的极力追捧、喜爱。

因此，网络时代的传媒，具备了新的"媒体"物态，其"载体"具有多种特质，为旅游文化产业的积极开展提供了重要载体，旅游文化产业利用传媒进行多样化的发展，已经成为新时代的必然要求和选择。

2. 传媒是旅游文化产业整合的促进动力

传媒通过使用数字融媒体技术，开设了大量的终端，而这些产业循环系统构成了大量的信息，形成一个巨大的信息服务产业链，扩大自己的工作与服务范围。媒体的发展，带来了新型的旅游文化产业，其中包含了旅游文化产业自身的范畴，同时还包括数字信息传播渠道。

首先，我们可以运用先进的网络媒体技术，把文化产业独创性智力成果等运用到旅游文化产业的发展中，为保障有关旅游、文化产业的整合交流，提供了很好的便利渠道，发挥了强劲的效力。

其次，传媒与旅游相关产业的融合。在媒介融合的过程中，传媒业的外延不断扩大，互联网思维观念渐渐为旅游行业所接纳，传媒行业与旅游行业的边界逐渐被打破，这成为旅游文化产业开展的一大良机，借此传媒业可以有效介入到文化演艺业、文化会展业等密切与旅游业相联系的行业中。

最后，文化产业外部的融合。譬如旅游文化产业与其他在当下渐渐兴盛起来的并与我们生活密切联系的创意产业，这种产业之间的结合愈加深入。此种融合，提高了旅游文化产业人文内容的含金量，超越了旅游产品的原有内涵，拓展了旅游文化的产业链。

3. 传媒是旅游文化产业创新的催化因素

传媒的蓬勃发展，促使旅游文化产业进入新常态。旅游文化产业融合式发展，包括商品、市场等方面的融合，其最后的归宿就是，萌生了新的文化行业，形成了新的经济增长点，从而有力地推动旅游经济的持续健康进展。譬如在当下兴盛起来的短视频平台行业，在传媒新技术支持的基础上，不断推出数字科技时代旅游文化的新形态，形成了旅游文化产业的新品种。

传媒处于此种良好形势下，具备了贯穿文化产业链的重要属性，借机又成了引导其他行业开拓的向导，从而推动了文化产业的创新，为旅游文化产业的纵深拓展打出一片天地。不论在旅游文化产业体系的内里还是外围，抑或是旅游文化产业和其他产业的合力效能，都表现得更为密切而显著。

旅游文化产业，实为一种重视人文创造、人才效益、创意产出的经济形态。在传媒的力促下，当代旅游文化产业的内容产出，已然能够摆脱传媒科技的约束，实现更新换代。如百事通，经过对传统的企业式层级化管理模式的摒弃，变革自身结构，新设互联网电视事业群、网络视频事业群、云平台与大数据事业群、电信渠道事业群、主机游戏事业群等五大事业群，更加广泛、深入地向互联网企业转型、变迁[1]。这就为以"云旅游"为代表的新产品内容的推出，创造了良好条件。

4. 传媒是旅游文化产业运营的变革力量

传媒，作为传送讯息的媒介，现已作用于旅游文化产业的各个行业当中。在"新常态"下，"互联网＋文化产业"成为旅游文化产业发展的崭新模式，最典型的便是新型电商运作模式的风行。

例如，我国《成都商报》所设立的"纸上电商"栏目，把搞好网络商务与办好报纸有效结合，用户通过互联网所供用的交流平台，能够及时、便捷地与对方商户互动，了解自己所感兴趣的内容产品，迅速完成传受各方的相互反馈[2]。这一方式，有效地把与旅游文化相关的文化商品进行线上的营销，并且效果良好。

另外，文化产业与传统意义上的各大媒体行业的交融与合作，如浙江卫视一档著名文化旅游探索类栏目《青春环游记》，自2019年5月开播起，积极同网络视频渠道合作，在节目播出的过程中，由电视节目主持人引导网络观众进行话题互动，丰富了节目文化交流的内容与人文历史文化的趣味。其后，便出现了众多电视台与各大视频网站协同营销的"旅游＋文化"节目形式。此种节目运营模式也顺应了新媒体时代的大势，从而有利于搞活旅游文化、打动消费者。

（二）传媒对大同旅游文化产业的影响

1. 纸质媒介对大同旅游文化产业的影响

我国官方报纸、期刊等纸媒，对大同旅游文化产业发展现状的报道是权威

---

[1] 姚轩杰：《广电企业转型互联网成趋势》，中国财经网，http://finance.china.com.cn/stock/20150312/2997129.shtml，2015-03-12。

[2] 赵新乐：《〈成都商报〉打造"纸上电商"》，中国新闻出版广电网，http://data.chinaxwcb.com/epaper2014/epaper/d5748/d2b/201404/43695.html，2014-04-01。

的、准确的。国家级报纸《人民日报》，便对近年来大同旅游文化产业的快速发展进行了充分肯定，尽管这一中央级大报受众广泛、影响深远，但是在篇幅有限的情况下，仍然毫无保留地对大同自十七大以来加快旅游文化产业发展，并已取得的不俗成绩及优良表现，表示肯定。特别是对大同市耿彦波市长力促当地城市建设，重点开发当地历史文化资源，推进该市旅游文化产业开展，从而促进经济转型、谋求绿色发展出路的正确科学做法，表示赞赏。该报曾登载过大同这座历史文化名城，其文化产业今又焕发新活力，走向多元共进发展的报道。让大同这座历史文化名城为之自豪，让全国各地为之效仿，让世界民众为之景仰。

《山西日报》作为山西省影响力最大的报纸，也对大同旅游文化产业的发展成就做出了褒扬。主要对近年来该市转型重振中，将旅游文化产业作为开展经济建设、社会进步发展的主打项目进行了详尽报道，并对这种进取精神予以肯定。《大同日报》更是及时、准确、全面地报道了大同市旅游文化产业的进展情况。该报不断推出有关旅游文化产业各个方面新成就的消息及专题报道，真实、客观、权威地把该市旅游文化产业的发展情况、拓展思路与未来方向，传达给当地政府及各个职能部门，使大同市民对本市的旅游文化产业发展更加充满希望。

2. 广播电视媒介对大同旅游文化产业的影响

由于广电媒介自产生以来便具备了深入用户、广泛传播、形象生动的特性，使得其对民众的影响更为深远，所以在传播过程中对所报道、宣扬的事物，更加深入人心，更具号召力、影响力。但是，由于广播电视本身在技术上的依赖性，使其极易受到地域限制，造成中央台广泛报道的栏目内容有限，而地方台难以超越区域限制来发挥有力影响的困局。加之大同旅游文化产业起步不久，并且鲜有作为。故而，罕见中央级以及省级的广电媒体，对大同市旅游文化产业发展情况的具体报道。

大同市当地有多家广播电台和电视台，它们对当地旅游文化产业的发展历史、现状及未来预期，都做出了不同广度和深度的报道。人们在日常生活中，常常会听到或看到地方台对本地旅游文化发展的宣传报道。以大同交通广播电台为例，此台面向全市听众，力图借助声音的感染力对当地旅游文化产业的运行状况进行宣传报道，让受众在倾听的过程中接受文化的感染，此类信息常常出现于电台的文化新闻栏目的特别提示板块，或趣说大同人文历史节目的穿插、引入环节，以使听众增强对该市旅游文化建设的兴趣、关注和支持。

3. 新兴媒介对大同旅游文化产业的影响

进入融媒体社会后,互联网络得到深入发展并且日益普及,以社交媒体为代表的新媒体逐渐对创意经济、文化生活产生不可小觑的作用,这在很大程度上冲击了三大传统媒体对旅游文化发展的影响力。如今,大同旅游文化产业发展越来越借助并依赖于新媒体的强大力量。由于社交媒体信息具有的病毒式的扩散性和高度的交互性,使得大同旅游文化产业的发展也可以更方便地借鉴、利用社交网络平台,进行旅游文化信息的传播。

近些年,大同市各级党政机关均开设了各自部门的"两微一端",以求网民更加便捷地关注其动态,现今我们了解该市旅游文化产业进展情况,不再需要通过读报纸、听广播、看电视,而是通过下载相应的 APP 客户端来快速搜索,或者关注相应部门的官方微博、微信。我们便能主动、积极地获取旅游文化方面的最新内容,如此便充分满足了民众及时、有效的信息需求。当我们想了解大同市新兴旅游文化产业的新近动态,并且想追根溯源该地的历史文化演变和发展脉络时,通过新媒体这种便捷平台,尤其是其中的短视频平台,可以即时实现。通过灵活多样的表现形式,扩大了外地民众对原本不太了解的旅游文化内容的接触和参与,从而促进文化产业的更快发展,并使得当地管理部门提升自身的服务能力。

4. 文博会展对大同旅游文化产业的影响

文博会展活动,是大同市进行旅游文化产业的对外推广和形象展示不可或缺的一部分。现今,由于此类主题展示活动已在多地旅游城市的发展中取得了成功,并获得了游客的认可与接受。同时也适应了旅游文化产业纵深发展的需要,在前期大同康养旅游文化的国内传播中,已经获得了极大的成效。在此基础上加大旅游文化开展的力度与深度,有利于加强与省内外各旅游城市在项目合作、文化引荐等相关领域的共赢,促使大同旅游文化产业升级提高。

近年来,在大同当地举办的文博会和开展的会展活动越来越多,并且越发富有文化内涵。这种良好效益,无疑将促使大同旅游文化产业在博采众长、兼容并包的态度和努力下,实现长足进步和产业升级。随着特色农业旅游文化、雕塑旅游文化的强势推出,大同旅游文化产业很快就会驶入快车道。2016 年,大同国际会展中心的成立,又为自身文化产业的良性开展注入了新的活力。

二、视觉媒体对大同旅游文化的传播

旅游文化是当地经济发展和旅游业发展的重要资源，旅游文化的传播必须以大众传媒为基础，才能够取得良好的传播效果。电视媒体作为一种大众传播媒介，虽然出现的时间较报纸、广播等媒介稍晚，但是由于其画面与声音相结合所产生的巨大优势，使得其具有极大的亲民性。而山西省大同市在传播其旅游文化时，就利用了电视媒体对其形象进行了塑造。笔者主要从视觉媒体的典型代表——电视媒体，对大同旅游文化的传播进行分析。

（一）电视剧及电影对大同旅游文化的传播

1. 电视剧对大同旅游文化的传播

电视剧是一种以电视媒体为载体的演剧节目形式，因其接受门槛低、内容情节丰富，深受广大观众的喜爱。在拍摄电视剧时，以大同本地的自然、人文景观为背景，或者将大同本土文化融入其中，使得观众在观看电视剧时，潜移默化地就接受了大同旅游文化，从而提升了大同旅游文化在观众心中的地位。

在20世纪90年代，一部名叫《莲花争霸》的电视剧就分别在现今大同市浑源县的悬空寺和大同市云冈区的云冈石窟取景，这部电视剧由新加坡人拍摄，这也意味着大同旅游文化，在1994年随着这部电视剧的热播即传播到了海外。而在20世纪80年代，一部名为《战火在云城熄灭》的电视剧在山西电视台热播，该剧以保护华严寺为线索，讲述了解放军和平解放大同的故事。1986年一经播出，便引起了巨大的轰动，大同的旅游文化也得到了有效的传播。

有关大同的电视剧有很多，例如《烈火凤凰》《花塔人家》《凤临阁》《北魏冯太后》《锦绣未央》等，讲述的都是发生在大同的故事。并且有部分电视剧拍摄取景地也在大同，让人们在观看电视剧的同时，也对大同旅游文化留下了深刻的印象。尤其是由唐嫣、罗晋等主演的《锦绣未央》，登录北京卫视、东方卫视等各卫视频道播放。截至2020年10月，电视剧官方微博粉丝有169万。其影响力之大，涉及范围之广，在电视剧对大同旅游文化的传播中当属首位。

2. 电影对大同旅游文化的传播

电影由于其独特的故事叙述手法和表现手法，剧情比电视剧短，所以一般将其视为单独的一个媒介类型。但是因电影与电视剧都是画面与声音相结合的媒介，且都多数以电视为载体播放，故此处将电影也归于视觉媒体加以分析。

大同有许多独特的自然景观，吸引了许多电影摄制组到大同取景拍摄。通过这些自然景观的衬托，电影故事情节与人物性格形象进一步升华，而观众在欣赏电影的同时，也就会对电影中出现的大同自然人文风景产生浓厚的兴趣。

微电影《思亲》，是央视主持人任志宏编导的关于唐朝大诗人王维的故事。该剧在大同市浑源县悬空寺和北岳恒山拍摄。贾樟柯导演的《江湖儿女》，取景于现今大同市云州区火山群的金山，该火山群是唯一在黄土高原的火山群。

入围第54届金马奖的电影《引爆者》，讲述了一个煤矿炮工复仇的故事。拍摄过程中，主要场景位于大同，拍摄中突出了大同的几个景点，它们分别是大同市云冈区的云冈石窟、大同市云州区的土林和大同市浑源县的北岳恒山等。

随着电影线上、线下的热播，有很大一部分游客慕名到大同来观光旅游，寻找电影中主角的心路，品味电影所折射出的旅游文化。这些影视旅游现象的出现，反映了电影在大同旅游文化传播中不可替代的作用，同时也证明了旅游文化有着广阔的消费市场。

（二）电视节目对大同旅游文化的传播

1. 纪录片对大同旅游文化的传播

关于大同有很多纪录片。《大同》这部纪录片由英国BBC拍摄并在海外播放，荣获了第52届台湾金马奖最佳纪录片奖。该片记录了大同市市长耿彦波改造大同旧城的过程，虽然全片未曾提起大同的旅游文化，但却让大同古城之名享誉海内外。为大同古城旅游文化的发展，起到了极佳的宣传与铺垫作用。

巧合的是，还有一部纪录片也叫《大同》，该片是由日本NHK电视台制作并播出的有关大同旅游文化的纪录片。片中大同城墙、云冈石窟、华严寺、悬空寺、九龙壁、凤临阁、大同土林等旅游文化，作为重点表现的对象，充分地在日本民众面前展现着大同旅游文化的魅力。

国内中央电视台的纪录片质量一直很高，深受观众的追捧与喜爱。央视和大同市人民政府联合拍摄的纪录片《天下大同》共分为7集，系统地介绍了大同各个历史时期孕育的灿烂文明，以云冈石窟、北岳恒山等历史文化遗产为着力点，同时将华严寺、善化寺、悬空寺等代表性文化景点表现得淋漓尽致。于是，大同旅游文化生动具体地流淌进每一个观众的内心深处。

2. 新闻节目对大同旅游文化的传播

对于大多数人而言，新闻信息是了解、认识未知领域与外部世界的一扇窗户。正面的新闻报道会给人带来无限的美好遐想，而负面的新闻报道则会让人对其产生退避三舍的想法。

之前较长的一段时间里，由于新闻节目中报道得不够全面，人们对大同城市旅游文化市场的印象往往是通过以讹传讹而形成的，再加上不时有关于大同出租车司机"宰客"、大同旅游景区的"假道士"、大同古城修复中的"拆旧建新"等负面的新闻报道见诸电视新闻节目，很多人对大同城市旅游文化形象有了负面的刻板印象，仿佛大同除了悬空古寺、云冈石窟之外再没有别的可观之处。

近年来，随着大同旅游文化造势的力度加大、全国新闻节目的高度关注，有关大同正能量、积极的报道逐渐增多。2019年、2020年春节，大同都举办了盛大的民俗灯会。这个新的旅游文化名片——大同灯会，已被中央电视台的《新闻联播》《新闻直播间》《共同关注》等多个栏目反复报道。事实上，近几年旅游文化的新代表"大同蓝""大同古城""大同古都灯会"，连年上央视新闻节目已成为一种常态。而这些权威媒体的新闻节目其传播力、影响力都是不可比拟的，不仅打破以往存储在人们大脑中的大同旅游文化的负面刻板印象，还重新塑造了人们印象中的大同旅游文化形象，起到积极有效的传播效果。

3. 其他形式电视节目对大同旅游文化的传播

纪录片和新闻节目，对大同旅游文化的传播发挥了巨大的作用，其余电视节目对旅游文化所起的作用也不容忽视。

在饮食节目中，2018年10月，中国第一部共10集的面食文化纪录片《中国十大名面》横空出世，在央视七套频道播出，吸引无数观众对旅游文化当中的面食文化开始高度关注。其中第10集《飞刀问面》篇，讲的便是山西大同的刀削面，节目在勾起无数在外游子乡思的同时，也让更多国内的观众于无形之中接受并了解了大同旅游文化之中的饮食文化。

在文化节目中，央视中文国际频道，关于旅游文化的大型日播旅游节目《远方的家》之"长城内外"系列，讲述的便包括大同市浑源县的旅游文化。浑源县的北岳恒山、悬空寺举世皆知，但是其他的历史文化、自然资源等旅游文化内容知名度却不高。这档文化栏目，让全国的观众了解了浑源的名贵药材正北芪——黄芪，熟悉了杨家将中杨门女将——穆桂英等在此英勇抗战的民间传说。

在科学教育节目中，《历史的拐点》是由中央电视台科教节目制作中心制作的关于大同的大型历史纪录片，在央视九套频道于2016年8月播出。全片共分为10集，突出表现了大同的云冈石窟、平城遗址、边墙五堡、雁塔、鼓楼等旅游文化地点，并通过高清画面将历史文化与当代文化结合进行深入分析，使全国观众在增长大同历史文化知识的同时，对大同的旅游文化有了更深入的内心感受与情感领会。

第二节 云冈石窟旅游文化下的媒介和受众

当前新媒体条件下，云冈石窟旅游文化的传播主要借助这一新兴媒介形式来进行。网络新媒体传播云冈石窟旅游文化的类型，主要有以下几种。

一、贴吧及相关论坛

互联网的诸多特性，能够让网民广泛地参与讨论和交流体验。网民不仅作为受众，而且还作为信息的发布者来传播信息、表达意见。截至2020年10月，百度贴吧中的云冈石窟吧，月度活跃用户1216人，累计发帖20054条。在贴吧、论坛中有许多关于云冈石窟旅游文化的信息，大多数吧友主要关注云冈石窟的票价、如何订票与行程路线等具体信息，以及云冈石窟的一些具体文化、历史遗产的介绍等。他们为那些需要了解云冈石窟旅游文化的各地民众，提供了共享资料和便利信息，让他们之间可以交流和获取信息。另外，吧友之间的群体传播，又增加了彼此的亲切感和信息的可信度，促进了旅游文化的传播与扩展。

二、旅游景区门户网站

许多景区自己建立网站来作为旅游文化的主要推广载体，将景区的旅游文化信息，用文字、图片和视频等方式展现出来。旅游门户网站具有信息发布、资源整合和网上服务等多项功能。比如，云冈石窟旅游网是展示云冈石窟旅游文化的重要平台，还能吸引游客关注和企业投资。《云冈石窟旅游网》为大众提供各种便捷信息和旅游服务。该网站主页有着独特的地方文化特色，以露天大佛为宣传图片，以"走进云冈""游在云冈""旅游资讯""大同旅游""在线商务""网友之声""下载中心"为首栏，以"云冈山堂水殿""游在云冈公告信息"为二栏,以"综合快讯""热点关注""开放导览"为尾栏。在栏目设置中融入云冈石窟景区文化特征。该旅游门户网站,不但发布旅游动态和文化信息,还通过这些图片、视频等信息,给浏览者形成强烈的视觉冲击和文化上的熏陶,吸引游客来欣赏品味其独特的文化内涵。云冈石窟作为世界文化遗产,不仅仅要在国内扩大其文化影响力,更要在国际上积极展现其文化魅力。

三、微博

微博作为一个社交平台,属于公共领域,对云冈石窟旅游文化传播具有重要的影响。云冈石窟官方微博为"世界遗产云冈石窟官方",截至2020年10月,关注粉丝11.9万多。世界遗产云冈石窟官方微博,通过推送和分享关于云冈石窟的图片展示、视频记录、文字说明、学术研究、文化专题活动等内容,为关注者带来许多云冈石窟的旅游文化信息,同时对网民所感兴趣的重点话题进行讲解,解答了他们的疑惑,受到广泛欢迎。"世界遗产云冈石窟官方",栏目由文章、视频、相册等组成。云冈石窟官方微博的建设,是云冈石窟旅游文化品牌建设的重要组成部分,它在传播云冈石窟旅游文化内容的同时,也塑造和提升了云冈石窟的文化形象,提高了云冈石窟的美誉度和认可度。

四、手机媒体和相关 APP

云冈石窟旅游文化的传播,借助手机媒体及相应的 APP 软件,更是给全国的网民与旅游爱好者,带来了巨大的便利与福音。手机媒体的移动化操作与使用,使得游客可以按照自身的需要、兴趣来下载并使用有关云冈石窟的软件。如"云冈石窟"APP,该软件有语音导游、旅游游记、旅游攻略、图集、乘车、特产、GPS 定位等功能,对云冈石窟各景点进行专业的语音介绍,还能通过游客的游历进行分享。通过网络用户的人际传播,使游客更能够全面、深入地了解云冈石窟的历史文化。其他还有"听游云冈石窟""云冈石窟讲解""云冈石窟全集"等旅游文化的 APP 软件。这些手机软件,详细地介绍了云冈石窟旅游文化的不同层面,有利于云冈石窟这一世界文化遗产的全方位传播,并且能够为不同地区、不同国家的网络用户,提供更加优质的文化享受。

第三节　五台山旅游文化下的媒介和受众

当前在媒体深入影响下，五台山旅游文化的传播主要借助权威主流媒介形式来进行。主流媒体传播五台山旅游文化的类型，主要有以下几种。

一、平面媒体对五台山旅游文化的传播

造纸术的出现使信息载体变得轻薄、利于保存又方便携带，并且以较少资源承载更多信息。印刷术的出现则使文字得以借助机器大量生产复制，改变原本以手抄为主的传播方式，大大提高了传播速度和传播覆盖面。造纸术和印刷术的发明与应用很大程度上助推了五台山佛教文化的传播。平面媒体要求受众具有一定的识字与阅读能力，对受众要求相对较高，但其作为主流媒体中的重要组成部分，平面媒体有着更高的社会信任度。

（一）书籍对五台山佛教旅游文化的传承

五台山的佛教文化自传入以来，通过译经、讲经及成立宗派等各种方式实现了本土化，与中国传统思想文化进行调和，融入了中国文化。本土化的五台山佛教文化，更容易被大众接受并达到良好的传播效果。翻译经文成书是书籍传播的方式之一，如晋译《华严经》是有关文殊菩萨的经典在中国的传译，《华严经》的流传广泛扩大了五台山的知名度和美誉度，也因此将五台山作为文殊菩萨道场的文化信仰在中国逐步确立。经文的传译不仅给当时民众一个心理寄托，也给了民众一个社会文化的归属。

古籍中也有历代文人所作相关著述，它们也推动了五台山佛教文化的传播。唐朝释慧祥所著的《古清凉传》；宋代释延一著有关于五台山古代的佛教史传《广清凉传》；明朝释镇澄著的历史地理类《清凉山志》对五台山的记载，明清时期对该书进行重修和满文本、蒙文本、藏文本译刻；以及顾炎武著的《五台山记》；清朝徐继畬著有五台山的地方志《五台新志》，如今属于国家文物；民国时期李相之所著的《五台山游记》；以及明代释念常编纂的《佛祖历代通载》都记载了当时五台山佛教文化历史。这些作品流传广泛而深远，有力地传播了五台山佛教文化。书籍保存至今便于后人反复研读，使五台山佛教历史文化的

厚度和深度在当今社会中得到传播与继承。

现当代的书籍中，白焕采主编的《五台山文物》向世人展示了五台山特有的文化历史遗留文物的美与价值。崔正森所著的《五台山佛教史》是中国首次以科学之法研究佛教的书，无疑具有重要意义。马明博2013年出版的《因为你，我在这里：文殊菩萨如是说》是一部访五台山佛教文化的著作。侯文正主编的《五台山志》则是一部旅游丛书，涉及五台山佛教文化的多个方面，增加了五台山旅游文化的吸引力。2010年，文物出版社出版的，由张映莹和李彦所著的《五台山佛光寺》介绍了五台山佛教文化发展史，详细介绍了佛光寺史料、经幢、碑碣以及价值和研究状况，有着"瑰宝档案"之称。

以书籍作为传播媒介，对受众的识读能力有一定要求。古代书籍多流传于文人墨客和统治阶层上层社会中，再通过其他形式如壁画、舞蹈、音乐、雕塑或是口口相传于百姓当中。现如今义务教育普及度高，识字能力普遍提高，故五台山佛教文化书籍的读者逐年增多，作品的读者较古代更多更广，影响力更大。

（二）期刊杂志对五台山旅游文化的推广

现代期刊杂志已经发展成为文字和图像结合的诉诸视觉的大众媒介。期刊杂志较书籍时效性更强，信息传播范围更广。作为平面媒体的一种，期刊杂志兼有易于保存、反复查看的特点，以及读者掌握主动权的优势。由五台山风景名胜区政府和五台山研究会合办的季刊《五台山研究》，是综合性刊物。它以国家政策为准则努力创建"五台山学"，该期刊充分研究了五台山独特的佛教文化和理论思想并将之推广到全社会，将独具魅力的五台山文化传递给受众。

由忻州市文联和五台山风景区政府主办的文学杂志《五台山》，以更为文艺休闲的格调赢得大量读者，《五台山》主要栏目有短篇小说、读书平台、名人与五台山、旅踪处处、挑战名家。通过介绍和五台山相关的名人逸事，充分挖掘五台山地区的人文资源，展示了该地丰富的文化内涵，以及古县的历史人文风貌。2014年后栏目变为特别推荐、小说、散文随笔、诗歌、五台山专栏、古风新韵、评论、纪实、彩页。五台山专题专栏以系统连续的方式不断地传播五台山文化形象，更能吸引读者长久关注。以文化休闲为主的刊物有助于读者放松精神，有助于大众以愉悦的心情接受关于五台山文化的相关内容，并产生对这一文化的期待感。杂志因发行周期的限制和受众文化的要求，发行范围有一定局限性。虽然在民众认知中，地方文化形象传播的主媒介并非杂志，但是地方杂志也培养了一批有着较强思想意识、关注文化、享受生活的长期受众，这些受众更容易对杂志中涉及的五台山文化形成深刻的印象。连续每月发行的《五台山》采用多种类型的文章体裁来吸引读者，读者在长期的潜移默化中加深了对五台山文化的印象。因此，杂志为五台山文化的品牌传播提供了有效渠道，也产生了极为鲜明的传播效果。

二、视觉媒体对五台山旅游文化的传播

地区文化形象作为地方发展和竞争的重要无形资产，必然离不开大众传播媒介中视觉媒体对其的塑造和影响。

电视是以无线或有线形式，向受众传递声音、文字、图像等相结合的信息的媒介。自从"电视之父"约翰·洛吉·贝尔德在1925年10月2日开启了电视的新时代，电视就逐渐占据了人们生活中的重要地位。电视是人们交流的"世界语"，无须印刷媒体所必需的识字能力，直观的画面使观众一看就懂。电视形象生动，具有很强的穿透力、影响力，使人身临其境，容易引发共鸣。电视以其独特的优势成为方便快捷的信息载体。传播学中的"培养"理论，在研究媒介提示的"象征性现实"对大众现实观的影响时，强调了电视对于人们共识的培养。这种影响是一个长期的、潜移默化的、"培养"的过程，它在不知不觉当中制约着人们的现实观。五台山在传播其地方旅游文化形象时，就充分利用了电视等视觉媒体对地方旅游文化的塑造作用。

（一）影视剧对五台山旅游文化的传播

影视剧是将承载五台山旅游文化形象的信息符号，通过影视文本以镜头表现的手法等方式进行编码，对受众进行传播。受众通过观看电影电视，接收到影视剧中的潜在地方旅游文化形象信息，并对信息符号进行解码、认知，最终形成相应的五台山佛教旅游文化圣地的印象。五台山作为佛教旅游文化圣地，需要消费者对其进行"内隐记忆"的选择，并口口相传确保其良好的文化口碑得到共鸣。影视剧对地方旅游文化的传播，是通过潜移默化的柔性内隐式影响实现的，主要采用场地、台词、主题等，进行地方旅游文化形象的隐性植入，以消除受众在欣赏剧情时候的反感情绪，起到了传播该地旅游文化的作用。

1. 电影对五台山旅游文化的嵌入式传播

有关五台山的电影，是以片段性的影像描述，号召受众充分调动自身的积

极性、主动性与其形成共识，要求受众结合自身的宗教认知、地域认知、人物认知和文化认知，最终形成关于五台山地方旅游文化的视觉认知。《五台山奇情》《康熙大闹五台山》就是这方面的代表，其隐性的对外宣传五台山文化功不可没，甚至使五台山成为受人瞩目且红极一时的佛教旅游圣地。电影使用柔性的内隐式传播措施，站在一个中立的角度将自然风光和人文精神，柔性地嵌入到丰富的故事情节和美轮美奂的镜头画面中，悄无声息地影响着广大受众对五台山文化的感知。社会大众以电影为其效仿、模拟的范本，电影影响着受众的认知和行为并成为人们时尚和流行的风向标。电影不断地将其制造的影响范围扩大，将五台山的文化价值和佛教文化理念逐渐渗透到观众的日常观念中。运用电影构建和传播地方旅游文化形象，能够为那些去五台山旅游的游客本身，增添流行文化的附加标签，并逐渐得到社会的普遍认同。

2. 电视剧对五台山旅游文化的内隐式传播

最受观众青睐的电视节目形式，莫过于情节丰富的电视剧了。在电视剧中暗示性地植入五台山文化，以五台山固有的人文自然景观为背景，就地取材，使五台山旅游文化潜移默化地被受众吸收，提高全国观众对五台山的知晓度和认同度。电视剧《五台山抗日传奇之女尼排》取自于五台山僧尼勇敢抗日的真实故事，另外一部电视剧《五台山抗日传奇之和尚连》也是以此为题材，表现了在国家民族危难之时五台山僧侣保家卫国的英勇抉择。这两部剧塑造了五台山佛教僧尼的正面形象，以强烈的人文主义渲染了佛教圣地五台山的人文精神，增强了受众对五台山佛教文化的情感认同。《康熙遗妃五台山》取材于五台山民间传说，讲述了康熙与梅妃的爱情故事。电视剧曲折的剧情和跌宕的情节，使观众放下饱受强迫式灌输剧情后所产生的心理防御，与剧中人物同呼吸共命运，与剧中情景相融合，从而引发观众对五台山地方文化的认同与期待。

（二）纪录片对五台山旅游文化的传播

真实感人是纪录片的核心，五台山历史悠久，有着丰富的佛教文化遗产，自然景观规模宏大，是纪录片最佳的拍摄对象。《三晋风韵》《四大佛教圣地——金色世界五台山》《祈愿》《五台山之旅》《登五台智慧之旅》《从灵鹫山到五台山》都是围绕五台山所拍摄的优秀纪录片。其中《登五台智慧之旅》对五台典故及文殊胜迹的讲解有着详细的记录。《从灵鹫山到五台山》是五台山风景名胜区，为宣传推广五台山所摄制的空前宏大的人文纪录片。

这些纪录片通过讲述佛教在五台山的创立、传播和发展，凸显五台山在世界佛教中极其重要的地位，并成为持续1600余年的文殊佛教信奉中心。它们是对五台山寺庙建筑、自然风光、佛教传承、人文风俗等的全方位解读，这些纪录片用真实生动的视角，将五台山佛教文化展现于各大银幕的同时，也将其植入到受众的印象中。人们通过大众传媒接受并建构了一个美好的地方文化形象。

（三）宣传片对五台山旅游文化的传播

文化宣传片是一个地方的名片，是地方软实力的展现，它以短小精致的形式声画并茂地彰显地方独特的文化魅力。宣传片的主诉方式是印象式与片段式的结合。五台山宣传片以最为直接和行之有效的方式，概括性地展示了本地的地理地貌、佛教价值、人文精神、文化底蕴，有效地避免同质化，尽情表现其独特性和多样化，易使受众对五台山文化产生直接效果与良好印象，较短时期内就达到预期的传播效果。《又见五台山》等宣传片，在概述地理地势的情况下，侧重于突出佛教特色文化，从精神文化层面进行宣传，以避免在宣传片同质化日益严重的今天，被受众选择性地忽视。在不同层次的电视台投放，带来了不同的传播效果。首先选择在权威的央视播放，由于受众基础广泛达到良好的效果；其次省级和地市级电视台的受众具有地域性，相应宣传片播放后效果也相当突出。宣传片在不同媒体播放，可以广泛宣传其地方旅游文化特色，提高文化美誉度，提升民众自豪感，巩固佛教圣地的文化形象。

（四）新闻报道对五台山旅游文化的传播

新闻报道当地事件，也是一种隐性的传播地方旅游文化形象的方法，而新闻报道主要是建构文化行为、文化形象识别。新闻报道对地方旅游文化形象而言是一把双刃剑，正面的新闻报道以其权威性，更能赢得人们对该地文化形象、文化形式的肯定，负面报道则不利于其地方文化形象的构建。

例如，兵团卫视《聊天斋下》栏目2013年5月18日报道了"五台山法会庆祝文殊菩萨圣诞日"的新闻，既普及了文殊菩萨的诞辰等文化典故，又加强了对佛教文化的传播，也使五台山佛教文化活动的行为识别，在广大受众的头脑中加深了印象，起到了积极有效的传播效果。

负面的新闻报道也会使五台山佛教文化的形象传播受阻。2015年4月2日中央电视台《新闻联播》报道的新闻"五台山5A级景区被警告"，揭露了作为佛教圣地的旅游区，在利益面前所表现的不合理行为。佛门圣地本应慈悲为怀，但目前景区运作越发追求商业利益,欺行霸市、垄断市场、欺客宰客、非法经营、强制消费等行为背离了佛教文化的初衷。该新闻的播出,使得受众对五台山佛教文化的圣洁形象大打折扣,不利于五台山佛教文化的传播发展。①

---

① 乔秀峰:《影视媒介与旅游文化的传播研究——以五台山旅游文化为例》,《山西大同大学学报(社会科学版)》2018年第01期,第103—105页。

第九章　山西晋中地区旅游文化下的媒介和受众

第一节　太原旅游文化下的媒介和受众

当前视觉媒体传播形势下，太原旅游文化的传播主要借助视觉新媒介形式来进行。视觉新媒介传播太原旅游文化的类型，主要有以下几种。

一、微电影传播形式

在全域旅游及旅游文化发展的带动下，太原市影视旅游在形式和内容上不断追求创新。自2013年始，太原市旅游发展委员会逐步推出了《印象太原——青山绿水梦之城》《梦回晋祠——穿越三千年的情缘》《醋味罗曼史》《乡愁——魂牵梦绕山西面》《汾河》五部旅游微电影。[①] 这些微电影，以小故事的形式，从太原最具有代表性的面、醋、建筑等素材出发，借助于互联网的传播力以及电影中内含的乡情、亲情、友情等元素，用带有情愫和希冀的方式将太原旅游文化传播出去，收获了积极的市场成效。

具体来说，《印象太原》以在国外生活的太原女孩西西以及和她偶遇的太原老爷爷为主线，通过寻找故乡太原的旅途，让她寻觅到了家乡的感觉；《梦回晋祠》讲述了女主为追寻梦中的古建筑，围绕着晋祠穿越了千年的历史故事；《醋味罗曼史》则以醋厂工人王冬冬的生活，展现太原古老的陈醋文化；而《乡愁》以常年定居国外的太原人秦晋一家人，对太原面食文化的追寻和学习，突出了太原的面食文化。《汾河》讲述了老张作为水文工作者，与妻子史老师曾经因为汾河而结缘的恋爱故事，由此引出汾河两岸沿途的秀丽山川与人文故事。

除此以外，山西本土带有网络特点、全部在太原取景的情景剧《怂人列传》

---

① 董臻：《太原旅游微电影〈汾河〉上线》，中国新闻网，http://www.sx.chinanews.com/news/2018/1129/136874.html，2018-11-29。

也已开拍,该片取材多为时下热门话题、网络新语、公益宣传等,选用演员均为太原本地有兴趣或表演经验的人,可谓相当本土化[①]。山西卫视的《人说山西好风光》系列栏目,邀请了山西各地市政府的党政干部,他们走上荧幕进行当地的旅游文化推介,成为全国这种类型栏目的首创。这其中,太原市作为省会城市,由副市长魏民亲自上台演讲,以"记忆"为主题,将太原两千多年的悠久历史和众多古迹、面食文化、生活方式等结合起来,引起了人们的极大共鸣。

这些都表明,太原市正通过传播手段和内容的创新,利用影视媒介传播更加纯正的太原旅游文化,使得外界人士能更深层次地了解太原人的所思所想所为,进一步增进了太原旅游文化与游人在心理上的接近性,为其旅游文化在全国范围的传播,进行了良好并且有效的受众培养。

二、融媒体传播形式

太原旅游文化的五部微电影,通过各大网络视频网站如优酷、爱奇艺等知名视频平台进行传播,这是近年来太原市与网络新媒体平台合作的初步开始。2014年,山西广播电视台联手著名导演冯小宁,在太原举办了将要拍摄的电视剧《东方有大海》签约仪式,时任省委常委、宣传部部长胡苏平到会予以支持。该片由著名演员印小天等主演,主要讲述了近代中国山西籍著名海军将领萨镇冰的逸事。

2018年年初,"全国网络媒体太原行"活动在太原开展,20余家中央重点网络媒体和省级新闻网站,包括新华网、央视网、人民网等记者到太原采访,强调发挥网络的传播优势,通过多种新媒体形式(如图片、视频、H5等),全方位、多角度地记录和感受太原经济社会发展的新成就、新状态。同时,对太原旅游文化产业发展的全方位展示,向全国的网民很好地传播了山西太原旅游文化的特色景点及相关民俗文化等内容,起到了极大的扩散效果。

在旅游文化的推广营销上,太原市很多旅游文化景区,除在国内知名旅行类网站(如携程网、去哪儿旅行网等)进行广告宣传外,还在国家文化和旅游部、太原市文化和旅游局官网等平台发布旅游资讯、旅游活动等信息。这又是太原市进行自身旅游文化宣传与媒介进行合作共赢的又一次创新与努力,对于

---

① 乔慧、王建:《山西开拍首部本土情景剧〈怂人列传〉》,人民网,http://sx.people.com.cn/n2/2016/0430/c189132-28253594.html,2016-04-30。

把本土化的旅游文化产品，推销到全省乃至全国起到了积极有效的作用。

第二节　太谷旅游文化下的媒介和受众

当前视觉媒体传播影响下，太谷县旅游文化的传播主要借助主流影视媒介的渠道来进行。主流影视媒体传播太谷旅游文化的渠道，主要有以下几种。

一、全国性媒体

中央电视台推出的大型电视人文纪录片，八集电视纪录片《晋商》（2004年），以及人文历史与自然地理类纪录片栏目《探索·发现》（2001年），该栏目的纪录片《曹家大院》，都对孔祥熙宅院、曹家大院（三多堂）有过细致的描述，为人们了解山西太谷的历史文化提供了重要的参考价值，并起到了极有成效的宣传作用。

中央电视台是具有全国乃至全球范围影响力的大型媒体，其对地方旅游文化的传播效果是无可比拟的。央视有关晋商题材系列纪录片的播出，引起了网民的极大反响，全国各省市的网民在看完之后表示感触颇深，希望央视可以继续以这样生动的方式，拍摄系列具有深度的历史文化传承的纪录片。相关专家与文化学者也表示，在现在文化相对缺失的时代，此类纪录片的播出，有利于提高人们对历史文化知识的了解，引起民众对类似内容的兴趣，从而有利于中华文化的传承与地方文化的发展。

图 3.9.1　央视纪录片《晋商》片段

图 3.9.2　央视《探索·发现》栏目《曹家大院》片段

二、省级媒体

在太谷县电视台设立了《谷色古香、魅力太谷》旅游专栏的前提下，山西省各类省级媒体也积极配合宣传太谷旅游文化。其中《山西日报》《山西法制报》《政府法制》等报纸、期刊，详细报道、介绍了晋中市太谷县在政府号召下旅游文化业逐渐起色，并进入良性发展轨道的现实状况。《山西经济日报》《三晋都市报》等报纸，则对太谷县旅游文化产业的发展形式，进行了详细的介绍，并对其中地方创新的部分进行了大力宣传，对未来发展过程中可能出现的问题提出了有针对性的建议。这样，在全省范围内有效扩大了太谷旅游文化的知名度，促进了旅游文化产业的跨越式发展。

山西卫视、太原电视台等在省内有影响力的电视媒体，在新闻节目中不时地刊播关于太谷县的旅游文化信息，并设立了相关专题栏目，以供省内、省外更多的人了解太谷旅游的文化特色。这些都对太谷旅游文化的宣传，起到了有效的带动作用。

另外，通过山西交通广播（FM88）、太原交通广播（FM107）等广播频道，对太谷旅游信息资讯进行了及时的播报，快速地向省内外游客、听众，传播太谷旅游文化发展的成果、惠民政策等正能量内容。使得太谷旅游文化在省内外变得广为人知，有力地带动了其整个产业的发展。这些媒体的全方位宣传，都为太谷旅游文化业的发展起到了极为明显的带动作用与实际效果。

三、市县级媒体

太谷县当地的电视台为响应政府发展旅游文化产业的政策，积极配合并对本县的旅游文化产业进行了详尽的报道宣传，并对政府颁布的各项惠民政策进行了充分的解读与传播，以服务地方旅游文化产业的发展，以及民众健康养生、休闲旅游的现实需要。

太谷电视台及《晋中日报》等地方主流媒体，还设立了具有地方特色的以《谷色古香、魅力太谷》《谷色古香、养生太谷》为主题的旅游节目、专栏，使得地方旅游文化的对外传播，有了可以依赖的媒体平台。太谷电视台还制作了太谷旅游的系列宣传片，并印制了对应的全县旅游画册，在其中对太谷的旅游文化资源进行了详细的介绍。尤其是对于外省的游客，起到了很好的文化普及与旅游消费带动作用。

为了大力推介全县各类旅游文化产品和资源，太谷县先后举办了社火节、桃花节、千人骑游、万人徒步休闲活动等各种各样的旅游活动，这在当地产生了很大的反响，有力地推广了地方旅游文化。与此同时，活动的主办方还联合太谷电视台和《晋中日报》等省内报纸媒体，设立了旅游微信、微博公众平台，及时发布全县旅游文化及最新活动的信息、情况。晋中市公交公司，在旅游文化活动期间，还利用车载电视等媒体手段，进行了为期一个多月的旅游宣传。

图 3.9.3　晋中日报《谷色古香、养生太谷》旅游专栏

综上，这些市县级媒体，为宣传太谷旅游文化发展所做出的努力是巨大的，成效也是颇丰的，并且收到省内外游客的经济回报还是相当可观的。这不仅扩大了太谷旅游文化形象在国内的影响力，还引起了当地民众对本地旅游文化资源的重视与开发意识，为其旅游文化资源的良性、可持续发展做好了准备。

四、其他影视媒体

当前许多历史题材系列的影视剧，为追求现场效果的真实性与感染力，往往会在能够体现其剧情中历史气息、文化特点的地方取景，从而起到了很好的烘托效用。电视剧《亮剑》（2005年央视一套播出）、《白银谷》（2005年中国教育电视台三套播出）都曾在太谷的曹家大院取景，电视剧《镖门》（2014年深圳卫视、贵州卫视、东南卫视、陕西卫视播出）和电影《1942》（2012年上映）都曾在太谷古城取景，电视剧《白鹿原》（2017年江苏卫视、安徽卫视播出）曾在太谷县北洸乡李顺庭宅院取景。

这些影视剧的拍摄，从多个角度展现了太谷旅游文化的地域特色，为其旅游文化的发展提供了更好的媒体传播平台，同时也让全国观众更好地了解与熟悉太谷的历史、人文等旅游文化内涵。这种影视媒体的宣传效应，达到了前所未有的效果，使得太谷这一山西晋中的小城，开始被全国观众、游客所熟知与认可。

图 3.9.4　电视剧《亮剑》片段取景地：曹家大院

图 3.9.5　电影《1942》片段取景地：太谷鼓楼

第三节　和顺旅游文化下的媒介和受众

当前全媒体传播影响下，和顺旅游文化的传播主要借助主流媒介形式来进行。主流媒介传播和顺旅游文化的类型，主要有以下几种。

一、报纸媒介

（一）《山西日报》

2006年8月29日刊登于《山西日报》的《"牛郎织女"爱情传说源于和顺》一文的记者白续宏跟随专家学者的考察，详细记录了和顺县被命名的过程，并且在报道中运用很多小标题进行详细推进："青山绿水带笑意"和"恰似仙境在人间"描述了和顺县周围景色及其独特的自然条件;"放牛织布讲故事"和"民间风俗相吻合"讲述了当地村民的生活习俗和日常庆祝活动;"依托神奇太行山"和"打造中国'情人节'"则选取了山西省社会科学院院长李留澜、山西日报报业集团总编辑章勇思、山西省文化厅副厅长赵晋蓉和山西省作家协会副主席杨占平的讲话,对和顺县做了一个系统的介绍,表达了对当地发展前景的希冀。

(二)《三晋都市报》

2006年9月1日刊登在《三晋都市报》的《在那牵牛星升起的地方——再访牛郎峪》的记者运用小标题分别进行叙述:"当年放牛人 依稀在眼前"记叙了记者再一次回到牛郎峪的激动心情;"迢迢河汉间 爱恨起波澜"讲述记者在村民讲解的过程中所体会到的感情;"沧海几度移 游子何时归"表达记者见到老牛和土地的感慨,同时也表达了自己对这片土地的不舍之情。

(三)《晋中日报》

2006年11月20日发表在《晋中日报》的《牛郎织女 花落有主》的记者除了描写当地的自然风光,还记叙了为此召开的新闻发布会的主要内容。其中选取山西省旅游局副局长郭征宇和晋中市副市长李年善的发言"……扎扎实实打造旅游产品,高起点规划设计,多条线、全方位、大面积整合宣传……""……我们要本着打造国家级品牌的目标加以保护、利用、宣传"。

2006年12月28日发表在《晋中日报》的《牛郎峪、南天池与"七夕"传说》的记者来到当地进行实地考察,并跟着自己前进的路线进行报道:"穿过油绿的庄稼地……""顺着山道前行……""踏进南天池村……"记者记录着自己的所见所想,并且详细叙述了牛郎织女的爱情故事。报道最后,记者表达了对当地的留恋和美好祝愿。

报纸媒体作为影响力大、辐射范围广的优质文化传播媒体,在让更多的人了解文化和顺的同时,也使得牛郎织女的文化更加迈向大众,进而被人们了解,对和顺"牛郎织女文化"的弘扬起着巨大的推动和促进作用。

二、电视媒介

（一）电视剧《牛郎织女》

2003年9月18日播出的由温兆伦、郭羡妮主演的电视剧《牛郎织女》，是根据牛郎织女的爱情故事改编而成。在剧中，温兆伦饰演牛郎，郭羡妮饰演织女，他们共同演绎了这个凄美的爱情故事。

2009年的电视剧新版《牛郎织女》则是由田亮饰演牛郎，安以轩饰演织女，他们原本相隔甚远，但却偶然相遇、相识、相知、相爱，最终却不能相伴到老，只能用浓浓的思念度日，令人惋惜。

（二）电视剧《天外飞仙》

2005年播出的《天外飞仙》由李国立执导，胡歌、林依晨主演，他们分别饰演童远和小七，讲述了人仙相恋但最终冲破重重阻碍终成眷属的爱情故事，并有韩雪、吕一等青年演员的加盟。

电视媒体作为一种主流媒体，由于其对受众的文化要求低，画面感强烈，直观易懂，给受众留下更加深刻的印象。电视媒体与牛郎织女这个民间传说的结合，使受众对这个爱情故事不易遗忘，且现场感强，在不知不觉中观众就轻易接受了这一文化信息，使其传播范围更加广泛。

三、网络媒介

（一）人民网

2010年7月6日发表的《中国牛郎织女文化之乡——晋中市和顺县》首先介绍了当地的自然环境和发展现状，并指出县委县政府为了发展当地旅游文化事业所进行的各种尝试和努力，同时取得了可喜的成绩。

（二）大公网（香港）

2007年3月27日发表的《采访日记（和顺篇）》报道了记者来到当地的见闻及感想，同时穿插着牛郎织女的爱情故事。与此同时，记者还介绍了当地旅游事业的发展状况。

(三)山西新闻网

2006年12月28日发表的《和顺县被命名为"中国牛郎织女文化之乡"》报道了当地被命名的过程,同时叙述了当地的自然风景和人文景观。

网络媒体作为当下社会的新兴媒体,具有传统媒体所不具备的辐射人群广、影响范围大、传播力度深等独特优势。通过网络媒体的传播,使和顺旅游文化更加顺应时代发展的步伐,紧跟新媒体传播的步调。在媒体信息技术发展的当下,和顺旅游文化只有借助网络媒体的技术平台优势,才能朝着时代的先进文化行列前行,以一种符合潮流的积极姿态,更好地向世人展现和顺牛郎织女文化,以此更加有效地弘扬中华传统文化的精神内核。

四、政府组织的现场活动

(一)舞台剧《鹊桥会》

2008年8月2日以牛郎织女的爱情故事为原型创作的新编晋剧《鹊桥会》在太原举办首场演出,该剧表达了人们对爱情的不懈追求和美好理想。在演出的过程中,此剧将传统晋剧和现代音乐元素融合在一起,使之浑然一体。

晋剧与传统文化的结合,是传统文化多元化发展的重要举措,同时也是与时代文化的创新结合。一方面新的表现形式可以吸引更多受众认识传统文化,了解和顺旅游文化与山西本土晋剧;另一方面,新的演出形式也推动晋剧的创新发展,使得和顺"牛郎织女"文化更具有时代性与前瞻性。

(二)第一届牛郎织女文化旅游节

2007年8月19日,当地第三届消夏避暑旅游节暨第一届牛郎织女文化节开幕,此次活动以"忠贞·和谐"为主题。文化节期间,和顺县邀请10位老将军来参加当地举办的缅怀太行山战斗岁月、纪念革命爱情活动,同时邀请有关专家学者举办了牛郎织女爱情文化论坛。此次文化旅游节的举办,不仅提升了和顺旅游文化的知名度,也为当地经济社会的发展注入了新的生机。

(三)第四届牛郎织女文化旅游节

2010年8月16日,农历七月初七,主题是"爱情·忠贞·和顺"的中国和顺第四届牛郎织女文化旅游节在和顺县盛装启幕。在文化节期间,共举行了主题活动、文化活动、民俗活动、经贸活动、景区活动五大板块13项活动。当天上午，中国邮政集团公司发行的《牛郎织女》特种邮票在当地举行首发仪式。在当天晚上，还举行爱情诗词诵读、爱情歌曲联唱、爱情戏剧表演等活动，并且对从全省评选出来的12对恩爱夫妻进行颁奖。在开幕式上，宋祖英、吕继宏等艺术家纷纷献艺，开幕式以宋祖英的《好日子》为结尾。

此次旅游节承接上次旅游节的文化氛围与特色，吸引了更多的国内外游客。同时，文化活动为和顺县带来了相当可观的经济收益，并且以旅游为根基，带动了相关的文化产业发展，为当地民众的脱贫致富寻到一条崭新途径，有效带动了非遗文化及工艺品的系统化发展。

总体来看，上述所选的这些由政府组织的现场舞台剧活动、文化旅游节的举办，不仅吸引众多国内新闻媒体的广泛报道，而且进一步凸显了和顺当地的旅游文化资源优势和生态环境优势，加深了国内外游客对于"牛郎织女文化"的了解，为当地旅游文化事业的发展打下了良好的民众基础。

第四节　晋商旅游文化下的媒介和受众

目前全媒体传播影响下，晋商旅游文化的传播主要借助主流媒介形式来进行。主流媒介传播晋商旅游文化的类型，主要有以下几种。

一、纸质媒介

传播晋商文化及相关文化产品的重要媒介，依然是纸质媒介为主，其中小说有朱秀海的《乔家大院》（2005年）、王跃文的《龙票》（2004年）以及成一的《白银谷》（2001年）等；散文有余秋雨的《抱愧山西》（1992年）；著作有刘建生的《晋商研究》（2005年）、中国人民银行山西省分行、山西财经大学合编的《山西票号史料》（2002年）、耿彦波的《王家大院》（1998年），以及李宏龄的《山西票商成败记》（1989年）等。这些作品是最早也是最有权威的记录方式，它们对晋商文化的传播起到了普及性的作用。

除了书籍以外，还有专门的报纸和期刊、杂志也对晋商文化进行了传播。比如，2008年9月举行的"太原晋商文化艺术周"大型社会公益性活动，《山西日报》通过 19 期的连续性报道，使得此次活动获得了圆满的成功。这 19 期报道，主要宣传了全球各地山西商会的发展状况，以及新晋商面临的时代环境和所塑造的社会形象。2012 年 8 月 19 日《山西晚报》刊发的《业界翘楚"搜索"天下》一文中讲到了新晋商精英人士——创立百度搜索的李彦宏、创立暴风影音的冯鑫和掌舵微软亚太的张亚勤等人的成功之路，并着重说明了他们在发展个人事业的过程中，是如何发扬晋商精神的。《人民日报》也在 2013 年 7 月 4 日发表了文章《请善待我们的文化符号》，为广大读者普及了山西晋商文化的特色和发展现状，以及这些文化对于每个人的重要性，并且呼吁每个人要善待这些文化符号，保护好这些文化符号。

此外，期刊《今传媒》、杂志《新晋商》等，也刊发了关于新晋商的学界研究成果，以及新晋商文化的报道等内容。其中《新晋商》2005 年创刊，是一本"倡导新晋商精神"为核心理念的精英专属杂志，是属于全体关注"新晋商"的有识之士的优质领先刊物，覆盖山西政界、商界、学界等中高端人群，在每月 5 号定期刊发。《新晋商》是新晋商联合会指定的会刊，以"尽显晋商风流，触摸时代脉搏"为口号，发扬了晋商诚信进取、积极向上的精神。

二、电子媒介

电子媒介的重要传播方式主要有广播、电视、电影，尤其影视剧在传播晋商文化方面发挥了重要作用。1994 年的《大钱庄——昌晋源票号》、1996 年的《驼道》、2004 年的《龙票》、2005 年的《白银谷》、2006 年的《乔家大院》和 2009 年的《走西口》等电视剧，这 6 部优秀的晋商题材电视剧引起了一次次晋商文化的热潮，其电视剧的拍摄地，也成为当年旅游文化的又一热点景区。这些电视剧客观真实地表现出了晋商这一群体的生存状态、生存方式，以及社会活动和思想情感，把商业活动、社会关系和人物之间的纠葛演绎得淋漓尽致。其中《大钱庄——昌晋源票号》《走西口》《乔家大院》这三部电视剧，都获得了国内电视剧的最高奖项"飞天奖"，而《乔家大院》和《走西口》这两部央视开年大片对晋商文化的传播和发展更是起到了突出的作用。

2016 年 5 月 7 日，电视剧《乔家大院之光明之路》在山西祁县宣布正式开拍，这部电视剧主要讲述乔家的第五代人乔映霁的商业传奇故事。这是在继《走西口》之后，又一部发扬晋商精神的电视剧。《乔家大院之光明之路》的开拍使得晋商文化不断得到传承，为后人所了解和熟悉。

山西电视台对晋商大会的报道，有 2009 年的《2009 年新晋商大会：天下晋商"群英会"》，2010 年的《2010 年中国商业文化创新论坛——问道商帮》。山西电视台经济资讯频道，于 2008 年开辟了一档《天下晋商》的人物专访栏目，在每周六日播出，时长 15 分钟；2009 年山西经济广播电台，设计了一档以现代晋商人物为对象的访谈节目《天下晋商：商界人物访谈》栏目，在每周六日播出，时长 60 分钟。这些栏目从各个方面展现了山西商人的个人风采和晋商文化的精神所在，为传播新晋商形象，塑造晋商文化的独特魅力起到了推动作用。

这些电子媒介对晋商文化的传播，使得山西晋商文化得到了广泛的推广，不仅加深了山西受众对它的了解，而且也让许多非山西籍受众认识了晋商文化、了解了晋商文化的内涵及魅力，从而对晋商文化的传承和发展起到重要作用。

文化的传播离不开大众传播媒介功能和作用的发挥。同样，晋商文化的传播也离不开大众传播媒介的在场，尤其是电子媒介中的影视媒介。随着信息技术的进步发展，电视、电影、视频网站等媒体平台，共同构成了影视媒介的传播载体。影视媒介对晋商文化的表现，主要包括以下几方面：

（一）电视剧中的晋商文化

以《乔家大院》《走西口》《白银谷》《驼道》《昌晋源票号》为代表的电视剧，它们着重讲述晋商在商业方面的经营管理。这些电视剧中最具代表性的是《乔家大院》。《乔家大院》讲述了乔家事业经历低谷时，在乔致庸的带领下乔家生意逐渐起死回生的故事。《乔家大院》用精美巧妙的剧情，让观众在欣赏故事发展的同时领略晋商独特的经商之道。它把晋商文化那种诚信第一、重义轻利的经营理念，重视人才、重视规章制度的管理理念，表现得淋漓尽致。

而电视剧《走西口》《驼道》它们在讲述晋商文化中商业经营管理的同时，着重讲述了山西商人吃苦耐劳、开拓进取的精神品质。《白银谷》和《昌晋源票号》体现了山西商人在当时拥有超前的商业理念，比如晋商广开票号，他们以银票来减少银两运输中的损失。电视剧中还有大量的镜头来表现晋商文化中的建筑文化。比如，电视剧《刀客家族的女人》取景于山西灵石县的王家大院；电视剧《亮剑》《铁梨花》《狼毒花》《杀虎口》等则是取景于常家大院；电视剧《李家大院》取景于万荣县的李家大院；取景于太谷县曹家大院的也有不少，如《苦菜花》《神探狄仁杰》。上述电视剧，它们用镜头的变幻形式，将山西的这些深宅大院呈现给全国观众，让观众们可以在荧屏上感受到晋商文化的独特魅力，尤其是晋商大院所代表的晋商文化。

（二）电影中的晋商文化

到目前为止，直接反映晋商文化的电影有《白银帝国》《李家大院》，它们反映晋商文化中的商业经营部分内容。而《大红灯笼高高挂》《一九四二》《末代皇帝》反映了晋商文化中的建筑文化。电影《白银帝国》改编自成一先生的小说《白银谷》，与电视剧《白银谷》的剧情基本一致，《白银帝国》讲述了清朝"金融大鳄"天成元票号在两代之间的传承，以及康家老爷、康三爷与杜筠清之间的爱情故事。在《白银帝国》中我们可以看到晋商严格的规章制度，票号的经营管理，晋商那种进取、敬业、团体精神以及清朝末年极其恶劣的商业环境。

《李家大院》讲的是民国至新中国成立前，晋南富商李子用乐善好施、实业救国的事迹；《大红灯笼高高挂》讲的是山西富商陈佐千家中大太太毓如、二姨太卓云、三姨太梅珊、四姨太颂莲、丫鬟雁儿之间感情纷争的故事；《一九四二》讲述了1942年在日军进攻河南时，黄河流域的晋南、河南遭受旱灾，千百万人为了躲避灾害逃离家乡寻找出路的故事；《末代皇帝》讲述了清朝末代皇帝溥仪的曲折一生。

这些电影通过精良的制作从不同侧面，反映了晋商文化的多个角度、多个方面。《一九四二》《末代皇帝》它们分别取景于山西的师家大院和平遥古城，反映了山西的地理风貌和当地独特的建筑风格——那种黄土高坡上特有的窑洞和当地富商的那种深宅大院。《李家大院》中透着山西商人乐善好施、为国为民的崇高品质，以及晋商文化中的仁义精神。《大红灯笼高高挂》取景于山西祁县的乔家大院，电影《大红灯笼高高挂》多处场景，都反映了晋商建筑中那种精美、富丽而又不失优雅的风格特点。除此之外，电影还表现了封建礼教下妇女处境的悲哀，这也反映了晋商文化所赖以生存的时代背景中不利的一面。

（三）纪录片中的晋商文化

纪录片以其纪实性的表现手法来介绍晋商文化，可以让观众更为信服。中央电视台的《天下晋商》《电影传奇——白银帝国》《中国商人——汇通天下》《晋商》，中国黄河电视台的《西口在望》、北京电视台的《光阴》栏目晋商系列纪录片等，从商业的经营管理角度来表现晋商文化。中央电视台的《乔家大院寻珍》，山西电视台的《飞越山西》《一方水土》《晋商四大宅院》，北京电视台的《光阴》栏目晋商系列纪录片，它们都深入表现了晋商文化中的建筑文化。山西电视台的《如今的晋剧》、北京电视台的《光阴》栏目晋商系列纪录片，还讲述了晋商文化中的晋剧等戏曲文化。在这些纪录片当中，只有《晋商》比较全面、系统地展示了晋商文化，而其他的纪录片只是选取晋商文化的一个方面作为切入点，来具体介绍晋商文化的商业经营、建筑艺术、戏曲演艺、教育理念、精神内涵等。

《晋商》这部纪录片采用鲜明的纪实手法，既选用历史片段的深描，又记录了有关专家学者的深度采访，使得晋商文化有了生动丰富的阐释。《晋商》之所以能比较深入地展示晋商文化，主要在于：首先，它注重文化的故事性表达，在每一集的开头它都会以一个相关的故事来引入话题。比如在《晋商》第18集，深宅大院里面，它就以梁思成、林徽因夫妇到山西考察的故事引入正片；其次，《晋商》它记录的内容之广，包括有经商历程、商业管理、地理环境、晋商的兴起强盛和衰落、晋商会馆、晋剧传播、建筑艺术、精神内核等方面。其记录的范围之广，凡是有晋商文化影子的地方它都会捕捉到并做详细介绍，比如对于晋剧影响下的苏州戏曲博物馆的介绍；最后，它经常性地采用各领域专家的个人采访录像，使得这部纪录片在介绍晋商文化时，极具说服力。

（四）电视节目及宣传片中的晋商文化

除了上面说的电视、电影、纪录片，其他影视媒介也能够很好地表现晋商文化，包括电视节目、旅游景点的宣传片等等。由于节目类型的不同，它们会反映晋商文化的不同方面。根据晋商文化电视节目的内容，经过我们统计，目前主要的电视节目类型为教育类节目、文艺类节目、综艺类节目等等。

晋商文化的教育类电视节目，有中央电视台《百家讲坛》栏目的《晋商成败之谜》、山西电视台的《百年跨越话晋商》、中央电视台科教频道《味道》：山西祁县、中央电视台中文国际频道《快乐汉语》：平遥味道等。它们主要从晋商的经营管理和建筑风格两方面来介绍晋商文化。其中《快乐汉语》：平遥味道，通过汉语的学习将晋商文化带向了世界，进一步增加了晋商文化的国际影响力。而山西电视台策划的《百年跨越话晋商》，则是邀请知名人士和嘉宾来共同讨论百年历史中的晋商，包括了晋商的发展历史，以及晋商文化符号票号、大院、晋剧等的作用、影响。

晋商文化的文艺类节目主要是以曲艺节目为主，主要有山西卫视的《走进大戏台》、中央电视台《寻找好声腔》、中央电视台戏曲频道《九州大戏台》等节目。它们主要是反映由道光年间初步形成的晋剧（山西四大梆子），其在舞台艺术、表演风格、思想内容等方面所暗含的晋商文化。

晋商文化的综艺类节目，主要有山西电视台的《老梁故事汇》、河南电视台的《知根知底》、四川电视台的《咱们穿越吧》、山西电视台的《晋商大赢家》等等。这些节目都是寓教于乐，它们用民众最容易接受的方式，让观众身心愉悦的同时，潜移默化地就熟悉了晋商文化中的商业文化、建筑文化和晋商精神等，从而让晋商文化在愉悦大众的同时取得良好的传播效果。

宣传片中的晋商文化，主要以晋商旅游景点的宣传片为主。比较有名的宣传片有《晋商文化——乔家大院》，以及《晋商文化协会宣传片》。旅游景点的宣传片具有很强的目的性，它们通过对景区细致入微的介绍来吸引游客、扩大影响。景点宣传片，主要反映了晋商文化中的历史文化、建筑文化、饮食文化、民俗文化，以及晋商文化的时代价值。目前旅游景点的宣传片，多数只介绍了与这个景点有关的晋商文化，缺乏集群效应。如果把所有景点的旅游宣传片整合起来，统一布局发挥综合效应，那么就会产生更加重要的文化价值。

三、网络媒介

如今的时代是全媒体的时代，而网络媒介是宣传晋商文化不可忽视的一个重要平台，比较典型的如晋商网、山西商人网和世界晋商网三个专门性的网站。其中，晋商网设置了聚焦山西、晋商学院、晋商人物、投资山西以及三晋文化等多个栏目；山西商人网则设置了晋商资讯、晋商年会、俱乐部、晋商品牌等知名栏目；而世界晋商网设置了思想、晋商、财经、方物、城市、商会、文旅、项目、活动、视频、快讯等栏目。这三个专门性的网站，做了很多关于晋商文化的活动策划和内容报道，这些栏目不仅让人们可以从多个方面了解和把握晋商文化，而且也将晋商文化的内容和精神通俗化、大众化，从而引起全国民众关注并希望了解晋商文化的兴趣，加深了晋商文化的纵深化传播。

另外，山西新闻网、黄河新闻网等山西门户网站，不断发布有关晋商文化的文旅和文化内容，可以让全国的网民更方便、更深入地把握晋商文化的内涵与外延，并且可以实时地进行互动交流。

四、文艺表演形式

除了以上三种主要媒介对晋商文化的传播外，还有话剧《立秋》、舞剧《一把酸枣》对晋商文化的传播，也取得了不错的效果。话剧《立秋》是山西省话剧院的扛鼎之作，演员生动逼真的表演，表现出了晋商文化中"勤奋、敬业、谨慎、诚信"的经营理念，被誉为"新世纪中国话剧的里程碑"。而舞剧《一把酸枣》是《立秋》的姊妹篇，则是通过舞蹈的形式展现了晋商发展历史中许多鲜活的故事。从2004年12月首演至今，已经演出了900多场，观众达到了50余万人，在国内外的舞台上展示了晋商文化的内涵和风采，以通俗化的方式呈现和传承了晋商文化。

一首民歌《人说山西好风光》不仅唱出了美丽广袤的山西，表现了山西山美、地美、水美和人们勤劳善良、积极向上的精神风貌，也唱出了山西晋商文化独特的魅力；另一首民歌《走西口》唱道："哥哥你走西口，小妹妹我实在难留，手拉着哥哥的手，送哥送到大门口……"歌词贴近生活，感情真挚，表现出了新婚夫妇生死离别的悲痛和近代晋商出外谋生的艰辛，唱出了晋商的勤劳智慧和对未知环境的开拓精神。这两首民歌，可以让人们通俗化地了解晋商的历程和其中的艰辛，也使晋商吃苦耐劳、积极进取的精神得到了传承和延续。

五、展会形式

近几年，展会逐渐成为一种广告传播媒介，对晋商文化的传播也起到了不可忽视的作用。如2008年9月太原举办了第一届"太原晋商文化艺术周"，这届艺术周的内容包括：晋商文化专题展、民间艺术表演、晋商文化论坛、晋商品牌文化发展高峰论坛、晋商新产业主题展、晋商文化创意产业主题展等15项活动。这次在龙城太原举办的首届艺术周，其标志就是简明、大方、创新，充分体现出了"学习晋商文化，传承晋商精神"的主题，而且这次活动通过利用主流报纸来进行连续性的报道，有效地传播了晋商文化和"节俭勤奋、明礼诚信、精于管理、勇于开拓"的晋商精神，实现了晋商文化的共享和惠民，从而推动了新晋商的不断发展和创新。

除此之外，还有在山西举办的世界性会议，即世界晋商大会，也对晋商文化的传播做出了贡献。第一届世界晋商大会于2012年8月在太原召开，主要项目以招商引资和项目签约为主，而且海内外的晋商精英、专家学者共同参会，一起研讨了新晋商的内涵和精神，还举办了全球晋商投资与发展论坛、世界晋商人才论坛等主题活动。第二届世界晋商大会于2014年9月在山西太原举行，以"实际、实用、实效"为原则，打破第一届大会的形式，利用现代信息技术手段，组织现场活动与网络活动，展现晋商创业创新的优势，以及晋善晋美转型跨越的新形象，以此凸显晋商文化的风采。

综上，晋商文化通过多种媒介的传播，可以使晋商文化更快捷地分享给广大受众，对有效树立晋商文化和塑造晋商良好形象起到了积极有益的促进作用。

第五节 平遥古城旅游文化下的媒介和受众

目前全媒体传播影响下，平遥古城旅游文化的传播主要借助主流媒介形式来进行。主流媒介传播平遥古城旅游文化的类型，主要有如下几种。

一、纸质媒介传播

在大众传媒中，纸质媒介对于旅游文化信息的传播，也起到了非常重要的作用。平遥古城旅游文化，在很大程度上也是依靠纸质媒介逐渐走进人们的视野之中的。

（一）报纸传播

2013年8月23日，《杭州日报》刊登了一篇名为《平遥古城原汁原味的明清市井》的报道，讲述了山西旅游文化景点平遥古城，城内白天和夜晚的街景以及平遥的饮食文化。2015年6月9日，《山西日报》刊登了一则题为《平遥古城将再登纽约时报广场》的消息，报道了美国ICN国际卫视摄制组在平遥拍摄的《中国华尔街》纪录片已拍摄完毕，介绍了此纪录片是从欧美人的角度来看平遥票号、镖局、钱庄从建立、发展再到最后衰败的整个发展历程。2015年11月17日，《重庆商报》刊登了《走进平遥古城文庙感知千年文化》的文章，讲述了山西平遥古城的市井人情和平遥人的仁义德行，并宣传了平遥的冠云牛肉和推光漆器等当地特色文化。

（二）期刊传播

期刊是指由依法设立的期刊出版单位所出版的刊物，它作为纸质媒介的一种，对平遥古城旅游文化的进一步传播也做出了相应的贡献。崔凤军和蒙吉军在《人文地理》期刊1999年02期上刊登了一篇《历史文化名城的旅游形象设计与实施策略——平遥古城的案例研究》的文章，这篇文章在研究平遥古城旅游资源形象的基础之上，分析总结了以山西平遥古城为例的历史文化名城如何设计旅游形象以及实施的策略。朱丽、吴海燕和张国卿在期刊《群文天地》2010年12期上发表了名为《平遥古城文化旅游分析及策略》的文章，此文通过对平遥古城旅游发展的竞争优势、竞争劣势、机会和威胁进行研究，提出了今后平遥古城文化旅游进一步可持续发展的对策。张中伟在《文史月刊》2015年04期上刊登了题为《平遥古城 世界瑰宝》的文章，该文章从平遥推光漆器、双林寺、雷履泰等多个方面，介绍了世界遗产平遥古城的历史文化。《中国国家地理》杂志也刊载了以《平遥中国明清古城的原型》（2002年第06期）为代表的多篇有关平遥古城的描述文章，对平遥古城的历史文化和文物古迹等加以介绍和说明。有关平遥古城的期刊文章还有很多，以上只是选择了一些比较有代表性的文章及刊物，所有这些文章及刊物对于平遥古城旅游文化的传播都具有重要的现实意义。

（三）书籍传播

作为旅游文化信息传播工具的一种，书籍与报纸、期刊相比可谓历史最为久远。关于平遥古城旅游文化的书籍数不胜数，中华书局出版的平遥县地方志委员会编著的《平遥县志》（2016年）从平遥的政治、经济、文化、资源和城建等多个方面，对平遥县做了非常详细的介绍，对日升昌票号和明清商业街等平遥古城旅游文化都有所说明。董培良和董剑云编著的《平遥古城 文化史韵》（2004年）则更侧重于从文化的角度对平遥进行描述，分别对平遥的古城文化、商业文化和礼俗文化进行了较为详细而又独特的说明和分析。张桂泉编著的《平遥古城：世界自然文化遗产之旅》（2003年）则是以一个游客的身份来讲述平遥，描述了平遥的古城墙、城隍庙、县衙和双林寺等多个地方，展现了平遥古城瑰丽的文化风景和深厚的人文底蕴。贾忠杰的摄影版《晋商大院和平遥古城》（2004年），作者经由一名记者的视角，描写出了山西省晋中地区的古城和历史大院的文化传统与民俗风貌。除了这些之外，还有曹昌智著的《画说平遥古城》（2010 年），以及樊炎冰编著的研究平遥古城建筑设计特点的书《中国平遥古城与山西大院》（2016 年）等等。这些书籍从各个方面对山西平遥古城的旅游文化做了较为详尽的论述，使全国以及世界各国民众可以更深入地了解山西平遥古城的旅游文化，也使得其旅游文化广为传播。

二、广播媒介传播

广播作为大众传媒的一种，对平遥古城旅游文化的宣传和传播也起到有效的促进作用。平遥人民广播电台 FM94.2 从每天早上 6:25—晚上 10:30 为广大听众播报广播节目。打开 FM94.2，听新闻、小说，听曲艺、音乐，还有伴你游天下、广播剧场等表现地方文化的节目，浸润在平遥古城两千多年的文化底蕴之中，品味平遥厚重纯朴的民情风貌。通过平遥人民广播电台 FM94.2，让全国广大听众一起了解世界文化遗产平遥古城的旅游文化特色，一起来体味和感受平遥古城灿烂悠久的历史文化。

三、电视媒介传播

电视作为大众传播媒介的一种，以声、画、文并茂的形式给人们提供着各种各样的讯息，影响着人们的生活，促进着旅游文化的发展。同样，平遥古城旅游文化作为一种特殊的地方文化形态，其传播和发展也离不开电视媒体。

（一）中央电视台传播

关于山西平遥古城旅游文化，中央电视台的多档节目均有过报道，这些报道在一定程度上促进了山西平遥古城旅游文化的传播与发展。如新闻直播间在 2012 年 12 月 14 日播出的《山西平遥：又是古城飘雪时》和 2015 年 2 月 20 日的《平遥古城降瑞雪 大院里品年味儿》，报道了瑞雪覆盖下平遥古城的壮观景象，让踏雪而来的游客感受到了别样的美丽，感受到了雪中平遥的静谧与厚重；2015 年 3 月 5 日新闻午报又播出了《平遥古城节味浓》的节目，报道了新春佳节平遥中国年，平遥古城浓烈的春节气氛。2011 年 5 月 31 日，科教频道的《世界遗产中国录·平遥古城》这一节目则报道了作为世界遗产的平遥古城的建设历史，以及其所特有的传统文化等内容。上述只是节选了央视一些代表性的报道内容，所有这些报道都在很大程度上促进了山西平遥古城旅游文化在中国乃至世界各地的传播和发展。

（二）省市电视台传播

除了央视之外，省市电视台的一些节目也对山西平遥古城旅游文化进行了宣传报道。2016年2月22日是一年一度的元宵佳节，在这一天，山西卫视的新闻联播播出了短讯《此时此刻元宵夜：平遥古城·红红火火中国年》，报道了2016元宵佳节平遥中国年活动，平遥古城大街小巷热闹繁华的节日景象。山西卫视有一档《一方水土》的主要栏目，这档栏目在2014年8月3日起连续播出了三期名为《平遥古城之古城墙垣》《平遥古城之古城容颜》《平遥古城之古城今昔》的节目，介绍了平遥的古城墙、平遥古城墙的历史故事，以及古城的发展变化历程，让全国观众了解了人们为保护这座古城所付出的辛劳和努力。旅游卫视在《景观文化》栏目2013年11月02期播出了《景观文化：景观中国行之平遥古城》的节目，该节目解释了曾被称为"中国的华尔街"的平遥古城，为什么差点从中国的地图上消失的原因，同时也讲述了平遥古城的著名景观和建筑布局，以及古城的保护等问题。通过上述电视节目的深度挖掘，极大地把平遥古城旅游文化传播给全国观众，使其获得了很好的视觉感受与文化体验。

四、网络媒介传播

大众传播媒介不断发展变革，尤其是互联网的兴起和发展使得信息的传播发生了前所未有的变化，它以快速性、便捷性、广泛性等绝对优势，深深地影响着我们的旅游文化生活。在信息时代的今天，平遥古城旅游文化的传播在很大程度上得益于互联网作用的发挥。

（一）网站传播

平遥县设有平遥县人民政府门户网站"平遥县人民政府"，下设了"走进平遥""新闻中心""政务公开""公共服务""网络问政"和"专题频道"等栏目。其中，"走进平遥"栏目中有"游在古城、行在古城、吃在古城、住在古城、购在古城、娱在古城"，"专题频道"栏目中又有"平遥中国年"和"摄影大展"等专题，这些特色栏目较为集中地宣传了平遥古城旅游文化的方方面面，不断为广大网民提供有关平遥古城旅游文化的新闻、资讯与服务。

除了这一专门网站之外，国内其他一些网站也对平遥古城旅游文化做过宣传。如，2015年6月23日，新华网在时政频道上刊登了《平遥古城近三百村落"文化记忆"受保护》这样一篇稿件，报道当地政府部门重视保护平遥县的文化遗产，将平遥古城的特色文化项目传承后世。2015年11月8日山西新闻网网站上刊登了《【媒体四大古城行】平遥首聚 感知千年文化的呼吸与苍劲》的文章，讲述了以人民日报、新华社为代表的全国20多家知名媒体首聚平遥古城，一起采风双林寺、镇国寺，以及繁华的明清街景，一同探访文庙、古城墙，共同观看体现平遥古城文化底蕴的《又见平遥》。这一全国媒体的活动，从正面极大地宣传了平遥古城旅游文化。

（二）手机 APP 传播

随着科技的发展，现在的手机绝大部分都已经是智能手机，功能越来越强大，下载安装上各种 APP，几乎和一台微型计算机一样。现在手机 APP 更是向多样化、全面化发展，和旅游文化相关的软件也是层出不穷，有旅游服务的、旅游文创的、旅游社交的、旅游知识的，还有旅游文化的。关于平遥古城旅游文化的就有很多，如"平遥古城1.0.0""听游平遥古城"和"古城平遥"，以及"平遥古城导游""掌上平遥""智慧平遥"等，这些应用软件，基本上涉及到提供平遥景区旅游路线、景点历史文化与内涵、新闻资讯、直播介绍、点播信息、人文民俗，以及平遥古城门票、文旅、美食、住宿、交通等实用信息，还有游记体验等的分享功能。这些手机 APP 软件，以其独特的形式促进了平遥古城旅游文化的传播与推广，起到了实际、实用的功效。

（三）微博及微信公众号传播

微博，就是微型博客，是一种社交网络平台，具有互动性强、时效性强、传播范围广的特点和优势。"平遥发布"是山西省晋中市平遥县委县政府信息化中心官方微博，它不定时地发布一些时政新闻，在微博用户不断发布和转发中，将平遥古城的旅游文化宣传给广大网民。如该微博在2017年1月7日告知了2017平遥中国年即将到来，欢迎大家前来参加的消息。另外，平遥县委宣传部官方微博"平遥古城"、平遥县旅游局官方微博"平遥文旅之声"，也及时地发布旅游文化相关信息，起到了有效的作用。

山西主流媒体《生活晨报》社创办的"晨报平遥"公众号，专注于平遥的社会新闻、市场信息、旅游信息、生活服务，起到了及时、客观的信息传播与服务作用。平遥古城景区旅游发展有限公司创办的"平遥古城景区官方服务平台"公众号,对平遥的历史文化、饮食文化、建筑文化、民俗文化等方面,都进行了详细介绍,以及旅游路线、景点介绍、文旅产品、民宿服务等内容,可以给全国网民相对全面的文化分享、周到的旅游服务。平遥县文化和旅游局官方公众号"平遥古城旅游",涵盖有文旅特色纪念品、旅游景区攻略、景点文化详解、古城历史文化故事、VR逛平遥及文化遗产名录与讲解等游客服务内容。

五、户外媒介传播

户外媒介在人们的日常生活中屡见不鲜,其以接近性、直观性、持久性和隐蔽性等特点,促进了旅游文化信息的传播和发展。平遥古城旅游文化的户外媒体宣传,主要有以下几种:

露天广告传播:在平遥县的一些十字路口,民众能够看到平遥县关于古城旅游文化的宣传广告,而且在古城内的各个景点处,这种类似的广告语及广告牌就更是多种多样。

车体广告传播:随着火车客运的高速发展,坐火车旅游出行的人们越来越多,在列车上我们随时可以看见"晋善晋美,平遥古城欢迎您"的宣传语。而且在平遥古城县城内的公交车上,也贴有宣传平遥古城旅游文化的宣传标志。

横幅广告传播:在平遥古城内,我们可以随处看到宣传平遥古城旅游文化的条幅,尤其是在一年一度的"平遥中国年"和"国际摄影展"等专题活动期间,这样的广告条幅更是花样繁多。

展板广告传播:在平遥县城内以及开发区,我们可以看到许多宣传平遥古城旅游文化的展板,这些展板以图文并茂的形式,把平遥古城各个景点的文化直观地呈现在游客的面前。同时这种广告形式,对平遥古城旅游文化,也进行了潜移默化的宣传。

车载广告传播:在平遥县城内,尤其是节假日时候,我们可以看到宣传平遥古城旅游文化的车载电视,这种广告形式以其移动性强、直观性强等特点,在传播山西平遥古城旅游文化方面,起到了特定的效果与作用。

六、其他形式传播

除了报纸、广播、电视、网络等的宣传报道之外,平遥古城旅游文化还借助电影、电视剧等影视剧拍摄地的方式，以及剧场表演大型情境体验剧的形式，来进行旅游文化宣传。

我们熟悉的很多电视剧和电影都在平遥古城取过景。如，电视剧《走西口》展现了平遥和祁县的晋商文化，讲述了山西商人用血泪、坚韧、诚信写就的奋斗历程；电视剧《亮剑》剧情中的赵家峪村便是平遥县下属的洪堡村，若沿着洪堡村的街巷、院落仔细观看，观众就会联想到剧中的大院套、李云龙大婚的洞房等一些场景；电视剧《日升昌票号》则就是在今天山西平遥日升昌票号博物馆拍的，它记录了当年平遥日升昌票号从一开始创办，到鼎盛，再到最后衰败的发展历程。《乔家大院》和《关中往事》等多部电视剧，也都是在平遥古城取景摄制的。除此之外，还有不少电影也与平遥古城有关，如《风雨日升昌》再一次展示了晋商及日升昌票号的辉煌历史；《一九四二》这部电影在山西平遥古城的城墙内外，锦福堂民俗客栈（天成亨票号掌柜"任立诚"旧居）、雷履泰故居等，多处取景拍摄。电影、电视剧在平遥古城取景，一方面有利于平遥古城影视业的发展，另一方面对平遥古城旅游文化的宣传，也起到很大的辅助作用。

2013年2月18日，《又见平遥》大型情境体验剧在平遥古城正式上映，"情境体验剧"作为一个全新的剧种，其剧场布置和演出形式十分奇特，不同于一般。它在室内演出，其剧场内部空间分割繁复而特别，并有许多不同形式的主题空间，在这里，人们不出剧场就能够体味到不同风格的历史文化。更为别致的是表演者能深入观众中间，在观剧人群中往来穿梭，甚至和观众面对面交流，互换角色，让观众和戏剧融为一体，并将当地特色的文化传统融到剧情之中，人们置身在这样一个时空里，会产生一种别样的体验。《又见平遥》大型情境体验剧，以这种别致的形式获得了观众的喜爱，丰富了平遥古城旅游文化的传播形式，为平遥古城旅游文化走出中国、走向世界做出了重要贡献。

第六节　晋祠旅游文化下的媒介和受众

目前全媒体传播影响下，晋祠旅游文化的传播主要借助主流媒介形式来进行。主流媒介传播晋祠旅游文化的类型，主要有以下几种。

一、古代媒介对晋祠旅游文化的传播

（一）戏曲及大型庙会活动

晋祠是当地的宗教游乐中心，也是戏曲中心，晋祠的歌舞戏曲活动源远流长，祭祀演剧传统由来已久。[1] 由于晋祠诸神都属于民俗神系和民俗色彩浓厚的道教神系，晋祠始终保持世俗化特色，而这一特色恰恰能够使其更好地与戏曲结合，形成其独特的地方戏曲文化。从宋到清，晋祠形成两个中心剧场，三个辅助剧场，两个卫星剧场。[2] 其中晋祠水镜台是现存较大的明清戏台，台前两侧各埋有4个两两扣在一起的大瓮，形成4个"大音箱"，观众不论站在庙里何处，都能听到台上的声音。戏曲观演在清代已经成为礼乐文化的重要组成部分，也是民间社会的礼俗习尚。[3] 这样的古代传播媒介，有效解决了离戏台较远的观众听不清楚唱词的问题，对晋祠戏曲的传播起到了关键的作用。

刘大鹏的遗著《晋祠志》中大量记载了神的诞辰、春祈秋报、岁令节时、迎神赛社等戏曲活动，详细描写了演剧时"丁男子妇，攘往熙来，趋前逐后"的热闹情景，全面系统地再现了晋祠祭神演剧的民俗传统。[4] 从祭赛演剧活动持续长达九个月，可见晋祠当时戏曲的繁荣盛况。晋祠旅游文化也正是通过晋祠戏曲这种特殊的传播方式，更加广泛地进入人们的视野，使全国民众耳濡目染，为晋祠旅游文化塑造了一个底蕴深厚、百姓喜闻乐见的形象。

（二）诗篇与书籍

题晋祠水镜台（七绝三首）

其一

殿阁楼台四面风，远观近视不相同。
水清如镜含天理，善恶忠奸自辨明。

---

[1] 牛白琳：《晋祠神庙及其剧场与演剧活动考述》，《山西广播电视大学学报》2014年第02期，第79—90页。

[2] 同上。

[3] 郭建芬：《〈晋祠志〉演剧史料研究》，《商洛学院学报》2014年第03期，第50—54页。

[4] 同上。

其二

两匾同悬台上空,康乾两代享盛名。
一文一武伯侄墨,遒劲浑然乃巧成。

其三

东坐西朝水镜台,每逢祭祀把戏开。
瓮埋四口分双侧,现代音箱由此来。

1959年郭沫若豪情满怀为晋祠挥笔题了一首七言律诗:

圣母原来是邑姜,分封桐叶溯源长。
隋槐周柏矜高古,宋殿唐碑竞炜煌。
悬瓮山泉流玉磬,飞梁荇沼布葱珩。
倾城四十宫娥像,笑语嘤嘤立满堂。

这首诗前两句追溯晋祠的历史渊源,三四句赞赏晋祠的周柏和献殿唐碑等名胜古迹,五六句以晋水为主刻画晋祠的山光水色,最后两句歌咏晋祠圣母殿侍女塑像。这首诗使人们既可以得到文艺欣赏方面的满足,又可以在游览晋祠时收到导游的效果。

除了以上诗词外,还有许多关于晋祠的脍炙人口的名人佳作:646年李世民在晋阳宴请并州父老及从宫,在游晋祠时写下《晋祠之铭并序》;699年武则天为《华严经》石刻亲自作序,并存于晋祠;1017年司马光作《送裴中舍赴太原慕府》诗;1043年欧阳修作《秋游晋祠》诗;1044年范仲淹作《题晋祠》诗;1217年—1221年元好问游晋祠,作《晋溪》诗;1242年元好问撰《惠远门新建外门记》。过去有关晋祠诗篇以及书籍的发展与传播,使晋祠旅游文化通过纸质媒介等,传至很远的地方,文人墨客纷纷前来。即使对于当下的游客仍然有着很强的传播影响力,对于晋祠旅游文化形象的塑造和其精神内涵的传播,起到助推作用。

二、现代媒介对晋祠旅游文化的传播

现代媒介中,主要包括电视媒介(包括影视剧、纪录片及车载移动电视等)、网络媒介(大型宣传活动和联谊活动、政界名人及著名专家、学者参观晋祠的新闻报道)、纸质媒介(报纸、书籍、宣传小册子、邮票、日历、画集等)、手机媒介（包括微信公众号、手机报、个人微博等发表的最新消息、历史知识和风光照片等）、广告媒介（包括公交车体、城市形象宣传栏、随处可见的宣传画等）。

（一）电视媒介

1. 影视剧

1986 年电视连续剧《西游记》，在中央电视台摄制组的紧密筹划下在晋祠开拍。孙悟空与二郎神斗架时变化成的庙其实是晋祠一个题有"三晋名泉"的戏台——水镜台，《西游记》第 18 集"扫塔辨奇冤"取景太原晋祠和大同云冈石窟，晋祠金人台是曾经拴过白龙马的地方，大铁人成了沙僧和奔波儿灞交手时的掩体；《西游记》孙悟空拜师学艺的片段也是在晋祠拍的。

图 3.9.6　太原晋祠公园内景

此外，2006 年 10 月 11 日，高清电影《唐碑记》在晋祠博物馆开拍。该片以晋祠独有文物唐碑为主线，以晋祠悠久的历史文化资源为载体，以现代高清摄像技术为依托，讲述了发生在澳门及太原等地的一系列寻找古代书画的惊心动魄的故事，旨在宣传保护国家文物、打击文物盗窃的主题思想。

2. 纪录片

2011 年 2 月中央电视台纪录频道《晋祠之谜》两集联播，以纪录片的形式揭秘中国多次朝代更迭都和晋祠有过密切关系，帮助全国各地观众更深刻地认识了晋祠，使人们对晋祠的地位和价值有了进一步了解和认同。同时，纪录片能够以其特有的可信度和神秘感激发受众的好奇心，使其产生一睹晋祠真容的想法与行动。从而对晋祠旅游文化的发展、晋祠形象的塑造以及晋祠历史文化的传播，起到不可小觑的作用。

3. 车载移动电视

在太原随处可见的公交车上，公交电视每天必不可少的节目便是播放晋祠的宣传片，就连播放的太原宣传片中也有大量关于晋祠的片段，使人们一出门就可与晋祠有近距离接触，仿佛身临其境。外地游客来到太原后，可以通过公交电视更方便地了解晋祠，促使其到晋祠观光欣赏的想法即刻诉诸实践，从而极大地推动晋祠旅游文化的发展与壮大。

综上所述，电视媒体在晋祠旅游文化传承中起到了举足轻重的作用。影视剧《西游记》的热播使晋祠的文化形象渐渐深入人心，较之其他媒介更生动深刻。电影《唐碑记》在中央电视台6套及全国各院线播出后，引起了强烈的反响，为大力发展旅游文化产业，扩大晋祠的对外影响起到了至关重要的作用。纪录片的热播使晋祠更好地走入人们的视野，为其文化的传播和旅游事业的发展起到了显著的作用。车载公交电视的传播和普及，塑造了一个外地游客必去的独一无二的晋祠形象，为晋祠旅游文化今后的发展、三晋文化的传播贡献了独有的力量。

（二）网络媒介

网络媒介对晋祠的报道，包括在晋祠举办的各类大型宣传活动和联谊活动、中国政界名人及著名专家、学者参观晋祠的行程和讲话等方面的内容。央视网2017年9月28日《晋祠公园的菊花文化节开幕》对在晋祠举办的菊花文化节做了详细的报道。新华网2020年9月30日《2020晋祠菊花文化节亮相》对太原市主办的"菊花文化节"做了简短介绍，并进一步阐述了此次菊花文化节的活动主题与重大意义。中国新闻网2011年4月7日《台湾亲民党主席宋楚瑜夫妇一行参观太原晋祠》报道了宋楚瑜等一行人参观晋祠的具体经过，并传达了其"创造中华民族美好未来"的强烈愿望。搜狐网2020年6月8日《千年一园看晋祠：跟随梁林大师足迹 穿越感受山西魅力》，更加彰显了晋祠在山西乃至整个中国的重要地位，凸显了中华文化瑰宝晋祠文化独一无二的历史地位。

不难看出，网络媒介是我们了解晋祠的一个重要窗口，在现代信息社会，网络与人们的生活联系越来越紧密，其对晋祠文化的传播作用比其他任何媒介都要强大很多。网络媒介汇聚整理各类信息，包括重大活动、重要参观、重要考察等，并做出及时报道和整理，人们想要了解一些晋祠旧时的新闻时，通过网络媒介可以轻松完成，其资料之丰富、时间之久远、内容之综合详尽是其他媒介所不能及的。网络传媒作为传播最快速、受众最广泛的信息载体，已然成为晋祠旅游文化传承的先锋，其正在大范围、宽领域、多层次地影响着晋祠未来的发展，不断促进晋祠良好形象的传播。

(三) 纸质媒介

1931年3月邑人张友椿编写的《太原文存》出版；1978年清徐县平泉湖打深井，造成晋水危机，《光明日报》刊登专文呼吁保护晋水；1985年刘大鹏遗著《晋祠志》正式出版发行；1996年出版《晋祠华严经石刻选》；2000年出版《宝贤堂古法帖》和《晋祠碑碣》，同年《太原文物》创办；2002年出版《宝贤堂集古法帖》；2003年邮品《晋祠侍女像形象册》在晋祠出版发行；2005年2月2日晋祠举办馆藏近现代书画名家"翰果迎春"作品展，展出精品60余幅，同年4月28日~5月31日董寿平美术馆举办"高占祥书画摄影展"，共展出作品70余幅。

纸质媒介除了报纸、书籍、画作外，还包括邮票、日历、宣传小册子、扑克、信封等，对晋祠的宣传与晋祠文化形象的普及有重大意义，是晋祠旅游文化得以深远传播的重要载体。比起古代的纸质媒介，现代的纸质传媒对于晋祠文化形象的塑造作用更加明显，更加生动有效。同之前晋祠出现在古代诗篇、书籍的频次与影响力相比，现代纸质媒介非常有力地扩展了晋祠的影响力与感召力，从而使晋祠文化形象能够更好地深入到全国各地民众的心中，推动山西旅游文化产业的蓬勃发展，促进晋祠旅游文化的广泛传播，这正是现代纸质媒介的强大力量所致。

(四) 手机媒介

有关晋祠的微信公众号、手机报、个人微博，其登载晋祠最新发生的事件以及旅游攻略和心得，能够让人们足不出户就能最快地得到晋祠的最新消息；其传播有关晋祠的历史知识，增进人们对晋祠的了解、加快晋祠旅游文化的传播；其刊载晋祠壮丽风光的照片，塑造晋祠旅游文化在新媒体用户中的新形象。晋祠的官方微信公众号，还设置自动回复，简单的问题能直接收到回答，方便游客参观晋祠，对其旅游文化产业的快速发展起到了举足轻重的作用。

手机媒介的不断发展与普及，使人们可以随时随地通过手机屏幕，及时阅读到自己所需要的关于晋祠的各种信息。手机媒介其用户资源极其丰富、信息传播极其方便、传播功能极其全面、传播速度极其快捷、互动范围极其广泛，使得这一移动媒体平台，可以成为晋祠旅游文化一个价值巨大的传播平台，以及公众信息接收的有效化、定制化终端。

除了这些以外，包括在太原公交车体、城市形象宣传栏以及宣传墙画上，关于晋祠的广告宣传更是随处可见。晋祠旅游文化，作为三晋旅游文化的象征无疑已成为太原城市形象的代表。

第七节　绵山旅游文化下的媒介和受众

目前媒介传播影响下，绵山旅游文化的传播主要借助主流媒介形式来进行。主流媒介传播绵山旅游文化的类型，主要有以下几种。

一、广播媒介

由于广播媒介在整个山西传媒市场中处于劣势，所以介休市目前并没有专门的广播电台，甚至实时播报交通广播信息等的行业媒体，播出时间也不是很长，这和介休市整体的经济规模以及媒体发展环境有很大关系。

整体来看，绵山旅游文化在广播方面的宣传极少，根据目前所掌握的资料，对于绵山旅游文化的信息报道，多数集中在山西人民广播电台的山西新闻综合广播、山西综合广播、山西经济广播、山西交通广播等频道，听众可以收到关于绵山旅游文化的相关信息。其中较为普遍的是山西交通广播，其对绵山旅游资讯的报道能够给游客以实际的指引，也获得了很多省内外游人的关注与喜爱。

由于山西的传统广播媒介，整个行业处于下滑状态，受众、市场等不断缩小或无法扩张。另外，由于民众接收信息的习惯变化，加之广播自身具有的局限性，广播媒介不仅数量偏少，而且发展受限较大。而新兴的网络电台则是不错的发展方向，但绵山旅游文化相关内容相对较少，并且节目不是很固定，所以其传播影响力都不是很强。绵山景区，虽然有广播站，但是多数时候只是为了方便景区及游客的管理，少部分时段有关于绵山历史文化、人物故事等的介绍。所以，其传播效果比较有限，只能对景区内的游客产生一定程度的影响作用。

二、电视媒介

（一）中央及省级媒体

中央电视台及省级电视媒体对绵山旅游文化的宣传，有如下内容：

央视科教频道《科技之光》栏目第 20090106 期、20090107 期《古刹里的佛像（上、下）》。该节目主要以科学探索、科普类的制作方式，介绍了当年绵山古寺中包骨真身被发现，保存、鉴定及其相关研究的经过与结果，属于科普类节目。

央视中文国际频道《远方的家》栏目 20110617 期《寻包骨真身 探惊奇绵山》。该期《远方的家》以寻找包骨真身为线索，介绍了绵山的民俗文化与民俗活动、绵山浓郁的佛道两教文化内涵、包骨真身的故事、介子推相关故事与庙宇以及沿途相关的俊美景色。

央视科教频道《中国影像方志》山西介休篇，于 2020 年 2 月 6 日播出。以吕解元《绵山吊介子》"百年节岁同寒食，万里封疆立介休"介绍了"寒食节"文化的来历，以及琉璃建筑艺术文化、制香传统技艺文化等内容。对介休及其绵山的旅游文化进行了详细而又有深度的解读，产生了良好的旅游文化传播效应。

2011 年 8 月初，以"大好河山 锦绣绵山"为主题的河南电视艺术大赛，在河南省电影电视家协会、中国旅游电视协会河南分会共同主办，由风光网视、河南电影电视网、绵山风景区联合承办，于绵山风景区举行。[①]

2014 年山西电视台公共频道《百家戏苑》栏目。山西电视台《百家戏苑》栏目联合绵山风景旅游区，于 2014 年 3 月 28 日共同举办了以清明寒食文化为主题的系列戏曲活动，邀请了众多著名晋剧表演艺术家来到绵山风景旅游区进行交流，包括了《百家戏苑周末访谈·晋之韵特别节目》《百家戏苑走基层·清明寒食纪念先贤介子推晋剧演唱会》等活动。[②]

[①] 中国网：《"大好河山 锦绣绵山"电视艺术片大赛在绵山开赛》，中国网，http://www.china.com.cn/travel/txt/2011-08/09/content_23173388.htm，2011-08-09。

[②] 绵山风景区：《绵山：在全国弘扬清明文化热潮中独领风骚》，新浪网，http://shanxi.sina.com.cn/jinzhong/travel/2014-04-09/09538816.html，2014-04-09。

2017年11月13日由中国儿童电影网介休分站、介休电视台"星生代"少儿影视拍摄季，联合推出的本土少儿科普性节目《宝贝说介休第一季——宝贝说绵山》在绵山风景区正式开机。该节目旨在为广大青少年儿童提供展示自我的平台，同时向青少年儿童科普、普及绵山相关历史文化知识及地域文化、民俗文化知识。①

（二）市级媒体

介休市本地拥有两家电视媒体，一是隶属于市委市政府的介休市广播电视台，二是隶属于国企汾西矿业集团公司（原汾西矿务局）的汾西矿业集团电视台。

在电视受众分布与覆盖范围方面，介休市的有线数字电视用户，除自行购买的网络电视外，均使用介休市政府与汾西矿业集团公司旗下的数字电视接收盒（机顶盒）所提供的内容。服务内容方面，两者配给所属用户市场的数字电视机顶盒在电视节目范围上都相互包括。其中，汾西矿业集团公司旗下数字电视服务会提供除汾西矿业集团电视台全部频道节目外，还有介休广播电视台的部分基本频道节目内容。可以说，两者加起来便是介休市全部的电视媒体用户，其受众群体不可谓不大。

目前，介休市两家电视台传播的主要节目内容为综合新闻与社会热点，包括介休市及绵山景区等范围内的旅游相关新闻及景区的介绍等，同时，辅以少量的影视节目或转播省台的新闻节目。对于绵山旅游文化发展情况的新闻报道也多有涉及，这些相关的宣传报道对当地民众及外地游客，加深对绵山旅游文化的了解，则起到了有效的作用。如绵山"寒食节"文化的新闻报道，带动了外地游客尤其是国内其他省市游客的兴趣与关注，提升了绵山的对外形象，取得良好效果。

综上，由于两家媒体主要报道、传播的内容较为接地气，使得两家媒体的受众关注度很高，也产生了实际的宣传效果。这也致使国内其他地区的游客对绵山旅游文化产生浓厚的兴趣，带动了当地旅游文化产业的进一步发展。

---

① 搜狐网：《本土少儿影视节目〈宝贝说介休〉第一季》，搜狐网，https://www.sohu.com/a/204154868_365136，2017-11-13。

三、网络媒介

绵山风景旅游区拥有自己的独立门户网站"中国绵山（绵山中文网）"，包括英语网、日语网、韩语网。该网站的主要服务对象为有意向去往绵山旅游的游客群体。其主要功能是对绵山景区的特色景观、文化背景、各景点概况，以及绵山发展的历史脉络进行介绍。同时，游客能在网站查阅有关绵山旅游文化的数据资料，包括相关文化活动资料、旅游活动资料，以及人文及自然景点相关历史文化解读等。另外，网民可以通过 VR 虚拟技术游览整个景区的全部景点，提前感受绵山的独特景色与历史文化氛围，可以给游客接触绵山旅游文化，留下良好的第一印象。

介休市人民政府门户网站有"走进介休"栏目板块，其下设置文化教育、经济建设、农业发展、介休年鉴、风景名胜等条目，风景名胜这一条目包括了介休 27 个主要景点，其中有《绵山风景名胜区》一文，这是山西省作家协会主席——焦祖尧撰写的介绍绵山旅游文化的一篇文章。全文以平淡雅致的文风介绍了绵山的自然景观特色与人文建筑文化等，尤其对绵山的旅游文化进行了简短精辟的概述，并在文末对读者发出"去看绵山吧"[①]的邀请。

山西旅游网，下设山西旅游、景点景区、特产美食、攻略指南、地图线路、旅游资讯、国内旅游、国外旅游等栏目。山西省文化和旅游厅网站，设有概况晋古之风（总览、文化旅游、山水旅游、美食特产）、景点善怀之景（主要景点、城市旅游、娱乐活动）、行程晋享之旅（主题线路、城市线路、假期旅游、出行服务）、读图美画之约（全部照片、景点照片、特色照片、视频欣赏）等栏目。山西日报报业集团主办的山西文化旅游网，设置了旅游资讯、文化山西、绝美山西、周游世界、地方特产、主题活动等栏目。这些网站中，都有对绵山旅游文化的解读与说明，除介绍的角度不同外，多为大同小异，不再做过多阐述。

国内商业旅游网站，以"山西文旅网"为代表。这些网站内容趋同，主要提供绵山相关的景点概况、风景简述、人文历史的导读介绍，以及出游路线安排和旅行社、导游、酒店等的订购，旅游纪念品及旅游政策服务介绍，还有实

---

① 焦祖尧：《绵山风景名胜区》，介休市人民政府网，http://www.jiexiu.gov.cn/zjxs/rkmz/content_2679，2013-09-03。

用的旅游新闻、资讯提醒功能。主要面对的对象是已经下定决心前往绵山旅游地的人群与观望人群、潜在人群。这些网站对绵山景区的介绍以精炼、短小、广博为主，在一定程度上搭建了用户间进行文化信息交流的平台。

门户网站，如腾讯、网易、新浪等。这些门户网站均设有旅游、文化等频道，人们可以通过搜索功能，找到与绵山风景区及绵山旅游文化的相关新闻报道、文化介绍。但鉴于门户网站每日浏览量与用户浏览习惯的差异性，这些文化信息、新闻内容，往往较少或不会成为网民关注的热点。于是，很少出现于总首页与栏目首页位置，或者无推荐位置可以利用，致使这些旅游文化信息、旅游新闻事件，在特定的游客及旅游爱好者中具有较好的宣传、传播效果，但是就整体对于绵山旅游文化传承及绵山景区形象塑造，很难起到理想的推广作用与传播效应。

第八节　晋剧旅游文化下的媒介和受众

目前媒体传播影响下，晋剧旅游文化的传播主要借助主流媒介形式来进行。主流媒介传播晋剧旅游文化的类型，主要有以下几种。

一、纸质媒介

基于纸媒自身的特性，就晋剧旅游文化传播而言，仅能进行描述性的固态信息传播，无法表现动态画面，其艺术呈现功能受到削弱。但是关于晋剧的书籍、杂志、期刊、报纸、年鉴等纸质媒介，确实对晋剧的传播起到了至关重要的作用。以下是代表性纸质媒介对晋剧旅游文化传播效果的概括：

《当代戏剧》：是当代戏剧杂志社出版的一本期刊，自1958年创刊以来，一直被评为"全国戏剧艺术类核心期刊"。其栏目《剧作争鸣》《戏剧博览》《舞台聚焦》等多次介绍晋剧。因为其受众立足于全国，所以使得晋剧旅游文化被全国民众熟知并了解，得到省内外人们的关注与喜爱。

《晋剧百年史话》：是张明亮主编，2009年三晋出版社出版的图书，系统而深入地介绍了晋剧自诞生至现今的发展历史，是关于晋剧历史的一本举足轻重的书籍。具体记录了晋剧不同时代的发展而产生的变化，详细描写了晋剧的行当、服装、著名演唱人员等内容。该书对晋剧爱好者来说，可以丰富他们的知识面，加深对晋剧的了解，进一步享受晋剧带给他们的快乐。对于非晋剧爱好者来说，可以通过对晋剧发展的时代背景的了解，掌握晋剧文化诞生且长足发展的意义，进而对晋剧旅游文化产生兴趣并关注晋剧。

《中国戏剧年鉴》：中国戏剧家协会主办，中国戏剧年鉴社出版，每年 1 月份出版上一年版本，内容为上年度中国戏剧界全年发展情况综述，包含中国戏剧综述、重要戏剧事件、评奖办节、理论评论、各地戏剧概况、剧种研究与现状调查、中外戏剧交流、行业风采等内容。其中各地戏剧概况、剧种研究与现状调查等，都对晋剧做了科学有效的记录，是考察晋剧的重要工具书。也是普通民众了解晋剧旅游文化，加深对晋剧认识的一个重要纸质媒介。

二、广播媒介

广播媒介进一步促进了晋剧传播，使得晋剧旅游文化为全国的民众所熟知。第一，广播可以真实地记录晋剧演员舞台演唱时的声音，使以往过耳即忘的演唱段落可以通过节目的形式保存下来，晋剧听众也可以随时根据自己的需求选择收听的时间与内容；第二，广播的传播范围覆盖广阔，几乎做到无处不在，只要听众愿意并且喜欢节目内容，可以随时随地进行移动收听，这就使得晋剧旅游文化能更大范围地扩展受众群体；第三，广播技术的进步，声音传播的高清晰化使得听众很容易理解晋剧传递的内容，减少信息误差的出现，这样晋剧能够适应不同文化程度的听众需求，使得晋剧旅游文化在普通民众内心扎下根来。

由于广播的特性，晋剧的传播超越了时间与空间的局限，实现了进一步艺术化形式的媒介传播。随着音频与信号技术的发展而产生的广播媒体及其音频录制品，实现了晋剧艺术——这一旅游文化样式呈现的真实性、现场性、震撼性。这个阶段的音频录制品，像之前的黑胶唱片、录音带、CD 等，将传统的晋剧曲目加以复制，以人际传播、组织传播、大众传播的方式，使经典作品在省内外受众群体中广泛流传、家喻户晓。发行于 20 世纪 30 至 40 年代的百代、胜利晋剧黑胶唱片，是至今留存最早的晋剧音频节目，收录了大量晋剧早期艺人演唱的经典唱段。20 世纪 60 至 70 年代大批晋剧名家的唱段，随着录音带传遍山西，广播媒介在促进其进一步传播中，发挥了极大功效。20 世纪 90 年代起，CD 唱片由于其更好的音质与传播效果逐渐流行起来，在广播媒介的带动下，大量晋剧 CD 唱片占据了省内外的演出市场，使得晋剧旅游文化的传播更为深入人心。

三、电影媒介

电影与晋剧的结合开创了晋剧旅游文化发展的全新形式。电影媒介以其独有的大银幕呈现方式、360 度全方位环绕的立体化声音，加深了晋剧的震撼力与表现力，沉浸式的观看环境、舒适的座椅享受也提高了观众对观看晋剧电影的满意度。电影媒介和晋剧艺术的结合形成的晋剧电影，为晋剧旅游文化的立体化呈现提供了良好的传播渠道，也创新了记录与保存晋剧艺术的新形式。

1955 年，由长春电影制片厂出品的晋剧电影《打金枝》是晋剧历史上的第一部电影作品。该部电影，剧本对原作品进行了适度的浓缩提炼及艺术加工，演员选用了当时最适合角色的艺术家，制作人与创作者选用的也是最优化的组合，整个制作团队对电影和戏曲结合进行了多层面实践的尝试和探讨，最终打造了晋剧电影历史上的一部经典之作。之后的《三关点帅》（1984 年）、《三上轿》（1987 年）等众多晋剧经典剧目都被拍成同名电影。伴随着这些电影在全国的播放，晋剧的传播突破了地域局限，得到了国内更多受众的喜欢，晋剧旅游文化拥有了更为广泛的受众群体。

2013 年根据同名作品改编的晋剧电影《傅山进京》，是为纪念傅山先生（1607—1684）——明清之际道家思想家、书法家、医学家，诞辰 400 周年诚心创作的一部作品。同时，也是主演谢涛（女，1967 年生，著名青年晋剧表演艺术家）塑造的又一个舞台形象，给观众带来别开生面的视觉感受。该电影立体地呈现了"傅山进京"整个故事，通过更契合时代的表现手法，再次将晋剧电影的创作提升到了一个新的高度，为此类晋剧作品树立了传统与现代巧妙结合并且成功的典范，使得晋剧旅游文化，通过电影这一媒介形式，成功地深入到观众内心。

四、电视媒介

中央电视台第 11 套栏目为戏曲频道，是为戏迷量身定制的节目，包括戏曲唱段、戏曲电影、戏曲电视剧、戏曲艺术家访谈、戏曲综艺和戏曲艺术评论等多种节目形式，不仅可以吸引并满足戏迷的爱好与要求，而且为戏曲艺术与传统媒介的结合提供了更为广阔的发展空间，让戏曲有了更多的选择渠道，使戏曲更具感染力与传播力。其中，经典的晋剧唱段多次在央视戏曲频道上播放，包括著名晋剧表演艺术家郭彩萍、王和爱老师等，都接受过该频道相关栏目的专访。央视第 11 套栏目全方位、多角度地展示了晋剧旅游文化，鉴于电视媒介在表现手段上的声像并茂、视听兼容、形象生动、优美感人的特点，促使晋剧旅游文化的传播范围得到扩大，观看与喜爱的民众逐渐增多。

山西卫视 2000 年开播的《走进大戏台》根植于山西戏曲这一传统艺术，以选手比拼、打擂展示才艺和民俗的形式，来吸引本地不同年龄层的受众，兼具娱乐性与竞赛性。利用现代传媒快速性、互动性的优势，线上线下广泛挖掘戏曲人才，并且将其推出、展示。晋剧著名唱段多次被不同选手，以独具地方特色的形式演绎，表演形式别出心裁，演出效果令人震撼。而且这档节目的选手多为青年人，这就使得晋剧被更多年轻受众所熟知并喜爱，让晋剧旅游文化的传播深入到年轻一代的民众之中。

从 1980 年由李希茂指导的第一部晋剧电视剧作品《血泪铭》，到之后受其影响所产生的《楼台会》《孔雀东南飞》等作品，这些都是晋剧电视剧作品早期的成功代表。2005 年，由山西广播电视总台拍摄并制作的《塞北婆姨》才是现代意义上的第一部晋剧电视剧。该剧动用了当时晋剧最具实力的制作团队，同时该剧采用了电视媒介特有的视觉呈现技术，从画面色彩到整体音效等方面都有了质的提升，使晋剧艺术及晋剧旅游文化有了更广阔的发展前景，为后来晋剧电视剧的创作找寻出了有效的发展途径。之后的《一门忠烈》《鲜卑骄子》等晋剧电视剧也得到广泛传播，使得晋剧经典曲目受到更多人喜爱，晋剧旅游文化也更加深入人心，得到了广泛深入的传播效果。

五、新媒体媒介

新媒体的诞生与发展对旅游文化的传播产生了不小的影响，也对晋剧旅游文化的传播产生了直接影响。下面主要从网站、贴吧、微博、微信四个方面，来论述新媒体对晋剧旅游文化传播的影响。

网站："山西戏剧网"是全国大型戏剧门户，于 2012 年 11 月创办。它属于山西省重点文艺网站，是获取山西戏剧信息的重要渠道。网站分为首页、晋剧、蒲剧、上党梆子、北路梆子、京剧、话剧、歌剧、舞剧、视野、文艺评论和最新消息 12 大版块，信息形式多样，包括声音、图片、视频、文字等。该网站在布局安排上色彩鲜艳、赏心悦目，可以及时传播多方面讯息，满足全国受众的不同需求，促进晋剧旅游文化的深入传播。

贴吧：互动性强是其主要特性。晋剧吧是晋剧戏迷及爱好者的集散地，分为看帖、图片、视频、精品、群组五大版块，网友发布的所有帖子都有贴吧管理者严格审查，不符合规定的帖子会进行及时删除。该贴吧因为由网友群策群力，涉及的内容更为广泛，专业性也更强，多为网友对晋剧行当、演员、音乐、服饰、唱段的讨论。通过网民的随时互动评论与信息扩散，使得晋剧旅游文化的传播更加有效、实用。

微博：微博自身简单易用、及时性强、主动性强，以及其开放性与多样性的特点，更加利于晋剧旅游文化的传播。目前，晋剧爱好者中的大V每天都有发布关于晋剧的微博信息，主要的晋剧演艺人员也都开设有各自的微博，随时可以和全国的粉丝进行互动交流。山西戏剧网的官方微博，每天也会更新四至五条信息，涉及晋剧表演活动、晋剧演唱人员、晋剧各式比赛等多方面内容。微博信息传播范围广泛，覆盖人数众多，使得晋剧旅游文化的传播也更加深化。

微信：微信的私密性和便捷性，包括用户黏度高、人性化设计的特点，使得晋剧旅游文化更多时候是在熟人圈或者社区圈中传播。关于晋剧的公众号，相对于微博来说更多一些，既有"山西省晋剧院""晋剧全本大戏""山西晋剧网""晋剧大全""百家戏苑"等众多以官方为主的公众号，也有"山西晋剧""晋剧青年会""最新晋剧台""晋剧大戏台""山西梆子"等以个人为主的公众号。这些公众号除了传播一些关于晋剧的内容之外，还会发布其他晋剧旅游文化生活类的信息，吸引非晋剧爱好者的关注，以扩大其受众类型。通过以上两类公众号的传播，晋剧旅游文化在全国范围内获得了巨大的民众关注与支持，同时也成为晋剧旅游文化的重要传播渠道与平台。

第十章　山西晋南地区旅游文化下的媒介和受众

第一节　长治红色旅游文化下的媒介和受众

在信息技术高度发达的今天，任何一种文化的传播都无法脱离媒介，红色旅游文化当然也不例外。红色旅游文化是特殊的文化，通过对这种文化的传承和认知可以增强它的影响力，增加人们的文化归属感。要想使得红色旅游文化更好更快地传播出去，就必须借助恰当的媒介和适中的传播策略。而不同的媒介对红色旅游文化的传播，发挥着各自不同的作用。以下笔者将从几类主要的媒介入手，对以长治市武乡县为主要代表的，红色旅游文化的传播现状进行分析。

一、纸质媒介

长治市武乡县自 2010 年已成功举办了多次"红色武乡"的征歌比赛活动，在此基础上，收录编定完成了《红色武乡征歌集》，并配套发行了一系列的《红色武乡》的光盘，以这种通俗化的方式传唱并传播了武乡红色旅游文化的魅力；武乡县还多次开展了关于"讲述抗战故事，弘扬太行精神"的征文比赛活动，共征集了抗战故事 2387 个，经过审定和筛选后收录了 700 个，由武乡县委宣传部、武乡县文联与武乡县作家协会，合作编辑并于 2015 年出版了《武乡抗战故事》（中共党史出版社）八册。全书包括将帅风范、八路之光、地方武装、抗日英模、妇女先锋、游击敌后、苦难岁月、对敌斗争等内容。

长治日报、上党晚报等地方报纸在每年的抗战纪念日会开辟板块进行专题报道。如 2015 年 5 月 "纪念抗战胜利暨长治解放 70 周年系列报道——回望太行"，其中的报道有《太行浩气传千古》《长乐之战——残碑铭刻的荣光》《关家垴血战 攻击！攻击！》《太行"铁西瓜"威震敌胆》《名扬游击队——太行八路军"兵源库"》《伏击"视察团"：缴获天皇御赐山炮》《抗日儿童团：根据地里"小八路"》《为了乡亲们，和敌人拼了！》《白刃战：刀尖上的气节》《四进砖壁——八路军总部的传奇转战史》等40余篇新闻报道。[①]除此之外，长治市赵树理文学研究会、武乡县委宣传部与武乡县文联，共同编辑并于2015年出版了书籍《赵树理在武乡》，武乡县委宣传部主持编辑的《武乡民间文艺系列丛书》（2018年）等，系统地介绍了武乡红色旅游文化的价值观念，向人们展现红色旅游文化的全貌。通过上述这些新闻报道和书刊内容的传播，长治市尤其是武乡县的红色旅游文化被更全面、系统地展示出来，也让全国民众对长治地区的红色旅游文化有了更加深入的认知与认可。

二、电子媒介

加拿大学者麦克卢汉的著名理论"媒介即人的延伸"，揭示了媒介手段对于人们认识及活动的限制。所以根据麦克卢汉的理论，现代电子媒介尤其是电视和电影，在很大程度上改变了人类受视觉支配的状况。在长治红色旅游文化的传播中，通过视觉媒体，全面直观地向国内民众展现了其文化的内涵。

在长治市城区、黎城县、武乡县等地选景拍摄的电视剧《尖刀出鞘》，2014年11月在湖南卫视、四川卫视播出。讲述了我党一位潜伏于敌方的地下工作者与日本侵略者斗智斗勇，最终智破敌方阴谋的精彩故事，深刻反映了抗战老区八路军顽强斗争的革命精神，以及浓浓的军民鱼水情。长治市委宣传部与央视电影频道于2013年合作拍摄的电影《血战残阳》，根据武乡革命斗争的历史史实，取景于屯留、武乡、平顺、黎城县。该影片以山西屯留老爷山为场景，上演了一场惊心动魄的突围战斗，主要讲述了由韩少峰等人组成的侦查小组，为营救和保护人民群众安全撤离敌占区，与日军展开殊死搏斗的故事，主要表现了红色旅游文化中人民性、大众性的特征，传颂了长治红色旅游文化中誓死保护民众的牺牲精神。

中央电视台、山西电视台集中播出的《长乐之战》（1992年）、《百团大战》（1991年）等一系列红色文化题材的优秀影视作品，宣传了长治红色旅游文化，让全国的观众进一步熟悉了这一文化的深刻历史内涵。《红色记忆》（2015年）、《八路军总部在武乡》（2015年）等纪录片，在长治地区实地进行拍摄采访，深入武乡县多个村庄，用镜头再现了八路军在长治、武乡的那段波澜壮阔的历史。

---

① 长治市人民政府：《回望太行》，长治市人民政府网，http://www.changzhi.gov.cn/xwzx/jrzz/201704/t20170418_311621.shtml，2015-05-27。

上述这些影视片以纪实的手法，深刻地反映了抗战时期太行山的英雄儿女，为了民族的解放事业英勇奋战、不畏牺牲的崇高精神。这些影视作品不仅有强大的革命教育意义，也更好地阐释与弘扬了长治红色旅游文化，宣传了太行精神，使得长治红色旅游文化，为全国民众所关注，也更加激励人们奋发向前。

三、主题文化活动

为了更好地弘扬红色旅游文化，长治市武乡县从 2011 年始已成功举办了五届八路军文化旅游节，以此来传播其特色旅游文化。如 2015 年 7 月，第五届八路军文化旅游节在武乡成功举办，本次旅游节开展了追寻红色文化历史遗迹、宣传红色文化革命精神的电影展播，组织了以抗战为主题的革命戏曲展演等活动，通过这些革命戏曲，向人们展现了抗日战争时期武乡红色文化的精神内涵。同时，还组织少先队员、高校学子和青年知识分子，开展了学习革命先辈勇往直前的红色精神、体验武乡红色革命之旅等系列活动。八路军文化旅游节已成为武乡地区扩大红色文化影响力，进一步宣传红色旅游文化的重要途径。与此同时，武乡还举办了第六届八路军文化研讨会，包括刘伯承、朱德等老一辈革命后代、老八路、老党员及专家学者来到武乡，实地进行考察，就武乡的红色文化资源进行研究，并将研究成果编辑成册出版。

另外，武乡县每年举办的以红色旅游文化为主题的消夏广场文化活动，结合新媒体直播等平台，利用文化广场的液晶显示屏、广播电视设施等媒体渠道，开展形式多样、活泼的红色文化娱乐活动。这些消夏活动形式，现如今已成为长治地区广大群众及外地游客，广泛参与的文化活动大舞台。通过上述这些主题文化活动，使得全国慕名而来的游客来共同铭记历史、缅怀先烈，也更加有效地传播了长治红色旅游文化，增强人们对红色旅游文化的理解与欣赏。

第二节 临汾旅游文化下的媒介和受众

传统媒介的报道对临汾旅游文化的塑造，起到了极其重要的作用。传统媒介的报道，是传达信息、实现沟通和推广、塑造地方旅游文化形象的重要手段。作为承载大众文化传播责任的大众传播媒介，主要包括报纸和电视等媒体，它们无疑在临汾旅游文化的塑造过程中扮演着重要的角色。通过挖掘临汾地区的旅游文化资源，我们发现地区旅游文化形象塑造，已成为媒介传播的一个重要内容。如下着重分析传统媒体中，报纸和电视媒体报道对临汾地方旅游文化的塑造作用。

首先，根据议程设置理论，利用媒介的沟通与联系，借助大众传播效应，发挥媒介为受众造成的"第一印象""先入为主印象"来进行临汾旅游文化的传播和塑造。

例如，《临汾日报》2015年4月3日星期五的第1版，把"首届山西临汾帝尧古都文化旅游节开幕"的内容安排了一整版，并且从帝尧古都的意义、历史背景等几个方面进行分析，通过全方位、多角度地对临汾帝尧古都文化进行舆论引导，使受众对这个旅游节有了一个"第一印象"，并且这个先入为主的印象是良好的。这样对于接下来的旅游文化传播活动，起了很大的促进作用。这就很明显地发挥出媒介报道对临汾旅游文化塑造的重要作用，并且经过《中国日报》、网易新闻、搜狐新闻的转载，让国内更多的民众知道了这个文化旅游节开幕的相关内容，对于临汾旅游文化的传承和扩展有巨大的宣传效用。

其次，传统媒介的报道，根据当下的媒体环境和受众特点进行研究后，在以事实为原则的情况下，创新出受众喜闻乐见的、乐于接受的栏目和内容，并且从多个层面潜移默化地传播临汾旅游文化，形成了长期的、良好的培养效果。

例如，《临汾日报》版面分布中，本地要闻当中有很多版面内容突出宣传临汾市各地的旅游文化。举其中一期来说明，2015年4月20日《临汾日报》的第2版中关于"翼城县首届古绵山德孝旅游文化节开幕，洪洞大槐树寻根祭祖，蒲腔响彻戏曲之乡，围棋之源·圣尧杯围棋大赛开幕"等内容，进行多篇幅报道。在新闻报道中，善于以受众感兴趣，并且吸引人的亮点进行标题设计。在"蒲腔响彻戏曲之乡"这个内容中，通过图文结合的方式，内容不是以介绍的视角阐述，而是以讲故事、带入式的视角进行阐释，来吸引受众。这样，在满足民众好奇心的同时，也让其于无形之中，了解、熟悉了暗含其中的旅游文化内容。随后经过国内媒体《经济日报》《山西日报》《山西经济日报》、人民网、新华网、央广网、腾讯视频、优酷视频、爱奇艺等的转载报道，使得全国的民众在潜移默化中受到临汾旅游文化的熏陶，并且得到极好的人文感受与视觉体验。这些体现出媒介报道对于临汾旅游文化塑造的重要作用和深刻意义。

最后，传统媒介的新闻报道有其先天的优越性，只要适当地加以利用，就可以对临汾旅游文化的传播达到理想的效果。尤其是在调动受众思维，进行主动思考、积极行动方面，包括传统媒介极高的覆盖率，都使得其可以实现预期的效果。

其一，报纸媒体对临汾旅游文化的传播，具体如下：

一方面，报纸需要读者通过视觉来进行阅读，阅读过程无形之中就伴随着积极思考，信息的传播质量和可信任度相比之下大为提升。其实报纸也适合传达富有深度的临汾旅游文化信息，人们可以进行反复阅读来理解吸收其中的内涵，另外由于报纸的资料价值显著，更有利于民众对其中重要旅游文化信息的查阅。

例如《临汾日报》2015年4月21日第2版中"唤醒历史记忆，探索文明源头"这篇新闻报道，把临汾尧文化研讨会上的主题演讲内容搬到了报纸上，最大程度上方便了受众对临汾尧文化的欣赏品味及深度阅读，同时还可以自行控制时间进行独立思考。这样可以在很大程度上提高临汾旅游文化的传播质量和可信任度。另外，这篇主题演讲对尧文化的文化意义很深远。其历史地位和贡献、研究和开发的重要意义和现状，以及突出的陶瓷文化的陈述在报纸上刊登出来，非常具有资料价值与保存意义，也有利于日后的资料查阅和存档使用，更加具有学术研究的文化意义与历史价值。这对于临汾地区尧文化及旅游文化形象的塑造和开发，具有很大的现实意义。

另一方面，报纸本身印制成本低，购买价格低廉，也因为其便于携带，成为人们获取临汾旅游文化信息的重要渠道。另外，报纸具有很高的传递性和阅读率，自然而然地就成为旅行中的伴随性媒介，加上二维码等新媒体技术的融入，这一优势越发明显。人们在休闲娱乐时、旅途过程中，以及工作之余都喜欢了解一下城市周边的康养和旅游信息，通过报纸这种传播渠道就巧妙地把临汾旅游文化信息，精准地传递出去，受众阅读、欣赏的时候也就达到了吸收旅游文化内涵，并获得良好的传播效果的目标。

其二，电视媒体对临汾旅游文化的传播，具体如下：

电视媒体的内容包括电视节目、文化宣传片和影视剧。这些都是临汾旅游文化传播的重要载体，并且由于电视媒体移动客户端的加入，其对于地方旅游文化的造势作用更加显著。电视媒体的优势表现为信息传播及时、画面内容直观易懂、表现形式形象生动，这对普通民众了解临汾旅游文化可以说十分便捷有利。另外，电视媒体的传播覆盖面广泛，甚至深入到一些边远地区，受众不再受文化程度、教育水平的限制，这使得临汾旅游文化对于省内外的游客来说，可以进行更深入细致的传播。

例如，在电视上播放的关于临汾旅游文化的宣传片、专题节目、影视剧等，可以使观众从画面中更直观地享受到临汾旅游文化所带来的视觉盛宴。尤其是热播影视剧，不少都在临汾地区的旅游景区取景拍摄，这使得全国观众了解临汾旅游文化更加便捷有利，并且效果良好。2012 年上映的《一九四二》最为典型，在电影《一九四二》中，临汾地区清代民居原生的文化资源得以展示，让全国的民众都了解了临汾地区的旅游文化，及其背后深刻的历史文化内涵。综上所述，传统媒介报道对于临汾旅游文化的塑造，有着不可小觑的作用。

第三节　洪洞旅游文化下的媒介和受众

旅游文化是指人类在旅游过程中（包括旅游、住宿、饮食、游览、娱乐等）精神文明和物质文明的总和。[①] 洪洞旅游文化中的"大槐树文化"，主要包括三个部分：一是以大槐树文化题材为主的影视作品；二是以大槐树为题材的小说、诗歌、散文、绘画等文化作品；三是以大槐树为主题的歌曲、戏曲，歌曲如《心中的大槐树》《大槐树之歌》《大槐树》《大槐树的故事》，戏曲有京剧《玉堂春》，传遍大江南北，使洪洞名扬全国，享誉海内外。

在此就"大槐树文化"在影视媒介领域的作品进行概述。以大槐树为题材的影视作品目前已积累了电视剧《大槐树》、电影《等爱归来》、纪录片《远方的家·大槐树下是我家》等一系列优秀影视作品。2006 年 8 月，中央电视台与山西电影制片厂合作拍摄了电视连续剧《大槐树》，描写了明朝初年山西向中原移民三百万人过程中，发生的一系列扣人心弦的政治斗争，以及感人至深的爱情故事。整个情节设计十分精巧，具有很强的故事性，又有着丰富的历史文化内涵。全剧围绕大槐树移民的原因、过程、影响等几个方面展开故事，深刻地阐释了"华人共祖，本是一家"的理念，是对洪洞地区根祖文化的有力传播。2015 年上映的电影《等爱归来》，以大槐树儿女"寻根祭祖"作为主要脉络，对大槐树的情感寄托作为核心要素，讲述了整整三代大槐树儿女的曲折命运。其把深厚的历史底蕴与多彩的文化元素相结合，展现出了当代人对洪洞地区古

---

① 冯乃康：《首届中国旅游文化学术研讨会纪要》，《旅游学刊》1991 年第 01 期，第 57—58 页。

老的寻根文化的热爱与追求。

通过一系列优秀电影、电视剧、纪录片等的传播，山西洪洞地区的旅游文化业上升到了一个新的高度。在此基础上，还需要继续通过各类媒介营销手段，进一步强化媒介在洪洞旅游文化发展方面所产生的积极影响。目前洪洞旅游文化的媒介营销方式，主要包括如下几种。

一、节庆营销

洪洞在旅游文化的营销中，多侧重在节庆进行营销，如大槐树寻根祭祖节，羊獬村接姑姑庙会等。具有地方特色的节庆活动是洪洞旅游文化资源脱颖而出的关键，同时对知名度广的旅游文化品牌进行营销，也能带动同区域其他旅游文化的发展。在节庆营销中，洪洞旅游文化呈现出以下特点：

（一）文化主题鲜明以情动人

大槐树景区的营销以"寻根"为主题。中华民族最讲究血脉渊源，家乡是一个人的根，落叶归根，当年离开故乡的游子总不忘回来寻找自己的根。"大槐树寻根祭祖节"定在每年的清明节前后，催生全国各地的游客在小长假期间来洪洞观光，同时也带动了明代监狱、广胜寺等景点的旅游文化观光活动。明代移民遗址——洪洞大槐树旅游区，立足于国人对姓氏根源的探索热情和落叶归根的渴望，对移民省份展开情感营销，鼓励中华儿女回故乡寻根。文化主题鲜明，让大槐树在旅游文化传播中留下鲜明的记忆点。

（二）塑造旅游地的文化形象

旅游文化形象是旅游者对于旅游地已知或潜在的一种印象，这种印象在很大程度上，取决于在媒体宣传下对文化的定位。根祖文化的塑造是洪洞旅游文化开发的基础，历史名城的定位是其在传播旅游文化形象中的着力点。另外，山西晋南特有的民俗文化也在节庆中充分展现，如晋南的威风锣鼓、金鼓乐、祭祀习俗、上党梆子等，受到了省内外游客的广泛好评。如在羊獬村送神民俗的当中，洪洞特色文化威风锣鼓等，给该仪式增添了观赏性和娱乐性，每年的节庆庙会已经成为当地家喻户晓的一个文化品牌。

（三）针对节日开发文艺项目

大槐树文化在全国不同的节日，可以分别推出针对性的民俗文化仪式营销活动，每年一共有四次大型祭祖活动，即春节、清明节、中元节、下元节。因为这四个节日都有一定代表性且与祭奠先祖相关，可以通过传统的祭祀仪式及相应文艺演艺，来吸引游客的关注与参与。另外在其他节日也可以推出相应文化项目。比如，2015年情人节期间推出的"七夕见证，洪洞寻根"七夕主题活动，情侣可以在大槐树景区的民俗体验区，参与传统的洪洞婚庆风俗。在同年中秋节为前815位游客赠送月饼，并开展中秋特色的文艺表演。这些不同节庆日的文艺项目，都对洪洞旅游文化起到了极好的传播效果。

（四）线上线下同步多样营销

大槐树景区开设的官方微博账号，经常展开线上线下互动。比如，游客在景区微博上传旅游中的精彩照片就可参与抽奖等，而且在活动前夕景区就在微博平台进行推广，通过有趣的图片视频等吸引游客参与体验。还有网络新闻热点，在各主要门户网站、报纸的客户端刊登旅游文化解读性的文章，运用电视综艺、网络视频、广播节目多种媒体形式，进行全方位的推广。第十一届大槐树中国年活动中，游客可以通过微博、微信参与活动，并于线下参与互动游戏、摄影比赛等在内的多项文化活动。在2017年春节小长假期间，大槐树景区还推出了"乐游民俗村""疯狂红包雨""晒幸福照赢大奖"等线上线下数十种活动，带动省内外周边游客前来旅游体验。

二、故事营销

洪洞民间存在着丰富的历史与神话传说，为其旅游文化资源蒙上了一层神秘的面纱，这种神秘感给旅游文化带来了更强的吸引力。故事营销的魅力在于旅游景区通过"讲故事"将文化内容灌输给消费者，在旅游文化品牌的传播中，故事营销使旅游文化资源获得独一无二的记忆点。如洪洞县羊獬村的送神庙会是依靠娥皇女英的故事进行营销。通过对两位历史传说人物津津乐道的争夫传说进行传播，使得其庙会文化得以发展。大槐树移民的具体情形、苏三在洪洞县衙经历的一系列故事，都因其中所包含的爱情、亲情、友情等，跨越时空与听众产生了情感共鸣。洪洞旅游文化的故事营销，主要表现出以下特点：

（一）运用戏剧影视作品造成集群效应

苏三监狱文化的闻名得益于戏曲《苏三起解》的精彩演绎，通过戏曲的表演，使得洪洞旅游文化为全国民众所关注，成为外省游客来晋旅游的必选之地。大槐树移民文化则采取多种方式进行营销。如拍摄电视剧《大槐树》、电影《等爱归来》等，使得全国观众进一步熟悉了大槐树移民文化。在优酷网、搜狐视频等热播平台投放歌曲《大槐树的故事》MV，并在省内主要电台进行宣传，使得大槐树移民文化借助新鲜的形式与媒体平台，又一次大放异彩，成为国内网民评论的焦点。开发文化名人电视对话节目，并联合权威媒体中国网，制作《中国洪洞说》。通过上述多种形式的造势作用，将洪洞旅游文化，具体化为一个个鲜明的故事及人物，起到了极大的集群宣传效果。

（二）打造故事环境让游客身临其境

为了给游客以更加逼真的视觉感受与体验，当地政府于苏三监狱内打造的苏三蜡像馆，将苏三案件及故事发展的全过程用一幕一幕的蜡像打造了出来，通过讲解员的解读与点评，使得这一历史文化更加深入人心。省内外各媒体平台在传播过程中，借助短视频等鲜活形式，将此景区亮点更是表现得淋漓尽致。每年的三月初三，羊獬村的送神庙会，请姑姑回娘家活动便严格按照流程开始进庙、拜寿仪式，农历四月二十八是返回婆家万安神立的日子。在请两位姑姑进庙的仪式中，国内外的游客可以置身其中，尽情感受祭祀文化的内涵与当地的民俗文化，获得旅游文化体验的美好享受。通过上述故事环境、情境的打造，将洪洞旅游文化的感知性、体验性完美地塑造出来。

（三）巧用民间传说形成文化品牌效果

洪洞城北的羊獬村以特定的拜神仪式打造旅游文化品牌。当地民间流传的众多传说，如女英的神异出生；二女共嫁一夫"争大小"时比赛纳鞋底、煮豆子、比赛回家等。两位娘娘的世俗化充分调动了后世人们的猎奇心，也是这一旅游文化传播的契机。同时，这些传说也印证了文化仪式的合理性和规范性，如娥皇为大在前，女英为小在后，并进庙晚。关于大槐树移民文化则有更多民间相传，如洪洞人的小脚趾盖都是两个，源于明代移民中"脱袜验甲"的历史故事。相传移民们不愿离开故乡，士兵就在大家的小脚趾甲上割一刀，便于以后识别，于是流传着脚趾分瓣的就是洪洞人。这些民间传说赋予了洪洞旅游文化更多的趣味性，在全国民众当中形成良好的文化品牌。

三、情感营销

（一）以宣传片的投放来打造文化特色

通过在主流电视台黄金时段、各大视频网站投放大槐树文化的宣传片，让观众了解移民文化历史，对移民的遭遇产生同情和寻根祭祖的热情。如在央视《朝闻天下》栏目播出期间，投放时长五秒的宣传片，主要突出"问我祖先在何处，山西洪洞大槐树"的广告语，时长虽短但通过铿锵有力的画外音，让观众对大槐树的旅游文化口号留下深刻印象。在山西电视台播出的城市形象宣传片《大槐树的故事》，打出"亲情洪洞"的旅游文化口号，着重表现了游子远离故土的思念之情和经历时间的漫长，通过歌声将移民历史故事娓娓道来，给观众传达出历史的底蕴和情感的共鸣。通过上述旅游文化宣传片的投放，使得洪洞旅游文化的鲜明特色，为全国民众所动容。

（二）以旅游市场的定位来拓展影响力

洪洞县瞄准移民省市，每月派团队赴各大城市及历史移民省份展开旅游文化营销。大槐树景区与山东两家旅行社成功策划了"山东万人寻根游"活动，内容延伸为"晋善晋美"——北进南出不回头，精华景点全都有的山西七日游，一举激活了山东客源市场，山东人回"洪洞老家"成常态。[①] 另外，组织诸如"山东聊城谭氏""中华翟氏宗亲"等有组织有影响力的姓氏族亲祭奠仪式与活动策划。全国各地的宗亲代表共聚一堂，追本溯源，让人产生崇宗敬祖的使命感，向全国的游客展示了其文化内涵。2016年底，大槐树景区通过官方微博发出家谱征集令，要把移民家谱文化资源，充实扩展成一个有规模、有影响的姓氏文化资料库。

（三）以旅游文化的历史来形成关注度

洪洞旅游文化的重点，在其深厚的历史文化与流长的民俗文化，以及渗透其中的民间故事等内容，这些是媒体传播洪洞旅游文化形象的关键所在。诸如，

---

① 李宏伟：《洪洞文化旅游业响鼓重敲活力迸发》，网易，http://xinzhou.news.163.com/15/1031/15/B791VRAD040618VE.html，2015-10-31。

苏三坚贞不渝、忠心不二的爱情故事使得人们对这段历史有了新的领悟，苏三经历的苦难都可以在明代监狱的遗迹中探寻到历史的真实。另外，故事所折射出的明代历史和社会现状引起民众的关注，尤其是对弱势群体与明代社会阶层的侧面反映。洪洞在全国媒体的宣传中，利用公众的情感共鸣打造旅游文化品牌，成功提高了其旅游文化中受众的品牌忠诚度，在全国民众的内心留下了深刻的历史痕迹与文化烙印，产生了共鸣效果。这种依赖旅游文化的历史来传播文化品牌形象的方式，给洪洞带来了全国性的影响力。

四、事件营销

事件营销在洪洞旅游文化的运用中，主要表现在通过活动策划，利用近期具有新闻价值、社会影响以及巨大效应的公众人物或热点事件，来吸引媒体和消费者的普遍关注，形成社会广泛的话题讨论，并最终促成旅游文化产品或服务的营销手段或方式。在当前大数据时代，充分利用事件进行营销，拥有传播范围广泛、时效性高、受众量大等优势，对事件的策划也要紧追流行趋势，与舆论接轨。如2017年关注度很高的电视剧《人民的名义》，其中男主角扮演者陆毅曾出演过电视剧《大槐树》的主人公，大槐树景区官方微博利用当下电视剧热播的舆论热度，本身明星效应带来的巨大关注度，通过添加电视剧相关话题并@明星陆毅的微博，和明星进行互动，在微博等社交媒体平台对《大槐树》电视剧进行宣传。该条微博在五天内便达到了260万的阅读量和上百条评论量，取得了良好的营销效果。通过诸如此类的事件营销，洪洞县将其旅游文化成功地推向全国，为国内民众高度关注，也成为各旅游网站推送的重点旅游项目之一。

第四节　晋城上党梆子旅游文化下的媒介和受众

传媒的报道对晋城旅游文化的发展具有积极的影响作用。目前在媒体传播影响下，晋城上党梆子旅游文化的传播主要借助主流媒体形式来进行。大众传媒为上党梆子的传承做出了巨大贡献，主流媒体传播晋城上党梆子旅游文化的类型，主要有如下几种。

一、纸质媒体

重视文化的传播几乎是所有党报的一个共性，上到《人民日报》，下到晋城市的党报《太行日报》，都将文化设置为一个重要的板块。《中国青年报》的《冰点周刊》就曾经用《边走边唱》为标题的 8 000 字篇幅的特稿，报道了关于上党梆子的生存现状。① 对晋城上党梆子旅游文化进行报道的媒体主要有《人民日报》《山西日报》《前进》等党报党刊。其中，《人民日报》以《山西上党梆子唱响俄罗斯》（2019 年 02 月 15 日）、《上党梆子现代戏"长江支队"在晋城首演》（2019 年 08 月 31 日）为标题对晋城上党梆子进行了详细介绍，在国内外引起了强烈的反响。《山西日报》多次对晋城上党梆子的新闻进行报道，将《山西省委常委集体观看上党梆子"西沟女儿"》的主题报道，于 2012 年 3 月 22 日的报刊，对其社会价值与意义进行了充分肯定。中共山西省委主办的综合性政治理论刊物《前进》2012 年第 05 期上，刊载了题为《高平市人民剧团团长陈素琴——长平大地梅花香三晋艺坛绘奇葩》的文章。

上述这些都是党报、党刊为了传承上党梆子进行的努力，它们对于晋城上党梆子旅游文化，起到了巨大的传播效果。由于党报等媒体所具有的权威性和公信力，它们对于上党梆子走向全国起到了极其重要的作用，使得晋城上党梆子旅游文化，为全国民众所了解与熟悉，成为游客来晋旅游的必选目的地之一。

二、电视媒体

除了报纸和期刊外，晋城上党梆子旅游文化也借助电视媒体这一平台去推广，包括专业传播戏曲的中央电视台戏曲频道，还有央视的科教频道、地方卫视中的东方卫视，以及山西省内关注度更高的山西卫视，都对上党梆子的传承起到了重要的作用。比如，2014 年 11 月 7 日在中央电视台戏曲频道《九州大戏台》这一栏目中，播出了上党梆子现代戏《一撇一捺》。其余详细情况如下：央视 CCTV6 的《九洲大戏台》栏目（《打金枝》《两地家书》《塞北有个佘赛花》2011 年 5 月 27 日；《刘胡兰》2011 年 8 月 31 日），《一鸣惊人》栏目（《雁

---

① 郭建光：《［冰点］：边走边唱》，中青在线，http://zqb.cyol.com/content/2008-10/08/content_2381721.htm，2008-10-08。

门关》2014年10月31日;《秦香莲》2014年11月8日;《小院春光》2017年6月23日),《过把瘾》栏目(《站高坡》《风雨行宫》《红灯记》《大登殿》《乾坤带》2013年6月9日;《赵树理》《盼尽长夜》2013年6月13日;《调兵遣将》2013年6月24日;《三关排宴》2015年12月27日),《CCTV空中剧院》栏目(《陈圆圆》2016年10月19日;《太行娘亲》2019年11月20日),《戏曲采风》栏目(2011年12月26日《戏曲长镜头晋城市上党梆子剧团》;2012年11月20日山西高平上党梆子剧团携《西沟女儿》进京展演),《角儿来了》栏目(《太行娘亲》2020年5月10日),《精彩回放》栏目(《初定中原》2011年3月15日),《名段欣赏》栏目(《借粮》2010年8月18日)。央视科教频道《探索·发现》(2020年1月25日《上党梆子高平鼓书共同传承本地音韵》)。东方卫视的《东方新闻》(2019年5月28日第十二届中国艺术节:上党梆子现代戏《太行娘亲》再现大爱无私)。

在山西卫视播出的《走进大戏台》栏目于2014年4月5号的节目中,播出了上党梆子曲目《潘娘娘》《过江杀督》等。其余详细情况如下:山西卫视《新闻午报》栏目(2019年3月24日第29届上海白玉兰戏剧表演艺术奖揭晓,上党梆子《太行娘亲》收获两朵"白玉兰"),《山西新闻联播》栏目(2013年2月24日《晋城:一元钱看大戏 上党梆子闹元宵》;2013年6月7日上党梆子新编现代抒情戏《深山腊梅》首演;2014年12月14日原创上党梆子《悟因楼》亮相省城舞台;2015年5月21日《晋城上党梆子演员杜建萍摘得梅花奖》;2018年5月26日上党梆子《太行娘亲》在国家大剧院上演)。

上述这些上党梆子剧目以及暗含其中的上党梆子旅游文化,一般都揭示出了深刻的社会现象或道理。通过电视这一传播范围广泛、观众众多、影响力强的媒介,晋城上党梆子旅游文化有了更加深入的传播,不仅使得上党梆子的知名度增加,而且有利于上党梆子利用这一传统戏剧的文娱性,带给人们更多的旅游文化体验,让全国的观众更加喜欢戏剧文化,景区也可以把其旅游文化的特性更加有效地发挥出来,有利于它的传承与发展。

三、网络媒体

相比较报纸媒体和电视媒体,网络媒体具有快速性、全球性和更强的互动性,网络媒体的新闻报道除了扩大上党梆子旅游文化的受众群体,也更加注重与观众之间的互动。在晋城市上党梆子演员杜建萍获得梅花奖之后,山西戏剧网对时隔 13 年晋城上党梆子再圆"梅花梦"进行了详尽报道。① 这是晋城上党梆子本土特色旅游文化重现魅力的又一次机会，在全国民众中得到了高度的评价。杜建萍的参赛剧目《长平绣娘》，上党梆子《长平绣娘》讲述了这样一个故事：故事发生在古代长平（今晋城市所辖高平市），一个绣花女捡到一个孩子，不顾别人的眼光把他养大，最后把他送还给了亲生父母，塑造了一个善良淳朴、深明大义的"长平绣花女"形象，弘扬了真、善、美的正能量。通过对戏剧界这一重大新闻的报道，不仅使人们知晓了这一艺术作品，更使得上党梆子赢得了全国观众的喜爱与认可，与此同时弘扬了暗含其中的上党梆子旅游文化的真、善、美的品格。

上党戏曲网，是以上党梆子为基础建立起来的晋城地方戏曲门户网站。网站的内容大致包括四大版块，第一部分主要有戏迷天地、戏曲新闻、最新视频；第二部分是上党戏曲视频欣赏，有上党梆子、上党落子、上党二簧、上党鼓书、上党八音会；第三部分主要有经典唱段音频、经典伴奏下载、论坛新帖、演出动态；第四部分主要有戏曲图库、名家简介、梨园新秀、戏曲采风、谈艺说戏。另外，中国戏曲网专门开设了上党梆子的专题页面，主要包括九大版块，第一部分是上党梆子的介绍，有流派、唱腔、传统剧目、起源及主要剧种、表演程式等方面的介绍内容；第二部分是上党梆子知识，有两大流派、传统剧目、表演程式、角色行当、唱腔、主要剧种、传承与发展、上党宫调等方面；第三部分是上党梆子历史，有起源、形成与发展、明代末年发展、鼎盛时期、歌舞戏曲的发展等内容；第四部分是上党梆子艺术特色，有特色、角色行当、主要剧种、艺术特点、表演风格、舞台呈现等内容；第五部分是上党梆子名家大师介绍；第六部分是上党梆子经典曲目介绍；第七部分是上党梆子人物化妆的介绍；第八部分是上党梆子伴奏乐器介绍；最后一部分是上党梆子当红新秀介绍。通过上述网站的充分介绍，以及戏曲文化的传播普及，使得国内民众对上党梆子旅游文化，获得了详尽的了解与把握，对晋城当地的旅游文化业起到了有利的促进作用。

为了更充分地和观众互动交流，上党梆子还借助网络平台，建立了上党戏曲论坛网。这一网站大致包括六大版块，第一部分为最新消息，有最新图片、最新帖子、热门帖子、精华帖子；第二部分为站务专区，有公告、网友意见与

---

① 陈丽萍、王媛：《山西高平市上党梆子剧团杜建萍荣获第 27 届梅花奖》，山西戏剧网，http://www.chnjinju.com/html/shangdangbangzi/news/2015/0521/3043.html，2015-05-21。

建议等；第三部分为戏曲交流，有戏迷闲谈、演出动态、戏曲摄影、剧情简介、鼓书天地；第四部分为嫡系剧种，有永年西调（河北）、菏泽枣梆（山东）；第五部分为文学天地，有舞文弄墨、心情感悟；第六部分为娱乐休闲，有影音天地、摄影贴图、喷一会儿、广告专区。网民可以在论坛中进行话题讨论，也可以和上党梆子衍生剧种的戏迷网友交流不同的观点、看法。通过这一交流论坛，进一步扩大了晋城上党梆子旅游文化在国内民众当中的认知度和影响力。

  最后，以微博、微信为代表的自媒体，也是上党梆子的重要传播渠道。其中，微博主要以"走进大戏台""山西文旅网"为代表，它们分别是山西卫视《走进大戏台》的官方微博、山西文旅网的官方微博，内容涉及公告、视频、文章、相册等类型的内容信息。山西文旅网微博有关上党梆子的专题为"上党梆子之乡　家乡戏唱家乡人"，运用图文等多种形式对上党梆子旅游文化进行传播。微信主要以"晋城上党梆子剧院""晋城市青年上党梆子剧团"和"高平市非遗上党梆子展览馆"等官方公众号为代表，内容涉及图片展示、文字报道、视频演出，还有云赏戏视频直播、录播等内容。这些自媒体公众号，为晋城上党梆子赢得了全国的网民，表明上党梆子旅游文化已经逐步为人们所熟悉，获得了国内游客更多的关注，从而促进了其旅游文化业的发展。

  综上所述，通过全方位、全媒体形式来展示晋城上党梆子旅游文化，获得了国内戏迷、游客、网民的极大关注量，其成为晋城市对外旅游文化形象的主要传播渠道。同时上党梆子相关内容在各大短视频平台上也获得了很高的转发量，为晋城上党梆子旅游文化，进一步利用新媒体方式发展开拓了市场前景。

第十一章　山西省域旅游文化下的媒介和受众总述

第一节　山西旅游文化下的媒介和受众

当前背景下旅游文化在地方发展和竞争中有很重要的战略意义，旅游文化的推广必然离不开大众媒介的传播。通过研究大众传播媒介对山西地方旅游文化效应的典型案例，来发现媒介传播对旅游文化推动的有效途径，并解决目前文化传播过程中存在的问题，对于发展山西省旅游文化有重要的意义。

一、媒介传播对晋北五台山旅游文化的效应

（一）五台山概述

山西有着著名的佛教圣地五台山，它名列佛教四大名山之首，是三晋文化和佛教文化中的一朵瑰丽花朵，其佛教文化对社会发展产生了很大的传播效应，在中国佛教文化史以及中国文化史上都占有一席之地。

五台山位于山西省内东北部，隶属太行山脉，因为有五座主要的山峰，因此得名"五台山"，又因气候寒冷常年积雪，即使在夏天也气候凉爽，故也被称为"清凉台"，是难得的避暑胜地。

从东汉建寺开始，五台山经过五百多年的积累与发展，逐渐积攒了人气与威望，至唐代时期逐渐成为佛教圣地，也成为现今山西旅游文化中一笔宝贵的财富。

（二）五台山旅游文化介绍

1. 风格鲜明的建筑文化

五台山被誉为"东方建筑的艺术宝库"，是非常重要的建筑文化活教材，文化价值之高国内罕见。在五台山，随处可见古朴庄严的佛塔和寺庙。其中著名的有青庙显通寺、南山寺，黄庙菩萨顶、镇海寺等。

显通寺，是五台山最大的一座青庙，其"钟楼建在外""山门斜着开""经阁前后盖""殿殿文殊在"四大怪很著名。同时，显通寺还是五台山的开山圣寺，见证了五台山的发展与兴盛，地位极其重要，也是历代祖师演说佛法的道场。

菩萨顶是五台山的五大禅处之一，其建筑布局特色鲜明，主要庙宇外观和皇家宫殿类似，内部设置又是喇嘛教风格。另外吸引游客的地方，就是《水浒传》中鲁智深大闹过的文殊院就在此处，还有让世人踏过一生坎坷的108级台阶。

2. 独特地道的饮食文化

素食是汉传佛教的戒律，与素食相关的是佛教文化中"戒杀生""众生平等"等观念，素食文化对人体有很多好处。五台山还给游客提供特色的素食小吃，这些风味小吃是很好的旅游文化纪念品，随着游客把素食文化传播到海内外。

五台山独有的台菇是蘑菇中的珍品，只因生长在五台山顶而得名，其味道鲜美，唐宋时代就被定为御用之物，并且医用和营养价值都很高，可以起到加强体质与提高人体免疫力的功效。同时，它也是全国民众喜爱的旅游特产。

综上所述，在五台山的旅游文化资源中，佛教文化有着举足轻重的地位，对与五台山旅游文化业相关的各个方面，其影响都是不容小觑的。佛教文化已经成为贯穿其间的一条文化脉络，渗透到五台山旅游文化业发展的方方面面。

（三）媒介传播对五台山旅游文化的效应

1. 影视媒介对五台山旅游文化的传播

无论是电视剧还是电影，都潜移默化间对五台山及其佛教文化进行了内隐式传播。一方面，电视剧作为最普遍、最受大众欢迎的影视作品，在剧情中植入五台山和佛教文化，以五台山特有的自然环境和人文环境对观众潜移默化地进行影响，从而提高了五台山文化形象的认知度，并将五台山和佛教文化联系在一起传播给大众。电视剧《五台山抗日传奇之和尚连》（2012年）以五台山上的僧侣们勇敢抗日为题材，经过艺术加工，展示了五台山的僧侣们在国难之际的英勇表现，塑造了五台山僧侣的正面形象和佛教文化的精神，向观众们渲染了五台山的人文精神。另一部电视剧《康熙遗妃五台山》（1997年）是一部讲述康熙与梅妃爱情故事的电视剧，取材于五台山的民间故事，电视剧情节跌宕，剧中情景交融，虽然是描写康熙的爱情故事，但表现了秀美的五台山地方文化，从而让观众对五台山文化有了较深的认识。另一方面，电影的传播相对电视而言更具集中性，由于电影时间较短情节紧凑，所以电影里出现的情景表现的更加鲜明。比如，《康熙大闹五台山》（1989年）故事取材于五台山民间传说，电影中出现了大量五台山景观的片段，在丰富跌宕的情景故事中，使五台山文化潜移默化地影响到观众，使观众形成了对五台山及其旅游文化的认知。

2. 视觉媒介对五台山旅游文化的传播

不同于影视剧，视觉媒介的主要表现形式——纪录片，也是五台山旅游文化的主要传播方式。纪录片的创作素材必须取材于真实生活，展示真实的人和事，即使是制作过程中也只能进行简单的艺术加工，因为真实性是纪录片最重要的特性。五台山景色美丽，自然景观规模宏大，拥有两千年的佛教文化历史，文化遗产资源丰富，是重要的佛教文化旅游胜地，很适合通过拍摄纪录片来进行旅游文化的传播。《四大佛教圣地——金色世界五台山》（2014年）《五台山之旅》（2012年）等，都取材于五台山的自然地理风景和人文佛教文化，是真实地讲述与展示五台山文化的优秀纪录片。通过向人们展示五台山独特的建筑文化、饮食文化、民俗文化、佛教文化等，全方位地向人们解读了五台山的佛教文化，给全国民众展示了一个美好的佛教文化圣地，展现出五台山佛教文化在世界文化中的重要地位。五台山旅游文化，运用纪录片的特性而产生了有力的影响作用。

3. 网络媒介对五台山旅游文化的传播

现如今，五台山旅游文化也开始利用网络媒介，并且将之作为重要的传播载体。网站的宣传可以说是最有力且最有效的方式，能全面地展示五台山旅游文化的特色，从而吸引国内游客的光顾。"山西五台山"是政府为了提供各种便民服务建立的网站，其网页界面设计有着浓郁的五台山地方文化特色，并详细、准确的介绍了五台山所有的景点特色和文化内容，通过文字、视频、图片等最直观的信息给浏览者带来良好的视觉冲击，从而吸引游客的观光。除了官方网站外，还有很多旅游文化相关的网站，如"五台山佛教协会""五台山佛教在线""五台山旅游门户网""五台山旅游网"等，它们对于提高五台山旅游文化的知名度，推动五台山文化的对外传播，均起到了重要的作用。

另外，旅游景区网站的宣传也是传播五台山旅游文化的一大重要途径。情景剧作为地方旅游文化的表现形式之一，是宣传地方文化软实力最直接有效的方法。五台山的情景剧宣传网站"又见五台山"，概括性地展示了五台山的自然景观、人文景观，使网民对五台山产生了良好的印象，进而促进旅游文化业的发展。在旅游文化传播时，舞台情景剧《又见五台山》着重表现了五台山的佛教文化，将五台山佛教典故等历史故事与舞台全景表现技术相结合，展现出景区文化的内涵，更有利于五台山旅游文化形成独有的竞争力。其宣传网站不仅展示了五台山文化的经典特色，还以多媒体的表现形式，加深了网民及游客对五台山佛教文化圣地的印象，传播效果显著。

整体而言，随着网络媒介的发展，线上宣传也逐渐成为一个很重要的传播途径。线上宣传的优势是受众更广泛，并且受众间能产生互动交流，使得其对旅游文化整体的印象更深刻。除了以上比较重要的网站外，还有百度贴吧及相应论坛、微博公众号、微信公众号及旅游相关的 APP 等。这些网络传播形式不仅让五台山文化传播更为轻松便捷，更重要的是让民众分享体验感受与心得。比如，那些曾游览过五台山的游客会通过网络新媒体方式，来展示自己真实的旅游文化体验，更容易对那些没有去过五台山的潜在游客产生更大的吸引力，最终使得五台山旅游文化可以达到最理想的传播效果。

综上所述，近年来每到节假日，五台山的游客都络绎不绝，逐年增加。不仅是游客，五台山每年还要接待大量的求学、来访和朝觐的佛教信徒。在生存竞争越来越激烈，环境压力日益增大的今天，工作繁忙的人们挤出时间外出旅行，使得旅游文化成为社会发展的迫切需求之一。佛教文化因其独特的作用，可以给人们带来一个相对轻松的环境，缓解人们的焦虑和疲劳，因此五台山旅游文化给人们带来的不只是视觉和体验上的享受，更重要的是给人们带来的精神上的轻松感与愉快感。随着大众媒介的广泛宣传，五台山作为"佛教圣地，清凉之境"已经被大众认可，来避暑旅游的人不断增多。"佛教文化"使得五台山闻名世界，如今的媒体已经不再关注"佛教"的表面内容，而更多的是要挖掘佛教文化的内涵，来展示更深层次的佛教文化。而五台山旅游文化随着众多媒介的宣传，以及交通等配套设施的完善与便利，相信未来也会越来越走向良性发展的轨道。

二、媒介传播对晋中晋商旅游文化的效应

（一）乔家大院所代表的晋商文化概述

乔家大院是晋中市祁县乔家堡村的一处巨大的晋商院落，历史上是乔致庸的宅邸。因为乔致庸的经商传奇，使得乔家大院也蒙上了一层厚重的历史文化色彩。建筑上，乔家大院的历史文化以独特复杂的建筑构造见长，使得它具有

相当高的历史价值和文化价值；艺术上，乔家大院被誉为"北方民居建筑的一颗明珠"，足见其艺术价值之高。以乔家大院为代表的晋商院落，其布局多为巧妙整齐，建筑技术精湛，再加上 500 多年的"晋商"传奇历史，使得晋商文化远近闻名。

图 3.11.1　乔家大院明楼院

（二）晋商文化的发展历史

1. 晋商的出现

山西位于中国北部，历史上山西的大部分地区都属于当时的古晋国，因此山西也称为"晋"。而从明代开始，山西人就特别擅长经商，特别是晋中地区的商人，当时中国有两大商帮涵盖南北，共同占据"海内最富"的地位，分别就是晋商和徽商，可见晋商影响力之强大。晋商的发展在明末清初时期达到了顶峰，那时的晋商，曾把商业版图扩展到欧亚大陆，由于山西偏北，所以晋商向北把生意带到了俄罗斯、中亚甚至法兰西。与晋商相比，欧洲的金融兑换业务直到 20 世纪 60 年代后才出现，晋商们用行走商路几百年所积攒下的经验，实现了他们最终的目标，即"货通天下、汇通天下"的历史奇迹。如今，晋商虽然早已消失在滚滚历史长河中，但留下来的更加重要的晋商文化，却流传得深远弥久。

2. 晋商文化的发展

晋商发展五百多年，留下的文化财富很多，其中晋商大院作为晋商文化的代表，其中最典型的便是乔家大院。乔家大院不仅是一座建筑，更是山西商人重商立业的标志，是晋商文化的物质载体。这些壮阔的大院不仅反映了晋商雄厚的财力，还折射出晋商的伦理思想和商业价值，展示了晋商文化的丰富内涵。从建筑布局上来说，晋商大院的建设风格独特，处处以小见大含有深刻的文化寓意。比如，乔家大院的细节中，处处体现着"天人合一""中庸之道"等晋商文化的思想内涵。晋商大院里院落的布局，一般都有特定的寓意和文化内涵。其中，乔家大院的整体结构，从空中鸟瞰，很像一个整齐的双"喜"字，寓意着大院里的主人，对幸福美满欢乐祥和生活的追求。

晋商文化从诞生起，历经文化内部的整合、变迁和发展，到如今，晋商文化并没有像晋商本身一样随着历史进程衰亡直到消失。相反，晋商文化因为自身的进步性和典型性得以不断发展完善，在历史同一时期甚至是现代社会都具有重要的时代价值，这一点离不开大众传播媒介的作用。通过现代媒介的传播，曾经辉煌的晋商文化再次走进大众的视野，并且形成了一股"晋商文化热"。这股文化热潮，在很大程度上依赖近年来大量晋商题材影视剧的热播。比如，《大红灯笼高高挂》《乔家大院》《走西口》等影视作品的播出，正是这些收视率极高的影视剧的带动，使得更多的年轻一代观众，开始关注这段历史、关注晋商文化。

（三）影视媒介对晋商旅游文化的效应

影视媒介拥有着独特的传播形式，其普及率高、覆盖面广等方面的优势，使得影视作品，在传播地方文化的作用力上十分突出，其地位也几乎无可替代。其中，"晋商旅游文化"也是借助于影视作品的热播，形成了今天的新图景。下面主要以《乔家大院》为代表，就影视媒介在地方文化传播中所产生的影响作用，来进行详细分析。

1.《乔家大院》所反映出的晋商文化

2005年3月《乔家大院》开拍，故事取材于山西商人乔致庸的传奇经历，乔致庸为了理想弃文从商，经历重重困难，通过"义、利、信"的商业理念，最终实现自己"货通天下"理想的故事。《乔家大院》故事中主角乔致庸为了带领伙伴致富，带头疏通商路让茶农劳有所获，还冒着危险去武夷山贩茶，从而开通了南北茶路，后来甚至将茶路通到了现今俄罗斯境内。剧中的故事情节体现了晋商群体独一无二的经营思想，以及开拓创新的进取精神。主人公乔致庸爱国之心炽热，在国家内忧外患的时候，哪怕自己倾家荡产都要赈济灾民，帮助大家渡过难关，并且还多次向朝廷捐款以实现救助国家保卫疆土。这些事迹都展现出乔致庸所代表的晋商群体，他们的赤子之心和以商道济世、胸怀天下的家国观念。

晋商们祖祖辈辈生活的不同大院，在该剧中都有相应的表现，通过剧情将晋商文化中的建筑文化、饮食文化、民俗文化、商业文化等方面都完美地表现出来，尤其是其建筑文化中朴素又不失宏伟的风格得到了完美体现。晋商精神是晋商文化的深度凝练，其所包含的正能量精神对当代人也有着重要的启示作用。时任国家领导人李长春，完美诠释了"节俭勤奋、明礼诚信、精于管理、勇于开拓"的晋商精神。①《乔家大院》为代表的影视剧，多数取材于山西晋中地区晋商的故事，通过剧情及镜头向世人展示了当年晋商独特的民俗文化、饮食文化、建筑文化、商业文化等等，使得人们对于晋商文化有了切身的理解与感受。

2.《乔家大院》对晋商文化的效应

2006年2月《乔家大院》播出后的社会效果，直接造成了2006年五一黄金周山西祁县旅游人数的爆炸式增长。根据官方数据显示：2006年5月1日祁县乔家大院接待了5万人次左右的游客，5月2日乔家大院接待了8万人次左右的游客，截至五一黄金周结束时，短短一周内乔家大院接待了超过38万的游客，同比前几年增长巨大，直接拉动了1 500万元的经济收益。次年2007年五一期间，乔家大院旅游景点依然火爆，接待的游客数量持续上升，总体的游客数量超过了44万人次，游客总量甚至超过了上一年，在山西的重点旅游景点中乔家大院的影响力位列第二。可见，其依然保持着巨大的吸引力，毫不夸张地说，正是电视连续剧《乔家大院》的热播，才让乔家大院所代表的晋商文化出现了如此空前的观光热潮，获得了全国民众的高度认可。

综上所述，可以由此得出，影视媒介传播的社会效应巨大，其独特的作用主要体现在下面几点：第一，使晋商旅游文化的传播渠道变得更加便捷；第二，使晋商旅游文化的传播范围得到有效扩大；第三，使晋商旅游文化的传播内容成为民众共识。以电视剧《乔家大院》为代表的影视作品，作为国内电视剧史上首批以晋商文化为题材的影视作品，在中央电视台及各大省级卫视台的黄金时段播出后，获得了很高的收视效果评价。为晋商旅游文化的发展奠定了良好的民众基础，也更加有效地展示了影视媒介的作用力与影响力，使其当之无愧地成为地方文化的主流传播方式之一。从全国民众这样高的旅游文化消费热情，不难看出影视媒介已经成为晋商旅游文化的主流传播平台，并日益发挥出越来越重要的社会影响作用。

---

① 王中信：《晋商精神五百年传承精髓勇创新》，山西新闻网，http://www.sxrb.com/sxxww/zthj/sxsjb/wzk/wqhg2016/2016/01/5907604.shtml，2016-01-25。

三、媒介传播对晋南根祖旅游文化的效应

（一）根祖文化概述

有这样一句民谣，在华夏大地流传了六百多年。有这样一株参天古槐，在华夏大地上饱经沧桑。"问我祖先在何处，山西洪洞大槐树。"这句短短的歌谣，包含的是中国史上影响深远的一次大移民——明朝大移民。因为大移民从山西洪洞大槐树开始，至今几百年，所以洪洞大槐树已然成为中国根祖文化的代表与象征性符号。大槐树祭祖园移民遗址，实属世界罕见，其留下的移民信息对于研究中国移民史和家族族谱文化，具有很重要的研究价值和历史价值，同时该祭祖园也是根祖文化的重要研究基石。

洪洞大槐树，是有着数百年历史的巨大古槐，是山西省重点文物保护单位，位于临汾市洪洞县内。游客走进大槐树祭祖园，可以看见门口有一"根"的标志性建筑，即为门口所矗立着的一面高大照壁，照壁上题有一字"根"，"饮水思源"四个篆字位列两旁。根在哪里，祖先就在哪里，根祖的历史、根祖的文化，就从这里发源了。

自 1991 年 4 月，首届"寻根祭祖节"在洪洞举办。为顺应旅游文化热潮的发展，近年来"根祖文化"活动空前活跃，其自然人文景观主要以洪洞大槐树移民遗址为基础。华夏大地、海外华人的主要居留地，都留有大槐树移民的后裔，他们思乡寻根祭祖之情与日俱增。在这样的历史文化与现实需求的契机下，山西洪洞县抓住机遇打造了寻根祭祖为主题的根祖文化。现今，洪洞大槐树已经成为游子们心中"家、祖、根"的共同象征，成为越来越多人心中的归属。

（二）媒介传播对根祖旅游文化的效应

1. 影视媒介对根祖旅游文化的传播

2007 年，一部描述我国历史上规模最大、时间最久的，有组织有计划的民族迁移活动的电视剧《大槐树》开始拍摄。这部电视剧取材于山西洪洞，讲述了明代从大槐树开始的大移民活动的前因后果等，于 2010 年初在山西电视台公共频道首次播出，取得了民众的良好评价。

《大槐树》取材于洪洞大槐树移民历史，展示了明朝民族大迁移的艰难和壮阔。其中《大槐树》整部剧，以移民为主要内容，深刻地展示了洪洞大槐树的根祖文化，使得广大观众认识并熟悉了山西洪洞大槐树及根祖旅游文化。还有

电影《等爱归来》等众多影视剧，都将洪洞大槐树的寻根祭祖等文化内容，鲜活地呈现给观众，这些都是对根祖文化的最好阐释。

2. 视觉媒介对根祖旅游文化的传播

山西洪洞大槐树的历史太过厚重，电视剧及电影的形式必然无法全面、客观地展示"根祖文化"的由来。这时候，视觉媒介的主要表现形式——纪录片，自然就成为最适合展示寻根祭祖等文化内容的绝佳形式之一。这当中《大迁徙》（第八集《槐荫九州》）、《槐香》等纪录片，以严谨踏实的态度完整、全面地向人们介绍了大槐树"根祖文化"的发展历程。

通过视觉媒介的生动表现，一方面纪录片真材实料的特点，使得人们对"根祖文化"的认同感得以提高。另一方面纪录片凸显了山西洪洞大槐树，在"根祖文化"中的重要地位。这些纪录片其多样化的播放形式及暗含的根祖文化，给许多思乡的游子们提供了一处精神寄托。同时，也完成了对根祖文化的深度传播。

3. 展会活动对根祖旅游文化的传播

"根祖文化"不仅仅是一种旅游文化，更是一种民族文化的精神象征。从1991年开始，洪洞县当地政府规定每年的4月1日至4月10日为"寻根祭祖节"，由于4月5日是清明节，每到这个节日都会有大批的人回家祭拜，而"寻根祭祖节"正好和清明节相联系起来，强化了"祭祖"这一主题。

从1991年开始，"洪洞大槐树寻根祭祖大典"先后举办了将近30届，寻根祭祖节已然发展成为一个公众认可的节日，每年在洪洞大槐树寻根祭祖节的展会上，都会有成千上万的大槐树后裔游子云集于此，缅怀过去，祭拜祖先，满足自己内心追寻家乡的感情。"寻根祭祖节"展会的定期举行，使根祖文化的参与人数大大增加，同时也极大地提升了"根祖文化"的影响，促进了"根祖文化"进一步走出国门走向世界。

综上所述，大槐树根祖旅游文化由于影视媒介、纪录片及展会活动的推广，"寻根祭祖节"的建立与发展，已逐渐成为颇具影响力的旅游文化。同时，也成为了无数游子心中的家乡与情感寄托之处。这一切，都离不开其深厚的历史文化与媒介的传播效应，使得山西南部地区的根祖旅游文化，发展成为全国性的旅游文化之一，并成为全国性的非物质文化遗产，进而产生更重要的文化教化意义。

第二节　山西旅游文化产业下的媒介和受众

一、山西省旅游文化产业发展的现状及优势

第一，山西名胜古迹旅游资源丰富，适合发展旅游文化产业。对于山西而言，它有着远优于其他邻近省份的旅游景点资源，且这些旅游景观大多已为公众所熟知，如云冈石窟、平遥古城、洪洞大槐树等。这些景点都被作为国家重点保护对象，其中的旅游文化资源大多保存完好，对于表现古风古色类影视剧等场景，有着天然的便利优势，对于发展影视旅游有着深厚的文化底蕴可以利用。对于影视旅游文化产业来讲，在这些旅游文化景点，来发展影视旅游本身也有一种天然的便利。一方面可以降低影视作品的拍摄成本，不再需要搭建新的户外场景基地，只需要把现有的人文旅游文化资源加以有效利用即可；另一方面，这些旅游文化景点本身就具有很高的知名度，在这些地方取景对于影视作品也起到了无形的宣传推广效果。影视旅游文化产业的发展，在这些良好的文化基础与优势上，能够迅速转变为产业发展的实效。

第二，山西影视旅游成功经验颇丰，适宜发展旅游文化产业。早在1993年，就有一部兴盛全国的电视剧《莲花争霸》，在山西省内的云冈石窟、北岳恒山、五台山等地取景。这部电视剧主要改编自古龙的《流星蝴蝶剑》，讲述了江湖中第一杀手沈冲，他厌倦了打杀的生活，不想在江湖风雨中飘荡，投靠了南宫世家，后被派遣暗中调查敌对两派结盟，在一次刺杀行动中邂逅了女子南宫蝶。后来两人互生爱慕，情深义重。这部剧的热播，进一步引发了观众来取景地旅游的兴趣和热潮。另外，经典电视剧《西游记》中《扫塔辨奇冤》这一集，分别在山西大同云冈石窟和太原晋祠取景。后来，还有很多优秀的电视剧诸如《乔家大院》《白银谷》《走西口》等都在山西晋商大院多处取景。

由此可见，山西作为旅游大省对影视旅游业有着强烈的吸引力，其秀丽的景观，悠久的历史古韵，是现代城市景观难以效仿的。因此，借鉴之前的影视与旅游产业的合作模式并取其精髓，结合当下的旅游文化发展状况，有针对性地发展影视旅游，探求影视产业与旅游文化的有效合作并非难事。对于现今的旅游文化产业而言，一方面影视技术已经发展得很成熟，对于特殊的古建筑场景可以采用后期编辑技术，以最大程度保护旅游地文化资源不致被破坏；另一

方面影视作品又可以原生态地展现旅游地的独特风光，促进旅游文化的传播，带动旅游业的发展，最后获得了双赢的效果，由此看来，说明山西发展旅游文化产业有着良好的前景。

第三，山西特色旅游品牌类型众多，适中发展旅游文化产业。影视媒介对旅游文化业的发展有着意义不凡的效用。这种效用，其一，体现在经济方面。影视媒介作为旅游文化的重要宣传手段，对于特定旅游文化的宣传与推广有着其他媒介所不可比拟的优越性。影视作品制作、传播的过程，对旅游产业来说都有着非常直接的影响。其对于拍摄地场景的选择，对作品故事情节的开展，都会影响观众对于旅游地的印象，从而关系到旅游地的经济发展。优秀的影视作品能增加游客的文化兴趣与体验，给当地带来可观的旅游经济收益，与此同时，影视拍摄地成为旅游热点景区，也间接地为影视作品进行了宣传与推广，提高了影视剧的知名度，带给影视剧制作方更多的综合收益。其二，体现在文化方面。在当代社会，大众传媒是当下人们感知外部旅游文化的重要方式。旅游文化的内核是其中一种重要的传播内容，它不仅体现了影视作品的表现主题，同时在传播过程中赋予了拍摄地相关的文化调性。由此而来，对于旅游地而言，可以利用这些文化调性作为当地的旅游品牌来吸引受众与游客，使得旅游文化产业获得良性发展。

二、视觉媒介传播对山西旅游文化产业的效应

目前，视觉媒介被当作旅游文化信息宣传的主要平台，以及旅游文化信息传达的主要渠道，它对山西旅游文化产业的影响越来越重要。一般意义上的视觉媒介，主要包含电影和电视，随着互联网技术的进步，网络短视频应运而生，丰富了视觉媒介的表现形式。视觉媒介具有图文并茂、视听俱佳的特点，可以将图像和声音融合在一起向公众传播信息，从而给公众留下较深的印象。

除此之外，通过视觉媒介传播的内容更加生动鲜明、浅显易懂，容易被不同社会阶层与文化程度的受众所接受与理解。对受众的教育程度和专业水平没有特定的要求，这是视觉媒介与报纸、杂志等纸质媒体相比的优势所在。当下，视觉媒介的受众面，相对报纸、杂志、广播等媒体是最广的，所以其在山西旅游文化的对外传播中所起的作用越发凸显出来。

(一)视觉媒介在山西旅游文化产业中的信息传播功能:视听共融,易于被大众接受

山西省历史文化底蕴深厚,不论是自然资源还是人文资源都比较丰富,发展旅游文化产业的先天条件优越。但是,山西省地势险峻交通不便,整个省几乎都被大山包围着,信息比较闭塞,文化信息的交流尤为差。一提起"煤炭资源",公众立马会想到山西,煤炭曾一度成为山西特有的标志。很多人并不知道山西还有丰富且特色显著的旅游文化资源,外界对山西旅游文化关注的人少之又少。

视觉媒介是当代信息社会中最有影响力的媒体,是集群式影响力媒体的主要代表之一,信息含量极大,信息范围极广。由于视觉媒介的信息覆盖面更为全面,表现形式更加灵活多样,社会舆情影响力深入,所以适合向社会大众传播山西旅游文化资源。在介绍山西旅游文化产业的功能、特点,以及树立文化产业形象等方面,视觉媒介的效果能够达到最佳。视觉媒介还可以通过文化创意,编排设计出不同的故事情节来吸引大众,在对外传播山西旅游文化产业信息的过程中,发挥着显著的作用。目前,视觉媒介主要通过以下方式,发挥其对山西旅游文化产业的信息传播功能。

第一,将山西旅游文化宣传片在车站、高铁、机场、户外的 LED 大屏上循环播放。这些公众场合中,各地来往的人群较多,并且游客的汇聚量也相对集中,自然成为旅游文化的主要宣传场所。近几年,山西省旅游宣传片中,以《华夏古文明山西好风光》为代表,被安排在太原客运站、京石太线动车组、香港中环大厦的 LED 屏幕上播放,众多山西风景名胜区(云冈石窟、应县木塔、洪洞大槐树等)与大气磅礴的背景音乐相结合,形象生动地介绍了山西的旅游文化景点,向外界传播了"晋善晋美"的山西旅游文化形象。通过这种集中化大规模的媒介传播,使得外界开始充分了解山西,真正认识山西文化,从而吸引全国各地民众来山西旅游并亲身体验,最终带动山西旅游文化产业的良性循环与发展。

第二,将以山西旅游文化产业所在地为背景的影视剧及综艺节目在媒体播放。《乔家大院》是公众都熟知的影视作品,通过这部作品,把乔家大院隆重地向外界宣传了一番,加深了国内民众对乔家大院及晋商旅游文化的了解。《奔跑吧》是当下影响力很高的综艺节目,已经连着播了八季,其中第六季的六、七期(2018-05-18 期与 2018-05-25 期)节目中,跑男团来到了有着丰富旅游文化资源的山西太原及山西大同，向全国人民充分展示了山西的历史文化、面食文化、煤炭文化，重点推广了太原青龙古镇、大同古城墙等旅游文化，向游客传播了山西旅游文化产业的最新发展情况，刷新了外界对山西的文化形象认知。通过这些媒体节目的热播，使得山西的旅游文化被民众所熟悉与认可，取得良好效果。

第三，将以山西旅游文化产业为表现内容的短视频作品在主流短视频平台推广。网络短视频极大地增加了公众对山西旅游文化产业的了解和认识。当下民众使用频率较高的短视频平台主要是抖音、快手、西瓜视频等。在抖音上，有很多关于山西旅游文化的小视频，有些是关于自然景观介绍的，有些是关于饮食文化推荐的，有些是关于旅游文化知识普及的等，基本囊括了山西现有旅游文化产业的主要形式。这些小视频一般是用音乐、文字、图片、影像等表现元素制作出来的，作品时长在 15 秒左右。有些作品在制作时会加入作者的创意思路，诸如加入一些特效设计或幽默表情等之类的流行文化元素，使内容愈加贴近用户的需求，所表现的文化形式易懂易会，更加具有特点与活力，传播效果愈发受到网民喜欢。

由此来看，视觉媒介由于具有声情并茂、视听感染、鲜活易懂，以及受众广泛的特点与优势，充分发挥了其对山西旅游文化信息的传播功能。

（二）视觉媒介在山西旅游文化产业中的文化普及功能：双向互动，易于被公众认可

旅游文化产业要想获得高效发展，就离不开对旅游文化资源的推广及宣传。视觉媒介是最有影响力的大众传播媒介，它传播的旅游文化产业相关信息鲜活生动、形象具体、雅俗共赏，最能引发受众的广泛参与，是对山西旅游文化产业进行文化普及的最优媒介选择。视觉媒介一般通过和旅游文化产业区合作，来对旅游文化产业相应项目内容进行文化宣传与普及。目前，主要表现为选择那些景色优美别致，或历史文化底蕴丰厚的文化景点，作为节目的外景拍摄地。这样不仅解决了视觉媒介节目外景主体场地问题，还潜移默化地对文化景点进行了宣传，最终实现了良性互动、共赢发展的效果。

山西卫视制作的节目《冲关大峡谷》，就是通过视觉媒介的方式，对太行山大峡谷的旅游文化资源进行宣传与普及。2013 年 6 月，山西壶关太行山大峡谷与山西卫视合作，一起制作了《冲关大峡谷》这一节目。这档节目，是国内第一个实景山水挑战类节目，也是国内第一个集旅游、健身、文化于一体的节目。

该节目第一次以视觉媒介为载体,通过"寓教于乐"的方式,把长治"太行山大峡谷"的文化资源和旅游资源融合在一起。

首先,在节目的版块设计上,将大峡谷的旅游景点、旅游文化融入闯关项目,把很多景区名字设置为游戏关卡的名称,提高景区旅游文化的知名度;其次,将景区的宣传片及宣传照穿插在节目中间,巧妙地进行太行山旅游文化的介绍与普及;最后,更为重要的是,这个节目的选手是日常生活中的普通人,"零门槛"不论性别职业,只要你想参与就可报名参加。节目实现了与民众进行良好的双向互动,真正做到了全民参与。因此,该节目被广大观众所喜爱,获得较高的收视效果与社会评价,极大地向国内公众传播了山西壶关大峡谷的文化形象。《冲关大峡谷》这档旅游闯关节目,在与观众及游客的互动交流中,将"太行精神"和"旅游文化"潜移默化地传播给社会大众,使得当地旅游文化产业的知名度提高,并且文化产业整体的发展,能够获得更佳的经济效益和社会效益。

综上所述,视觉媒介是最有社会影响力的大众媒体之一,它对于山西旅游文化产业可以进行卓有成效的宣传,更是目前最有利、最有效的传播方式。

(三)视觉媒介在山西旅游文化产业中的全面催化作用:信息客观,易于被民众吸收

当下,视觉媒介在山西旅游文化产业发展中,所起到的作用有如下几方面:

一方面,在融媒体时代,视觉媒介传播信息的方式愈加多样化,传播内容更加全面,传播时效更加快捷,传播范围更加广泛。比如临汾举办2018年山西旅游发展大会时,其创意动画宣传片《我在山西等你》,将动画表现形式与旅游文化资源相结合,使其传播信息更加鲜活,所产生的社会吸引力更强。该宣传片还被转发到网络短视频平台上,迅速在全国范围的网民中传播,对于山西旅游文化产业的影响是锦上添花,促使产业规模、发展力度都大幅度增加。

另一方面,融媒体时代,视觉媒介被逐步运用到旅游文化产业多个层面的对外形象传播方面。随着视觉新媒体技术的进步,旅游产业和文化产业两者的界线越来越接近,各种资源之间不断融合。视觉媒介中的多种表现要素,图片、文字、影像、语音等,也都以多种形式交融在一起,使得其表现形式逐渐成熟。山西各地旅游文化产业的对外形象塑造中,借助视觉新媒体已经成为常态,涌现出以大同市"黄花小镇"为代表的综合旅游文化产业群,延伸了旅游文化产业的产业链。

综上所述，山西旅游文化产业积极运用视觉新媒介，将业务拓展至娱乐、服饰、纪念品、主题公园、特色小镇等多种类旅游文化产业项目，扩充了产业信息容量与内容规模，增加了旅游文化产业的整体效益。不难看出，视觉新媒体对山西旅游文化产业的影响是全方位的，成为了山西旅游文化产业进步的催化剂。

第十二章 部分省区旅游文化下的媒介和受众

第一节 内蒙古民歌旅游文化下的媒介和受众

传媒的报道对内蒙古民歌旅游文化的发展具有积极的影响作用,目前媒体传播影响下,内蒙古民歌旅游文化的传播主要借助主流媒体形式来进行。大众传媒为内蒙古民歌的传承做出了极大的贡献,主流媒体传播内蒙古民歌旅游文化的类型,主要有如下几种。

一、纸质媒体

报纸的传播面广,能够借助一些在线设备,实现异地快速大批量的印刷发行,传播效率迅速提升,在报纸内刊登一些有关蒙古族民歌的消息等新闻报道,可以在无形之中让人们更加了解和熟悉其暗含的文化内容。报纸容纳的信息多样、内容广泛,可以通过报纸多刊登有关蒙古族民歌的知识,包括它的文化起源与发展形式,以及独有的文化特色等,进一步宣传蒙古族民歌旅游文化。

另外,报纸可以实现长期有效的保存,只要社会大众想关注蒙古族特有的民歌文化随时都可以进行,并且常态状况下无阅读时间、空间的限制与约束。因此,通过报纸传播,蒙古族民歌文化可以长时间保留下来,成为当地旅游文化中的重要内容。目前条件下报纸的整体费用相对较低,很多团体、机构、家庭及个人都能够承担,并实现长期订购报纸,这样就为蒙古族民歌旅游文化的传播奠定了社会基础。虽然报纸基本上是以文字和图片为主流元素,但是伴随二维码等超链接技术的运用,相对于电视、广播之类的视听媒体,其感染力和震撼力也在加强。下面主要以《内蒙古晨报》为例,分析蒙古族民歌在纸质媒体上的传播发展。

《内蒙古晨报》是内蒙古自治区中发展强劲的一家主流报纸,也是自治区内唯一的一份省级晨报,自创刊以来在自治区内外产生了良好的社会影响。该报的发行量比较大，有着稳定的受众群体，新闻报道触及面广，对蒙古族民歌文化的报道也成为其教育版的主要内容，对于国内民众了解蒙古族民歌文化起到积极的推动作用。其中，包括2005年7月20日《首届内蒙古民歌暨第二届内蒙古长调大赛开赛》、2006年10月18日《内蒙古民族音乐进军维也纳》，以及2014年2月20日发表的《"蒙古族民歌大全"出版发行》、2015年12月29日发表的《〈送亲歌〉成了陕北民歌？》等等，对于蒙古族民歌旅游文化进行了相对全面、深入的传播。并且该晨报发行遍及城市、乡村、机关、企业与家庭等，传播范围广泛，受众接触多样，通过纸媒的报道，使得蒙古族民歌在不知不觉中被更多的人知晓。当前该晨报中许多有关蒙古族民歌文化的新闻，经常被国内其他主流报纸转载，最终将这一旅游文化样式为全国公众所熟知，成为当地旅游特色之一。

综上，由于报纸版面主要以文字为主，即使在报纸上刊登民歌歌曲及相应文化介绍，对大多数人而言也留不下太深的印象。因此，包括《内蒙古晨报》在内的多数报纸，主要是刊登与民歌文化有关的资讯信息与专题介绍，让人们及时了解蒙古族民歌旅游文化的动态发展状况，以方便其调整相应的旅游计划。其他如《内蒙古日报》属于综合性的日报，它主要以报道自治区内的新闻消息，以及国内、国际上的一些时政要闻为主，对于民歌文化类的信息一般是作为副刊内容报道。所以，在纸质媒介的传播方面，蒙古族民歌旅游文化整体占有比例并不很高，但是即便如此，在相当程度上，它也让更多的人熟悉并喜欢民歌旅游文化。

二、广播媒体

广播媒体主要是指通过无线电波或网络在线形式，传送声音的一种媒体表现形式，它在蒙古族民歌旅游文化的传播上起到了有力的推动作用。广播媒体的受众人群覆盖多个行业领域，可以是上班族，也可以是自由职业者；可以是旅行者，也可以是办公室职员。人们打开收音机或者手机APP，就能听到广播中的蒙古族民歌旅游文化的多种信息，并且不会有时间、空间的限制。另外，广播媒体主要依赖声音介质来传播旅游文化信息，其环境感染力很强，使听众能够产生身临其境的听觉感受空间，这就使得人们在通过广播接收民歌旅游文化的时候，很容易产生共鸣并从心底真正喜欢上蒙古族民歌，最后通过实地的旅游体验来完成其内心的愿望。下面主要选择最具代表性的广播媒体，来分析其对蒙古族民歌旅游文化的影响,以及对于游客所产生的作用。

中央人民广播电台,于2003年3月推出的《中国民歌榜》会经常播放一些内地不同民族传统的民歌,同时随着民歌文化的创新,还会播放一些具有现代风格的新的民歌作品和舞台表演内容,其中,蒙古族民歌及其民歌文化由于本身显著的地方特色,在节目中尤为受到关注,成为重点表现的内容。《中国民歌榜》在很大程度上,将蒙古族民歌在现代社会艺术探索的足迹保留下来,同时也改变了多数人们心中原先存在的民歌印象,焕发了蒙古族民歌新的生机,促进了它的全新发展,使人们感受到蒙古族民歌丰富多彩的魅力,加速了当地旅游文化的发展。中央人民广播电台的《中国民歌榜》栏目,经过十多年的发展,在民族音乐界更加具有影响力和号召力,有着显著的社会效益和品牌效应,蒙古族民歌借助这一平台,在国内民众当中得到了深入人心的传播,为其旅游文化的发展打下了良好的群众基础。

综上,民歌类广播节目的创办,对蒙古族民歌的传播、保护与发展,都产生了很大的积极影响。在现代各种流行音乐文化不断盛行的今天,亟须这样有着文化担当的专业媒体平台,运用声音的传播优势,展现来自广阔草原的民族文化魅力,使散发着草原清新气息的原生态蒙古族歌曲为公众所熟悉,让扎根在广袤土地中的草原文化唤醒人们内心的文化追求,并通过亲身的旅游体验感受音乐,感受不一样的风格。广播媒体通过传播蒙古族民歌内涵丰富的文化背景、音乐知识,以及歌曲背后蕴含着的深厚历史故事、历史文化,来告诉社会大众,蒙古族的民歌旅游文化如此丰富、厚重,使得人们更加深入地去了解、熟悉,并将这一文化形式发扬光大。

三、电视媒体

电视媒体的传播方式对蒙古族民歌的影响是深入持久的。电视媒体已经成为蒙古族民歌旅游文化传播的主要途径之一。近几年,越来越多的电视节目逐渐开始关注民族文化,也有不少节目专门用来关注民族音乐,很多原来传唱度比较低的民族歌曲,通过电视这个媒体平台慢慢地显现出来。蒙古族民歌利用电视媒体扩大了传播范围,不仅是生活在当地的人们,就连国内其他省市的民众,都通过电视开始关注蒙古族民歌文化,甚至分布在世界各国的华人也开始喜欢上了这一民族传统的文化形式。这样就使得蒙古族民歌与现代社会良好地融合在一起,既加强了社会大众对蒙古族民歌旅游文化的关注,又对保护蒙古族民歌文化产生了积极的效果。

下面主要对国内电视节目中，涉及蒙古族民歌及其文化的栏目进行概述。如下，这个表主要总结了目前开播蒙古族民歌的电视栏目。这些栏目的播出，促进了蒙古族民歌旅游文化的发展，为少数民族民歌文化的传播、传承，及创新性发展做出了巨大贡献。

表 3.12.1　国内电视媒体中播放蒙古族民歌的情况

电视媒体	栏目名称	播出周次	播出时长
CCTV3	星光大道	周六	90 分钟
CCTV15	民歌·中国	周一至周六	60 分钟
内蒙古卫视	蔚蓝的故乡·音乐部落	周六	30 分钟
陕西卫视	中国原生民歌文化发现之旅	周一至周五	25 分钟

2004 年 10 月开办的《星光大道》，是央视中一档以综艺为主的大型选秀节目，它利用电视传媒的技术优势，现场直播直观形象，舞台效果逼真生动，使观众有一种身临其境的参与感。栏目的表演形式主要是以唱歌为主，为普通老百姓提供了一个表现自身才艺的平台。从《星光大道》这个舞台里走出了一批又一批拥有音乐才华的普通人，其中就有不少蒙古族歌手。凤凰传奇里的杨魏玲花就是一位蒙古族歌手。她来自美丽的鄂尔多斯大草原，是"乌兰牧骑"后裔的代表。玲花的歌声十分的激昂高亢，带有草原传统民歌声音的特色。还有呼斯楞，这个在乌拉特前旗的一个普通牧民家中长大的小伙子，他的歌声沧桑粗犷，具有悠长韵味，他所唱的《鸿雁》，令无数思念家乡的人感同身受。当前以他们为代表的蒙古族青年，通过参加《星光大道》等电视节目，于无形之中就推动了蒙古族音乐的发展，让越来越多的国内民众了解并喜欢上蒙古族民歌文化，进而带动了当地旅游文化业的迅速发展。

创办于 2004 年 5 月的《蔚蓝的故乡·音乐部落》，是内蒙古卫视的周播栏目，节目采用一种访谈和歌舞相融合的方式，把民歌文化运用讲故事的形式传达给全国民众，在传播其独特民歌文化的同时，把蒙古族民歌文化带到了流行文化的最前沿，并为当地旅游文化产业的发展做出了积极的贡献。在这个节目中，参与者只有少数人是比较有名气的歌手，绝大部分人都是很有实力但并不出名的地方歌者，这个节目对于培养职业歌手，以及其后期的成长、发展很有影响作用。当前以《音乐部落》为代表的地方卫视平台，把蒙古族不同风格的民歌音乐都呈现在了屏幕上，让更多的社会大众开始欣赏并认可其民歌文化，并且尽情地表现出其民歌旅游文化的发展活力,将蒙古族民歌文化中的深沉、隽永等精神特质,深深地印在游客的内心当中,成为促进当地旅游文化发展的不竭动力。

四、网络媒体

网络媒体是一种有着鲜明特性的新媒体,它具有很全面的信息开放性和很高效的信息共享性。现在已经建立一些关于蒙古族民歌文化的音乐网站,或者是政府所办的中国非物质文化遗产网,人们可以在网上便捷地查询到自己喜欢的蒙古族歌曲,或者一些有关蒙古族民歌文化的介绍内容。网络媒体,它所能承载的信息的扩展性,由于云技术等优势的运用,几乎是没有限制的。而且,网络媒体突破了地区空间的限制,其信息内容的传播面相当广泛,即使身处外地甚或国外进行工作与学习等活动,仍能方便地去收听、接收来自蒙古族民歌的歌曲声音、文化内容。网络媒体融合了图片、文字、声音、视频等多种信息形式,它是一种全媒体的信息传播方式,其信息发布的过程相对高效,整个运营成本相比传统媒体要低很多,所以网络媒体的传播影响力越来越大,使得蒙古族民歌让越来越多的人了解并喜欢的同时,也进一步推动了当地旅游文化业的快速提升与发展。

目前,天堂草原音乐网是蒙古族民歌文化的主要平台,天堂草原音乐网成立于2006年,是全球最具影响力的草原音乐门户网站。它主要是通过网络门户这一平台在世界范围内推广草原歌曲及其文化。天堂草原音乐网经过多年的发展,其社会知名度节节高升,被越来越多的蒙古族民歌旅游文化爱好者所熟知。经过多年的经营发展,天堂草原音乐网已拥有10万多首自主知识产权的音乐作品,它的网民受众群体超过1000多万,分布在许多国家和地区,成为人们接受草原歌曲及其文化内容中首屈一指的网站。其草原音乐中,包含了很多民族歌曲与文化介绍,不仅有传统的蒙古族民歌、蒙语歌曲,还有一些与现代文化艺术相结合的草原流行音乐、时尚民歌等,为国内外受众提供了更多的选择、更充分的文化分享,使得蒙古族民歌旅游文化得到加速发展与进步。

天堂草原音乐网与蒙牛集团等合作,在2013年下半年至2014年初,推出了以"草原音乐"为主题的网络音乐节——《草原最美声》。这次音乐节以网络为平台进行全程运行,参加活动的选手通过演唱带有浓郁草原风情的歌曲,参与比赛并角逐。同时该节传播了草原音乐文化,挖掘了草原新的音乐人才,促进了草原文化的传承。这个活动为中国的民族音乐文化添加了一道独特的风景，人们通过《草原最美声》，不仅聆听到了更多来自草原美妙的歌曲，而且在活动进行当中欣赏到了草原美丽的风景，包括当地一些代表性的景点、景区都作为节目活动的现场所呈现出来，有力地传播了蒙古族民歌旅游文化的魅力，让国内更多的民众认识与熟悉了其文化的内涵，推动了内蒙古旅游文化产业的高效快速发展。

第二节　天津相声旅游文化下的媒介和受众

传媒的报道对天津相声旅游文化的发展具有积极的影响作用，目前媒体传播影响下，天津相声旅游文化的传播主要借助主流媒体形式来进行。大众传媒为天津相声的传承做出了极大的贡献，主流媒体传播天津相声旅游文化的类型，主要有如下几种。

一、广播媒体对相声旅游文化发展的促进作用

天津电台相声广播频道，是全国独一无二的相声节目专业广播电台，被国家广播电视总局主管的中国广播电视行业权威刊物《中国广播影视》，评为"2008中国广播优秀特色频率"，其主要听众群覆盖华北五省与东北三省等地区。其中，以《包袱抖不完》《快乐连连看》《笑笑江湖》《文张会》《你点我播》等为代表的品牌栏目，已经获得了很大的公众认可度与满意度，在社会中赢得了良好的节目声誉与品牌影响力。对于推动天津旅游文化产业的发展起到了极其重要的作用和意义。

这其中《包袱抖不完》成功借鉴了益智类互动节目的特点与风格，将传统艺术与时尚互动方式相结合，主持人从节目播放的相声作品中提出有关问题，听众通过短信等形式回答问题抽取幸运观众，吸引了众多青少年听众的关注和参与，对普及弘扬相声文化有积极的推动作用。总体而言，广播媒体对天津相声旅游文化，具体的推动作用表现在以下三个方面。

（一）相声文化主要通过语言向听众传达信息，是听与说的结合

"说"是相声基本功中的最基础的能力，也是天津相声旅游文化的主要表现形式。广播媒体同样是依靠听众的听觉系统进行传播的。这样，广播媒体与相声文化的结合不谋而合，不仅保留了相声在语言艺术上的特色，也为天津相声文化的创新发展带来了符合时代要求的传播方式，扩大了其传播范围与受众群。纵观天津相声文化的发展过程，其繁荣和发展都与广播的兴起与发展，有很大的关系可循。

（二）相声文化主要通过想象向听众传达内容，是听与想的结合

"想"是听众在欣赏相声时候必须具备的素养，也是相声旅游文化影响力深远的原因。相声需要给予受众一定的时间去发挥想象力，从而理解相应的表达内容。不过，广播提供给听众的信息资源是有限的，这就需要听众主动参与进来，从而广播为听众创造了可以充分发挥想象力的空间环境，以有利于相声文化中幽默、讽刺等社会效果的发挥。最终，吸引游客的关注，以促进天津旅游文化业的发展。

（三）相声文化主要通过艺术向听众传达思想，是听与悟的结合

"悟"是听众在享受相声过程中所需要具有的一种意识，也是相声旅游文化能够对受众产生潜意识影响的关键。相声是民间的大众艺术，是人民群众能够理解接受的文化形式。我国的偏远地区还存在文化水平整体不高的情况。广播媒体的接收设备操作简单、价格不高，对受众的文化水平几乎没有要求。利用广播媒体传播相声可以取得良好的社会效果，而且可以有效带动天津旅游文化业的高效发展。

二、电视媒体对相声旅游文化发展的促进作用

电视媒体对天津相声旅游文化，具体的推动作用表现在以下三个方面。

（一）电视媒体拓展了相声文化的表现形式

剧场相声是原汁原味的传统相声，以台上演员演出、台下观众欣赏为主要形式，但是由于观众座位的固定和观众与表演者的距离问题，通常情况下观众

只能从一个相对固定的角度去欣赏相声文化，也很难观察出相声表演者的表情变化，影响了民众观看相声的最终效果。电视相声与剧场相声相比，可以采用多机位、多角度拍摄，综合运用电视媒体声音、画面、音响、文字同步出现的特点，使电视相声与传统相声相比更加具有舞台感，更加能吸引观众的眼睛和耳朵。节目还可以利用"蒙太奇"的艺术手法，将几场相声进行重新剪辑、组合，营造出不同寻常的视觉效果，获得喜庆、感人的文化印象。

诸如，天津电视台文化娱乐频道的"每日笑吧"栏目，每天分四个时段播出，汇聚了经典段子，将传统相声演员、场景等制作成动画，画面内容得到了丰富，相声的表现形式也被影像化，弥补了相声表现手法单一的缺陷。而且，将传统相声制作成动画，增加了受众群体的适用范围，更加容易被青少年接受，有利于相声文化的继承和发展，也给相声的忠实粉丝带来耳目一新的感觉。使得相声旅游文化成为天津城市的一张文化名片，促进其旅游文化业的进一步繁荣发展。

（二）电视媒体拓展了相声文化的表现空间

多数情况下，传统相声的表演形式主要以说为主，而电视相声由于其表演场景的变化，可以加入更多的表演成分，使得相声文化的受众范围可以进一步拓展，不只是语言艺术，而成为一种综合性的舞台艺术文化。这样，将适当的表演加入到相声文化之中，不仅拓展了相声的表现空间，而且也使得观众更加容易理解相声作品想要传达的思想文化内涵。国外著名默剧演员憨豆先生，以其肢体语言征服观众，带给观众笑声与欢乐。天津的相声旅游文化，可以在保留幽默逗乐的前提下，为相声加入一些肢体语言、场景道具等，使得其舞台表演的感染力更强，会出现更佳的视觉传播效果，最终赢得更多游客的认可与欣赏。

诸如，1994年中央电视台一套《曲苑杂坛》栏目中，表演了系列电视相声节目《洛桑学艺》，在洛桑学艺这一新式的电视相声中，洛桑本人把其表演和模仿的特长发挥得淋漓尽致，加上编导人员对节目内容进行了精心的策划设计，使他的艺术潜能得到了充分发挥，《洛桑学艺》成了脍炙人口的电视相声节目精品，使这种新式的相声迅速红遍大江南北，有效带动了天津旅游文化产业的发展。所以，电视媒体对于天津相声旅游文化的发展壮大，会起到关键性的影响作用。

(三)电视媒体拓展了相声文化的表现内容

在视觉融媒体发展的当下,电视媒体成为人们获取信息的主要渠道之一,这种情况下,相声文化只有和电视媒体相结合,才能跟随媒体发展的节奏不断地向前发展。相声文化在与电视媒体融合、协调的过程中,需要创新内容,并且适应电视媒体的特点与优势,使其创新型的表演内容获得广大民众的认可与欣赏。近年来,相声文化也开始和地方文化、民俗文化等相结合,涌现出一大批优秀的电视相声节目,赢得了良好的市场口碑。实践证明,电视媒体对相声文化的发展起到了积极的影响作用,它不仅使相声的内容表现主体发生变化,同时也改变了观众的审美习惯和审美情趣,有力地促进了天津旅游文化产业的高效快速发展。

三、网络媒体对相声旅游文化发展的促进作用

网络媒体对天津相声旅游文化,具体的促进作用表现在以下三个方面。

(一)网络媒体增加了相声旅游文化的创新空间

相声文化源于生活是一种根植于民间的艺术形式,相声工作者的创造源泉也来自于民间文化生活。在当下网络媒体充斥的文化环境中,相声文化作品创作者的创作思路、方式更加易于控制。以说、学、逗、唱为主要表现形式的相声艺术,在网络媒体的推动下,其表现形式可以更加鲜活、动感,获得更加广阔的生存与发展空间。相声节目可以通过网络平台传播到世界各地,并且可以凭借网络媒体的优势,使大众自主选择感兴趣的相声文化作品,来欣赏品味。网络媒体的公开性和互动性,可以使相声文化的创作者更容易了解,当下民众的文化消费需求,从而为天津相声旅游文化的发展,开辟了更大的受众消费群体,以及市场发展空间。

(二)网络媒体增加了相声旅游文化的创新形式

随着网络媒体的迅速发展,相声文化出现了许多新的艺术表现形式,它们在吸收了广播相声和电视相声的长处之后,将声音、画面、反馈、点播等优点集于一身,满足了网民对于相声文化的多元化需求。这样,使得相声文化在与网络媒体融合后,更加受到各地游客的欣赏与认可,他们在选择旅游目的地时

候，会更多地考虑相应景点是否有相声文化的演出等因素。于是，相声文化在发展的过程中更加接地气，这种新型的表现形式也进一步带动了天津旅游文化业的进步。

例如，银河网络电台相声频道的《笑声大会》栏目，将当下流行的时尚文化与热点话题寓于相声之中，在进行舆论引导的同时，也得到了民众的喜爱，使人们在笑声的海洋中，能够享受名副其实的文化盛宴。

（三）网络媒体增加了相声旅游文化的创新渠道

网络媒体以其开放性、共享性、互动性等优势，可以进行更广泛、更便捷的相声旅游文化的传播。利用网络媒体的多渠道特点，可以实现相声文化在不同接收终端的同步播放。如今，在手机媒体、平板电脑等快速发展的情况下，以及无线网络服务高度普及的条件下，网络媒体可以超越传播渠道的局限性，使更多的人接触到相声文化，扩大相声的社会影响力。天津地区传统的茶楼剧场相声演出，由于地域等的限制受众群相对较少、社会影响力也不够大。现今，可以利用网络渠道推动相声文化在全国范围的传播，在丰富相声表现形式的同时，可以传递出其深层的文化内涵，促使艺术家创作出更多亲民的相声作品出来，实现相声文化发展多渠道并进。

诸如 2005 年 7 月 28 日开播的银河网络电台，开设相声小品频道，并下设《说学逗唱》《笑海淘沙》《小品·故事》《欢乐大放送》4 个栏目，深受国内网民的认可与支持，在网络媒体中获得了很高的社会声誉。网民可通过网站和手机 APP 客户端等多种方式实时收视、点播回看、参与互动，银河网络这些相声文化的新节目，深受广大网民及游客的喜欢，积极地推动了天津旅游文化业的发展。

第三节　辽宁满族旅游文化下的媒介和受众

满族旅游文化的传播与发展主要依靠媒体的推动作用。它集中体现在传统媒体为代表的杂志、期刊、书籍、电视，以及新媒体为代表的网络、微博、微信的传播作用方面，可以使满族旅游文化更全面地展现给社会大众。这其中，包括满族非物质文化遗产等在内的大多数文化形式，都得到了更加广泛的关注，它们是满族旅游文化的主体,媒体传播也成为其发展与传承的主要途径之一。

目前,包括传统媒体与新媒体在内,都对辽宁满族旅游文化进行了一定程度的传播,效果也很明显。媒体对满族旅游文化的传播主要表现在如下几个方面。

一、传统媒体对满族旅游文化的传播

(一)纸质媒体

纸质媒体中,对辽宁满族旅游文化传播起到重要作用的,主要以杂志、期刊、书籍等媒体形式为主。其中,杂志方面以《中国民族》为代表,该杂志是国内权威的专门报道少数民族的国家级新闻月刊。它对于民族地区的发展,尤其是辽宁满族旅游文化的发展现状进行了相对全面的呈现,使得民众可以获得直观的了解与把握,从而产生比较浓厚的旅游兴趣与旅游体验,带动当地旅游业的发展。

《满族文学》刊物是国内影响力最大的满族文学期刊,创刊于1980年,国内外公开发行。多年来坚持文学性、当代性、民族性、可读性的办刊特色,重点刊发反映满族地区现实生活题材的作品,以及有关满族历史、文化、人物,甚至还有少部分满族民族风情、风俗的作品。它运用文学作品等形式,对满族文化进行了多层次、多方面的介绍,使得社会大众在作品的影响下,对于辽宁满族旅游文化获得了良好的印象,从而有效地促进了当地旅游文化业的快速发展。

在书籍方面以《满族》一书为代表,它是一本经典民族文化丛书,系统地阐述了满族这一民族的历史文化、民俗文化、宗教文化、艺术文化、旅游文化等内容。书籍是很有效的传播方式,它的传阅率高,受众接触面更加广泛,并且可以更具体、全面、客观地为读者分析满族文化的每一部分内容,其影响效果也是深入、持久的。该书籍由于其良好的社会影响力,本身又具有很高的权威性、专业性,不仅很多文化素养较高的学生群体能够接受这样的传播方式,而且越来越多的社会青年出于兴趣、爱好等因素也开始接触类似的文化读物。这就使得辽宁满族旅游文化,开始突破地区的局限,为国内更多的公众所喜欢与欣赏,进一步扩大了其旅游文化的受众群体,为整个旅游文化业的发展做好了铺垫。

（二）电视媒体

传统媒体中，最大众化的传播满族旅游文化的媒介就是电视。国内民众对满族旅游文化的了解大多是从一些影视作品、纪录片、景区宣传片等获得的。因为电视这一传播媒体已经普遍渗透到大众的生活当中，成为一种广泛发挥作用的信息资讯终端。况且满族旅游文化不像汉族旅游文化一样普及，满族旅游文化一般只有东北三省等满族人集聚生活的地方，才会比较普遍。因此，要想让更多的人了解、认识满族旅游文化，电视这种传播媒体就是不错的选择。

另外，民众的文化背景、文化素养都不同，在一些地区这种文化认识上的差距还比较大，在这种情况下，纸质媒体对于人们来说就显得难度比较高，不容易普遍接受。由于电视媒体在接收终端、接收方式上的优势，尤其是声画一体、直播录播共融，使得人们可以方便、快捷地接受相应的旅游文化信息。这就为满族旅游文化的高效发展做好了铺垫，对于辽宁当地旅游文化产业的发展起到巨大推动作用。

当下，关于满族文化的影视剧就有很多，其对当地旅游文化业的拉动作用也显得愈发重要。比如，以《康熙王朝》《雍正王朝》《乾隆王朝》等为代表的历史剧，向观众传播了不少有关满族的民俗文化、饮食文化等旅游文化内容。尤其是重点描述了满族入关后，满族服饰文化与汉族服饰文化的不同之处，包括剧中出现的朝服，完整保留了具有满族风格的披肩和马蹄袖，以及上衣下裤的传统形式。这些都有效地传播了满族文化的特色，对于当地民族旅游文化业的发展产生了积极的影响效果。

二、新型媒体对满族旅游文化的传播

（一）网络媒体

网络媒体同传统媒体中的报纸、广播、电视一样，已经成为信息发布与传播的主要渠道。与传统媒介相比，网络媒体在旅游文化信息传播中所具有的多方面优势，越来越受到社会大众的欢迎。网络传媒的高度发达和网络技术的日益成熟，为满族旅游文化的传播与发展提供了有利的条件。目前，国内第一家以满族及满族文化为基础的网站是"满族在线"，它对满族旅游文化的发展产生了巨大的影响作用。该网站分为四个主要版块，分别为教育、文化、媒体、各地，其中教育版块包括满语入门、满语讨论、数字满州等栏目；文化版块包括历史、音乐、书画、服饰、民俗等栏目；媒体版块包括满语电台、满族新闻、阿尔泰音乐等栏目；各地版块包括兄弟民族、各地满族、图说满州等栏目。

另外，传统文化网中，开辟了专题页面来对满族文化进行了详细介绍。该专题页面分为三个大的版块设置，分别为民族介绍、主要人物、满族文化，其中民族介绍版块包括满族由来、历史贡献、民族文化等栏目；主要人物版块包括音乐表演、音乐制作、民族音乐、传统戏曲、相声艺术等领域，一些代表人物的介绍；满族文化版块包括语言文化、宗教文化、民族舞蹈、刺绣剪纸、戏曲文化、节庆文化、服饰文化、婚俗礼仪、饮食文化等栏目。

随着网络媒体的发展，有关的满族文化网站开始大量出现，并日益发挥着越来越重要的影响作用。其中既有辽宁地区满族自治地方政府建立的网站，也有社会文化研究机构和高校研究院、所等建立的网站。它们从满族文化中的萨满文化、八旗名录、满族姓氏、满族习俗、满族民居、满族饮食、满族服饰，再到地域文化、民俗风情、旅游名胜等多方面、多层次的介绍说明。

通过上述网络平台作用的充分发挥，辽宁满族旅游文化的传播得以迅速普及，使得国内民众对辽宁满族旅游文化，获得了详尽的了解与把握，对辽宁当地的旅游文化业起到了有利的促进作用。

（二）新媒体

当下最受欢迎的一种人际传播、大众传播的媒体形式，就是以微博、微信为代表的新媒体。这两种新媒体，拥有网络传播的数字化、互动性、广泛性、便捷性的特点同时，更具有精简有效、受众量大等的优势。信息技术的发展，使得移动化操作的手机媒体的功能越来越强大，由于其用户众多影响力渗透到社会的方方面面，包括辽宁满族旅游文化的传播与发展。手机媒体借助微博、微信等社交媒体，在满族旅游文化信息的交流上作用越来越明显。

在对满族旅游文化信息的传播中，受众在接受信息、互动交流的同时，更多时候成为信息的分享者、传播者。新媒体在对社会上的满族旅游文化信息传播时，由于传播平台、媒体法规等方面运行机制的复杂性，发展还不是很全面、很完善。下面主要选一些代表性的新媒体来展开分析。

针对满族旅游文化，其中微博官方账号有"吉祥满族网站""满族在线网站"，它们分别是满族门户网站吉祥满族网、满族在线，所开设的官方发布平台，影响力也最大。还有辽宁各地方的公众账号，如"盛京满族文化馆""桓仁文旅之声"等，它们分别是辽宁盛京满族文化博物馆、桓仁满族自治县文化旅游和广播电视局，开设的官方发布平台，影响力也相对较大。这些都是通过微博认证的比较权威的官方账号，对于当地满族旅游文化的传播、发展，都发挥了积极的作用。

满族旅游文化的微信公众账号也有不少，对当地旅游文化业的发展也是功不可没。主要有"吉祥满族""满州在线"，它们分别是满族门户网站吉祥满族网、满族在线的官方微信公众号，以及辽宁各地政府文旅部门所开办的官方公众账号，还有一些具有满族文化特色的菜馆、满族地方文化的旅店、满族旅游文化景区，以及传播满族玉文化、满族风俗、民俗文化的社会人士，都开通了微信公众账号。比如"鞍山凤吉园满族火锅""本溪关门山度假村""枫林谷景区"等，以及"雨桐玉文化博物馆""静安满族""红旗满族民俗大集"等。这些公众号，对于满族饮食文化、风俗文化、服饰文化，还有历史文化、节庆文化、艺术文化等多面，进行了全方位、多层次的传播。

新媒体条件下，公众都有相对自由的话语权，借助于传播信息的新媒体，尤其是微博、微信客户端，使其成为了个人便捷地发布信息、传播言论的主要渠道。满族文化的保护者、关注者，都可以利用微博和微信公众账号，发布关于满族的历史文化、服饰文化、饮食文化、民俗文化、习俗文化、艺术文化、语言文化、音乐文化、舞蹈文化等相关内容。大量感兴趣的公众，通过关注这些账号可以了解满族旅游文化的相应发展情况。微博微信是新媒体大众平台，信息发布相对多元、自由，因此有广泛的受众基础，所取得的传播效果也更加理想。这也是新媒体平台自身的优势所在，所以利用新媒体进行满族旅游文化的传播，其社会效果往往是事半功倍。

综上所述，在对传统媒体和新媒体的融合使用中，报纸和杂志对于满族旅游文化的宣传效果并不理想。但是，借助新媒体技术的手机报和手机杂志，在对满族旅游文化的宣传中，其内容相对更新及时，社会反响也很好。人们订阅的手机新闻经常会推送满族文化板块的内容，这种手机报的形式可以使受众更灵活、更及时、更经济、更便捷地接受信息。满族旅游文化的宣传，利用手机媒体这种新媒体和纸媒相结合的平台，扩大了不同层次的受众群，扩展了满族旅游文化的宣传渠道，更是利用网络技术、微博与微信客户端，传播满族文化最有效的形式。手机媒体推送新闻及文化信息的目标受众，是具有广泛性的。即那些非满族人群体，以及关注满族文化的这些受众，都会接收到满族旅游文化的最新信息，这样人们在有意无意中就会浏览。长期的文化感染，使得更多的人在偶然之机会中，便会引发其相应的兴趣，受众多数会选择继续关注并阅读欣赏这些精彩的文化信息。最后这些媒体，在增加满族旅游文化对受众影响力的同时，便向社会广泛传播了辽宁满族旅游文化的精髓。

第四节 吉林延边朝鲜族旅游文化下的媒介和受众

传媒的报道对吉林延边朝鲜族旅游文化的发展具有积极的影响作用，目前媒体传播影响下，延边朝鲜族旅游文化的传播主要借助主流媒体形式来进行。大众传媒为朝鲜族旅游文化的传承做出了极大的贡献，主流媒体传播延边朝鲜族旅游文化的类型，主要有如下几种。

一、报刊媒体

在目前发行的20多种不同的朝鲜文报纸中，历史最长、影响力最大的报纸是《延边日报》。《延边日报》于1948年4月1日在延吉创刊，是中共延边朝鲜族自治州委员会的机关报。后来将东北地区出版的《延边日报》《民主日报》《团结日报》三个朝鲜文报纸合并成《东北朝鲜人民报》，该报1955年1月1日起改名为《延边日报》继续发刊。

进入新时期后，《延边日报》坚持解放思想、实事求是，并进行一系列新闻报道方面的重要改革，调整报道思想和编辑方针，增强了民族性和地方性。从1979年起，根据延边是朝鲜族自治州及边疆地区的特点，对地方新闻和新华社电讯稿的报道比例进行了调整，地方新闻的比例得到大幅度增加。至此朝鲜族文化成为报纸关注的重点内容。另外，还特别重视在本报记者采写的稿件中，增加浓厚的民族特点和地方特色的内容。诸如，开辟了"美丽的延边""今日延边""永垂史册的朝鲜族革命先烈""要正确使用我们的语言"等具有延边朝鲜族文化特色的专刊、特刊和副刊，它们对于朝鲜族旅游文化的传播起到了积极的影响。

《延边日报》为了提高自身在全国范围内的地位，加强了与其他兄弟报社之间的合作，举办了许多丰富而有意义的活动。1987年9月举办的全国少数民族理论研讨会，来自全国10多家少数民族报社的代表出席了活动，对于提高《延边日报》的影响力，以及扩大朝鲜族旅游文化的受众面起到了极其有效的作用。

从2005年开始,《延边日报》开展以"寻找朝鲜族生活现场"为主题的大型系列报道,先后刊登了88篇稿件和170多张新闻图片,聚焦了包括北京、上海、广州、青岛等城市在内的朝鲜族人士。这次活动,引起了全国范围内众多行业中努力奋斗的朝鲜族人们的关注,受到了我国舆论界的瞩目。这些活动为提高《延边日报》的美誉度、知名度作出了重要贡献,更重要的是将其特色的朝鲜族文化内容为国内民众所熟知,尤其是其中涉及大量旅游文化的介绍,吸引了海内外众多游客的慕名而来,有效带动了当地旅游文化业的发展。

综上,《延边日报》突出大众化、通俗化的民族特色,根据延边朝鲜族自治州的实际情况,对延边朝鲜族人民多姿多彩的旅游文化内容进行了报道,办出了独具地方特点的报纸,深受广大民众的喜爱。尤其是在旅游文化的宣传报道中,《延边日报》更具当地民族特色,面向广大朝鲜族受众,重视国家民族旅游文化政策的宣传,对朝鲜族旅游文化进行了广泛传播。与此同时,对于民族地区繁荣发展、友好共处的和谐民族关系的建立与发展,产生了积极有利的影响效果。

二、广播电视媒体

目前在吉林延边地区,有延边广播电视新闻出版局下设的延边人民广播电台和延边电视台,两者均为朝鲜语和汉语两种语言播出。就延边地区的广播电视媒体而言,其对朝鲜族旅游文化的传播,主要表现在如下几个方面。

第一,朝鲜语文化娱乐节目,体现朝鲜族民族风采。延边朝鲜族朴素勤劳、热情善良、能歌善舞,在聚会、生日宴、婚宴、节日活动等场合皆可见到朝鲜族人民载歌载舞的欢乐景象。延边人民广播电台、电视台也根据这一民族特色,制作了各种朝鲜语的文娱节目,给朝鲜族受众提供了精神食粮。延边电视台作为延边地区的媒体,肩负着制作朝鲜族电视文化节目的重要责任。从1984年开始,延边广播电视台每年都会录制大型的春节晚会,为国内外的广大观众呈现节日文化大餐。2012年是一个颇具纪念意义的年份,是延边朝鲜族自治州成立60周年,也是国家实施"图们江区域合作开发规划纲要"的第三年。同年以"图们江开发开放"为主题,延边广播电视台制作了春节联欢晚会——"情系图们江",晚会将时代性、民族性、地域性融合为一体,展示了60年以来延边朝鲜族自治州各项事业取得的突出成就和人民生活发生的重大变化。这台晚会获得该年"星光奖"电视综艺节目大奖和《盛视2012——全国春节电视文艺晚会》一等奖。

总而言之，形式多样、内容丰富的广播电视节目为朝鲜族人民提供了精神食粮，给延边朝鲜族文化的传播提供了广阔的平台，使得更多的受众对朝鲜族文化开始了解，并且产生浓厚的兴趣，为朝鲜族文化传承和发展作出了巨大贡献。

第二，朝鲜语地方文化节目，传播朝鲜族民族文化。朝鲜族的影视作品，有增强民族荣誉感和凝聚力的作用，也能起到更好地传播朝鲜族民族文化的作用。延边电视台制作的《我们的老师》《蒲公英》等众多朝鲜族文化为主题的电视剧，在我国少数民族题材电视剧比赛、评比中获得了很多奖项。为传播弘扬朝鲜族文化，在延边朝鲜族自治州成立60周年之际，延边电视台拍摄了以朝鲜族独特民俗风情为主要内容的29集电视剧《长白山下我的家》，于2012年9月3日在中央电视台一套黄金档播出，该剧表现了朝鲜族在动荡年代的民族历史，直面当时朝鲜族人民的生活状态，将这个民族经历的悲喜交加的命运充分展现出来，为观众呈现了丰盛的"文化宴"。这些反映朝鲜族文化的影视作品，从不同角度对朝鲜族文化进行了展现，弘扬了民族精神，宣传了民族文化，获得了国内民众广泛的认可与欣赏。

第三，朝鲜语卫星电视节目，表现朝鲜族民族特色。延边电视台是2006年8月10日正式开播的卫星电视节目，是我国第一家地区级朝鲜族卫星电视媒体，不仅覆盖了全国范围，而且在东亚、西欧及澳洲的50多个国家和地区都可接收并观看。最初可收视人口有200多万，后来增加至几千万人口。到目前为止，延边卫视在央视网、全国100多个地区及县市的电视网络，还有韩国、日本、朝鲜等国家的部分地区成功实现播出，可视人口突破了1亿。延边电视台每天译制并播出的央视"国内外新闻"，在我国少数民族电视台中其时效性、影响力都达到最强。延边电视台通过丰富多彩的电视节目，向世界传播延边朝鲜族民族文化，让世界各国民众更多地了解到，延边这片美丽富饶土地上的独特文化，弘扬了具有延边朝鲜族特色的旅游文化，充分地发挥出电视媒体的传播作用与功效。

三、网络媒体

随着信息社会的不断发展，越来越多的人使用网络来寻找自己所需的资料，听自己喜欢的音频节目、看自己喜爱的视频作品。网络媒体具有移动化、多样化、及时性的特点。据官方统计显示，2019年我国网民数量已达9.04亿，网民规模居世界第一位，这一数据持续增长，2020年我国网民数量达到了9.89亿。与此同时，延边地区越来越多的网站陆续涌现出来，其中也有很多朝鲜族的网站，对于朝鲜族旅游文化的传播也起到了有效的作用。因此，网络媒体是延边朝鲜族文化传播过程中，不可忽视的一股强劲力量。

（一）丰富多样的地方网站

朝鲜族的网站类别丰富多样，包括综合型网站、服务型网站、新闻网站、视频网站、音乐网站、文化网站等。虽然大部分的朝鲜族人都会使用汉语和朝鲜语两种语言，但由于延边地区是朝鲜族聚居地，这一鲜明的民族特色，决定了朝鲜族人民更习惯使用朝鲜族网站，并把它们作为获取文化资讯的首选。

图3.12.1　延边新闻网"走近朝鲜族"版块

（二）客观权威的官方网站

在延边地区，许多传统媒体也开通了自己的官方网站，如延边广播电视网（延边广播电视台）、延边新闻网（延边日报）。还有延边广播电视局主办的延边信息港等，这些网站均有朝鲜文版和汉文版，同时还开通了手机报、微博、微信公众号等多种信息传播方式。其中，延边新闻网还开设了专门的板块——"走近朝鲜族"，对延边朝鲜族特色美食、民俗风情、民族精神、历史风云等旅游文化内容,进行了详细的介绍。如今,延边朝鲜族自治州管辖内的6市2县均有政府网站,这些网站都详细地将当地朝鲜族旅游文化内容,进行了多种方式的介绍,也成为了国内外游客关注的重点,对于延边地区旅游文化业的发展起到了有效的引领和带动作用。

综上所述,传统媒体与网络媒体等针对吉林延边朝鲜族旅游文化,不断丰富自身的传播形式,打破了时间和空间的限制,不仅确保了原有本地区受众的充分了解,而且借助网络新媒体的可移动性和时效性扩大了民族文化的影响力。现今已经突破了地区的限制,通过报纸、广播电视、网络媒体等,使得全世界的民众都有机会来接触与了解吉林延边朝鲜族旅游文化,这一文化形式借助媒体的传播更加为人们所熟悉,积极地带动延边旅游文化业的发展。

第五节 上海海派旅游文化下的媒介和受众

传媒的报道对上海地区海派旅游文化的发展具有积极的影响作用,目前媒体传播影响下,上海海派旅游文化的传播主要借助主流媒体形式来进行。大众传媒为上海地区海派旅游文化的传承做出了极大的贡献,主流媒体传播上海地区海派旅游文化的类型,主要有如下几种。

一、电视媒体

(一)电视媒体对海派旅游文化的作用

麦克卢汉认为电视媒介作为一种冷媒介,能给受众留下较多的参与空间。随着电视的"普及",图像代替文字,成为传播信息的重要工具。精英主义文化式微,在电视媒介的影响下,人们的思维模式不断被打破重构,各阶层之间文化的亲密度无缝衔接,碎片化呈现和色彩符号的冲击,已成为人们接触信息的普遍形式。这些也是电视媒介的优势所在,它可以在一定程度上限制人们的想象空间,在从上至下大范围的信息传播中,使得传播效果变得可控。正如哈罗德·伊尼斯所说:"一种媒介的长处,将导致一种文明的产生。"[①]

---

① 崔保国:《媒介变革与社会发展》,南京师范大学出版社1999年版,第99—101页。

正如上海地区海派旅游文化的传播,在这种可控的传播效果和传播成本中,上海海派旅游文化迅速被广大民众接受。麦克卢汉认为,电视是人的耳、眼等综合效果的延伸,可以让受众接触更立体的效果和感官体验。上海海派旅游文化印证了此规律,通过电视媒介为人们呈现出一个极富视觉冲击与生动形象的上海,同时为旅游文化的重构,及组织新的文化模式和框架打下基石。在此过程中,还发挥了更新人们想象的作用,引导人们对上海海派旅游文化进行理解与把握。

(二)电视媒体对海派旅游文化的传播

2010年,由东方卫视和凤凰卫视共同打造的电视脱口秀节目陆续开播,它们主要是由主持人表演的电视脱口秀节目,运用海派清口勾连"市民文化",通过对新闻的娱乐解读,消解新闻自身的权威性,使得节目具有很强的观赏性。主持人往往作为海派清口的代表者,以幽默逗乐的语言和肢体表现,以及一些"上海腔调"与上海市民产生连接和共鸣,给予社会转型期民众内心的需求得不到满足,以及失望心理的宣泄提供了一种精神慰藉。这些节目在表现形式上以柔克刚,以"乐队花车式"的传播手段,站在民众的立场上为弱者发言,同时又安抚民众,愿意理解当前社会现象。主持人作为一个新意见领袖,又是上海市民的一分子,以自己的审美观影响并引导着市民,在受众接受认同主持人观点的同时,体现了新环境中上海市民文化一种崭新的审美特质,即包容绅士,彬彬有礼。这些节目缓解了社会中普遍存在的官与民、富与贫等非此即彼的二元对立,使得海派清口文化推广得更为广泛,更受关注。

文化学者们对"海派清口"的不同研究文章中,将这些节目中的海派清口视为市民审美文化范畴,在主持人身上所表现出的世俗性、地域性、娱乐性以及开放性,正是市民审美文化所具备的一些基本特征,而海派清口对雅文化的追求、对批评的深度消解和娱乐化精神等,则体现出当前市民审美文化的一些新特征。

正如海德格尔所说:"技术并非单纯的占有物,而是介入人与事物的关系,改变双方的面貌的重要动因,利用隐藏在技术中的力量决定人与存在着的东西的关系。"[①]因此电视媒体在推进着主持人与受众的关联度的同时,也在推进着上海海派文化与受众的密切性。换句话说,电视媒体的传播方式在一定程度上

---

① 崔保国:《媒介变革与社会发展》,南京师范大学出版社1999年版,第34—38页。

决定了旅游文化的内涵和走向,并对上海旅游文化业的发展起着重要的引领作用。

二、网络媒体

(一)网络媒体对海派旅游文化的作用

当下,深度数字化进程已经开启。根据2014年的美国新闻媒体报告指出,媒体的数字化进程势不可挡,业外投资大举涌入新闻业。比如"亚马逊创始人贝佐斯花费2.5亿美元收购《华盛顿邮报》,eBay创始人奥米迪亚投资2.5亿美元创办FRIST LOOK MEDIA等"[1]。而在国内,微博、微信等各大自媒体平台已蓄势待发,准备看准时机,一举拿下新媒体的市场。据腾讯发布的数据,截至2014年6月,微信用户已经突破6亿,其中海外用户为1亿,本土用户为5亿,月活跃用户达4亿。另据新浪网显示,2014年4月17日,新浪微博改名"微博"在纳斯达克上市,是在美国上市的首家中文社交媒体。

虽然网络媒体发展总体形势趋好,并且令人鼓舞。但如何保证其内容的专业性、深度化、真实性,在轻阅读和高品质阅读之间如何平衡优化,是新兴媒体必须面对的首要问题。尤其是在信息增量发展的时代中,信息泛滥越来越严重,如何为受众提炼出精准的文化资讯、新闻信息是重中之重。

据媒体公开报道,"澎湃新闻"客户端是上海报业集团改革后公布的第一个成果,是从属于上海《东方早报》的新媒体项目。罗昌平在《东方早报开始"澎湃"》一文中介绍了《东方早报》总编邱兵推出澎湃新闻的原因,"面对报业寒冬期的收入下降与成本上升的挑战与举措,更关键的是,原来的读者正在向网络移民,需要争取的未来读者都是网络原住民"[2]。之后,随着邱兵的一篇极具文艺气息的《我心澎湃如昨》,"澎湃新闻"项目正式上线。一方面,它成为我国网络媒体数字化进程的"先行者",另一方面,它对传播上海海派旅游文化起到了重要作用,使得上海的旅游文化业得以规模化、体系化、集约化发展。

---

[1] 方师师:《深度数字化进程已经开启——2014美国新闻媒体报告》,《新闻记者》2014年第05期,第30—35页。

[2] 张志安、吴涛:《区域性报业集团的整合及发展策略——以上海两大报业集团合并为例》,《新闻界》2013年第21期,第56—59页。

(二) 网络媒体对海派旅游文化的传播

如果说'微博'是一个披露社会现象的新媒体平台，那么'澎湃新闻'就是一个能带领受众触摸事件真实的新媒体平台。正如"离你很远的不是事实，而是真相"一般，'澎湃新闻'的编辑团队是《东方早报》的原班人马，每个编辑记者都要适应全新的内容生产流程，制作适合互联网传播的优质内容。"在最初正式运营的五个月来，'澎湃'的表现令人称赞，在用户及媒体同行中引起广泛瞩目，不少深度报道引爆舆论热点。内容方面，专注'时政与思想'，设置了不同硬新闻栏目，同时也有'爆料''提问''跟踪'等功能。"[①]

2015年2月1日，澎湃发布了《相约米兰，走向世界》的消息，以"海派旗袍文化传播系列活动"为主题，强调在论坛开始前，上海旗袍文化促进会与米兰世博会中国企业联合馆，签订了宣传米兰世博会、弘扬海派旗袍文化等事宜的战略合作协议。这条消息得到了广泛的传播和热议。服饰是一种城市符号文化，上海女人的服饰恐怕非得是海派旗袍莫属了，上海女人可以将旗袍穿出万种风情，穿出交织了传统与摩登的精美韵味。在此文化论坛的影响下，上海不少社区举办了"旗袍"服饰文化比赛、"旗袍"服饰文化展览等，并且邀请澎湃新闻等媒体的记者前去报道。海派旗袍文化，充分体现了海派文化善于包容和温婉的特点，更是海派旅游文化的核心元素，以及文化的主题内容。

三、手机媒体

(一) 手机媒体对海派旅游文化的作用

手机媒体是继报刊、广播、电视、互联网之后的"第五媒体"。手机媒体给人们日常获取海派旅游文化信息提供了更加便捷的渠道，它具有高度的数字化、移动性和便携性的特点，受众资源极其丰富，高效及时的互动共享使得传播者和手机媒体的终端用户，最终形成了无中介性的传播模式。这种模式为海派旅游文化向更加广泛的民众传播，发挥了积极有利的作用。

"2014年2月24日，上海报业集团与中国移动手机阅读基地正式签署战略合作协议，双方将联合打造上海手机报媒体品牌。推出全新手机媒体平台上海

---

① 章瑞华:《新出发，新使命，新活力——关于上海两大报业集团合并的记者见闻》，《新闻实践》2013年第12期，第16—19页。

手机报,共同开发符合上海本地用户专属口味和需求的阅读产品,打造符合移动互联网用户需求的创新阅读产品,开拓新的市场领域和商业模式。"① 手机媒体是一种近几年出现的发展快速的新媒体,同时又是一种非常吸引人们关注的新媒体形态。手机媒体以其主动性强、携带性强,并具有随时随地了解最新信息等的优势,迅速占领了旅游文化市场。人们在海派旅游文化活动中,对于移动状态下的信息交流需求变得十分迫切,而手机媒体正好满足了游客这方面的需求,所以手机媒体对于上海海派旅游文化的作用与效果越来越突出,甚至已经成为上海海派旅游文化业发展的助推器之一。

(二)手机媒体对海派旅游文化的传播

"新民晚(夜)报,夜饭吃饱"是对过去上海弄堂市民独特生活方式的简约表达。据新民网显示,新民晚报的官方网站于1998年12月1日正式上线并与网民见面,刚推出的三周时间,就有近6万人登录访问。现如今,手机报形式的《新民晚报》愈发显得成熟,访问量与日俱增,也成为海派旅游文化的主要传播平台。在2012年7月2日,新民网曾发布一则关于海派文化的新闻,即《传承海派文化需要沪语走入校园》,这条新闻消息以简洁明了的方式深刻传达了一个重要现象,目前只有60%左右的上海本地出生的学生能完全听懂和会说上海话。作者担心长此以后,沪语传承会出现断层。②

语言是一个国家、民族、地区的一种精神文明象征,更是海派旅游文化的主要载体之一。作为凸显海派旅游文化的重要组成部分,沪语从相对封闭状态一步步走向开放的过程中,创新出各类新词语,或者直接借用外来语,交互融合,最终形成了今天的沪语。"海派文化的务实、包容和对现代法治意识的认同,其实都已深植在沪语中,成为一种文化自觉。"③ 这种文化自觉也进一步促进了上海海派旅游文化的创新性发展。

据新民网报道,2015年7月3日,一位市民王先生在接受《新民晚报》记者路边采访时谈到,"我自己以前就是语言文化工作者,因此我能明显发觉沪语

---

① 王晓易:《上海报业集团与中国移动手机阅读基地签署战略合作协议》,网易财经频道,https://www.163.com/money/article/9LSHEP0600253B0H.html,2014-02-24。

② 新民晚报:《传承海派文化需要沪语走入校园》,中国网,http://opinion.china.com.cn/opinion_27_45127.html,2012-07-04。

③ 同上。

的流逝"。在手机报纸出现后的"在线交流"中，不少上海市民对此表示痛心，也表征了上海青少年对方言的疏离，削弱了海派文化的影响力。这对依赖于沪语的海派旅游文化，在其对外传播上，也表现出了不少影响。

上述新闻报道所反映出的社会现实问题，像是利剑一般插入上海人心中。通过《新民晚报》手机报纸形式传播的这条新闻，迅速在上海市民中引起巨大的反响，浦东新区政府宣传办对此召开了新闻发布会，并成立调查与改革试点小组。该新闻刊发后的仅仅一周时间，《新民晚报》手机版又后续对此新闻进行了跟进报道。报道显示，上海浦东新区先试先行，率先在公交车上采用上海话报站的形式，在地铁8号线、2号线等也采用了部分沪语报站；在课堂内，将沪语学习当作一门正式的选修课程，各主要小学、初中、高中要求以当堂对话交流为主要学习形式，并对此进行打分；上下课休息中，课间通知也用了沪语播报的形式。这一政策实施后效果立竿见影，对于海派文化，尤其是海派旅游文化在青少年中的传播起到了积极的作用。当初写这则消息的记者，在后来的采访手记中，也感慨道"我也没想到消息流通这样快，有关部门都非常重视这件事。"

2014年年初，新民网手机版改版。改版后的手机版网站组织了诸多线上线下活动。第一个项目就是"2014年沪语大会"，设置了网络赛区，吸引数千位网友参加网络答题，据该网站统计，有超过900万人关注网络赛区专题网页。此举旨在告诉上海市民，新闻消息的传播，尤其是与民生、文化有关的，每年都会作为重点跟进报道。同时，也明示出沪语是扎根在上海人、上海城市心中的魂。随后，组织了一系列线上线下互动参与的，旅游文化活动推广周，旨在让上海市民更加了解与熟悉身边的文化内容，并自觉地参与到文化推广的队伍中来。

综上所述，上述"沪语事件"的迅速升温发酵，其主要原因离不开手机媒体在当中发挥的传播优势。当下上海地区海派旅游文化的传播随时随地都在发生，在地铁里、公交车与出租车上，游客利用碎片化的时间，以一种简便的形式浏览手机报纸，了解与掌握旅游文化资讯。在这一过程中，国内民众不仅能快速获取相关海派旅游文化信息，而且管理部门也可迅速收集民意，并采取行动，对于其中出现的问题作出快速的反应与应对，给游客创造一个良好的旅游文化环境。

第六节　浙江嘉兴红色旅游文化下的媒介和受众

传媒的报道对浙江嘉兴红色旅游文化的发展具有积极的影响作用，目前媒体传播影响下，浙江嘉兴红色旅游文化的传播主要借助主流媒体形式来进行。大众传媒为浙江嘉兴红色旅游文化的传承做出了极大的贡献，主流媒体传播浙江嘉兴红色旅游文化的类型，主要有如下几种。

一、报纸媒体

2005年6月21日，习近平在光明日报上发表了一篇题为《弘扬"红船精神" 走在时代前列》的文章，该文章第一次系统阐述了嘉兴南湖红色文化"红船精神"的内涵，同时将"红船精神"带入了人们的视野中。随后2011年人民日报刊登了两篇关于"红船精神"对现代社会的积极作用的报道《嘉兴"红船精神"创和谐》（10月17日）和《弘扬红船精神 推进科学发展》（5月7日），2015年人民日报又刊登了一篇相关报道《弘扬"红船精神"继续走在前列》（7月29日），重提了"红船精神"的内涵，在这个日新月异、风云莫测的现代社会继续弘扬这种精神，吸取精神力量，永远踏踏实实一步一步前进，同时也要站在时代前方做出新的布局，为中国更健康、更科学地发展做出贡献。"红船精神"是嘉兴红色文化的根基和灵魂，这些媒体文章从内在阐释了"红色文化"的要义，用文字更加深入仔细地解读了嘉兴地区的红色旅游文化，使全国读者更深入地了解嘉兴的红色旅游文化，进而为当地的红色旅游文化传播打下了群众基础。

2009年，为了纪念建党88周年、建国60周年，中共嘉兴市委机关报、嘉兴地区最具权威和影响力的新闻传播媒介《嘉兴日报》，推出了红船精神传递活动专题报道，"六个10"大型系列主题报道之"10个城市的精神传递"，记者与嘉兴市青年市民代表们从嘉兴南湖党的诞生地出发，以"红船精神"为起点，走访中华人民共和国历史上的特色之城，去共同探访全国人民的精神力量源泉。2019年，《嘉兴日报》又推出了全媒体大型专题采访行动，从南湖一直到义乌等十多个具有精神文化意义的代表地区，探寻红船精神的传承发展方式。

综上，这些新闻报道为嘉兴地区的读者，提供了对红色文化更深层次的解读，让红色旅游文化从深度上真正传播到人们的心里，使红色旅游文化对于推动当地旅游业的进步，以及嘉兴旅游文化业的纵深发展，都发挥了更加重要的作用。

二、电视媒体

电视媒体作为当今最重要的信息传播媒介，赢得了广大社会民众的欢迎，由于其声、文、图并茂且表现风格多样的特征，使得电视媒体在表现嘉兴红色旅游文化方面具有独到的优势。目前，电视媒体是嘉兴红色旅游文化的一个主要传播途径，下面主要从中央级电视媒体、省市级电视媒体层面来进行分析。

（一）中央级电视媒体

在建党 90 周年时，央视做了一系列的红色文化专题节目。其中，图 3.12.2 是 2011 年 6 月 23 日“中央电视台”《焦点访谈》节目播出的嘉兴发展红色旅游专题片《触摸红色印记》，这个节目讲述了嘉兴市大力将红色旅游与水乡旅游、休闲旅游有机融合，从而促进红色旅游地发展。这种新模式为沿海发达地区发展红色旅游提供了一个很好的借鉴例子。同时，也促使嘉兴地区红色旅游文化通过相应文化活动，更加迅速有效地向全国的游客进行其文化内容的传播。

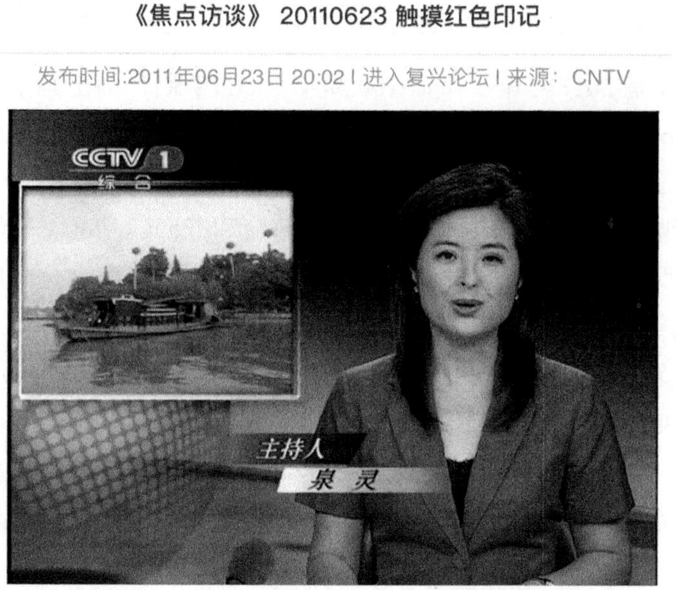
《焦点访谈》 20110623 触摸红色印记
发布时间:2011年06月23日 20:02 | 进入复兴论坛 | 来源：CNTV
CCTV 1
综合
主持人
泉 灵

图 3.12.2　央视焦点访谈栏目专题片《触摸红色印记》

图 3.12.3 是 2011 年 "七一" 期间，中央电视台综艺频道在浙江嘉兴南湖录制完成特别节目《红歌颂党——嘉兴篇》播出情况，该特别节目分为 "日出南湖""潮涌东方""继往开来" 三个篇章。来自全国的知名艺术家与歌手斯琴格日乐、旭日阳刚、吕薇等和嘉兴当地的各界群众参加演出，演唱了《红旗之恋》《我们的田野》《珊瑚颂》等主旋律歌曲，传承党的优良传统，展示党的诞生地风采。通过电视媒体的声画合一，用歌曲的形式使人们在享受悦耳的歌曲时自然接受红色文化的熏陶，把嘉兴地区的红色旅游文化推介给了全国的民众。

图 3.12.3　央视综艺频道特别节目《红歌颂党——嘉兴篇》

图 3.12.4 是 2011 年辛亥革命 100 周年，CCTV 制作播出了专题新闻《重走辛亥路》，第一篇就是 "中国'红船'南湖起航"，简要介绍了 1921 年中国共产党的诞生过程和从辛亥革命到中国共产党成立之间 10 年的社会背景，表明研究中国共产党的历史，应该把以前的辛亥革命和五四运动的材料研究一下，不然就不能表明历史的发展脉络。这样将嘉兴地区红色旅游文化的历史背景、传统等，向全国的民众表现出来，极大地促进了当地红色旅游文化的传承与发展。

图 3.12.5 是 2012 年为了喜迎十八大，CCTV 在新闻频道播出了《嘉兴南湖："红船" 精神接力传承》的新闻，介绍了专程来参观嘉兴南湖的游客来自天南地北，每年达到 200 万人次，还在以每年 10% 的速度递增，说明红色文化在当代仍拥有鲜活的生命力，在青少年中红船精神一直在延续。这也从另一个侧面说明嘉兴地区的红色旅游文化，已经被当代的青年们所接受，并成为其首选的旅游目的地之一。

[视频]重走辛亥路——中国“红船”南湖起航
发布时间:2011年10月09日 14:31 | 进入复兴论坛 | 来源：中国网络电视台
CCTV 4
中文国际
CNTV
记者 孙岩峰 杨小刚
重走辛亥路——中国“红船”南湖起航

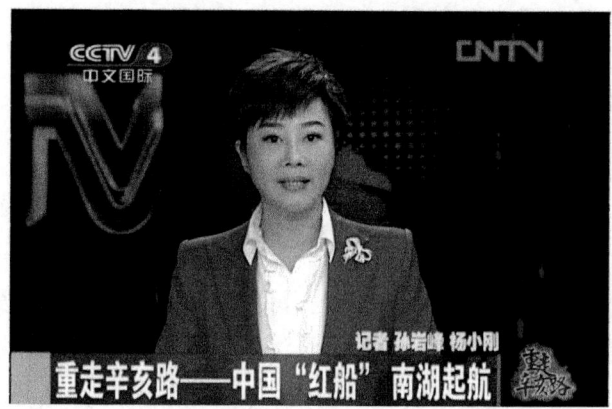

图 3.12.4　央视中文国际频道专题新闻《重走辛亥路》

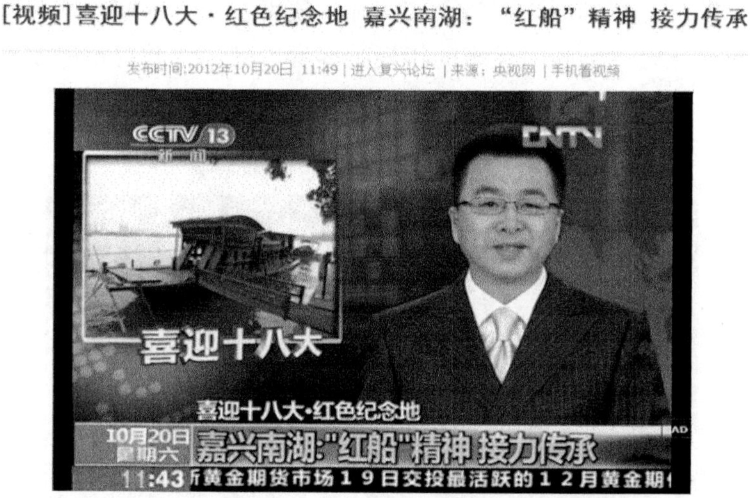
[视频]喜迎十八大·红色纪念地 嘉兴南湖：“红船”精神 接力传承
发布时间:2012年10月20日 11:49 | 进入复兴论坛 | 来源：央视网 | 手机看视频
CCTV 13
CNTV
喜迎十八大
喜迎十八大·红色纪念地
10月20日
星期六
嘉兴南湖:“红船”精神 接力传承
11:43

图 3.12.5　央视新闻频道新闻《嘉兴南湖：“红船”精神接力传承》

中央电视台对嘉兴地区红色文化的报道并不是很多，而且主要集中于 2011 年我党诞生 90 周年以及 2021 年我党诞生 100 周年期间，同时关注点基本集中于嘉兴南湖，传承“红船精神”。中央电视台在整个中国民众当中的影响力是巨大而且广泛的，也是国内许多偏远地区了解文化类信息和旅游类新闻的主要渠道之一，《新闻联播》等新闻类节目的收视率一直保持着较高的水平，这和国内民众对于旅游文化的关心与关注不无关系。央视在上述新闻节目中，通过插入电影《开天辟地》的片段介绍了嘉兴南湖的历史背景，这类形式多样的新闻在央视的播出，一方面有利于新闻节目本身的精彩纷呈赢得观众欣赏，另一方面有利于全国更多的青少年群体了解嘉兴的红色文化，了解嘉兴南湖这个红色纪念地。总之，通过中央级电视媒体的作用与功效，极其有效地促使嘉兴地区的红色旅游文化，在全国范围内更广泛、深入地传播。

（二）省市级电视媒体

图 3.12.6 是浙江卫视在 2012 年 9 月 7 日播出的短讯，讲述了"红色廉政文化·南湖讲坛"在嘉兴开讲，来自中央、浙江及江西井冈山和瑞金、贵州遵义、陕西延安、河北西柏坡等地的数十位纪检干部和专家学者齐聚一堂，共同研讨红色廉政文化理论。嘉兴市南湖区还与井冈山等革命圣地共同发出《红色廉政文化·南湖宣言》。该宣言称，将着力深化对红色廉政文化研究，大力推动其传播发展，全力倡导红色廉政文化的实践，使其从单纯的理论转化为现实行动，变成人们一种自觉的行为模式，并追求更高层次的精神，从而带动整个嘉兴地区形成良好的廉洁氛围。这一活动的实施，使得嘉兴地区红色旅游文化，成为其地方特色文化之一，吸引更多的年轻游客参与其中，并自觉地成为该文化的传播者。

图 3.12.6　浙江卫视短讯《红色廉政文化·南湖讲坛》

在嘉兴市，还有市委组织部和市广播电视总台联办的一档社教类电视栏目，名称为《南湖党建》2003 年 7 月 1 日开播，它每隔一周都要在节目里讲一段故事，故事里说的都是有关党员的好人好事、嘉兴红色文化著名事迹等等。2008 年 7 月，改版后名称为《红船行》，更加能体现党的诞生地的党建特色和丰富内涵，突出了"红船"品牌效应。播出时间也从原来晚上的 22：20 改在 18：45

分左右的黄金时段播出，节目每两周一期，节目时长 10 分钟左右。该节目始终围绕宣传党的建设、弘扬先进事迹、报道组织信息、传递党员心声这一宗旨。节目中党员所做的好人好事就像当代红色文化的"活化石"，在当代继续得到传承。目前这一电视节目，已经发展成为嘉兴市传播其红色旅游文化的窗口，吸引了国内大批民众，尤其是青少年群体的关注，成为当地旅游文化业的牵动力量。

在 2011 年和 2012 年举办的嘉兴地区"南湖红歌"比赛和 2013 年的"红船旅游节"等红色文化活动，都会在嘉兴市的一档民生栏目《小新说事》上播出。《小新说事》是嘉兴电视台新闻频道的民生节目，每天 21∶30 播出，一直以来深受嘉兴人民的喜爱，自开播以来收视率一直稳居嘉兴地区电视栏目第一名。嘉兴电视媒体将红色文化的报道，重点在这一电视节目中播出，使绝大部分嘉兴地区的民众都有机会看到并了解其相应文化内容。

总之，通过上述省市级电视媒体的功能与作用的发挥，对喜欢与关心红色旅游文化的国内观众而言，这些电视节目无差别地让嘉兴地区之外的民众，了解并熟悉了其红色旅游文化，绝大多数的观众还身体力行变为游客，在红色旅游文化的休闲及相应娱乐活动中受到熏陶。

三、网络媒体

网络媒体作为当下最受关注的传播媒介，赢得了广大国内网民的追捧，由于其音、视、图、文等融合发展并且传播渠道多样的优势，使得网络媒体在表现嘉兴红色旅游文化方面具有独特的优势来加以利用。目前，网络媒体是嘉兴红色旅游文化的一个主要传播平台，下面主要以网站、微博为代表的网络媒体形式，来进行分析。

目前，嘉兴地区主要开设的网络媒体，是由嘉兴市党员干部现代远程教育办公室主办的全国党建网站联盟"红船网"。该网站下设了《红船行》栏目、南湖初心讲堂等，组织内部系统读物《红帆》杂志和红船党建云平台，该网站较为集中地宣传了嘉兴地区的红色文化，不间断地为嘉兴及全国的网民，提供丰富多彩的红色文化资讯。该网站对于嘉兴红色旅游文化的发展，从历史背景、现实活动等多个层面进行了详细介绍与说明，为国内民众了解与熟悉嘉兴红色旅游文化提供了一个极佳的展现平台。

微博是一种微型博客，它通过关注分享将简短实时信息迅速地发布出去。据新浪官方最近统计，微博拥有超过 5 亿的用户处于活跃状态。微博在嘉兴红色旅游文化的传播中，也发挥了重要的文化传播与文化引领作用。其中，图3.12.7和图3.12.8是浙江省嘉兴市人民政府新闻办公室官方微博"嘉兴发布"，发布的有关红色文化的微博内容信息。目前微博"嘉兴发布"，发布的有关红色文化微博内容有30余条，主要集中表现为红色文化旅游信息、红色文化活动比赛等方面的新闻消息。微博的红色文化话题引领作用，以及与网民就红色旅游文化内容的深入互动，对嘉兴地区红色旅游文化在全国范围的传播，起到了极大的促进作用。微博利用网络用户的人际传播效应，实现了快速地发布与分享红色旅游文化信息，这些信息的到达效率、传播效果都能够达到最佳。

嘉兴发布 V
4月3日 20:36 来自 政务直通车
【"南社的红色记忆"全国巡展在西塘开幕】武有黄埔，文有南社。4月1日，"南社的红色记忆'中国南社发祥地巡展"开幕，第一站就设在古镇西塘。巡展将在西塘持续7天，接下去将去往平湖、金华等地。

图 3.12.7　嘉兴市政府新闻办官方微博《嘉兴发布》

嘉兴发布 V
2015-11-10 17:10 来自 政务直通车
【我市四个景区申报全国红色旅游经典】国家发改委近日下发通知要求各地组织申报全国红色旅游经典景区名录备选名单。我市遴选申报了嘉兴南湖旅游区（中共一大旧址）改造提升、嘉兴地方党史陈列馆、秦山核电红色旅游景区（包含海盐"中国核电城"和"南北湖"景区）、海盐"绮园"红色旅游景区四个项目。

图 3.12.8　嘉兴市政府新闻办官方微博《嘉兴发布》

综上，网络媒体对于嘉兴红色旅游文化的传播，正逐渐发挥着决定性作用，网络媒体的传播对于嘉兴旅游文化业的发展，正变得异常重要。

四、户外媒体

户外媒体，指的是一些存在于户外公共空间的传播媒介，诸如街道路口横幅、公交站点橱窗、城市墙壁涂鸦等等。红色旅游文化的横幅，可以让人们直观地看到它的核心内容，言简意赅地将嘉兴红色旅游文化的内涵告诉给民众及游客。公交站点橱窗，用创意性广告的形式把嘉兴红色旅游文化，展现给广大市民与游客。城市墙壁涂鸦，主要以艳丽的色彩、生动的形象、巧妙的构图来吸引人们的注意，同时将嘉兴红色旅游文化丰富的内涵，通过这种文化创意涂鸦的形式表现出来，能使其在传播过程中引人注目、令人深思，起到极佳的视觉传播效果。

总之，游客及其附近民众在外出游玩的过程中，很容易在这些户外公共空间，接触到各类传播嘉兴红色旅游文化的户外媒体。由于这些户外媒体随处可见，到达效率高，实际效果佳，并且在不知不觉中完成了红色旅游文化的宣传与普及，于潜移默化中为人们所接受。所以，它对于浙江嘉兴红色旅游文化的带动作用极为明显，也受到国内多数游客的一致认可。

第四篇

山西及部分省区媒介传播对旅游文化的影响

第十三章　媒介传播对山西晋北地区旅游文化的影响

第一节　媒介传播对大同旅游文化的影响

一、大众传媒对大同旅游文化业的积极影响

旅游文化产业在大同经济发展中的作用日渐突出，并逐渐成为大同的支柱产业。但是，从本书之前的分析中也能够看到，大同的旅游文化产业发展还存在许多不足，所以在此我们重点探讨大众传媒在大同旅游业发展中，能够产生的正能量影响以及如何扬长避短，实现旅游文化产业的健康发展。

（一）从大众传媒的社会功能理论角度分析

首先，大众传媒是旅游文化产业发展的信息传播平台。在市场经济背景下的今天，旅游文化产业兴盛，旅游成为大众日常生活中的重要内容，要想在众多的旅游文化产品中脱颖而出，就要转变思路，"酒香不怕巷子深"固然强调文化内涵的重要性，但是"好酒也要勤吆喝"来凸显媒体的作用与效果。旅游文化资源因其不可移动性和精神消费特性，要求旅游文化产业必须借助大众传媒的信息传播功能，以及有效的营销手段才能为世人所知。就国内的例子来说，杭州西溪湿地和海南三亚亚龙湾因为系列电影《非诚勿扰》的播出而名声大噪，成为许多人旅游度假的首选。2016年由段奕宏主演，在大同开机并于次年播出的电影《引爆者》，要想起到同样的传播效果，这就需要大同市政府和山西省内的媒体在后续的工作中，重点挖掘电影中能够体现大同地方文化元素的内容。只有这样，才会取得预期的带动效果。

其次，大众传媒是旅游文化产业发展的舆论引导力量。在当下市场经济发展背景下，我国旅游文化产业正在迅猛地发展，但是与之相配套的硬件与软件，以及管理制度和法律法规都比较滞后，尚且无法与旅游文化的发展速度、发展

规模相适应。从规范旅游文化市场秩序，到人才梯队的建设，大同旅游文化产业都必须借助大众传媒这一有力工具来实现。大众传媒不仅可以通过发布和传播旅游文化信息，来增加大同旅游文化产业的知名度和影响力，还可以通过媒介自身的舆论监督功能来对旅游文化企业进行引导与监督，实现整个旅游文化业的跨越式发展。通过舆论积极的正面力量的发挥，促进旅游文化主管部门，针对不符合法律法规的文化经营行为加大发现与改进的管理力度。使得旅游文化产业的市场竞争及经营行为更加透明与开放，真正做到游客至上、服务至上，为大同旅游文化产业的升级提供动力支持。

最后，大众传媒是旅游文化产业发展的社会服务动能。大众传媒推动与旅游相关的各产业之间的相互融合，从而带动地区经济增长。当下旅游业主要涉及饮食、住宿、交通、旅行、消费、娱乐等六个方面。大众传媒要将这六方面要素有机结合，并不断辅之以新的内容和元素，既给游客提供了方便，也使得各产业间互为补充，共同受益。目前通过多部门和传媒多年的努力，大同现已形成了较为完备的综合性的旅游业服务体系，打造了一批文化品牌。例如，凤临阁烧麦、云冈建国宾馆、云冈号旅游专线、云冈石窟、天下奇观悬空寺、古城仿古街和大同方特欢乐世界等。大众传媒还可以助推旅游业提供一系列就业的机会，并且可以将旅游业作为地方的一个特色文化项目来促进当地的消费，促进经济的发展，实现大同各贫困县脱贫致富。例如大同市灵丘县花塔村特色旅游的发展，使得一个与世隔绝的深山里的小村子通了公路，村民也通过参与旅游文化业的发展摘掉了贫困户的帽子。而这一切都离不开大众传媒对花塔村的"信息化开发"。

（二）从大众传媒的整合传播理论角度分析

1. 大众传媒是旅游文化产业发展的形象提升保证

根据"刻板印象"理论，人们对于一个事物和事物性质的理解具有先入为主的"首因效应"，即人们对事物形成第一感性化的印象之后就很难改变。而城市旅游文化形象也具有同样的稳定性，一旦形成就不易改变，要想解决这一难题，只能整合多种营销手段来构建新的信息环境，来改变人们对大同的刻板印象。

大众传媒与城市形象有着密不可分的关系。根据李普曼的"拟态环境"理论，我们可以知道，在全球化和信息化的大背景下，人们无法亲身体验所有事情，所以公众对于外部世界的认知，越来越依赖于大众传媒所揭示的外部世界。由此可知，对于外地游客来说，他们对于大同的印象多数来自大众传媒所提示的信息，由于长期以来大同本地传媒没能有效地宣传自己的形象，导致大部分外地人只知云冈而不知大同市，只知北岳而不知浑源县，甚或将大同等同于"煤都"。城市形象提升战略对于大同本地人也同样重要，在社交范围不断扩大的现代社会，每个人都是传播者，根据"六度空间"原理，通过朋友的朋友，经过6次这样的连接，每一个人都可以认识世界上的每一个人。以此类推，200多万大同市民如果对自己的城市有一个全面积极的认知，大同市形象传播就有了千千万万个传声筒，这样效果就会显著得多，对于消除"刻板印象"的影响也就具有了实际作用。

2. 大众传媒是旅游文化产业发展的品牌树立保证

在广告学理论的整合传播理论中，品牌是文化软实力和核心竞争力的体现，它通过提升受众认知度而实现其自身价值，是能够为品牌主带来价值增值的无形资产。品牌形象塑造是一个周而复始的过程，在缓慢的形成过程中，大众传媒需要及时关注品牌与受众之间的关系，不断修正问题，以完善品牌的社会形象。

品牌形象的塑造与形成，不仅需要大众媒体的传播，更需要长期稳定的维护与加强。针对品牌形象的建构来说，品牌形象的经营与维护贯穿于品牌发展的全过程。城市旅游文化品牌的最终形成，需要管理者不断开发适销对路的新产品，以开拓市场并提高市场影响力，最终为品牌取得良好的社会美誉度。由此而言，大同旅游文化产业拥有口碑良好的品牌形象，对大同城市旅游文化产业的发展极为关键。大同市必须整合多种形式的宣传渠道，来推广自己的旅游文化品牌，使其品牌形象家喻户晓深入人心，并能够在周边竞争激烈的旅游文化市场中独树一帜，彰显品牌价值。目前，旅游文化品牌的打造主要依靠大众传媒信息环境的构筑。大众传媒通过源源不断的信息流汇聚，来提升旅游文化产品的知名度与认可度。与此同时，随着传媒技术的升级，大众传媒的信息传播越来越依赖全媒体整合的力量，以使得旅游文化品牌赢得良好的社会美誉度。

二、电视媒体对大同旅游文化业的积极影响

随着新媒体的兴起，传统的大众传媒影响力似乎越来越式微，尤其是纸质印刷媒体。不过，电视媒体由于其多样化的传播渠道及融合发展优势，在城市旅游文化的传播当中，仍然发挥着不可替代的作用。尤其是电视媒体长期积累

的庞大受众群体，使得这一作用的发挥拥有了基础保障。

（一）内容主流，可信性强

当今时代是信息爆炸的时代，各种信息充斥在网络与现实社会当中，真假难辨。然而人们的注意力是局限在一定范围内的，过多的信息使得人们无所适从。传播大同旅游文化的节目，融在众多的综艺节目中显得毫不起眼，加之网民自身的局限性所在，在新媒体上出现了一些对于大同旅游文化较为片面的内容，导致效果欠佳。新媒体在内容把关上的缺位，信息的丰富反而让人们失去了辨别的能力。算法技术的出现，使得新媒体普遍采用个性化内容推送的方式，将受众困于巨大的信息茧房之中，致使很多对旅游文化不太关注的人，很难接触到相关信息。

电视媒体作为一种典型的大众传播媒介，有着严格的把关环节，确保了信息的准确性。借助议程设置作用，提供了新鲜及时的内容，确保了人们关注的旅游文化信息是社会的主流，有助于人们走出信息茧房。电视媒体节目对大同旅游文化的翔实展现，加之网络电视等融媒体的发展，更有助于人们对这一文化的接纳。

（二）形式鲜活，接受性强

电视媒体一经出现，便因为其自身的画面感所带来的亲民性，广受社会大众的喜爱。电视媒体在表现城市旅游文化方面，具有先天的优势，除了鲜活的画面、现场的同期声，还有微博、微信、客户端、网络电视等多样化的表现渠道，使得其影响力更加强大。电视媒体通过多样化的传播形式，对大同旅游文化进行展现，给受众带来了身临其境的视听享受，尤其是多渠道的表现形式，给外省市的游客接触并了解大同旅游文化提供了便捷的机会。这种形式上的表现活力，给民众带来了感官与内心的强烈震撼，使得其对大同旅游文化产生了浓烈的兴趣，如果时机合适就会转变为实际的旅游行为。这种对大同旅游文化的传播效力，是其他媒体形式的传播效果根本无法比拟的。

电视媒体将动感的声音和画面相融合，接受性大大增强，打破了人们内心对这一文化的壁垒，给人们留下了深刻长久的印象。这其中，尤以大同古城灯会最为明显，由于多次上央视新闻，借助央视的平台将灯会逼真地展现给全国观众，吸引全国游客前来深入体验，甚至成为了"网红"打卡圣地。

（三）全面呈现，整体性强

在新媒体时代，零散的阅读与观看已成为人们的习惯。分时段的信息获取使人们能够更有效地利用零散时间，并在最短的时间内获得最多的信息。但是，碎片化信息分享，无法让游客对大同旅游文化形成整体的形象认识。诸如国内很多媒体都报道云冈石窟与北岳恒山，使得很多外省市的民众只知大同有云冈石窟和恒山，对于其他知之甚少，无法对大同旅游文化形成一个整体的印象。

电视媒体很好地解决了这个难题。2018年4月，央视中文国际频道《走遍中国》拍摄并播出了系列专题片《大同大不同》，该片共4集，用四个部分展现了大同的清洁煤炭、新能源业、城市转型、蓝天景象等方面的成就。2012年5月，央视纪录频道《人文地理》播出了纪录片《天下大同》，共分为7集，分别以大同湖畔、铁马金戈、三代京华、云冈石窟、边城罢剑、北岳恒山、云中之城为主题，将大同的自然和人文历史及现状，全方位立体展示出来。这些专题片、纪录片等电视节目通过全面采访、全面呈现，使民众对大同旅游文化形成了整体、完整的认知。在提升大同旅游文化广度、深度的同时，也增强了大同旅游文化的美誉度与认可度。

三、大众传媒对大同旅游文化业的消极影响

（一）文化内涵不够深入

目前，大同各旅游文化景区对文化内涵开发程度普遍不够深入，而且对文化内容的主动推广和服务意识也普遍较低，大多依赖传统媒体或部分新媒体来进行文化内容、文化项目的传播。诸如大同博物馆，所陈列的北魏和辽金时代文物的产生背景、制作工艺、服饰来源等更深层次的文化内容很少涉及，做不到像国家博物馆或故宫博物院中通过微信扫一扫的自助语音讲解，从而使大同北魏和辽金文化的吸引力大打折扣，口碑更无从谈起。

另外，大同的历史文化元素和地方文化特色，在很多影视剧中都有体现，这是有利的一面。诸如古装影视剧《锦绣未央》和《凤临阁》等，它们分别以北魏时期和明朝时期的大同作为故事背景，但由于大多数拍摄地点都不在大同，只是披了一层大同历史的外衣，对大同历史文化的内涵挖掘，只是停留在了表面的情感故事上，而没有触及到大同那段历史文化的内核。所以，对于大同旅游文化的引领作用微乎其微，这些都暴露出媒体在文化挖掘上的不够到位、不

够深入。

(二) 文化形象不够突出

大同历史文化悠久，为后代留下了丰富的旅游文化资源，而且大同在国务院1982年2月公布的国家历史文化名城，位居第三。但是大同的"煤都"形象长期制约着全国民众对大同城市形象的观念。在很长一段时间内，山西作为煤炭大省总是被"地域黑"，或者被媒体"刻板印象"地将"煤老板"或"黑砖窑"与山西划为等号，在媒体上出现也大多和矿难、官场黑金（煤炭）腐败联系在一起。大同更是因为拥有全国八分之一的煤炭资源，而备受国内媒体关注。

这些都与大同本地的大众传媒的影响力不足有关，大同当地的传媒只能辐射当地，对城市旅游文化形象的塑造力极为有限。近几年，因为有省内的山西卫视和山西新闻网等网络媒体的支持，对大同新的文化形象传播也确实起到了不小的效果，城市形象有所改观。不过，山西省内媒体在国内影响力毕竟很有局限，虽然国内主流媒体对每年一届的云冈国际旅游节都有报道，但是就全国民众的关注量、评论量来说并不高，大同身为九大古都之一，离重点旅游文化城市还很远。

(三) 品牌效果不够理想

大同在城市旅游文化品牌建设中，长期将重心放在针对外地游客的品牌传播上，并且这些品牌传播也取得了一些成效，尤其在吸引周边省市游客上效果明显。但是，另一个问题又出现了，大同本地游客的外流现象较为突出。该矛盾出现的主要原因是相当数量的大同人，不甚清楚或缺乏渠道了解这些旅游文化品牌。

大同当地的一些旅游文化品牌也在大同电视台或报纸媒体上积极宣传，但是由于这些媒体的到达率、接受率普遍不高，再加上对本地旅游文化品牌传播中缺乏生动多样的形式变化，造成电视和报纸的受众数量呈明显下降趋势。另外，由大同文旅局发放的"旅游一卡通"服务对市民参观景点限制颇多，只追求眼前利益。近年来由于新媒体的发展，越来越多的社会组织和企业自发参与到大同城市旅游文化品牌传播中来。例如，涌现出来的"发现大同""指尖大同"和"大同城事"等微信公众号，但是由于缺乏政策支持原创能力不足，对旅游文化品牌信息的传播良莠不齐，还有自身的盈利问题，所以对于大同旅游文化品牌的传播，传统媒体与新媒体的参与下，都没有达到预期品牌打造的效果。

（四）旅游产品不够新鲜

大同市的旅游文化资源众多，但是由于长期以来发展滞后所形成的保守意识，使得大同在开发旅游资源时缺乏市场经营观念，很少考虑新旅游产品的开发与可持续发展问题。旅游文化活动的开展，一直徘徊在"云冈文化旅游节""古都菊花展""古都灯会"等类型的项目上，没有更多的创意项目加入，对外省市游客的吸引力较为短暂，无法长期巩固稳定下去，客流量流失较为严重。对于年轻群体的开发上，又缺少"网红项目"的挖掘与利用，效果微乎其微。

近两年，在山西省全域旅游的政策带动下，大同也逐渐注重开发新的旅游项目，其中阳高县每年一届的"杏花节"就极具代表性。杏花节颇具大同地方特色，举办地点也在边塞风格鲜明的明代长城遗址守口堡，但是由于杏花种植分布范围较广，品种上也没有太多特色，效果不佳，影响力尚不及洛阳的牡丹花。当下大同立足地方气候条件，可以发展文化价值和特色鲜明的红色文化、萱草文化等旅游项目，这些差异化旅游文化产品的开发，可以提升其在省内外的影响力、辐射力。

四、电视媒体对大同旅游文化业的消极影响

在传播大同旅游文化方面，电视媒体面临的挑战同样十分明显，其对于大同旅游文化业的消极影响主要表现在以下四个方面。

（一）大同旅游文化传播相对分散，集聚不够。

大同有很多自然与人文景观，在地理分布上较为分散，并且很多旅游文化景点都很偏僻，交通不方便。诸如，大同火山群位于大同市云州区，而恒山、悬空寺位于浑源县，云冈石窟位于大同市云冈区，几个景点相距甚远，很难形成集群效应。由于文化风格差异较大，电视媒体在组织报道时需要多种类型节目并用。

除了交通等基础设施不到位，大同的旅游文化分属于不同的历史年代与民族。所以在针对大同旅游文化的传播上，电视媒体更倾向于对单个不同的旅游文化景点进行策划并制作节目。这种方式风险低，容易取得效果，但是这种多样化的传播方式，对大同旅游文化的整体形象塑造是不利的。

（二）大同旅游文化传播效果欠佳，保护不足。

大同作为国家级历史文化名城，具有深厚的文化底蕴，良好的发展基础。然而，由于早期重视工业轻视文化业，环境的破坏给以云冈石窟为代表的旅游文化，造成了莫大的损害。云州区为了本地经济效益，私自挖掘、开采大同火山群。这些都说明，电视媒体对地方政府及民众的传播效果，明显不足，亟需大力改进。

不仅保护性差，而且拆旧建新如火如荼。2019年3月14日，大同古城拆旧建新的行为受到了住房和城乡建设部、国家文物局的联合通报批评。这些都说明，电视媒体作为其旅游文化的重要载体，在文化定位、文化价值的舆论引导中作用甚微。或者说电视媒体在一定程度上助长这一情况的出现，这是需要反思的。

（三）大同旅游文化传播内容较差，人才不足。

伴随传统媒体的式微，越来越多的高素质媒体人才转向了新媒体领域，导致电视媒体的优秀策划人才越来越匮乏。这一现象也不可避免地在山西省内的电视媒体出现，结果就是内容创新的乏力，电视节目内容质量下滑。这些对大同旅游文化的扩散、推广都造成了很大的困难，对旅游文化的可持续发展影响巨大。

以大同电视台自制的名为《天下大同》的旅游节目为例，其第30期名为"走进帝君庙——守护天下学子金榜题名"。片头大气古朴，很吸引人。然而节目内容却与大同帝君庙关系甚微，而是政府助力高考及考试结果的介绍。时长19分38秒的节目，在3分44秒时才切入帝君庙的正题，这种节目设计很难让人信服。

（四）大同旅游文化传播渠道较少，互动不够。

在传播渠道方面，电视媒体主要用普通的卫星电视或高清数字电视传播，甚或在官方网站进行转载。在当下的融媒体时代，这种有限的传播渠道互动性差。随着社交媒体和智能手机的流行，当前的受众与传统媒体的受众已经发生了改变。内容为王的时代已经落后，适应媒体场景变化，拓宽传播渠道才是王道。

目前，哔哩哔哩、抖音等新型社交软件聚集着大量的年轻用户，及时转换传播渠道，才会使其接受这些旅游文化内容，并且自觉转发，形成关注热点。电视媒体需要开拓新媒体平台，提升与受众的交互性，扩大其粉丝群体的数量。只有这样，才能使其成为传播大同旅游文化的重要平台，赢得国内民众的高度认可。

第二节　媒介传播对云冈石窟旅游文化的影响

目前条件下，媒介传播对云冈石窟旅游文化的影响，主要表现为电影、电视剧、电视节目、纪录片等，对云冈石窟旅游文化的积极传播与带动作用上，并且影响效果比较明显。独特鲜明的旅游文化主题是旅游体验的基础和灵魂，独具一格的云冈石窟文化主题，可以为游客、民众提供悠久深远的历史文化形象，让他们获得非凡的旅游文化体验，产生深刻的印象，成为其必选的旅游目的地之一。

一、影视剧对云冈石窟旅游文化的影响

影视作品同旅游文化结合，不止增加了影视作品的镜头美感、历史及现实感，更增强了艺术审美的需要，无形中将影视作品的自身价值理念寓于其中。电影及电视剧的拍摄与传播，使云冈石窟的知名度得以提升，同时传播了云冈石窟秀美独特的旅游文化内涵。下面主要结合典型案例，即1980年电影《戴手铐的旅客》，1986年电视剧《西游记》，2003年韦家辉、杜琪峰共同执导的电影《大块头有大智慧》来详细分析，它们都在云冈石窟取景和拍摄，社会反响都很不错。

《戴手铐的旅客》部分情节在云冈石窟第三窟展开。影片中，特务苏哲沿着古城墙，进入云冈石窟对刘杰进行迫害。在进行到17分钟30秒时，影片采用转的处理方法，呈现云冈石窟大致面貌，制造了一种晕眩效果。而苏哲选择藏身这里，不只是他荒莽行迹的表现，更暗示了他的隐秘性。影片用俯拍的手法拍摄第三窟外景，表达了人与自然比较时的渺小。而那些黑沉沉的洞窟，暗示了刘杰被吞噬的可能，从而产生一种悬疑之效，使情节紧凑并让观众紧张。第三窟的走廊内，危险和黑暗形影不离，给故事情节增添了紧张的色彩。云冈石

窟第三窟的开凿，是为僧人提供礼佛活动的场所。而主人公刘杰在此遭难，暗示了主人公在此修行苦难遭受的不可避免，同时也暗示了主人公的凤凰涅槃。当刘杰遭人暗算时，斜幅式与摆振幅式的旋转镜头，让变形的金刚面目狰狞恐怖。显然，这里的宗教文化，与那时的主流话语相对而存在。而影片中，云冈石窟所代表的佛教文化，是被当作背景文化而存在。通过电影，让人们开始认识到云冈石窟旅游文化的博大精深，并且在视觉体验上，对云冈石窟留下了美好的印象与记忆。

电视剧《西游记》（1986年版）中的《扫塔辨奇冤》，序幕刚开始便出现云冈石窟外景，悟空四人走在云冈石窟西部洞窟前，看到寺院，希望能去下榻。紧接着画面转为悟空躲在石窟上，观察官兵殴打僧侣，一个小和尚行乞遭到殴打。一僧侣将师徒四人引入庙里（即云冈石窟第五窟）。悟空救下被悬挂着遍体鳞伤的僧侣。然后一僧侣讲述了众僧受冤屈的经由。剧中第10分钟和第11分钟左右，又出现云冈石窟。在第11分钟30秒，第五窟以特写镜头出现大佛，预示了佛主的力量和僧侣们冤屈的昭雪。第五窟和第六窟以回形走廊为开凿方式，暗示了故事的曲折和冤屈的平反。该剧与云冈石窟在主题和故事情节上达到了完美的契合。该电视剧通过宏大的场景，展现了云冈石窟的气势，给观众留下了很深的视觉感受。与此同时，将云冈石窟旅游文化的内涵，通过故事情节的演变表现得恰到好处，使全国观众对于其文化内核的把握更加到位，文化传播效果更是不言自明。

影片《大块头有大智慧》，将宗教的神圣与现实的习俗结合在一起。影片里，明显出现云冈石窟五次。第一次出现在41分20秒，影片以仰拍镜头呈现云冈石窟第六窟的壁像。文师父在第六窟中向李凤仪介绍大块头身份，说大块头没有发现杀害小翠的凶手，在山头上便挥棍打树，不慎将一只小鸟打死。他在树下坐了七天七夜，看着打死的小鸟，明白因果后，很难过，脱去袈裟下山了。因果并不在一人身上显现。这种难以调解的矛盾让大块头离开佛门，游离人间。1小时1分50秒，大块头飞速地跑入云冈石窟第五窟二层的殿前。文师父同他说那个女孩的恶业太大，不可避免地被杀害。虽然李凤仪是日本兵的前世，可她却承担日本兵杀人的后果。这种因果，难以逃脱。

从电影1小时20分45秒开始，持续发展了4分多钟的故事情节为结局做了铺垫。此时，在电影画面出现一大片宽敞的云冈石窟前的青石地，随着先后出现的第二十窟、第十九窟佛像。大块头同心魔打斗，然后进行对话，说任何力量都改变不了因果。佛只注重一件事，就是当时种下的因。一人分演二角，通过与心魔的对话，表明要想战胜因果，得率先克服心魔。接着二人来到万窟寺前，此刻大块头灵魂已得到升华。画面中出现第二十窟、第十九窟前的大佛，仿佛以超脱的姿态俯视人世的恩怨。为结局——孙果投案自首，大块头重新皈依佛门做了铺垫。正如佛教的魅力所在：万物本无实体，一切都在发展、变化，因果生死互相转化。甚至"我"也是一种虚幻，所以人生不可执着于虚妄，应该树立无常，无我的理念，持舍弃、悲喜、从真、从善之心，才能度过轮回，实现自我的超越。该电影通过艺术的手法，把云冈石窟旅游文化的精神内涵，表现得十分到位，在提升电影艺术价值的同时，也将其文化价值传播给全国民众。使全国观众在内心受到了一次洗礼，同时也把云冈石窟的建筑风采、雕塑技艺完美地印在了观众记忆之中。

二、电视节目对云冈石窟旅游文化的影响

电视节目同旅游文化结合，不止增加了电视节目的画面美感、历史及现实感，更增强了艺术欣赏的需要，无形中将节目主题的核心价值理念寓于其中。电视节目及表现内容的制作与传播，使云冈石窟的美誉度得以提升，同时传播了云冈石窟精美独特的旅游文化内涵。

2016年，第一季《人说山西好风光》电视真人秀节目在山西卫视开播，节目每期通过"城市印象"和"城市好风光"比拼，在全省十一个地级市选出2016年山西旅游发展大会主办城市。初赛设置"城市印象"和"城市好风光"两环节，由四位评委现场点评，比赛结果由场内观众、媒体评审以及场外观众共同投票决定。节目"城市印象"环节由推介人演讲和九十秒城市推荐片组成。大同市委书记张吉福亲自上台竞演，以演讲的方式宣传大同市旅游资源、旅游文化。第二环节——城市好风光，通过文艺演出形式来推广当地美食、美景和特产，展示城市魅力。

在大同特辑中，梁宏达先生对云冈石窟予以高度评价，他阐述了云冈石窟的历史文化和独特性，赞誉云冈文化是东西方文化的融合。节目中的推荐片对云冈石窟加以展示介绍道"云冈石窟气势宏伟，是中国古代艺术的宝库"，并说明云冈石窟的开凿时期。重点介绍了著名的第二十窟露天大佛，它是根据北魏开国皇帝道武帝的形象雕刻而成，具有威严与肃穆之感。然后又高度赞誉了飞天雕刻，说飞天雕刻让游客惊叹不已，一颦一笑亦真亦幻，她们手执乐器，神情迥异形象生动，仿佛置身云端聆听天籁之音，宛若出世之感。然后城市好风

光中，歌舞《飞天美》生动形象地表现了云冈石窟飞天雕像的优美风姿。该电视节目通过艺术化的手法，把云冈石窟旅游文化的内涵与外延，表现得十分自然，在提升节目艺术价值的同时，也将其文化价值呈现给全国民众，使全国观众在视觉体验上受到了一次洗礼，同时也把云冈石窟的飞天风采、雕塑形象完美地印在了观众记忆之中，效果特别显著。

三、纪录片对云冈石窟旅游文化的影响

纪录片同旅游文化结合，不止增加了纪录片的表现美感、历史及现实感，更增强了艺术风格的需要，无形中将纪录片内涵的核心思想观念寓于其中。纪录片及表现内容的拍摄与传播，使云冈石窟的关注度得以提升，同时传播了云冈石窟精美绝伦的旅游文化内容。

纪录片对云冈石窟旅游文化的影响较为明显。真实是纪录片的核心，云冈石窟所依托的山脉绵长，蕴含的历史文化悠远深厚，有着众多的佛教文化洞窟。其中《世界遗产在中国——云冈石窟》（2008年）、《天下大同——云冈石窟》（2012年）、《世界文化遗产——云冈石窟》（2014年）、《千年石窟的佛门往事》（2016年）等纪录片，都是关于云冈石窟的代表性纪录片。这些纪录片通过讲述云冈石窟的开凿历史、原因、主持者、经过等，突出云冈石窟历史文化的重要地位。这些纪录片对云冈石窟的洞窟特点、自然风光、佛教文化、人文风俗进行全方位地解读，真实生动地反映了云冈石窟旅游文化，把云冈石窟呈现在多种终端之上，让观众对云冈石窟有了更深的了解和更好的把握。

纪录片通过艺术化的手法，把云冈石窟旅游文化的内容与价值，表现得十分充足，在提升节目艺术欣赏的同时，也将其文化内涵呈现给全国民众。使全国观众在文化体验上受到了一次洗礼，同时也把云冈石窟的天然风采、文化形象完美地印在了观众记忆之中，效果尤其突出。

综上，云冈石窟旅游文化以其独特的内涵，吸引影视营销和视觉媒体传播。影视作品对旅游目的地的形象宣传具有重大意义，影视剧是重要的信息传播渠道和营销手段，能够充分吸引游客的关注。通过影视剧的播出效果，使得观众变为游客，产生到云冈石窟实地旅游体验的行为。电视节目与纪录片的拍摄、传播，提升了云冈石窟旅游文化的知名度，让更多的游客、民众进一步了解到云冈石窟的历史文化内涵，促使游客产生强烈的旅游行动。不仅增加了当地居民的旅游收入，更带动地方旅游文化业的长足发展。

第三节　媒介传播对五台山旅游文化的影响

随着科技和互联网的迅猛发展，信息传播的渠道越来越广泛，单纯的依赖一种传播媒体无法将地方旅游文化信息，覆盖更为广阔的受众面，印刷媒体和广播电视媒体由于各自缺陷，无法生动全面地将地方旅游文化随时随地快速传播，对此网络媒体作为"第四媒体"的出现，弥补了传统媒体的许多不足。网络传播覆盖范围极其广泛，信息容量大，各种传播方式相融合。如今，整合营销传播成为构建五台山地方旅游文化形象的重要途径。它可以将网络的优势充分发挥出来，并且将造势和借势相结合，来更好地提高五台山旅游文化软实力，使其在现今地方发展竞争中占有一席之地。

网络新媒体是针对传统媒体而言的，我们常说的新媒体有网络、手机、移动媒体。新媒体不同于传统媒体的单向式传播模式，它是双向互动式的交流。如今网络新媒体已渗透到人们生活的方方面面，成为获取旅游文化信息最便捷的途径，成为旅游生活的好助手、旅游娱乐的好工具。网络新媒体不仅是地方旅游文化形象的多媒体展示平台，更是景区与游客双方互动交流的平台，这种展示、交流不受地域、时间、空间的限制，更多地表现为传统媒体的延伸和扩展。

当前在维基百科上输入"五台山"关键词可得到1 445条结果，在中国知网引擎上输入"五台山佛教"这一关键词，会得到4 880条结果，在百度引擎工具会得到约2 060 000条网页记录。这些结果呈现了大量有关信息，较为全面地阐述了相关新闻、知识等，既有文字、图片，也有视频和音频资料，对五台山旅游文化的推广宣传有较大的社会意义。社会民众在认知五台山旅游文化时，由于社会信息的庞杂，民众认知的内容往往是通过大众媒体所建构的"拟态环境"而形成，网络新媒体凭借其显著优势，迅速充当了民众和五台山旅游文化沟通的桥梁和载体。网络新媒体用户的迅速增长，使得五台山旅游文化的发展，需要依靠网络新媒体"造势"，并向网民"借势"，以此维护并宣传五台山旅游文化的形象。目前，五台山旅游文化形象的网络新媒体传播方式，主要包括如下几种：

一、贴吧论坛传播

网络新媒体的交互性，使社会民众得到广泛的参与和深刻的体验。网民不仅作为受众，而且作为传播者，发布信息，传达意见。百度贴吧中的五台山吧，月活跃用户6 219人，累计发帖9万条；五台山旅游吧，月活跃用户307人，累计发帖2 546条。在这些贴吧论坛中，有着不少关于五台山旅游文化的较为分散的信息，不过碎片化信息，更符合当下忙碌的人群浅阅读、信息获取的要求，人们在闲暇时刻以交流的方式获取五台山旅游文化信息。此时，传播者不再以高高在上、严肃官方的立场来传达旅游文化的资讯，而是以普通人的身份进行小众传播、分众传播，除了增加受众与游客接受信息的亲切度，其所传播的信息也更容易被认同接纳。贴吧论坛对五台山旅游文化传播的影响效果，得到了充分的印证。

二、官方门户网站传播

很多省市都将当地官方门户网站看作地方旅游文化的重要宣传载体，网站将权威准确的信息，采用文字、图片、视频等多样化的方式，生动丰富地把旅游文化的内容展现出来。政府门户网站的主要功能有信息发布、资源整合、网上服务等，为旅游文化的发展提供了便捷的渠道。门户网站有效的资源整合是展示五台山旅游文化特色的重要途径，也有利于吸引旅游者和投资者的参与。五台山网是当地政府在信息化建设基础之上，所创建的应用型门户网站，为大众提供各种便捷、高效的服务。五台山网，页面有着浓郁的地方文化特色，它以"佛教圣地五台山"作为文化标语，简洁清晰地阐明其文化特色。以"人文五台山""国际五台山""休闲五台山""风光五台山""会展五台山"为首栏，以"一日禅""景区动态""自然五台山""文化五台山""非物质文化遗产""视频"为二栏，在栏目的设置中融入了当地佛教旅游文化特征，该网站不仅发布地方发展动态，还通过这些有特色的栏目进行文化推广与宣传。图片、视频等直观的信息，容易对浏览者造成视觉冲击，吸引游客来访，所以在表现形式上这方面的内容居多。另外，五台山作为旅游景区，不仅要在国内宣传，也以"国际五台山"积极与世界接轨，以扩大其旅游文化的影响力。除了地方门户网站外，还有五台山佛教文化促进会、五台山佛教在线、五台山旅游网、山西佛教网等，对于提高五台山佛教旅游文化的知名度、美誉度、影响度，都起着重要作用。

三、微博自媒体传播

随着科技发展，智能手机越来越普及，伴随而生的自媒体迅速发展。2009年新浪开通微博服务站，在明星效应下社会大众纷纷跟进成为微博用户，微博这一自媒体快速占领了市场，据官方统计到2020年微博用户已有5.2亿，与上年相比增长500万。社会民众通过移动客户端方便地使用微信、微博等自媒体，使得"人人都有麦克风"和伴随而来的话语权得以实现。

微博是一个低成本的旅游文化信息传播平台，实效沟通、交互性强的特点，使得其影响力不可低估。并且微博的信息传播是裂变式的，这就使得这种影响效果的产生几乎是瞬间就能达成。诸如，有着"五台山真容寺方丈，能仁寺、普寿寺、山西尼众佛学院导师"头衔的大V"梦参老和尚法语"发一条微博，关注他的用户接收并根据兴趣选择性转发，关注转发过这条微博的用户又开始了新的完整传播过程，这样就形成了一个裂变式的传播网络，使得消息内容快速、大量地传播。基于微博用户积极性和信息共享的心理，使有关五台山旅游文化信息复制并广泛传播，这种病毒式传播增加了信息的受众覆盖面，通过信息的快速复制形成一定的传播规模，从而扩大五台山旅游文化的知名度与影响力。

微博作为一个社交平台，是公共领域，如五台山黛螺顶官方微博"五台山黛螺顶"、五台山佛教协会官方微博"五台山佛教协会"等。微博，同时也是私人空间。如五台山"如瑞法师""梦参老和尚法语"等人微博的互相交流。微博自媒体使得这种互动得以加剧，并能够加强粉丝们对佛教文化内容的学习，增加对五台山特有旅游文化的理解和认知，相互启发，彼此促进。"五台山佛教协会"等官方微博的建设，是五台山佛教旅游文化传播品牌建设的重要部分，它将五台山佛教文化普及传播的同时，对五台山旅游文化形象进行推广，为其地方良好形象的塑造起到了极大作用。

与此同时，相关微博与受众进行实时的互动交流，不仅拉近了传受双方距离，也拉近了受众与五台山佛教旅游文化的距离，更有利于对社会民众意见和建议的反馈收集，为当地旅游文化的发展、改进起到了重要作用。微博等自媒体，有利于个人意见的表达，但观点、信息较为分散，尤其是其中的搜索功能正是对分散信息进行整合传播，这一作用的发挥，更加方便了无目的、潜在的受众，有针对性地寻找五台山相关旅游文化信息。微博重在互动，如若官方微博仅注重发布信息，而少与"粉丝"交流互动，则成为被动的追随式传播。这时候，地方旅游文化再缺少有影响力的代言者宣传，官方及其微博又没有进行品牌策划的计划与预期，都会直接影响粉丝量、转发量、评论量，以及最终的社会关注度，从而影响五台山旅游文化的推广与传播效果。

四、手机媒体的相关 APP 传播

如今手机媒体已成为新媒体的代表，在手机无线上网的情况下，几乎可以完成电脑做到的任何事，而相对于电脑来说手机的便捷性、实用性、携带性更强，使用体验与效果上更加方便、快捷、高效。手机媒体有着不可替代的互动性、沟通性、随身性的特点。五台山旅游文化通过手机媒体，可达到更佳的传播效果。当下手机媒体的普及，并且手机媒体作为私人媒体有着较强的隐蔽性，受众对手机媒体的使用，以及信息的采集与发布更具有主动性和选择性。这也为五台山旅游文化内容的广泛传播打好了基础。

手机媒体的受众可按自身兴趣、需求，下载关于五台山旅游文化的相应软件。如 APP"五台山"，该软件针对游客，有着语音导游、景区特色、旅游攻略、美图欣赏等功能，对五台山佛教寺庙等文化内容，进行专业播音般的详细解说，使受众体验到身临其境的愉悦感，提高了五台山佛教旅游文化的对外吸引力。APP"行走五台山"是一款旅行软件，其"游记分享""攻略达人""美图欣赏"等功能更注重受众的沟通，通过旅行者的经历分享进行人际传播，分享式的沟通互动所提供的信息，更能增加受众的主动接受度，增加社会的客观信任感，以此提高五台山佛教旅游文化的知名度。相关 APP 还有"智慧五台山""金色五台山""游山西""在忻州"等。这些手机 APP 软件，可以把受众的零散、闲暇时间有效利用起来，达到将五台山旅游文化潜移默化地传播的效果。社会大众，通过手机 APP 软件可以自主地、有选择地，详细了解五台山旅游文化的方方面面，有利于五台山旅游文化的深度传播。①

---

① 乔秀峰：《影视媒介与旅游文化的传播研究——以五台山旅游文化为例》，《山西大同大学学报（社会科学版）》2018 年第 01 期，第 103—105 页。

第十四章 媒介传播对山西晋中地区旅游文化的影响

第一节 媒介传播对太原旅游文化的影响

目前条件下,媒介传播对太原旅游文化的影响,主要表现为电影、电视剧、电视节目、短视频等,对太原旅游文化的积极传播与带动作用,并且影响效果比较明显。鲜明的旅游文化风格是旅游体验的基础和灵魂,独具一格的太原旅游文化,可以为游客、民众提供悠久深远的历史文化感触,让他们获得良好的旅游文化体验,产生深刻的印象,成为社会大众必选的旅游目的地。

一、景区知名度和居民收入俱增

最近几年,山西著名旅游景区平遥古城引进了众多当红综艺节目(如《爸爸去哪儿》《咱们穿越吧》等)到当地拍摄,在欢快的电视节目中,观众可以跟随喜欢的明星领略平遥古城的魅力,体会别样的风采。短时间内,平遥古城吸引了大批粉丝观光游览,火爆程度甚至造成了古城内的交通瘫痪。[①] 而太原同样凭借着典型代表——青龙古镇影视基地吸引游客。2017年9月15日,大型红色抗日电视剧《奔向延安》在青龙古镇开拍,剧组中包括迟帅、王二妮、于得水等多位明星,吸引了很多游客慕名前来,当地人不仅可以在剧中扮演群众演员的角色,而且也可以借此销售一些影视周边衍生品,向游客推广当地特产,发展乡村旅游等,以提高当地的居民收入。近年来,青龙古镇备受影视拍摄剧组的喜爱,成为电影、电视剧的重要拍摄地点。曾先后拍摄了《红军东征》(2012

---

① 蒋波、李岩:《〈咱们穿越吧2〉录制万人轰动 古城瘫痪引争议》,人民网,http://ent.people.com.cn/n1/2016/0509/c1012-28336679.html,2016-05-09。

年)、《血滴子》(2012 年)、《李家大院》(2014 年)、《黄河在咆哮》(2015 年)、《红色福尔摩斯》(2016 年)等多部影视作品,成为了游客途径太原时一个颇为理想的好去处。这样一来,青龙古镇的知名度大大提升,游客在古镇游玩,一方面能够感受到当地的风土人情和历史文化,另一方面也可以亲自来一次影视拍摄的体验之旅。影视媒介的传播所产生的影响力,助力太原旅游文化的大发展。

二、文化影响力和内涵品味升华

情感式营销是营销模式中卓有成效的一种。"打情感牌"日益成为旅游景区吸引和挽留游客的主要方式,而影视就是进行情感营销很有效果的媒介。本书前文提到太原旅游文化的四部微电影,如 2017 年推出的《乡愁·魂牵梦绕山西面》,一开始就从主人公秦晋一家在出国前对山西面条的回忆作为铺垫,而后又引出主人公秦晋在美国吃面条时,由于口味的不正宗从而希望吃牛排和母亲对家乡的思念,透露出了他们对于儿时面食的留恋,以及对中西饮食文化差异的困惑。回国后,剧情又随着秦晋与司机的对话、非遗快板、食品街、面塑、汾河公园等,回到太原后的所见所闻,将故事逐渐引向深入。随后,偶遇李师傅、拜师学艺、母亲吃到家乡味等剧情,将故事拉上了高潮,表现出了这部微电影的主要内核,并以此作结。这样不同于以往机械式、程式化的宣传手段,这样的微电影加入了能够打动人的情感因素,收获了良好的宣传效果。伴随这些微电影在爱奇艺、搜狐视频、哔哩哔哩等视频平台的上线,其社会影响力直线上升,有效地传播了以面食文化为代表的太原旅游文化,将其旅游文化的品牌形象为国内民众所了解熟悉。同时在旅游文化中所渗透的乡愁、故乡等情感因素,对于海外的三晋游子、华人华侨等,都起到了极大的影响效果,扩大了其旅游文化传播的深度与广度。

三、辐射带动性和周边效益扩大

一直以来,我国作为一个以文化性资源为主的旅游大国,过度偏重孤立的旅游资源和静态的表现手法,旅游活动实现形式单一,已经越来越不能适应现代旅游者追求多样化、个性化、动态化的旅游需求。[①]这在山西来说同样如此。

---

① 吕君、刘丽梅:《论影视剧拍摄对旅游景区发展的影响》,《经济论坛》2009 年第 07 期,第 126—129 页。

《又见平遥》作为山西首个大型实景演艺项目，2013年一经上演，就好评如潮，场场爆满，以致很多人认为没看过《又见平遥》就不算真正到过平遥。随着该剧作的火爆，平遥吸引到了国内很多商界精英前来观看，甚至在演出当年便吸引到了马来西亚旅游部长及其他嘉宾实地考察，并参考"印象"系列筹备首个海外剧目——《印象马六甲》，这些都大大提升了《又见平遥》带来的衍生效果。在太原，青龙古镇作为影视拍摄地，也正在慢慢发展出影视周边的综合产业。青龙古镇通过不断扩建，逐渐拓展出了美食街、博物馆、民俗体验区等历史遗迹之外的游览地点，还通过庙宇免费上香等活动招览顾客。将这些景区衍生经济与影视经济相结合，在一个只有500户人口的小村庄中，将会提供很大的就业创业机遇，使得更多的文旅企业不断加入其中，扩大其旅游文化规模和社会影响力，使得青龙古镇成为太原旅游文化的一个重要品牌。在影视媒介的影响下，其带动太原古城旅游文化整体的系统化、规模化发展，社会效益得以大大提升。

四、旅游发展力和方向模式显现

山西作为旅游文化大省，影视旅游文化资源十分丰富。山西影视剧也已经围绕太行文化、长城文化、黄河文化、晋商文化等题材拍摄了诸多剧作，发展前景广阔。十八大以来，随着中央反腐力度的加大，山西也积极拍摄有关廉政题材的影视剧。2017年，由山西影视有限责任公司拍摄的一部古装大戏《于成龙》受到了人们广泛关注与社会民众的一致赞誉，其以清代著名清官于成龙作为主要形象，塑造了他刚正不阿、廉洁勤奋的高尚形象，并借古喻今，对当代廉政建设和官员自律等方面提供了有益借鉴。这也是山西影视剧拍摄的一大创新，它对于提升省会太原的旅游文化形象，起到了卓有成效的作用。另外，《人说山西好风光》这档山西卫视重点打造的栏目，更是在全国首创了将各地党政领导干部，作为所在地区的旅游文化形象大使，运用文艺表演的方式与全国观众互动交流的新模式，令人耳目一新，不仅对太原旅游文化的宣传效果绝佳，而且在省内外收获了相当高的社会评价与赞誉。这些创新方向与模式，都大大提高了省会太原旅游文化产业的可持续发展能力，缩短了和旅游文化大省之间的差距。在一定程度上，甚至引领了国内影视旅游文化的创作模式。与此同时，这种新的旅游文化发展方式，使得太原旅游文化的整体形象得以改善，旅游文化的生态得以良性循环。

五、产业化框架和资源配置优化

长期以来，山西省虽然拥有非常丰富的旅游资源，但始终未曾得到更多的开发利用，致使很多人一听到山西，印象中便是"煤炭"和"穷困"这两种场景。这种状况的持续，使得省会太原在外界的整体形象不容乐观，不利于太原旅游文化产业，乃至整个文化创意产业的发展。影视旅游的资源利用方式，则使得太原旅游文化形象在较短时间内，得到了一些有效的改观。其中，2006 年的古装大剧《乔家大院》，其影响力更是达到了极致，几乎是大江南北家喻户晓。该剧以高超的艺术塑造手法，深刻描绘出了晋商文化的历史内涵与底蕴，让人们认识到了除煤炭外山西深厚的文化资源。与此同时，影视旅游还有助于太原周边各地大力发掘新的旅游资源，打造新的旅游文化品牌，使得山西省内旅游资源配置更加均衡，让山西从旅游资源大省向旅游文化强省迈进。比如，皇城相府景区的火热，除自身文化底蕴丰厚的因素，还与一部影视剧有很大关系，即《康熙王朝》。该剧在描写康熙南巡时，曾驻扎在山西阳城皇城村的户部尚书陈廷敬的老家，并训话文武百官，展现出了该景区明清时期的历史文化风貌。该剧 2001 年在央视热播后，皇城相府随之也名声大震、声名远扬，吸引了大批游客涌入。这些影视媒体使得太原地区的晋商旅游文化得以形成规模，并产生辐射全国的良好效果。

第二节　媒介传播对太谷旅游文化的影响

目前条件下，媒介传播对太谷旅游文化的影响，主要表现为山西省政府、晋中市政府、太谷县政府等宣传政策的引导上，其对太谷旅游文化的积极传播与带动作用显著，并且影响效果比较突出。鲜明的旅游文化定位是旅游体验的基础和灵魂，独具一格的太谷旅游文化，可以为游客、民众提供悠久深远的历史文化感触，让他们获得良好的旅游文化体验，产生深刻的印象，成为社会大众必选的旅游目的地。

一、山西省政府宣传政策的影响

为了更好地对山西太谷旅游文化形象进行定位和宣传，山西省政府多次召开了"山西省旅游形象宣传与提升"等相关的专家座谈会，来自全国各地的专家结合自身研究，共同为山西旅游文化业的发展献计献策。山西太谷具有丰富的旅游文化资源，在旅游文化发展方面占有相当大的优势，在未来旅游业的发展中应该更加注重"走出历史，走进现实"。一直以来，山西太谷都是"产煤大户"，煤炭资源的丰富为其带来了经济的发展，但是长期以来忽视了对环境的保护以及旅游文化产业的发展，而且也没有对自身的文化资源进行深入的挖掘以及利用，最后相比其他先进的旅游文化地区落后了许多，所以必须奋起直追。山西省政府现在已经充分认识到发展的差距，为了落实"十三五"规划，逐渐向"文化支柱性产业"转移，省政府本着"重新发现山西"的初心，来深入探索山西旅游文化产业的发展方式。

山西省政府为了塑造太谷旅游形象与传播太谷旅游品牌，在深入挖掘和整合当地古建、大院、山水、遗迹等旅游特色资源的基础上，打出了"看得见的历史"这一旅游文化品牌，目的就是为了突出太谷的古文化特色。山西省政府还希望通过分析不同的旅游消费者群体的需求，再结合太谷自身的旅游文化优势，为其量身定制详细的旅游文化体验内容，引导旅游消费者由传统的旅游观光，过渡到深度的文化旅程休闲游，打造出"人说山西好风光"更深层次的文化底蕴。随着文化社会的发展，调查发现一些"80、90"后逐渐成为旅游文化的主体，省政府希望借助网络新媒体的力量，开展一系列富有创意的时尚旅游体验活动，扩大太谷旅游在这些年轻人心目中的新形象。从文化深度讲，省政府希望能向旅游者讲述富有情怀的山西故事、太谷故事，引起旅游者在心灵上的共鸣。

与此同时，省政府也积极参加全国各地的旅游推介会，目前为止，山西省已在北京、青岛、深圳、珠海等地成功举办了多场"晋善晋美"山西旅游推介会，通过对山西及太谷精彩旅游的推介展示，给现场嘉宾及参会者留下一个"中国有个好山西"的深刻印象。不光如此，为了落实"走出去，请进来"的旅游发展战略，也为了进一步宣传和介绍山西及太谷丰富的旅游文化资源，同时趁着"太原—俄罗斯莫斯科"等定期国际直飞航班的开通，也能够吸引更多的境外游客来山西太谷观光旅游，"晋善晋美，山西旅游"推介团走进了俄罗斯等国家,让国外民众了解并熟悉了作为"中华文明发祥地"的山西及太谷旅游文化。山西省政府为太谷旅游文化的发展,付出了很大的努力,也取得了巨大的成效。

二、晋中市政府宣传政策的影响

太谷县所属的晋中市,是山西省的地级市,2016年位列国家旅游局公布的首批国家"全域旅游"示范区名单之内,这当然是与市政府及太谷县的努力分不开的。全域旅游,目的是为了打造一种"以旅游业为优势产业,实现区域资源有机整合,以旅游业带动和促进社会经济协调发展"[①]的区域融合发展理念和模式。全域旅游,是太谷新阶段旅游文化发展方式和发展模式的一场变革,旨在推动旅游业由"景区旅游"向"全域旅游"发展模式转变,构建新型旅游文化发展格局。

晋中市政府正是立足于此,并通过不懈努力,以此为契机使得太谷旅游文化业的发展,能够主动适应新的旅游文化消费需求,提高旅游文化品质和服务质量。尤其摆脱了多年以来对旅游门票方面,单一的经济依赖,大力促进晋中市及太谷县旅游文化产业的转型发展。晋中市近年来,对于太谷县旅游文化产业,打造出了"吃、住、游、娱"一体式旅游发展模式,并进行了各种积极的改造升级,使太谷旅游文化业逐渐走上快速发展的轨道。

三、太谷县政府宣传政策的影响

太谷县政府为响应山西省"十三五"规划,也为响应山西省旅游文化建设的要求,不断在旅游文化发展这条道路上进行各种尝试。太谷县以打造"近代山西第一城、山西文化产业第一县、山西养生旅游第一县、山西乡村旅游第一县"[②]为目标,拟定了一套将旅游产业提档升级的"三年行动计划"。太谷县还依据自身特色制作了一个别有韵味的旅游文化宣传片,对太谷境内的旅游文化内

[①] 李柏文:《以全域旅游推动生态保护新格局》,搜狐网,https://www.sohu.com/a/236079339_162758,2018-06-16。

[②] 郝俊刚、霍燕、吴书明:《太谷县全力打造全域旅游新格局》,晋中市人民政府网,https://www.sxjz.gov.cn/xwzx/tpxw/content_227851,2018-04-18。

容一一进行详细介绍。(见图4.14.1)

图 4.14.1　山西省太谷县宣传片

太谷，直至近代以来商业贸易发达，是晋商的发祥地之一，并依托农业创新迅速发展，县政府打着"晋商底蕴，培源固本"的口号，立志建设"近代山西第一城"；太谷虽小，但却物产富饶，资源良多，还是中国玛钢的建设基地，近年来太谷的农业发展也是可圈可点，政府将结合第一产业与第二产业，希望把太谷打造成"文化产业第一县"；太谷自古以来便是龟龄集、定坤丹的原产地，其养生文化可谓是由来已久，再加上太谷自创的形意拳一派，更是凝聚了太谷人民自身的一套强身健体的拳法，太谷的壶瓶枣与太谷饼也是营养价值非常的高，太谷县政府倡导建立了许多生态园区，打造"山西养生旅游第一县"指日可待；在太谷县政府的倡导下，建成了一批特色小镇、传统村落、民宿农庄、采摘园区等精品旅游文化景点，为建设"山西乡村旅游第一县"奠定了基础。通过以上努力，太谷旅游文化业，正逐步向着特色化、规模化、产业化道路发展前进。

第三节　媒介传播对和顺旅游文化的影响

目前条件下，媒介传播对和顺旅游文化的影响，主要表现在打造旅游品牌、利用传播渠道、形成发展模式等政策措施的引导上，其对和顺旅游文化的积极传播与带动作用显著,并且影响效果比较突出。鲜明的旅游文化定位是旅游体验的基础和灵魂,独具一格的和顺旅游文化,可以为游客、民众提供悠久深远的历史文化感触,让他们获得良好的旅游文化体验,产生深刻的印象,成为社会大众必选的旅游目的地。

一、打造旅游品牌,促进文化建设

随着"牛郎织女文化之乡"的确定,和顺县的旅游文化品牌逐渐树立,结合国内传媒的不断宣传,人们对于和顺"牛郎织女文化"的认识逐步加深,在推动当地旅游文化产业发展的同时,也给旅游文化企业的招商引资提供了广阔空间。目前以云龙山风景区、合山风景区、阳曲山风景区及太行山断裂带和牛郎织女文化等为主的旅游景区,形成了"三山一带一文化"的旅游文化格局,并积极进行牛郎织女文化园区等景区建设。随着生态旅游、旅游文化产业的不断深入发展,和顺县的发展方式由"挖煤"转变为"挖文化",同时带动当地乡村文化产业等的发展,多种渠道增加当地居民收入,努力打造出了"和谐""和美""和顺"的品牌文化,积极推动和谐经济、绿色经济的建设与发展。

二、利用传播渠道,促进文化交流

和顺县地处太行山腹地,由于地理条件和交通设施的限制,与外界交流较为困难,这为和顺旅游文化的传播带来了不少困扰。当前,主要以广播、电视等媒体形式,借助其辐射广、受众多的优点,在推动和顺旅游文化的发展中,做出了积极有效的贡献。诸如"和顺广播电台",它会定期推荐和顺境内著名的旅游文化景点,通过对这些景点背后的历史文化做介绍,来弘扬和顺优良的精神文化。更多的省内外游客,对和顺有了进一步的了解与认识。电视广告也是传播和顺旅游文化的重要传媒途径,目前主要在山西电视台等省内主要媒体,播放和顺旅游公益片,使得和顺旅游文化走出当地,并成为推动和顺文化向外发展的重要渠道。由此和顺旅游文化的对外交流开始形成,在国内的影响力逐渐扩大。

三、形成发展模式，促进文化共荣

为了促进旅游文化产业发展，当地政府制订了"文化活县"的方略，并活用电视等多种媒介手段，来宣传当地凤台小戏、五谷画、剪纸、刺绣等民间艺术，以文化带动旅游产业又好又快发展。这一发展模式的提出和实施，使文化产业发展带来的利润在当地经济中的比重加大。与此同时，旅游文化的繁荣工程、推进工程、引领工程、创新工程等，主要工程项目的规划与建设，也为"文化活县"的实施提供了支持。随着这个发展模式的逐步实施，当地政府及企业对旅游文化业的政策投入、资金力度都在加大，并且成立了和顺县文化改革和发展领导组，进一步建设发展当地的文化事业。这些良性发展模式与机制的形成，对于和顺旅游文化的发展，逐步走上系统化、规模化、融合化铺平了道路。

综上所述，近年以来和顺当地发展中，与旅游文化业相关的建筑业、房地产、餐饮、通信、物流等服务业都在迅速提升整体水平，由此带动相应旅游服务设施的完善，提高和顺旅游文化业、服务业水平。这其中，传媒作为政府向民众发布振兴发展方式、共同富裕方法的渠道，对和顺旅游文化的发展有着重要的作用与意义。

第四节 媒介传播对晋商旅游文化的影响

晋商旅游文化，通过书籍、报刊、电视剧、网络视频、舞台剧、展会，以及各种新媒体等不同的媒介进行传播，形成了晋商旅游文化立体而富有层次的传播图景。多种媒介渠道的传播，使得晋商旅游文化迅速地走入大众视野，激发了国内民众对晋商旅游文化的追捧热潮，媒介传播对晋商旅游文化的发展意义深远。

一、利于文化特性的传承

2006年5月我国公布了非物质文化遗产首批名单，山西省共有159项成为了国家非物质文化遗产,其中晋中市占全省总数的11.95%,其中具有代表性的有:传统音乐,左权开花调;传统戏剧,祁太秧歌、晋剧;传统体育、游艺、杂技,分别是晋中市的心意拳、太谷县的形意拳和祁县的心意拳;传统美术,平遥的纱阁戏人;民俗,介休的寒食节和榆次区的南庄无根架火等。还有,平遥古城早在1997年已被联合国确定为世界文化遗产。这些物质和非物质文化遗产,都是晋商旅游文化的代表,它们得到国内、国际权威机构的认可,在一定程度上代表了晋商文化的精髓也被社会大众所接受,有利于晋商旅游文化特性的永存和传承发展。

《乔家大院》《走西口》《白银谷》等晋商文化题材的影视剧为观众描绘出晋商文化的立体形象:有美轮美奂的大院、有古朴原始的民居、有独具特色的器物以及独特的民俗乡情。其中,"乔家大院"不仅是国家5A级的旅游景点、国家级的先进单位和国家级青年文明号,更是晋商旅游文化的活化石。它的建筑风格极为雄伟壮观,整个院落呈双"喜"的字形,设计精巧工艺精细,被称为"北方居民建筑的一颗明珠"。这些独特的文化形式,极大地激发了人们对晋商旅游文化的热情,使得山西祁县、平遥、太谷等晋商文化的集中地成为了旅游文化的热点地区,各地旅客都纷纷来体验晋商文化的魅力。

旅游文化业的快速发展壮大,反映了国内民众对晋商旅游文化的认可,这不仅仅是旅游文化业达到的一个高点,更表现出了大众想要了解晋商旅游文化内容的迫切需求,以及对晋商文化魅力的好奇。而实地的旅游体验,恰好成为民众充分把握晋商旅游文化的一种绝佳方式,这也从侧面反映民众对于该文化的欣赏。影视媒介更以其视听传播的优势,使晋商旅游文化的传承更加客观、真实和形象化。晋商文化的影视作品,也加强了晋商旅游文化与其他省市文化之间的交流。晋商文化的影视剧作,能够让晋商旅游文化中的地域风情、晋商的经营之道、晋商的习俗文化、饮食文化、建筑文化、戏曲文化等,都能够以视觉影像的形式存在,从而让晋商旅游文化的保存与传播更加方便、有效。影视媒介以影像资料的形式,对晋商旅游文化进行传承和传播,从而让越来越多的人有机会来深入了解晋商文化的特性。

二、利于文化内涵的发展

晋商旅游文化以各种媒介为传播平台,不断丰富着晋商文化的内涵,促进着晋商旅游文化的不断发展。"中国·太原晋商文化艺术节"活动从2008年至今的连续举办,"全国新锐商业财经媒体与金融街的对话"的顺利开展,各种关于晋商文化的专题会议、专业性展览等都陆续成功地开展,以及具有代表性的晋商会馆和山西同乡会在全国各地的建立。这样多渠道的宣传、拓展晋商文化,使全国民众更加深入地了解到这一文化的内涵与本质,增加了对文化本身的熟识度和认可度,从而在传承和繁荣晋商旅游文化、服务民众旅游生活等各个方面,赢得良好发展契机。

当下新晋商在传承和发展晋商文化精神中,也发挥了重要作用。新晋商在全国各地晋商会馆搭建戏台,传播晋剧文化,使得晋剧已成为闻名全国的重要戏种。山西太原的晋商会馆,通过大型美食类纪录片《舌尖上的中国》使山西面食文化得以推广,面食文化逐渐成为了晋商文化的标签,从而传承和发扬了晋商民俗文化。而且新晋商对于企业的发展,也在很大程度上借鉴了晋商文化精神中的诚信和进取,以及出色的管理机制,极大地促进了企业向规模化、产业化的方向发展。晋商旅游文化,通过学界不断的研究和兴盛的旅游业,得到了有效传承和发展。在这一过程中,新晋商对于晋商文化和晋商精神的不断传承,让更多的人看到了晋商文化未来的繁荣与机遇。

另外,在晋商文化的影视作品里面,不仅有晋商文化,还有西口文化、蒙古文化以及少量的江浙文化。这些影视作品的播出,促进了晋商文化的对外交流。在文化交流、互动的过程中,晋商文化开始充分吸收其他文化形式的优点,如西口文化中的经营方式和不惧艰苦的品质、蒙古文化中的服饰特性和饮食方式、江浙文化中的重礼谦和的品质等等。从而让晋商文化本身得以存续、发展,进而能够跟上社会发展的步伐,在文化融合中保持自己的持续性发展,以及特点和优势。

三、利于文化形象的塑造

人们对山西省印象只是煤炭丰富、煤老板炫富和污染严重等,但是随着大众传播媒介对晋商文化的不断宣传,旅游文化产业逐渐变成了山西的一个标志,文化牌也成为了山西转型的关键。尤其是以晋商旅游文化为主题的报道、电视剧等媒介形式的有效传播,不仅使全国各地的人们重新开始认识山西这一文化大省,而且更使外界对山西的形象,产生了质的方面的变化,山西的文化形象得以重新塑造,并已得到大大改观。

以《乔家大院》《走西口》这两部央视大剧为代表,其在央视及各大卫视的播出，在国内社会上引起了强烈的反响，也成为了宣传山西的靓丽的广告牌。这些晋商文化题材的影视剧，不仅带动了晋商旅游文化的热潮，更加重要的是重新打造了山西的文化形象，使得文化山西这一印象深入人心。晋商旅游文化在传播的过程中，也不断丰富壮大、不断形成规模，在潜移默化中悄然地改变与重塑了人们对山西的固有印象，并且把晋商文化塑造成了另外一张崭新的文化名片。

另外，由于影视媒介具有传播速度快、传播范围广、传播效率高的特点，使得影视媒介对晋商旅游文化的传播，借助网络平台跨越了时空限制，从而让晋商旅游文化得以更广、更快地在国内及国际民众中传播。晋商文化的传播，可以追溯到余秋雨先生的一篇散文《抱愧山西》，但文章的传播群体、传播范围还是有限的。之后，《大红灯笼高高挂》《白银帝国》的热映让晋商文化得以在更广阔的空间传播。随后，中央电视台的《国宝档案：乔家大院寻珍》《快乐汉语：平遥印象》等节目的播出，让晋商旅游文化走出国门，越来越多的国际友人对晋商文化产生兴趣。使得晋商旅游文化在重塑山西文化形象的同时，进一步扩大了其在国内以及国际上的文化影响力，为晋商旅游文化的发展创造了良好条件。

第五节　媒介传播对平遥古城旅游文化的影响

作为中国四大古城之一的山西平遥古城，拥有非常丰富的旅游文化资源，随着现代信息技术的日益发展和大众传播媒介的不断进步，山西平遥古城逐渐走进人们的视野，尽管如此，还是有一些人对平遥古城的旅游文化不甚了解或者了解不够深入。本次问卷调查研究的目的，就是研究大众传媒在旅游文化传播过程中所发挥的影响作用、以及存在的问题。这次问卷以山西省民众作为主要目标对象，同时兼顾其他省市民众，主要研究平遥古城旅游文化在传播受众、传播渠道以及传播效果方面的影响。本次问卷调查在网上进行，在QQ群组、微信朋友圈和百度贴吧里发放，共收回有效问卷调查表5000份，通过对这些问卷调查的整理与分析，归纳总结出，平遥古城旅游文化传播过程中的影响情况。具体关于平遥古城旅游文化的影响情况如下：

一、平遥古城旅游文化在传播受众方面的影响

（一）受访者年龄分布

本次调查受访者共分18岁以下、18到30岁、31到50岁和50岁以上四个年龄段，其中18到30岁这个年龄段所占比例最大，为76.98%，其次是31岁到50岁这个年龄段，百分比为15.08%。原因可能是在新媒体时代，活跃在网络论坛和群组里的是以青年人和中年人为主，未成年人可能受学业的影响与新媒体接触较少，老年人思想观念相对保守，文化水平相对有限，更多的是接触报纸、电视等传统媒体，相比之下，青年人和中年人更容易受新媒体的影响。而且，青年人和中年人外出旅游次数多，对平遥古城旅游文化关注的也比较多，接受能力也较强，对平遥古城旅游文化的熟知度较高。这是我们调查研究中发现的一个重点人群，也是调查反映的重要现象。

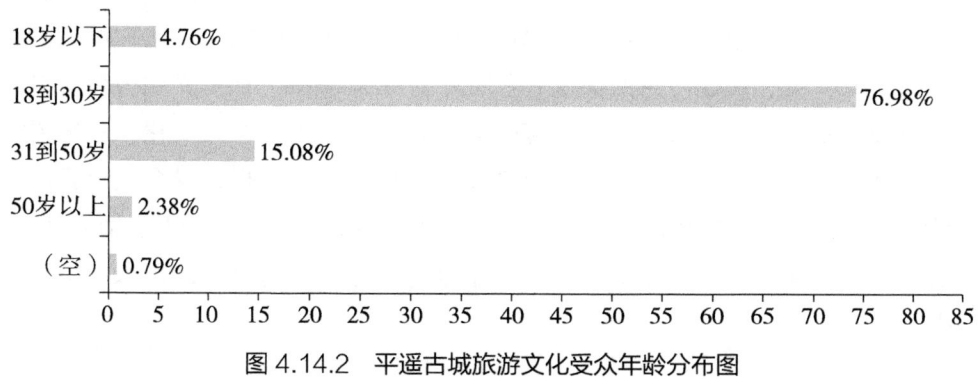

图4.14.2　平遥古城旅游文化受众年龄分布图

（二）受访者性别分布

在本次受访者中，男女比例相当，女性比男性稍高一点，二者虽有差距，但并不大，因此对该问卷调查结果影响不大。在日常生活中，女性相对于男性来说更喜欢外出购物、旅游，因此对平遥古城旅游文化关注度高，对旅游文化的具体内容了解较多；而男性可能更多地关注金融、体育等领域，对平遥古城旅游文化关注少，同时受大众媒介对平遥古城旅游文化传播的影响较小。说明平遥古城旅游文化，要想取得更大程度的发展，赢得更多男性游客的关注，需要利用与开发更多男性关注的媒介传播渠道。

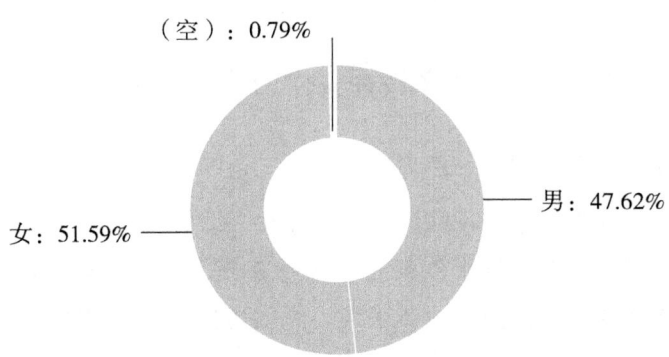

图 4.14.3 平遥古城旅游文化受众性别分布图

（三）受访者文化程度分布

从图 4.14.4 中我们可以看到，本次调查受访者的文化程度分布，其中本科及以上学历者占绝大多数，约占 78.60%（3930 人），这主要是在发布问卷调查的群组和论坛中的受访者，文化程度普遍较高有关。其中，这部分人和新媒体接触的比较多，思想开放包容，外出旅游时间比较多，因此对平遥古城旅游文化较为重视，更感兴趣。而本科以下学历者约占 21.40%，或因文化教育所导致的媒介接触不平衡等因素，接触新媒体的内容上比较侧重娱乐文化，对平遥古城旅游文化等相对厚重的内容，了解度相对偏低。由此得出，受众文化程度的偏低对平遥古城旅游文化的传播，确实存在影响，要想把这部分人群纳入其中，还需要在新媒体的传播方面进行有效的策划与引导，只有这样才可以取得预期效果。

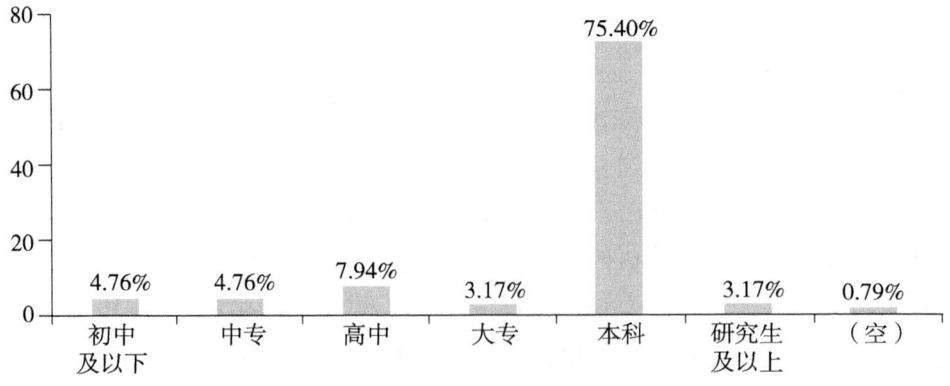

图 4.14.4 平遥古城旅游文化受众文化程度分布图

（四）受访者职业分布

根据图 4.14.5，我们可以看出该调查结果所反映的受访者职业分布，其中学生占大多数，约 74.60%。结合上述文化程度分布图，可以得出原因。在问卷调查的完成中，人群主要是以大学生为主。一方面他们时间相对充足，喜欢逛论坛，多在群组里活动积极，并且受新媒体的影响较大；另一方面大学生相对来说旅游次数多，利用新媒体对平遥古城旅游文化关注度较高。调查显示，公职人员、自由职业者和民营企业主等，其他职业者共占比重 25.40%。这部分人群，由于工作或其他生活习惯等原因，以至于与新媒体接触少，旅游机会更少，对平遥古城旅游文化的了解相对不足。对于这部分群体，需要开发出更多媒介形式，来引起他们对平遥古城旅游文化的热度与广度，这样才能扩大这一文化样式在全社会的影响力度。

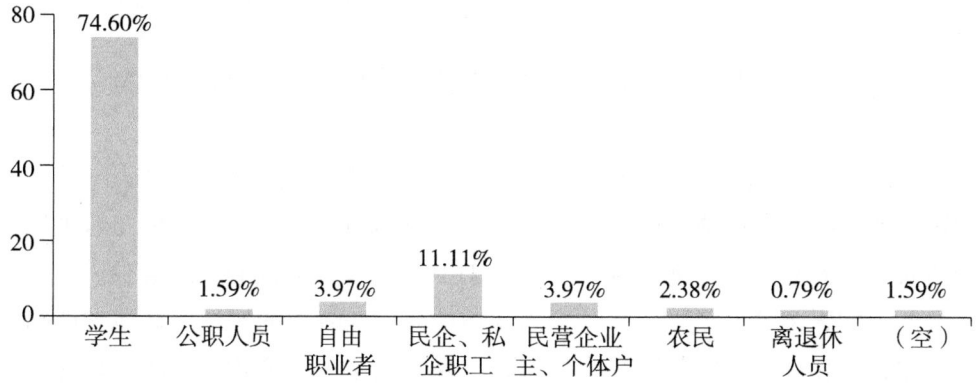

图 4.14.5　平遥古城旅游文化受众职业分布图

（五）受访者媒介使用习惯

如图 4.14.6 可知，受众接触最多的媒体是网络和电视，分别占到 88.10% 和 49.21%，其中网络是居于相对高位，占很大优势，而报纸、广播和杂志等其他媒体受众接触甚少。由此我们可以看出，近些年随着网络媒体和手机媒体的进一步发展，新媒体对传统媒体的冲击很大，人们在很大程度上是通过新媒体来接触文化信息的，对平遥古城旅游文化的信息内容基本也是通过新媒体来获取的。所以，媒体在传播平遥古城旅游文化时，要根据发展情况来发挥媒体的作用，当下应以网络新媒体为主体，同时兼顾其他媒体形式，只有这样才能达到更佳的宣传效果。同时，由于本问卷完成人群多为年轻人，他们对于网络的依赖程度较大，因此调查结果也可能存在一定的误差。不过整体情况的误差，还在控制范围内，不会对整个结果造成很大的影响。

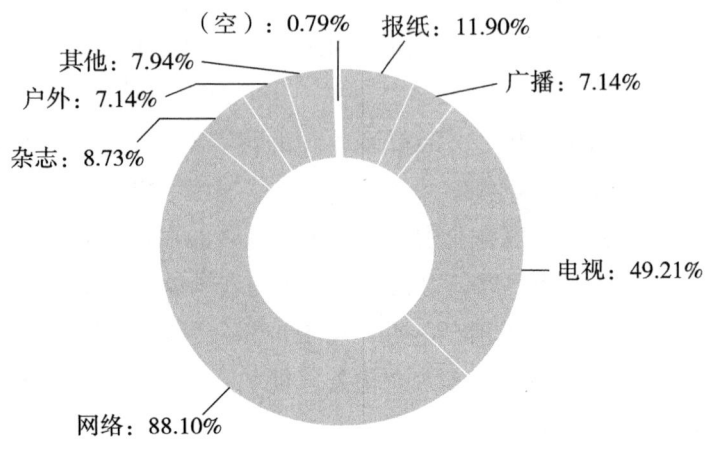

图 4.14.6　平遥古城旅游文化受众媒介使用习惯分布图

二、平遥古城旅游文化在传播渠道与传播效果方面的影响

　　这次问卷调查的受访者共 5 000 人，其中有 3 730 人为山西本地人，第 7 个问题为"中国四大古城，您更了解哪个？"，从调查结果可知，了解山西平遥古城的人占绝大多数，比例约为 78.60%，对其他三大古城人们知之甚少。从我们这次调查的媒体数据可以获知，国内媒体中除山西省内的媒体，其他省市的主要媒体在所属地区，宣传平遥古城旅游文化力度不够，形式也不够多样化。这也和调查结果比较一致，即山西平遥古城在其他省市的知名度较小，以至于其他省市的受众对山西平遥古城了解太少，甚至都没听说过。因此，需要加大多种媒体类型在全国范围内，对山西平遥古城旅游文化的宣传、推广力度，创新传播形式，使山西平遥古城在国内民众的心目中留下更深刻的印象，这样才能促使平遥古城旅游文化的创新发展。

　　第 8 个问题为"下列哪些是您熟悉的平遥古城旅游文化？"，其中冠云平遥牛肉比重最大，约 76.20%；其次是平遥古城旅游景点，比重约 67.50%；晋商镖局和平遥票号分别约占到 33.30% 和 30.20%；平遥推光漆器比重最小，是 9.52%。从这次调查结果可以看出，人们对平遥古城旅游文化内涵和外延的了解方面，程度差距较大。由此可见，国内媒体尤其是山西省内的传统媒体与新媒体，在传播平遥古城旅游文化时，由于媒体自身定位和影响范围不尽相同，使得最后的传播效果差别较为明显。对此,国内媒体在下一步的宣传推广工作中,应对人们了解相对较少的推光漆器、票号和镖局等旅游文化内容,加大宣传力度,创新推广形式。只有这样,才能促进平遥旅游文化的规模化、产业化发展,并成为山西省内重要的旅游文化品牌。

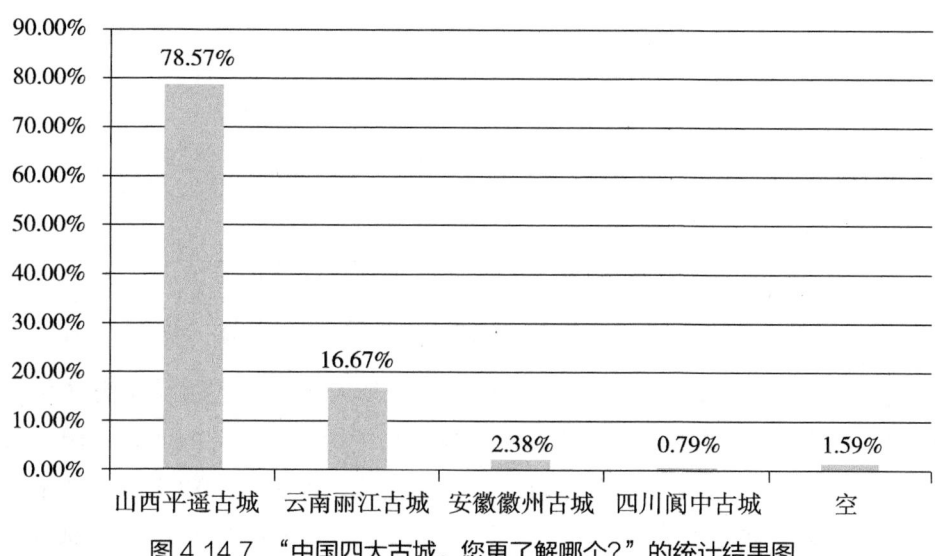

图 4.14.7 "中国四大古城,您更了解哪个?"的统计结果图

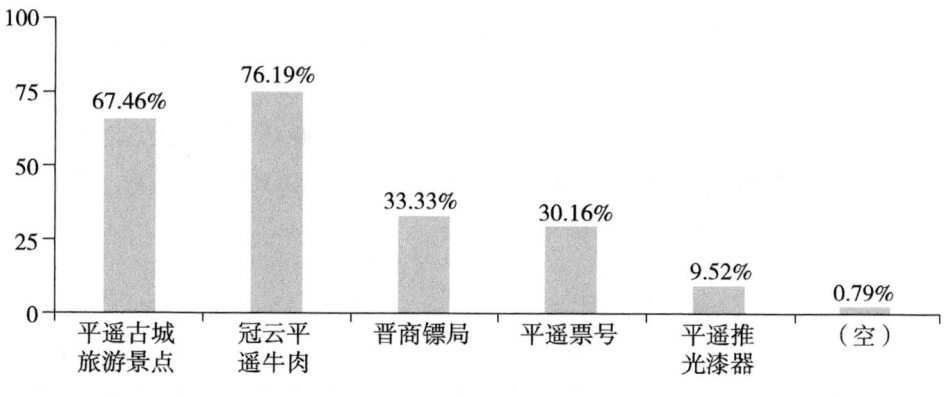

图 4.14.8 "下列哪些是您熟悉的平遥古城旅游文化?"的统计结果图

第 10 个问题和第 11 个问题,是对现实中的平遥古城和媒体宣传中的平遥古城,在社会大众中的差别程度,进行的调查。调查结果显示,社会民众对此的态度中,结果为"一般"和"不大"的,共占约 66.70%。由此说明,国内主要媒体在对平遥古城旅游文化进行宣传时,多数较为贴近平遥古城旅游文化项目的实际发展情况,既不存在夸大,也没出现缩小的情况。由此说明,媒体对这些文化项目的解读介绍还是很到位,媒体的宣传效果还是发挥了重要作用,

因此给公众留下了良好的印象。当然山西平遥古城旅游文化，还要发挥新媒体的优势，加大其在人际之间的传播效果，这样平遥古城旅游文化的发展，才能满足新一代游客旅游消费的需求。

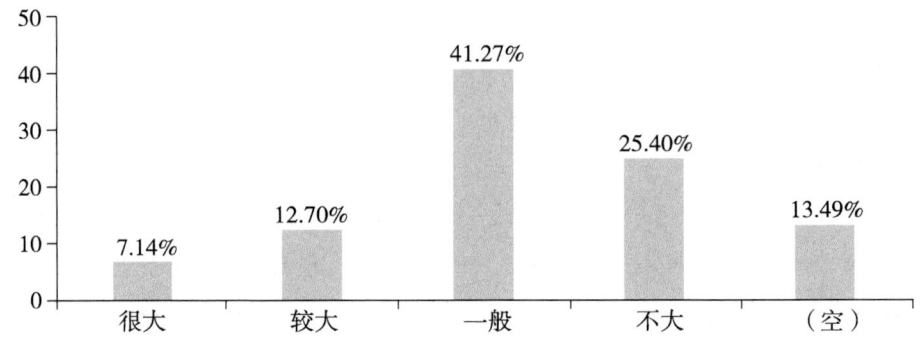

图 4.14.9 "您觉得现实中的平遥古城和媒体宣传中的平遥古城差别大吗？"的统计结果图

第 12 个问题和第 13 个问题，是针对受众所喜欢的平遥古城旅游文化的宣传渠道，以及受众实际了解到平遥古城旅游文化的渠道进行的调查。调查结果显示，受众更喜欢从网络（约占 71.40%）和电视（约占 50.80%）这两种渠道来了解平遥古城旅游文化的相关内容，而且受众也正是从电视（约占 54.00%）和网络（约占 51.60%）这两种渠道，来更多地获取到平遥古城旅游文化的详细介绍。由此看出，电视渠道成为受众最主要的旅游文化信息的来源，说明电视媒体确实影响力巨大；网络渠道是受众最乐于接受的媒体渠道，这和其快捷便利有很大关系。所以，平遥古城旅游文化的发展，就媒体的利用上显得很关键，进一步挖掘网络视频媒体，对山西平遥古城旅游文化的创新型传播、推广，才能满足国内民众对旅游消费的需求。

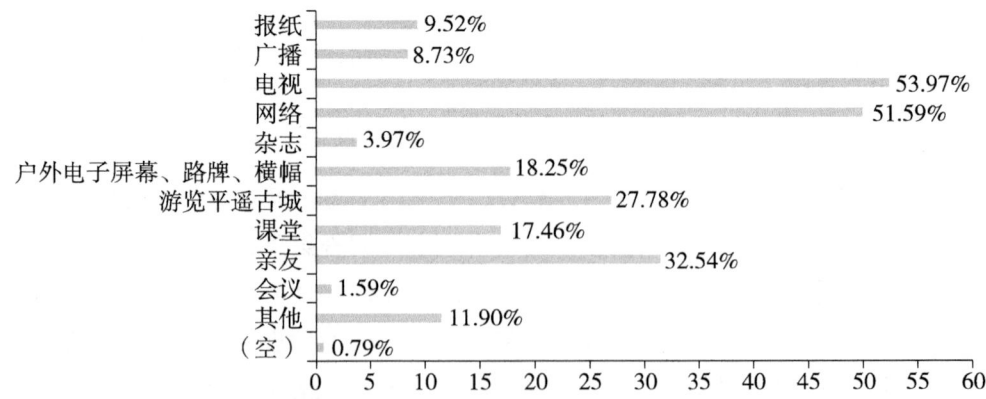

图 4.14.10 "您是通过什么渠道了解到山西平遥古城旅游文化？"的统计结果图

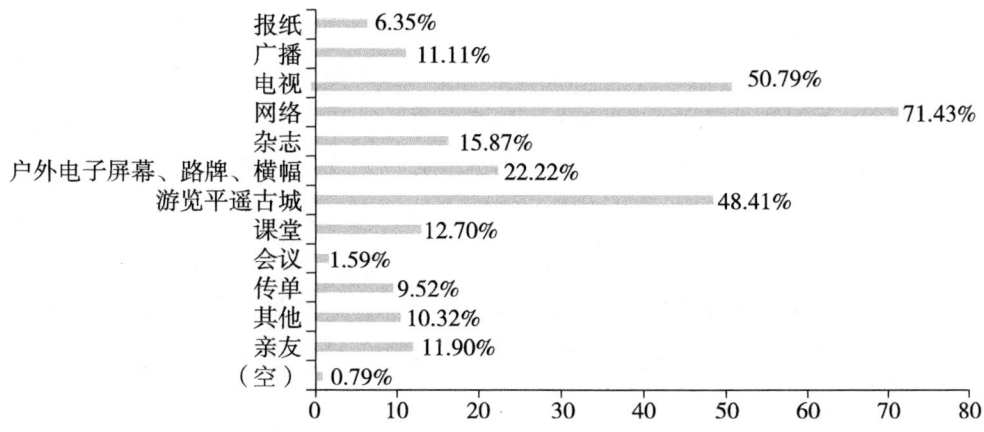

图 4.14.11 "您更喜欢哪种渠道来宣传山西平遥古城旅游文化?"的统计结果图

第 14 个问题主要针对受众关注的,有关平遥古城旅游文化的新媒体类型,进行的调查。从调查结果可知,新媒体当中,人们对有关平遥古城旅游文化的微信公众号(约占 42.90%)、微博(约占 34.90%)及网站(约占 30.20%)关注度较高。这些新媒体传播范围广、速度快、互动性强,更加突出的是移动新媒体,由于其方便快捷、易于操作、实用性强,获得了更多社会民众的分享与评论。微信、微博等新媒体,也成为包括平遥古城景区在内的主要宣传渠道,它们在社会民众对平遥古城旅游文化的把握过程中,产生了较大的作用。当然,伴随短视频等移动新媒体的发展,平遥古城旅游文化也要找准其表现形式,融合利用多种媒体渠道,进一步发挥出它们的整体宣传效果。

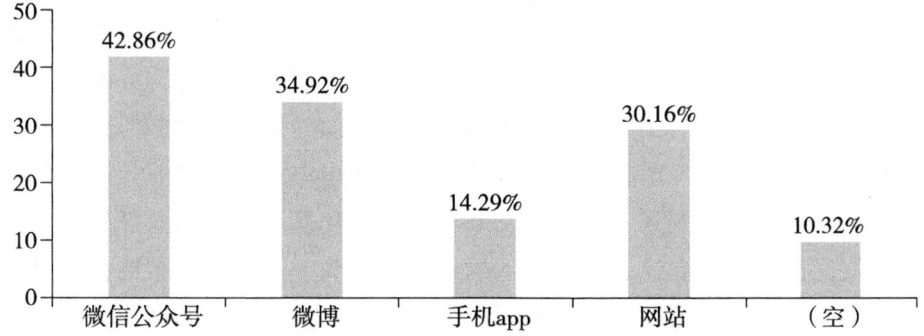

图 4.14.12 "您关注过哪些有关平遥古城旅游文化的新媒体类型?"的统计结果图

第 15 个问题针对受众喜欢哪种形式来宣传平遥古城旅游文化,进行了详细调查。统计结果显示,在 5 000 位调查受众之中,有 2 857 人喜欢电视剧和电影这两种形式,接下来是宣传片(2 738 人),再次是旅游参观(2 580 人),公益广告和新闻报道也分别有2 342人和1 588人喜欢，而文章、书籍等喜欢的人则很少。由此可知，人们更喜欢以数字媒体的形式来接受平遥古城旅游文化，以及在其影响下的实地旅游参观体验。在这个娱乐化的时代，人们的价值观发生了很大变化，更多人喜欢欣赏图片、浏览视频，对文字则不太感兴趣。这对于以文字"闯天下"的报纸、书籍和期刊杂志等，无疑是一个很大的冲击。平遥古城旅游文化信息的传播，就是以受众更好地接受为最终目的，时代在变化，受众的文化需求不断更新。平遥古城旅游文化的发展与创新，也需要适应这种新的方式，充分发挥出电视剧、电影、宣传片和公益广告等的作用，来扩大其文化的影响范围与社会效果。

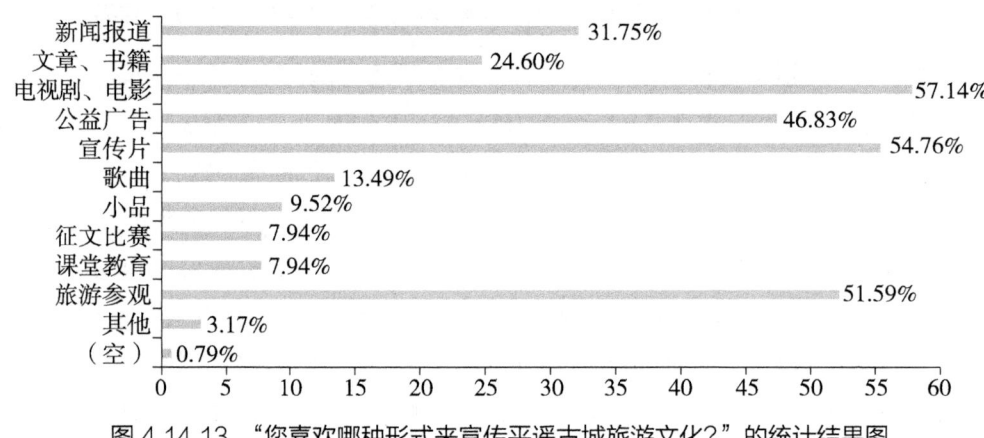

图4.14.13 "您喜欢哪种形式来宣传平遥古城旅游文化？"的统计结果图

综上所述，在统计的多数调查结果中，基本上每个问题都有"空"这一答案。针对调查的人群进行详细分析后，得到其中原因，一方面是由于设计该问卷时没有添加"必填"这一显著标志，致使民众填写答案的意愿并不高；另一方面是该问卷所调查的民众中，有相当多的人对山西平遥古城旅游文化不太感兴趣或不甚了解。这一调查结果，也从侧面反映出山西平遥古城旅游文化，目前的传播效果不尽如人意，没有达到和其世界文化遗产身份相匹配的影响力和社会地位，在广大民众的心目中留下的印象不够深刻。这也是平遥古城景区在后续的创新发展中亟须解决的问题，一方面需要开发出更多的文化项目和体验活动，另一方面更要注意运用融媒体手段，来拓展其文化内容在社会大众中的传播效果，这样平遥古城旅游文化的发展才能步入快车道。

第六节　媒介传播对晋祠旅游文化的影响

目前条件下，媒介传播对晋祠旅游文化的影响，主要表现在文化方面、景区方面、社会方面、经济方面等政策措施的引导上，其对晋祠旅游文化的积极传播与带动作用显著，并且影响效果比较突出。鲜明的旅游文化定位是旅游体验的基础和灵魂，独具一格的晋祠旅游文化，可以为游客、民众提供悠久深远的历史文化感触，让他们获得良好的旅游文化体验，产生深刻的印象，成为社会大众必选的旅游目的地。

整体来看，晋祠旅游文化的发展与传媒的推动息息相关，晋祠旅游文化形象的塑造与传媒的影响力分不开。我们将传统媒体和新媒体对晋祠旅游文化形象的塑造进行对比，不难发现新媒体的多样性与普及程度是传统媒体所不能及的，致使新媒体对晋祠旅游文化形象的塑造，较之传统媒体更加有效。由此可以得出，媒体的传播能力越强对地区旅游文化形象的影响力就越大，对地区旅游文化形象的塑造就更全面、更彻底，同时也更加备受关注、更加深入人心。

第一，文化方面，传媒推动了晋祠旅游文化的广泛传播。由于晋祠文化是中国传统文化的重要组成部分，所以传媒对晋祠旅游文化的传播起到了文化普及的作用，同时丰富了晋祠当地民俗文化和民间文化的内容与形式，使公众更加全面深刻地认识晋祠及其文化内涵，感受晋祠悠久的历史文化底蕴。

第二，景区方面，传媒推动了晋祠旅游文化的监督管理。媒体的舆论监督，对于晋祠旅游景区的工作实效，形成了极其有效的舆论引导，使其不断进行文化项目和活动的开发与创新，提升景区旅游文化的号召力。媒体的监督，使晋祠沿着为大众旅游生活服务、为地区形象提升服务的发展路径不断前进。

第三，社会方面，传媒推动了晋祠旅游文化的文化自信。媒体对晋祠旅游文化的有效传播，可以增强民众的接受度和认同感，提高当地民众的文化自信程度，使其自觉地利用新媒体来推广晋祠旅游文化，使晋祠旅游文化逐渐赢得全社会的认可，使这一地方文化的影响范围不断扩大，从而增强民族文化自信。

第四，经济方面，传媒推动了晋祠旅游文化的文化交流。传媒对晋祠旅游文化形象的塑造，可以提高晋祠的知名度和美誉度，在国内外引起更多人士与机构的关注，从而有助于吸引外部的人才、资金、技术和先进管理方式向本地集中，促进晋祠旅游文化业的蓬勃发展，加速地方文化产业升级和文化交流的发展。

在传媒的推动与影响之下，晋祠旅游文化的发展，为地方经济文化持续健康发展营造了良好氛围，并为其可持续性发展增强了后劲。根据政府官方发布数据，具体情况如下表所示：

表 4.14.1　太原市晋源区近五年旅游业发展前后平均家庭年收入统计表

旅游业	发展前	发展后	增长率
平均家庭年收入（元）	18 846	21 038	11.63%

表 4.14.2　太原市晋源区近五年家庭平均年收入中各类收入所占比例统计表

收入分类	旅游相关经营收入	外出打工收入及汇款	农业销售收入	政策补贴等转移性收入	其他收入
各类收入所占比例（%）	38%	34%	13%	10%	5%

表 4.14.1 中，晋祠旅游业发展使当地平均家庭年收入增长 11.63%，表 4.14.2 中，晋祠当地居民家庭平均年收入中旅游相关经营收入为 38%，所占比例最大。因此可以看出，晋祠旅游文化业的发展促进了当地居民收入的增加，加快了当地社会经济的发展，并且旅游相关收入已经占据当地居民收入的主要部分。

综上所述，随着晋祠旅游文化产业的不断发展，山西省内传媒实力的不断壮大，塑造晋祠旅游文化形象，加快晋祠旅游文化的对外传播，已成为目前地方政府与本地传媒的当务之急。晋祠的对外文化形象，是晋祠展现给社会公众的物质形象和文化形象的综合体，是晋祠地区综合竞争力的重要组成部分。传媒塑造晋祠旅游文化形象所产生的影响，总体来说利大于弊，起到了积极的传播效应。国内媒体积极为晋祠树立良好的地方文化形象，积极传播地方文化精神，很大程度上提高晋祠旅游文化的美誉度与知名度。最终为晋祠地方经济文化的良性发展，营造出极佳的舆论环境，促进晋祠旅游文化的平稳快速发展。

第七节　媒介传播对绵山旅游文化的影响

目前条件下，媒介传播对绵山旅游文化的影响，主要表现为微博、微信、自媒体社群、广告媒介等媒介形式的引导上，其对绵山旅游文化的积极传播与带动作用显著，并且影响效果比较突出。鲜明的旅游文化定位是旅游体验的基础和灵魂，独具一格的绵山旅游文化，可以为游客、民众提供悠久深远的历史文化感触，让他们获得良好的旅游文化体验，产生深刻的印象，成为社会大众必选的旅游目的地。

一、微博传播对绵山旅游文化的影响

通过微博搜索可以找到如下："山西绵山风景名胜区"，通过微博认证信息可以确定为绵山风景区的官方微博。其微博内容少部分是商业性的宣传，以及景区相关事务处理情况公布，其余的绝大多数内容都是景区旅游文化的详细介绍与旅游活动的开展情况介绍，且更新速度很及时，有效地配合了线下旅游文化活动的开展。微博内容在对旅游文化的表现上，包括图片＋文字、文字＋短视频、视频直播、旅友超话等新鲜多样的形式，起到了极佳的宣传效果，对景区旅游文化进行了全方位的表现。由此可见，受众可以随时从此微博中获知自身所关心或感兴趣的相关旅游信息，以及旅游文化内容的详细介绍视频、文字、图片等。同样传播绵山旅游文化的其他微博，则有更多的相关宣传片、短视频，它们与官方微博相关内容报道，形成了有效的呼应，极大地满足了全国民众的旅游消费需求。

同时，我们可通过微博的搜索功能，找到国内其他地区的微博博主、媒体对绵山旅游文化进行的实时传播、宣传报道。伴随绵山旅游文化业的繁荣，参与的微博数量越来越多，大部分微博账号都集中于绵山景区近期策划的旅游文化活动、对绵山旅游文化的历史背景等的介绍以及对相关旅游活动进行的实时追踪发布。它们对绵山当地旅游文化业作出了全面、客观的反映。

这些官方微博与自发形成的个人微博，在很大程度上，对绵山景区和绵山旅游文化进行了真实、全面的宣传报道与文化推广。不可否认，其最初的出发点是为了景区自身的营销运营，或者个人为其制造社会影响力，但是在客观效果的呈现上，它们确实给国内民众提供了丰富、实际的旅游文化视觉感受，使得景区能够维系很长一段时间的热度，发挥了长期对外宣传绵山旅游文化的功效，吸引全国的受众、游客，来深入体验绵山独特、别致的旅游文化。

二、微信传播对绵山旅游文化的影响

在微信公众号和订阅号中可以搜索到两个代表性的微信账号，绵山风景区与山西绵山。两个账号均进行了相关认证，通过两者提供的认证信息可以看出，前者是绵山风景区的官方账号，后者是个人爱好者申请的账号。两者都对绵山旅游文化的传播，起到了特别的拓展效果，社会影响、评价效果都不错。

其中，绵山风景区公众号，更侧重于对旅游文化活动的服务，景区简介版块，主要包括景点展示、虚拟旅游、景区配套三部分，景点展示通过图片＋文字的形式对主要旅游文化进行详细介绍；虚拟旅游通过360度的全景VR影像，对旅游文化景点全方位地展示。景区配套通过给游客提供旅游文化纪念品、特色商品等旅游生活服务内容。快捷服务版块，给游客提供吃、住、行、游、购、娱等旅游文化活动中，全面综合的内容服务。该公众号对景区旅游文化相关内容提供全面的展示与推广，社会关注度很高；旅游文化服务内容充分、多样，发布也很及时；民众可以从其了解绵山风景区的详细情况与享受旅游出行方面的相关服务。

另外一个山西绵山订阅号则相对集中开展旅游文化宣传，主要包括绵山指南、门票优惠、景点推荐三个版块，绵山指南版块包括绵山简介、绵山攻略，绵山简介部分对其14个旅游文化代表景点，进行了详尽介绍，图文并举生动实用；绵山攻略部分对其地方特产、手工艺品、旅游纪念品等旅游文化内容一一介绍，并推介了道教文化、佛教文化、红色文化等旅游路线。景点推荐版块，分为绵山人文景观部分，主要从典、古、精三方面特点展开介绍；绵山自然景观部分，主要从奇、险、秀三方面特色进行介绍。还有大美绵山、我爱绵山等个人公众号，相较于景区官方公众号而言，它们去掉了一些服务性功能，更主要的功能为推送景区相关旅游信息，传播景区旅游文化内容，吸引更多的省内外网民参与并体验绵山独特的旅游文化及旅游活动。作为个人化的订阅号，对绵山旅游文化的相关内容进行独特的解读，给游客全新的感受与认识，并且更新及时、推送的内容丰富。它们将绵山风景区独一无二的文化内容展示给国内民众，并且受到很高的舆论评价，相应内容的介绍评论人数、评论量都很高，达到了预期的传播效果。

综上，与微博相似，微信传播受到了众多网友的一致赞誉，它们对与绵山旅游文化有关的内容、信息进行了全方位的展现，有旅游指南、景区介绍、景区文化等。客观上宣传了绵山风景区的旅游文化，同时由于发布的公众号不同，而在不同领域与不同受众中产生了更深的影响。另外，主观上来说，这些个人微信公众号内容，并非绵山景区旅游文化权威的解读，其目的更多是为了吸引国内受众的关注或满足其受众的需求。但是，它们从侧面对于绵山及相应旅游文化进行了有效的推广，所以其宣传效果也得到了公众的认可与接受。

三、自媒体社群传播对绵山旅游文化的影响

自媒体社群，这里主要是指网友们所自发组织并形成的网络社群，诸如 QQ 群、微信群、贴吧、论坛等社群。

一方面，前两个即 QQ 群、微信群，由于其相对的封闭性与私密性，所发挥的功能更倾向于人际传播，其所衍生出来的 QQ 空间、微信朋友圈，则更倾向于一种社交媒体。绵山旅游文化在传播过程中，很大程度地运用了 QQ 群、微信群，起到了旅游文化的普及宣传作用，尤其在当地网民中影响效果明显，随着群体人数的扩展，外省市网民的逐渐汇入，使得这些社群的影响力扩散到全国范围。而 QQ 空间、微信朋友圈，则利用社交媒体的人际传播效应，进一步巩固和加强了绵山旅游文化在国内游客中的接受度和认可度，伴随网络用户每天使用频率的提高，绵山旅游文化已经成为山西旅游的一张名片。

另一方面，贴吧与论坛传播，则相对开放性、包容性更强，所发挥的作用更类似于群体传播，因为可以通过版主加以管理与引导，所以组织传播的功能也包含其中。绵山景区在百度贴吧有绵山吧，包括有咨询绵山、寒食绵山、图览绵山、大话绵山、吧友游记、心路旅程、友情娱乐、炫图博览等版块，其主要内容为网民、游客围绕绵山旅游文化生活的互相交流信息，以及民间人士自发地对绵山旅游文化、旅游体验的总结等，提供给网民有关绵山旅游文化相关的信息。大多数为游客自发进行宣传、交流，对绵山旅游文化多有涉及，虽然内容系统性不足，但是交流的自由度比较大，对省内外的民众很好地介绍、推广了绵山旅游文化。绵山景区虽然没有自己的旅游相关论坛，但是在天涯论坛的山西版、旅游休闲版、图说专区版、结伴同游版、风土人情版等，都有很多的热帖讨论置顶，参与人数、回复次数都不少。有关绵山旅游文化的相关内容，在这些

旅游论坛中，也占据了很大的空间，达到了有效地传播绵山旅游文化的作用。

四、广告媒介传播对绵山旅游文化的影响

在介休市内，随处可以看到有关绵山旅游景区的广告，多种类型的广告形态，对绵山旅游文化景区的14个主要景点进行了全面的展示，绵山旅游文化中相应的民俗文化、历史文化、手工技艺等都有所表现。这些绵山景区的商业广告、公益广告，形成了一个完整的旅游文化传播体系。还有对绵山所在的介休市，整体城市形象塑造的公益广告，诸如"三贤故里""清明（寒食）文化之乡"这样的宣传广告等。

此外，在绵山景区的上山公路前的大型户外展板广告，是内容与形式都极具代表性的广告。它的广告展示位置极佳，达到了最大限度地将绵山旅游文化景区展示给公众的效果，作为旅游形象广告其受众到达率极高；其宣传内容主要是绵山风景区的特色文化，尤其是以寒食、清明为代表的旅游文化是表现的重点。

另外，在介休火车站内、汽车站内可以看到不少绵山旅游广告，并且大多为绵山景区内景点的具体呈现，逼真鲜活极富吸引力，达到对绵山旅游文化的整体形象传播。对外省市的游客而言，是极具价值的旅游文化方面的信息。介休市内公交站牌，其两侧的橱窗广告，对绵山旅游文化表现也很到位，主要以景区整体形象展示为主。介休公交车内的车载电视，有时可以看到有关绵山旅游文化的视频宣传片，主要以绵山的人文、自然风景与介子推历史文化为主要宣传点。

第八节　媒介传播对晋剧旅游文化的影响

目前条件下，媒介传播对晋剧旅游文化的影响，主要表现为有效的政策支持、有利的内容创新、有力的受众认可等方法措施的引导上，其对晋剧旅游文化的积极传播与带动作用显著，并且影响效果比较突出。鲜明的旅游文化定位是旅游体验的基础和灵魂，独具一格的晋剧旅游文化，可以为游客、民众提供悠久深远的历史文化感触，让他们获得良好的旅游文化体验，产生深刻的印象，

成为社会大众必选的旅游文化活动项目。

一、晋剧旅游文化获得有效的政策支持

晋剧作为国家级的非遗专项之一，其发展必然会受到国家与山西省政府的重视，各级政府在实际的晋剧旅游文化发展中提供了充分的资金支持、政策优惠。近年来，国家对山西非物质文化遗产保护方面的财政扶持逐年加大，每年拨款约 200 万，每年给予山西省文化厅"非遗"专款也约有 120 多万，晋剧也同样得到了这些政策的实惠。这些资金对于山西省晋剧的发展效果明显，尤其是非遗专项，晋剧所得到的支持力度相对是很大的。这样的实际支持，在当下的晋剧旅游文化发展中作用显著，足以支撑晋剧及其传承人活跃于山西省内各大旅游文化节中，成为民众所接纳与欢迎的旅游文化项目，并进行了晋剧传承活动。

另外，国内各级政府都建立了艺术基金项目来扶持晋剧文化的发展，这对于国有剧团、民营剧团来说都是重大的利好措施，虽然申报时有一些竞争压力，但是实力较强的一些剧团能够获得一些项目的支持，这一政策促使晋剧文化的发展有了长期的支持。此外"群众看戏、国家买单"的公共文化投入越来越大，它通过"政府购买"民营剧团演出给予剧团支持，这对于剧团发展无疑是有利的，这些投入扩大了晋剧旅游文化市场的占有量，也对旅游文化市场的发展形成培育。在晋剧旅游文化市场发展过程中，国内的游客也逐渐熟悉并喜欢上了晋剧文化，使得晋剧成为众多山西旅游文化景区的必备旅游项目，促进了晋剧的发展。

二、晋剧旅游文化获得有利的内容创新

现在处于"内容为王"的社会，谁拥有了精致的内容，谁就有可能占据大量的旅游文化市场，获得盈利与市场认可，晋剧旅游文化的发展也不例外。知名网络红人 Papi 酱作为一个内容创作者，曾于 2016 年 3 月获得真格基金、罗辑思维、光源资本和星图资本共计 1 200 万融资，估值 1.2 亿左右。① 百度、腾

---

① 王妍、燕帅:《Papi 酱获千万融资 她为何被称值三个亿》，人民网，http://media.people.com.cn/n1/2016/0322/c40606-28217653-2.html，2016-03-22。

讯、阿里互联网三大巨头的竞争这些年愈演愈烈,腾讯对抗其他竞争对手的策略之一就是芒种计划,而芒种计划2.0将拿出12亿扶持内容创作者①。由此可见,优质内容对于个人、集体、组织、企业的重要性非比寻常。同样晋剧文化要想占据旅游文化市场的主角,利用社会资本的参与加速内容创作的更新,就成为其成功的关键。

晋剧文化的内容创作者团队尚在培育之中,不足以影响整个山西省内旅游文化市场的发展。当下,基本上维持一个剧团拥有两名左右的内容创作者,新的剧本创作、内容更新不够充分,并且要提供剧团一年演出所需的剧本,难度虽然不小,但是在旅游演出市场的带动下,还是取得了很大的突破。一些获得各级政府项目支持的剧团,其内容创作者写出了一批与当下时代契合的剧本,反映民众切身利益、老百姓生活的新剧轮番上演;同时,那些歌唱党的丰功伟绩、颂扬时代人物优秀品格的剧本推陈出新。现代戏的加入,传统剧本的新编,这样给观众、游客带来了极大的新鲜感,使得晋剧成为旅游文化市场的宠儿,广受民众好评。

三、晋剧旅游文化获得有力的受众认可

时代一直在变化,而晋剧文化也不断迎合这种变化。晋剧的服饰、音乐、技法也在不停地调整,以满足观众、游客在旅游文化活动中的审美需求。晋剧旅游文化演出的传播方式也开始发生改变,尤其是年轻受众,他们追求新颖、独特、别致,追求非主流、二次元,晋剧的调整创新也开始跟上他们的步伐。晋剧在保持其主旋律表现方式的同时,也开始创作了一些昂扬向上、积极澎湃的,并融合了文艺古风的作品;晋剧的音乐主要由二胡、唢呐、笛子、梆子和鼓子等传统乐器弹奏,而在新作品演奏中,也加入了民谣和电子音乐的表现技巧与元素;晋剧的妆容表现中,也逐渐加入年轻受众更偏爱的略施粉黛、小清新元素;晋剧的服饰表现中,也加入年轻受众更倾向的清爽、简约风格。

晋剧文化所倡导的主流价值观,多倾向于维护现存的社会秩序与权力结构,而年轻受众往往持有一种批判的态度来审视社会。晋剧文化在发展过程中,在一些新剧本的表现中,也开始注重年轻受众的需求,来赢得其更多的关注。目

---

① 贾兴鹏、夏晓伦:《腾讯芒种计划2.0加码12亿 内容创作者福音来了》,人民网,http://finance.people.com.cn/n1/2017/0109/c387260-29007828.html,2017-03-02。

前在荔枝FM、喜马拉雅FM、哔哩哔哩网站等年轻人喜爱的平台，"晋剧"和"晋剧文化"方面的内容不多，但是也开始不断出现并充实起来，这是各晋剧团及晋剧文化宣传部门紧跟新媒体发展的结果。年轻受众这一群体是晋剧文化的未来，这些做法也确实满足了他们的文化消费需求，使晋剧在旅游文化市场中的地位得以巩固。

第十五章 媒介传播对山西晋南地区旅游文化的影响

第一节 媒介传播对长治红色旅游文化的影响

目前条件下，媒介传播对长治红色旅游文化的影响，主要表现为思想价值的传承、政治价值的发展、形象价值的塑造等文化发展措施的引导上，其对长治红色旅游文化的积极传播与带动作用显著，并且影响效果比较突出。鲜明的旅游文化定位是旅游体验的基础和灵魂，独具一格的长治红色旅游文化，可以为游客、民众提供悠久深远的红色文化感触，让他们获得良好的旅游文化体验，产生深刻的印象，成为社会大众必选的旅游文化活动项目。

一、利于长治所代表的山西红色旅游文化思想价值的传承

具有丰富内蕴和启迪意义的山西红色文化，饱含着烈士们的高尚品格和崇高精神，同时也承担起教育后代的历史重任。因此将山西红色文化的思想价值与当地学校的思想政治教育内容相结合，有利于引导青少年学生形成正确的价值观，培养他们爱国主义的信念，可以树立起正面的榜样，对于提高青少年学生的思想政治教育内容的实效有着重要的促进作用。长治所代表的山西红色旅游文化思想价值的传承，主要体现在以下三个方面。

（一）传播正确的人生价值

山西在宣传红色文化的教育活动中，为学生们展示了革命烈士们当年胸怀天下、不卑不亢的英雄气概，能够很好地为青少年树榜样、扬正气。如山西省左权县左权中学在每年5月25日为了纪念左权将军，带领学生参观麻田八路军总部旧址，参观左权将军纪念亭——十字岭，让学生在价值观的教育过程当

中，增强民族责任感，充分、切身、实际地感受红色经典历史，接受文化的熏陶。这些纪念活动有利于青少年学生在实践中，形成关于人生目标的正确看法，同时也有利于帮助他们判断善恶是非，使他们拥有正确的价值取向和积极对待生活的态度。另外，文水县各小学在讲授《刘胡兰》这一内容时，老师们都会根据学校整体要求，对"她迎着呼呼的北风，踏着烈士的鲜血，走到铡刀跟前"等内容进行重点讲解，让学生们体会到她面对敌对分子时，随时准备就义的大无畏精神。通过这些内容的深入讲解，可以从小就培养青少年学生们正确的价值观。

（二）传播科学的理想信念

信念是对理想的重要支撑，是人们追求理想目标的动力，长治所代表的山西红色旅游文化的思想信念，一代一代地在青年大学生中得到传承。山西省内各大专院校于每年12月9日，各校学生会都会宣传一二九精神，并组织学生们环校园，甚或围绕纪念场馆等历史遗迹长跑，并给参加长跑的学生颁发奖励，以此来铭记一二九运动及其精神。铭记历史，不忘初心。这种用运动的方式将英雄精神代代传承下去，更能够挺起青年们爱国的脊梁，培养青年学生爱党以及爱社会主义国家的情感，帮助大学生们树立科学的理想信念。通过行动上正确合理的引导，让青年们将这些情感运用于实践中，在具体的学习、生活实践中体现出爱国主义，真正达到"知行合一"的教育目的。这样代代相传的教育实践活动，使得这种红色理想信念，得以传承、发扬下去，并成为青年学子们所奉行的人生信条，并激励他们奋发努力下去，成为这种红色文化的继承者与传播者。

（三）传播丰富的文化内涵

山西的红色旅游文化丰富多样，在长期的历史发展和实践中形成了独特的文化内涵，以及显著的文化特色。其中，以太行精神和吕梁精神为代表的山西红色文化资源，具有明显的地域特色。与此同时，山西红色旅游文化还蕴含着丰富的传统文化因素，使其具有极强的观赏性与体验性，吸引国内众多的红色文化教育实践机构前来学习体验。山西省各大高校，每年都会在校园文化艺术节的活动中，举行百人大合唱活动，并且选唱的两首歌中必须有一首宣扬红色主旋律爱国主题的歌曲。通过演唱歌曲可以使青年学生亲自体会，并且切身感受烈士们的爱国精神，通过声音把那种浓厚的爱国情感抒发出来，使青年们从心底为烈士们感到骄傲自豪，从而增强自身的爱国责任感，承担起传承文化以及道德情操的使命。通过活动实践，使得青年人自觉地接受红色文化的感染，并成为这一文化的传承者。通过这些传播活动，使得红色旅游文化成为山西赢得社会大众关注的保证。

二、利于长治所代表的山西红色旅游文化政治价值的发展

山西红色文化体现着党的政治优势、党的优良传统作风。这是山西红色旅游文化的本质内涵。抗日战争时期，党在长期的历史实践中形成了独特的政治优势，包括理论联系实际、密切联系群众和批评与自我批评三大优良作风，同时也体现了党为人民服务的根本宗旨。[①] 这些都是党领导山西人民进行革命斗争时的成功实践。同时也是党根据山西的实际情况，具体问题具体分析，理论联系实践得到的成果。太行精神、吕梁精神、八路军文化是我们宝贵的精神财富，也是山西重要的政治优势。以太行精神、吕梁精神及八路军文化为代表的山西红色旅游文化，将具体实践与太行精神、吕梁精神相结合，大力宣传党在太行、吕梁山区和人民群众在战争年代发挥的巨大作用。同时山西省积极贯彻为人民服务的宗旨，用党的伟大事迹激励后来的人们，用党的无畏精神鼓舞人们，用党的经验教训启迪人们，使后代的人们保持积极向上的冲劲、浓厚的革命热情和奋进精神，从而使山西省政治环境得到净化，美好形象得以重塑，最后促进富民强省。

三、利于长治所代表的山西红色旅游文化形象价值的塑造

（一）山西红色旅游文化资源具有多样性

山西省的红色资源分布在山西的多个市县，且种类和数量占据优势。红色革命遗址的数量大约为 4 000 处。其中晋中市、长治市和吕梁市分布最多。而山西省晋中市左权县作为重要的太行抗日根据地之腹心要地，更是遗留下丰富的红色文化遗址。如八路军一二九师师部、中共冀豫晋省委驻地——西河头村；1939 年 1 月 28 日，八路军一二九等师部、决死队及友军一部在柏管寺、苏亭

---

① 中共山西省委党史办公室：《山西红色文化的形成脉络和内涵价值》，《党史文汇》2015 年第 12 期，第 4—12 页。

一带，阻击由粟城向县城进犯的日军，从而留下的苏亭伏击战遗址；同年 7 月 11 日，他们在石匣村西狼牙山痛击日军安尾大队三九中队和永井中队，从而遗留下狼牙山战斗遗址；《新华日报》社（华北版）旧址——后庄村；中共中央北方局旧址——下武村；晋冀豫边区临时参议会会址——桐峪镇；八路军总部旧址——麻田；邓小平和左权将军在麻田的故居；左权将军殉难处——十字岭等。这些都是丰富的红色旅游文化资源。目前为止，山西省积极开发红色旅游，建成了许多国内外知名的红色旅游景点。红色旅游业的开发不仅促进了当地经济的发展，而且更好地促进了山西经济的转型与发展。

（二）山西红色旅游文化资源具有价值性

在国家发布的关于重要的红色旅游景点目录，其中就有山西省的太行山脉旅游景点，太行旅游文化作为代表之一，其历史价值、文化价值、生态价值都很高，极具观赏性与体验性，满足了游客多元化的旅游需求。同时，山西省的许多其他红色旅游景点，也出现在国家政府明确提出的关键红色旅游文化目录里。如山西省左权县的红色旅游文化资源，蕴含着浓厚的太行精神、八路军文化和左权将军精神，这些都是我们民族宝贵的精神财富，更是山西红色旅游文化的优秀典型。通过游览这些红色文化遗址，可以使人们充分感受那些被烈士鲜血染红的波澜壮阔的抗战历史，以及左权将军那种在牺牲前最后时刻，先把彭总送出包围圈，后是招呼身边同志，唯独不考虑自己安危的那种大义凛然的精神，左权将军精神与太行山同在。这些红色旅游文化遗迹及其背后的精神内涵，成为山西红色旅游文化的价值依托，并激励着后代们奋发努力，改变家乡、建设家乡。这些都说明山西红色旅游资源价值很高，并且特色鲜明。使得山西的红色旅游文化，可以产业化、规模化、系统化发展，成为带动山西全域旅游发展的重要牵动力。

（三）山西红色旅游文化资源具有独特性

山西不仅是我国抗日战争时期的重要战场之一，而且是最为关键的多个根据地的连接地带，发挥着重要的军事作用。除此之外，山西还是过去三大师（八路军一二零师、八路军一一五师、八路军一二九师）会师的地方。这些红色经典资源都是山西省独一无二的。同时山西省长治市武乡县是长期作为抗战时期八路军的总指挥部，留下了众多珍贵的红色旅游资源。太行山纪念馆，也是唯一一座能够反映八路军在八年抗战历史中留下众多史实的纪念馆。山西太行山红色旅游文化资源蕴含着浓厚的太行精神，它们充分体现出山西在红色旅游文化资源开发过程中，积极追求其文化价值以及精神内涵。如左权将军、《新华日报》社（华北版）社长何云、辽西县三区区委书记刘元龙、民兵队长巨贵如、教师李吉兆、宋耕如等，都是牺牲在左权的革命烈士。他们为抗日战争做出了杰出贡献。他们那种在面对敌人重重包围下宁死不屈的精神使我们震撼。他们面对死亡时那种："留下两颗子弹，一颗打敌人，一颗打自己，绝不当俘虏！"的决心，那种爱国主义精神令我们敬佩。他们不怕牺牲、奋勇拼搏、勇敢向前的精神，激励着一代代山西人向前进，这也是山西红色旅游文化能够一直延续下去的根本原因。

第二节 媒介传播对临汾旅游文化的影响

目前条件下，媒介传播对临汾旅游文化的影响，主要表现为价值力影响、整合力影响、公信力影响等媒体形式的传播上，其对临汾旅游文化的积极传播与带动作用显著，并且影响效果比较突出。鲜明的旅游文化定位是旅游体验的基础和灵魂，独具一格的临汾旅游文化，可以为游客、民众提供悠久深远的历史文化感触，让他们获得良好的旅游文化体验，产生深刻的印象，成为社会大众必选的旅游目的地。目前，媒体传播对临汾旅游文化的塑造以及影响作用，主要体现在如下几个方面：

一、传播符号的价值力影响

随着经济、科技的发展，虽然新媒体在快速地进行着更新升级，并且以不可阻挡的势头发展着，但是传统媒体经过几十年的累积，有其较大的优势存在。从技术的角度来看，纸质媒体主要是以文字符号的形式进行传播，非常适合深度内容的传播与扩散。尤其是会议新闻中，重大的文化节目，以及其包括的项目等，都适合用纸质的大篇幅版面呈现出来。

诸如《临汾日报》2015年4月3日第一版中关于"首届山西临汾帝尧古都文化旅游节开幕"这一个专题，很适合用文字形式专刊的方式呈现，专题介绍了这个活动开办的意义、开办的计划，以及由这个旅游文化活动衍生出来的一些新的旅游资源、文化品牌，带动当地发展。还有，临汾各地举办这个文化活动时，各地分会场特色文化的展现，包括举办该旅游文化活动的意义和作用等。同样，该新闻事件在《山西日报》2015年4月27日区域新闻中，通过一整版专门呈现了这个重要的旅游文化活动。所以不论是地方报纸，还是省级报纸，借助本身的传播符号的价值力影响，就可以详细深入地把内容呈现给全国民众。

电视媒体从技术角度上看，主要是以视、音频符号形式进行传播。视、音频传播可以给公众及游客直接的感官刺激，在接受信息的过程中，不需要强制性地接收，旅游文化信息在不由自主、潜移默化中，就化作了社会大众的内心认同。

尤其突出的是影视剧，把人们自然而然地带入到场景中，配合着字幕，加上近乎完美的直击人内心的画面，很好地吸引到受众的关注。电影《一九四二》中的山西临汾师家沟清代民居，通过电影中的场景和人物形象，以及故事背景和主要人物的塑造，使受众在观看电影时，默默地就接受了这些地方文化内容，这样可以让更多的民众了解并把握临汾旅游文化。

二、传播内容的整合力影响

目前网络新媒体的信息包罗万象，对于临汾旅游文化的表现也都不少，但大部分都是以碎片化形式呈现。它们以文字、图片、视频等样式出现，但是都不能让受众对于临汾旅游文化有一个全面化、系统化的认识。反观现在的传统媒体，包括报纸、电视等媒体形式，都可以弥补网络新媒体的这些弱点，来为全国观众系统化、全面化、客观化地呈现临汾旅游文化。

诸如《临汾日报》中关于"山西临汾帝尧古都文化"这一个专题，从2015年4月3日的"首届旅游节开幕"，4月20日的"尧造围棋"，4月21日的"帝尧古都旅游节推介会"整整一个月时间，都在集中围绕这个新闻事件进行深入报道。在这期间，该报刊还对临汾地区的戏曲，以及临汾地区明清时期的陶瓷技术、农具工艺、土布作坊等文化发展状况，进行了一系列的报道。报纸媒体这样系统化的全面报道，是对信息进行了一个"整合重置"，使受众可以更方便、更充分地了解临汾旅游文化的全貌，这种全面地展现文化信息内容，在突出纸质媒体报道优势的同时，更重要的是把临汾旅游文化的价值与魅力，呈现给国内民众。

诸如关于"首届山西临汾帝尧古都文化旅游节开幕"这一个新闻专题，《山西日报》《山西晚报》和《三晋都市报》都对这个专题从各自角度展开了报道，其中《山西日报》主要从陶寺尧都文化、围棋源流文化、诗歌诞生文化等方面，就临汾旅游文化在全国的地位、影响进行了充分说明；《山西晚报》围绕丁村文化、根祖文化、黄河文化等方面，就临汾旅游文化的远古文明和现代文明的融合进行阐明；《三晋都市报》从古都城市文化、书画艺术文化、襄汾遗址文化、锣鼓礼乐文化、地方戏曲文化、地域民俗文化、民间歌谣文化等方面，对临汾旅游文化进行了综合报道。同样的新闻事件，三家媒体不同角度的整合编排，这样使受众更加系统、全面地了解到临汾帝尧古都文化旅游节的相关内容，促进了临汾旅游文化的传播。

三、传播主体的公信力影响

"公信力是指传媒最具价值的内在品质和无形资产，是传媒在市场竞争中制胜的关键性因素，公信力不仅是指传播事实的真实性，而且还体现了一个媒体存在的权威性，在社会中的信誉度和在公民中应有的影响力。作为政府的耳目喉舌，政府的公信力可以说是媒体的公信力。另一方面，目前，新媒体大部分都是商业网站而不是新闻单位，没有得到合法的采访权。"[1] 因此，大部分有关旅游文化的新闻消息，人们更愿意相信纸质媒体和电视媒体，这些都得益于其公信力。

诸如《临汾日报》2015年4月20日的新闻报道"围棋之源·尧造"，对于这种围棋本源问题的探讨，通过刊登了一篇人物专访，即采访中国围棋协会主席王汝南的报道，来说明"尧造围棋"的历史渊源以及其所内涵的传统文化，并且证实这些已经是围棋界的共识。通过这样在地方极具公信力的主流媒体报道，以及线下更多的旅游文化项目的活动宣传，使得"围棋之源在临汾"成为人们的共识，扩大临汾尧文化的影响。报纸媒体，对于这种围棋本源性问题的探讨，在形成很大的舆论影响力同时，让国内民众更加相信"围棋之源在临汾"，媒体本身具有的公信力和专家观点的说服力，让临汾的围棋文化进一步传播到全国。

此外，山西电视台于2015年4月19日，在全省黄金时间段推出的新闻联

---

[1] 中国传媒大学电视与新闻学院编：《新闻传播学前沿（2011—2012）》，中国传媒大学出版社2013年版，第175—177页。

播节目,以"临汾帝尧古都文化旅游节'围棋之源 圣尧杯'国际大师邀请赛开赛"①为题报道了该活动,其中包括尧都礼仪文化、中韩围棋文化、围棋起源发展等内容,将临汾作为围棋之源的历史文化传播到海内外,扩大了临汾旅游文化品牌的影响力。与此同时,这次文化旅游节还被《光明日报》报道,它主要从临汾的历史文化、自然风光、汾河沿岸等的发展变化,说明旅游文化的发展对于临汾城市的文化形象、旅游产业、经济社会的带动作用。至此,以尧文化为核心的临汾旅游文化,开始走向全国,并逐渐被海内外的民众、游客高度关注。

第三节　媒介传播对洪洞旅游文化的影响

目前条件下,媒介传播对洪洞旅游文化的影响,主要表现为特色旅游产业、特色旅游形象、特色旅游文化、特色旅游形式等政策措施的引导上,其对洪洞旅游文化的积极传播与带动作用显著,并且影响效果比较突出。鲜明的旅游文化定位是旅游体验的基础和灵魂,独具一格的洪洞旅游文化,可以为游客、民众提供悠久深远的历史文化感触,让他们获得良好的旅游文化体验,产生深刻的印象,成为社会大众必选的旅游目的地。

中国人讲求落叶归根,暮年之后就要回到家乡,家乡的山山水水、父老乡亲,就是自己的根,这就是中国人"根祖文化"产生的背景。把寻根与祭祖相联系,也是中华民族的文化传统。根祖文化是洪洞旅游文化品牌的重要组成部分。目前,洪洞坚持把影视媒介传播与旅游文化品牌深度融合,它们对洪洞旅游文化的全方位发展产生了巨大影响作用。具体来看媒介传播的影响主要包括如下几方面:

一、开拓洪洞旅游市场,形成特色旅游产业

最近几年以来,洪洞县汇聚全县之力,上下同心大力发展旅游产业,积极

---

① 山西新闻联播栏目:《临汾帝尧古都文化旅游节"围棋之源 圣尧杯"国际大师邀请赛开赛》,央视网,https://news.cctv.com/2015/04/20/VIDE1429460640956196.shtml,2015-04-19。

探索旅游市场特色化发展之路。在充分发挥大槐树根祖文化的影响下，洪洞县旅游产业形成体系化发展，开拓出了一条崭新道路。经过二十多年的成熟运营和市场验证，在大槐树景区的带动下，逐渐发展形成了集"旅行、住宿、饮食、购物、娱乐"五位一体的综合游览景区。这是今后洪洞地区重要的经济增长点。在影视媒介等的影响下，洪洞形成了以多种地方民间文化为主的旅游产业。

二、提升洪洞地方魅力，树立特色旅游形象

影视作品是声、像、画相结合的艺术，任何一部现代影视作品都少不了音乐、美术、动画、特技等传统艺术与现代艺术元素的融入。通过专业人员对图像和声音进行后期特效加工处理，使得作为影片拍摄地的洪洞旅游文化，透过影视作品来看时，更加具有文化感、历史感、厚重感。同时，影视剧中以祭祖、寻根为主题的故事情节，也会为洪洞地区增添一层光环。在这种双重艺术效果的映衬下，洪洞树立起了以寻根、祭祖为特色的地方旅游形象，并受到公众的欣赏与认同。

三、弘扬洪洞历史底蕴，打造特色旅游文化

影视作品中所展现的洪洞地区独特的传统文化，能够在影视剧中创造出真实可信的典型人文环境。这种典型环境虽然在表现手法上，是经过特殊艺术技巧处理的，但依旧是以洪洞本地文化样式为基础。随着大槐树题材影视作品的播出，大槐树文化氛围就会影响观众的审美感受。这种极具内涵的传统审美文化，以其神秘感、新鲜感、历史感和沧桑感，深深地吸引着旅游消费者的眼球，这就为洪洞地区灿烂悠久的传统文化的开拓，打造出了一条独特鲜明的发展道路。

四、优化洪洞生态环境，推广特色旅游形式

众所周知，旅游业是交通、游览、住宿、餐饮、购物、文娱等六个环节的综合性行业。[①] 因此，影视媒介的传播与旅游文化的发展，能为洪洞带来诸多综

---

① 何鑫:《浅析影视剧作品对旅游目的地的影响》,《大众文艺》2013 年第 17 期, 第 271—272 页。

合效益，带动旅游相关产业的发展，推动特色旅游形式的规模化、系统化发展。目前其对洪洞特色旅游形式的带动作用，主要包括如下几个方面：

（一）促进旅游设施建设

当下住宿环境、餐饮质量和交通便捷等因素，对游客的旅游文化体验有着直接影响。因此，影视旅游热对洪洞地区的旅游相应设施，提出了全新、更高的要求。同时，这种特色旅游形式也为洪洞旅游设施的创新发展，带来了新的契机。

（二）提供旅游就业机会

影视旅游业的快速发展，为洪洞提供了大量景区、民宿的相关从业岗位。同时，影视拍摄中也需要大量当地群演，这不仅吸收了洪洞本地的人力资源，而且对于景区的良性循环发展起到了引领作用，使这一旅游形式得以稳固发展。

（三）优化旅游产业结构

通过发展旅游业，提高了洪洞地区第三产业的整体水平。改变了洪洞以煤炭为主的产业模式，优化了旅游产业结构，使洪洞"蓝天碧水"工程顺利进行，加快旅游文化的建设脚步。这一旅游形式使洪洞文化产业快速崛起并规模化发展。

第四节　媒介传播对晋城上党梆子旅游文化的影响

目前条件下，媒介传播对晋城上党梆子旅游文化的影响，主要表现为文化的传承、文化的融合、文化的发展等媒介效应的发挥上，其对晋城上党梆子旅游文化的积极传播与带动作用显著，并且影响效果比较突出。鲜明的旅游文化定位是旅游体验的基础和灵魂，独具一格的晋城上党梆子旅游文化，可以为游客、民众提供悠久深远的历史文化感触，让他们获得良好的旅游文化体验，产生深刻的印象，成为社会大众必选的旅游文化项目及体验地。

一、现代传媒促进了晋城上党梆子旅游文化的传承

现代传媒,尤其是电视媒体和网络媒体影响力的发挥,使得晋城地区以上党梆子为代表的民俗文化成为人们关注的焦点,同时也成为当地旅游文化重点开发与挖掘的对象。通过媒体平台的大力传播,使社会大众更加了解这些民俗文化本身所具有的文化内涵、社会价值,增加了晋城民俗文化的认可度、接受度。现代传媒中,视觉媒体以其直观性、真实性、准确性,可以实现对晋城上党梆子完美、逼真的再现,给予社会民众视觉体验上的极大享受与艺术美感,从而产生良好的社会影响效果。

此外,视觉网络媒体的介入与作用的发挥,使晋城上党梆子等文化形式的传承,变得容易、高效、稳定。它在上党梆子民俗文化的保留和整理方面,有不可取代的作用,已经被广泛地用于剧本、表演、服饰、唱腔等文化内容的记录中,这样就可以让国内民众更直观地去了解其文化内涵、艺术风格。当下,传媒不仅保存下了上党梆子旅游文化的外在表现形式,而且还在其文化形态的内容传播、传承中成为了大众游客获知的主要渠道,并对景区的旅游文化活动起到了重要的带动作用。通过传媒,诸如现在的短视频平台等,可以多层次、多角度,甚至是全景式的展示晋城上党梆子旅游文化。各种文化表现形式悉数登场,大众传媒使得旅游文化的表演更容易出现在人们的视线中,使得晋城地区旅游文化的知名度极速增加,在完成这一文化形式传承的同时,进一步为全国民众所知晓和了解。

二、现代传媒促进了晋城上党梆子旅游文化的融合

民俗文化是人们在长期的生产和生活实践中逐步形成的非物质形态文化。但是民俗文化不是一成不变的,它随着经济社会的发展和进步而不断变化。每一个地区的民俗文化都不是封闭和固化的,为了其不断迸发出生机和活力,就要求在文化的传承中不断进行融合和创新,上党梆子就是如此,它在表演传统曲目的同时,也增加了一些新的时代内容。上党梆子的传统曲目有《收姜维》《闯幽州》《秦香莲》《武松杀嫂》,这些曲目都是取材于历史故事。同时增加了《深山腊梅》《公仆孙文龙——姐弟恩怨》《一撇一捺》等题材源自现代的新剧目。

其中，《深山腊梅》的主要内容是毕腊英和她的父亲两代人三十多年来养猪捐钱，资助教育过程中的部分生活片段，表现出毕腊英和她父亲的感人事迹和精神。该剧弘扬了太行精神，于平凡中见伟大。孙文龙出生于山西省阳城县，曾在阳城、武乡、屯留三县任县委书记，被誉为太行山上的焦裕禄。《公仆孙文龙》之《姐弟恩怨》讲述的是：缫丝厂建成之后需要招收工人，孙文龙的姐姐想让自己的女儿去当工人，全家一起出动劝说他，孙文龙坚持原则无私情，母亲气得摔门去，姐姐发誓要断亲。这些新剧目或揭示了深刻的社会现实，或弘扬优秀的品质，符合了社会主义的荣辱观。现代传媒打破了民俗文化一直以来的封闭性和固化性，加速了文化之间的交融，在演出剧目中加入了适应人们审美的鲜活内容。

三、现代传媒促进了晋城上党梆子旅游文化的发展

大众传媒的介入，使晋城上党梆子的社会影响力进一步加大，它也成为晋城当地主要旅游景区的旅游文化展演项目，这就引起社会公众和政府管理部门对民俗旅游的关注与重视。大众传媒中，主要是电视媒体、网络新媒体起到了极其明显的传播效应，它们运用声音、影像和文字向受众展示了更形象、具体的民俗文化演艺内容，展现出了晋城上党梆子的文化特色。这些媒体在传播上党梆子为代表的民俗文化的同时，也强调了这一文化形式所面临的危机和挑战，特别是一些已经濒临消失的传统唱腔、唱法，因为后继乏力已出现了不同程度的断代现象。

当下，社会公众对民俗文化的兴趣不高，以及政府相关措施的不到位，使得上党梆子在持续性发展上步履艰难。上党梆子通过大众传媒的充分报道，使得公众意识到了上党梆子从业人员已呈现老龄化的问题，并且后备人才不足、青黄不接现象明显，在舆论影响下政府对剧团、艺校都出台落实了不少优惠政策，使这种现象大为改观。除了上党梆子还有阳城道情和高平鼓书，这些民俗文化的发展现状都得到了改观，80后游客对这些民俗演艺印象深刻，而90后游客对这些民俗文化表演开始关注，有些青少年已经通过艺考加入到这一行业当中。表明晋城上党梆子旅游文化演艺项目在当地各大景区的开展，通过大众媒体的作用力发挥，已经重新回到了人们的视线，使得这一文化形式获得了创新发展的动力与源泉。

第十六章 山西省域媒介传播对旅游文化的影响总述

第一节 媒介传播对山西旅游文化的影响

传播学家哈罗德·拉斯韦尔认为，在传播过程中，传播媒介具备非常重要的作用和意义。组织者如果可以认识到传播媒介的重要性，并且进行卓有成效的运作，将会极大地推动事物的发展。在当今社会，影视媒介具有强大的作用，并且在新媒体快速发展的今天，有意识地利用包括传统媒体与新媒体在内的相关视觉媒介，不仅可以弘扬山西本省的旅游文化，使其深入人心，更可以获得商业利益。

影视媒介已经成为人们生活中非常重要的信息来源渠道，而旅游文化也越来越受到民众的欢迎，两者在精神属性上的一致性，使得这种结合成为一种趋势。山西省拥有丰富的旅游文化资源，可以发展成为影视旅游的项目，影视旅游拥有巨大的市场潜力。在媒介传播的影响下，有意识地发展影视旅游，如建立影视拍摄基地（大同魏都影视基地），主动拍摄相关影视剧弘扬山西本省文化，使得旅游文化焕发出崭新的活力。

电视剧《走西口》播出后，许多人对西口文化产生了浓厚的热情和兴趣。而在山西历史上，"走西口"在移民过程中把中原文化与边疆文化进行了融合。《走西口》等电影、电视剧的有效传播，使得国内游客对于西口文化的兴趣更加浓厚。更多的人不再满足于从电子屏幕上了解其文化内涵，他们希望能够亲自到西口文化的源头——山西省右玉县杀虎口，进行实地的体验探究，通过近距离的接触满足自身内心的文化需求，获得精神上的享受。影视媒介传播，对山西旅游文化的影响，主要体现在如下几个方面：

一、影视媒介对旅游目的地的文化产业塑造

作为一种发展较新的旅游形式，影视旅游是影视业与旅游业共同结合的产物，也是休闲旅游发展到一定阶段的产物。不同于生硬的旅游广告，影视作品作为一种较为软性的宣传方式，它通过营造的某种文化场景，以此来引起人们的注意，进而借助影像画面引发观众的情感，唤醒他们对于某种文化的认知，最后产生内心的共鸣效果，使潜在的观众转化为游客。因此一部成功的影视作品，不仅能扩大当地旅游文化的影响力，而且形成了住宿、休闲、观光等一系列文化产业，在增加当地居民经济收入的同时，也很大程度上推动当地旅游文化的发展。

山西籍著名导演贾樟柯的电影《山河故人》《小武》等深入人心，记载了一代山西人的乡愁，将山西的文化元素展现给观众。通过影视作品将山西的城市形象、民俗文化、根祖文化都表现出来，使得观众开始通过电影作品来了解山西，并对山西文化产生了浓厚的兴趣，进而亲自前往这些电影的拍摄地去旅游体验。另外贾樟柯导演发起设立的"平遥国际电影节"在传播山西文化方面做出了巨大的贡献。第一届平遥国际电影节于2017年10月20日开始前期宣传与售票，10月28日开幕。在电影节期间，游客不仅可以登上平遥古城进行参观，感受晋商文化的魅力，而且可以近距离接触参影的明星，留下美好的回忆。此外，"平遥国际摄影展"也吸引了大量的海内外摄影爱好者，他们齐聚古城，借助于微信、微博等新媒体与电视、报纸等传统媒体，将平遥古城的文化传统进一步发扬光大，传播至海内外。至此平遥古城已经成为山西旅游文化的一张显著名片。

山西文化产业的形成与影视媒介的传播密不可分。其中，2005年晋中市政府与相关影视公司达成合作，共同拍摄了电视剧《乔家大院》。2006年《乔家大院》在中央电视台播出，获得了很高的收视率，并且在2007年获得中国电视剧飞天奖一等奖、五个一工程奖等奖项。《乔家大院》的成功，提高了山西晋商文化在国内的知名度，使得山西旅游文化成为了公众关注的焦点，旅游文化产业至此开始在市场的推动下快速崛起，促进了山西文化产业的最终形成。2007年的五一黄金周，乔家大院的游客数量比2006年增长了1.4倍，在山西省23

个重点旅游区中，这一数字排在第二位。① 在这种媒介效应的影响下，山西整个旅游文化产业的目标定位、消费群体进一步确立，并迎来了发展的良好机遇。

二、影视媒介对旅游目的地的文化形象打造

影视媒介对旅游文化的传播作用显著，可以为地方树立起独一无二的文化形象。由于这类电影与电视剧画面场景接近百姓生活、深受社会民众欢迎，影响范围广，传播效果良好，所以具有深厚的群众基础。一部成功的影视剧，能够在很大程度上吸引游客来到作品中所涉及的文化景点旅游。除此之外，我国的影视剧产业有着非常严格的管理制度，每一部影视剧在登录播放平台之前都要经过各级部门严格的审视，并且我国的影视作品强调正面形象和积极价值观的塑造，所以每一部影视剧都会表现积极阳光的正能量。电影、电视剧的播放不仅带来了可观的经济收入，也宣传了旅游目的地的文化形象。此外，大部分的影视作品拍摄地点环境优美，具有丰富的人文习俗，这些独特的风土人情吸引着游客的到来。

诸如备受观众喜欢的综艺节目《奔跑吧》2018年4月来到山西省大同市进行拍摄。在为期三天的拍摄中，《奔跑吧》节目组先后到云冈石窟、晋华宫国家矿山公园、大同古城墙进行节目拍摄，集中展示了"大同蓝"、古城墙、云冈石窟等新的文化符号，这有利于扭转全国观众对大同污染严重"煤炭重镇"的刻板印象，看到大同优美的环境与独特的名胜古迹与地方文化。除此之外，《奔跑吧》还是一档舆论反响名列前茅的综艺节目，借助于该节目强大的宣传作用，有效地改变了大同的城市文化形象，从而吸引大量的海内外游客来到大同，体验古都历史、品味古都文化。《奔跑吧》节目组还到太原青龙古镇进行拍摄，展示了明清时期的山西民俗文化遗迹，在全国范围内宣传了太原乃至山西的城市文化形象。借助电视媒体的带动效果，山西的旅游文化业再度进入一个发展高潮期。

在欧美国家，影视旅游称为"电影诱致旅游"，认为观众在观看影视作品的过程中，受到影视作品某些情节的影响，对影视剧中的相关场景产生联想，甚至对影视作品的拍摄地点产生浓厚的兴趣，渴望亲自参观感受。在过去传统

---

① 乔秀峰：《视觉媒体传播对山西旅游文化的效应》，《山西大同大学学报（社会科学版）》2019年第05期，第104—108页。

的旅游模式中，游客一旦离开，留在心中的更多的是导游解说内容，在这样一种被动的关系模式中，游客单向接受旅游文化的宣传，传播效果并不理想。但是这种新型的电影诱致旅游更多地强调游客与景区之间进行双向互动，游客与旅游目的地是一种交互式的体验，游客会产生流连忘返的感受，文化体验大于观光游玩。① 这样就极其有效地将旅游地的文化形象深深地留在了公众的内心中。

三、影视媒介对旅游目的地的文化生态营造

不论是影视业还是旅游业，两者都具有休闲娱乐的要素，因而具有潜在的联系，这种与生俱来的联系使得两大产业可以共同发展。通过影视作品的制作弘扬当地的旅游文化，吸引游客前来体验，而不断开发展现新的旅游文化产品，通过营造特殊的场景，让游客从中体验到影视作品的魅力。两者的结合增加了旅游的文化性，使得传统的旅游活动从单纯观光游玩型上升为综合自主体验型，游客由原来的"被动单向参观"升级为"自主互动参与"，从而衍生出了更高层次的旅游文化活动。

在互联网时代，新媒体视域下的影视也不仅仅是狭义上的电影、电视剧，在当今网络媒体快速发展的背景下，其外延已经拓展至包括网络社交媒体在内的新媒体，新媒体不仅是有效的信息传播渠道，而且是一种非常便捷的营销方式。比如，山西卫视《人说山西好风光》节目取得了巨大的成功，其关键就在于充分发挥了新媒体的巨大传播优势。一是与节目的官方机构开展联动，积极宣传，大力度推广。二是该节目与各大门户网站、视频网站如腾讯网、搜狐网等积极联动，将节目的相关资讯、剪辑视频、后期花絮等内容进行集中报道。三是节目组开通微博、微信，与网友进行积极的互动。节目的官方微信公众号开通了两个星期左右，关注人数便突破300万，而在一个月后这个数字增加至400万，借助于微信公众号的平台，该节目的影响力显而易见。四是主动发动网络投票，引发网民的强烈关注，强化媒体议题。节目组除了发起线上投票，还在线下发起投票，线上线下共同发力，这项活动累计超过862万余人参加，占山西省人口总数的28%。

---

① 乔秀峰：《视觉媒体传播对山西旅游文化的效应》，《山西大同大学学报（社会科学版）》2019年第05期，第104—108页。

节目的收视率喜人，引起了相关媒体的报道，特别是权威媒体的介入，诸如《人民日报》、新华社纷纷发文进行报道。不断强化议题，从而引发了新一轮的传播。除此之外，一些有影响力的自媒体高度关注，并热情参与。微信公众号"Vista看天下"发表的一篇文章《为了拯救山西，11位市长决定成为偶像！》迅速走红，成为朋友圈不断转载的爆款。传统媒体与新媒体共同造就了山西旅游文化的高评价率与高口碑。这些权威媒体充当了意见领袖的作用，并且引发受众的高度关注，一些热心网友将第一期节目二次加工，主动上传至国内知名弹幕网站"哔哩哔哩"进行分享。至此，山西旅游文化获得了全面的关注，迅速走进人们的视线。影视媒介将山西的旅游文化资源进行了一次集中的宣传，有利于山西旅游文化的快速发展。①

第二节 媒介传播对山西旅游文化产业的影响

现代社会的媒介传播，尤其是影视媒介传播，对旅游文化产业的发展显得越来越重要。一方面影视媒介担负着社会娱乐的功能，其兼具视听一体的传播方式，在传播旅游文化信息和康养休闲信息方面，有着文字和图片等纸质媒介不可比拟的优越性；另一方面随着影视媒介技术的提高，人们获取信息的渠道越来越便捷，同时接收信息的设备性能不断提高，在电脑和移动端随时可以获取想要的旅游文化资讯。以往移动端受限于技术只能接收文字和图片，现在随着媒介科技的发展，视频网站、视频APP越来越成为人们获取信息的主流平台。

从2017年起，短视频由于本身创作限制低、社交功能与交流性强、随时接收与传播的特点，引起了不少企业投资的加入。比如，今日头条开始短视频发展战略，腾讯投资了快手，阿里文娱帮助土豆网转型为短视频平台，优酷推出短视频社交应用"美点"，搜狐视频和百度视频联合推出PUGC短视频内容。②

---

① 乔秀峰：《视觉媒体传播对山西旅游文化的效应》，《山西大同大学学报（社会科学版）》2019年第05期，第104—108页。

② 杨鑫健、安琪：《短视频吸金能力强：今日头条与优酷达成短视频内容授权合作》，搜狐网，https://www.sohu.com/a/225773852_260616，2018-03-17。

这些短视频平台的兴起和发展，无疑进一步激活了旅游文化产业，这为发展影视旅游起到了很大的推动作用。现在，通过影视媒介带动山西旅游业的发展主要表现在两方面：一方面，随着影视产业发达，影视剧呈现井喷式的爆发，而一部优秀影视剧的传播效应，往往能掀起游客到影片外景拍摄地旅游的热潮，带动旅游地文化产业快速发展。另一方面，以短视频平台为主力军的自媒体，对旅游文化的表现异常火热，它们极大地带动了影视旅游高速度、高效率地发展，这一良好契机更加速了用户自发参与分享的传播效率。具体来看，影视媒介对山西旅游产业发展的影响，主要表现在如下三个方面。

一、通过视听画面塑造旅游地的文化形象

影视作品的场景画面都是经过影视制作人再三斟酌后拍摄出来的，这些场景元素的表现、镜头的运用，都表现出一种视觉美感，让观众留下深刻的印象。而且影视剧的拍摄是围绕故事情节展开的，其对拍摄地的宣传效果远超生硬的广告宣传，因此往往更能吸引受众的注意力。其中极富代表性的，就是新加坡电视剧《莲花争霸》，该剧拍摄于1993年，它与山西电视台合作，将取景地选在山西大同云冈石窟、悬空寺及忻州五台山这些文化名胜景点。整个剧作制作精良，画风古朴典雅，被观众奉为经典之作，火爆一时影响颇深。特别是剧中优美的风光、古朴的寺庙、荒凉的石窟景观等，配合剧情营造出武侠剧别样的风范，很多观众至今仍难以忘怀。甚至现今在贴吧、豆瓣等这些社交平台有"莲友"组织故地重游。这部剧的热播，带动了主要拍摄地山西的旅游文化热潮，使得山西旅游文化业的良好形象得以传播到海内外，带动了整个文化产业的良性循环与发展。

二、通过故事情节塑造旅游地的文化内核

经典的影视作品不仅仅表现在画面的精美，气氛的渲染，更多的是情节引人入胜。那些情节表现突出的优秀作品，往往能吸引观众去身临其境亲自感受主人公所处的场景，去探寻其内心的心路历程。诸如《乔家大院》热播之后，乔家大院和平遥古城很快就火热起来。当时辽宁海外旅游总公司赵女士向记者谈到乔家大院和平遥古城这条路线时说，以前这儿一直十分冷清，而在《乔家大院》热播之后却发生了逆转，每天都会有游客前来了解情况，旅游团也越来

越多。① 吸引游客的并非是旅游景点的风景优美与引人入胜，而是该剧中所表现出来的晋商文化，主人公乔致庸传奇的一生，引发观众热烈的探求欲望。此时，影视作品成为构筑旅游地形象的新手段。优秀的影视作品能够引起观众的共鸣，产生再现与体验剧中情景的愿望，从而实现从欣赏影视作品到观众的身临其境，实现游客的角色转变。② 影视媒介通过对山西旅游业文化内核的表现，拉动整个产业的发展。

三、通过拍摄场景塑造旅游地的文化环境

在观看影视剧的时候，观众会对其拍摄过程充满疑惑，他们对于酷炫的打斗过程或者武侠剧中飞天遁地的特效，会产生强烈的好奇心及探求欲望。而这些拍摄场景是平时可遇而不可求的。因此，许多游客会专程跑到拍摄场地来观看影视作品的拍摄过程，这对民众来说无疑也是一场视觉盛宴及增长知识的好地方。随着媒介科技的发展，现在的影视拍摄手段越来越多样化，除了实景拍摄，还有很多场景是在绿幕背景下拍的，而这种拍摄手段很考验演员的演技及投入感，因为他们必须想象自己所处的环境而不是亲身感受。由此给观者带来更多的趣味性与新奇感，带动很多粉丝游客在影视剧热播之后去拍摄场地亲自参观，去感受剧情所塑造的文化氛围及环境。因此，山西在旅游文化产业发展中，建立并完善拍摄场地，也规划了相应的旅游路线，极大地满足了民众这方面的旅游需求。影视媒介借助这种文化环境的塑造，进一步带动了山西旅游文化产业发展的升级换代。

综上所述，最近几年，随着传媒科技的进步发展，影视剧运用特效场景的成分越来越多，特效除服务于影视剧情本身外，同时更能美化拍摄地的自然与人文景观，以往受限于拍摄技术和拍摄难度而难以表现的场景，现在可以毫无压力地相对随意展现。诸如，通过航拍展现山西的古城建筑的雄宏壮丽，吸引观众前往观光。在短视频兴起的当下，其视频的制作、传播门槛极低，普通用户成为新媒体内容生产的主力军，而优质的用户内容往往会获得大量的关注和

---

① 王鹏飞：《跟着〈乔家大院〉去旅游》，新浪网，http://finance.sina.com.cn/roll/20060303/0848578478.shtml，2006-03-03。

② 何鑫：《浅析影视剧作品对旅游目的地的影响》，《大众文艺》2013 年第 17 期，第 271—272 页。

再传播。山西旅游文化产业在快速进步中，也开始充分发挥这些社交媒体的影响力与作用力。

在抖音、快手这些自媒体平台，用户分享自己在文化景点旅行的场景，经过后期声音画面的美化，整个场景生动、唯美、鲜活，使得旅游地获得海量关注并吸引游客前来观光体验。例如，随着抖音的火热，带动了西安、重庆和成都的经济发展。西安的摔碗酒、重庆的2号轻轨线都在抖音上一展风采后变得异常火热，成都的凉面甚至因此涨价，可见其发展潜力巨大。① 山西在旅游文化产业发展中，也充分利用短视频平台的优势，来扩大自身旅游文化产业的影响力，就目前而言已经取得了良好的社会反响，赢得越来越多的社会大众和文化企业的关注和投入。

---

① 中国城市中心：《抖音捧红的为什么是这三所城市》，网易，https://www.163.com/dy/article/DN7SMLMU05149666.html，2018-07-21。

第十七章 部分省区媒介传播对旅游文化的影响

第一节 媒介传播对内蒙古民歌旅游文化的影响

"传播媒介,指的是在传播者与受传者之间的,用来负载、传递、延伸、扩大特定符号的物质实体。"① 它在发展中不断地改变着人们的学习方式、工作方式以及人们的日常生活。大众传播媒介具有获得信息并传递信息的功能,它通过搜集获取有关蒙古族民歌的文化信息并将其传播出去,让越来越多的人知道了蒙古族民歌。大众传播媒介又能将前人所留下的有关蒙古音乐文化的知识与经验,传承下去,并在原先的基础上不断改善,记录下现代人对民歌文化的探索与创新,促进了蒙古族民歌的发展。随着蒙古族民歌演出在当地旅游景区的普及化,加之媒体及时报道和评论有关蒙古族民歌文化的旅游活动,使之作为民俗文化的一部分已经渗透到人们的旅游文化中,成为当地旅游文化的典型代表。

蒙古族民歌旅游文化,通过媒介传播潜移默化地影响着人们的旅游生活,大大丰富了公众的日常文化消费,活跃了民众的情感文化领域。具体来看,媒介传播对内蒙古民歌旅游文化的影响,主要表现在如下几个方面:

一、促进了内蒙古民歌旅游文化的文化传承

文化多元化与全球化的今天,蒙古族民歌在保持其原有民族特色的基础上不断地发展,主动与其他音乐文化的精髓融合在一起,促使蒙古族传统音乐转化为现代化音乐。并且通过报纸、电视、网络等不同的传播媒介进行宣传,让越来越多的人了解并熟知蒙古族音乐。蒙古族歌手腾格尔将蒙古族传统音乐和现代流行歌曲结合起来,唱出带有浓郁草原风格的歌曲,在20世纪90年代成

---

① 邵培仁:《传播学》(修订版),高等教育出版社2007年版,第200—202页。

为家喻户晓的歌手。还有斯琴格日乐、韩磊等，他们走出了内蒙古草原，借助传播媒介将蒙古族民歌唱给全世界的人们听，促进了内蒙古民歌旅游文化的传承。

二、促进了内蒙古民歌旅游文化的文化推广

蒙古族民歌是一种民族文化，它具有向周围扩散的特点，只有文化被传播出去才具备了鲜活的生命力。因为民歌在"听觉"上的特殊性，在相当长的历史阶段，民歌只能是少数人的艺术，民歌活动也只是局部的活动。随着社会的发展，传媒技术的进步，大众传播媒介逐渐成为了蒙古族民歌文化重要的传播载体，包括新媒体在内的传播媒介，对民歌文化的传播起到立竿见影的效果，使得内蒙古民歌旅游文化被全国民众所接受。伴随当地旅游业的系统化、规模化发展，民歌已经成为当地旅游景区的主要表演项目，由于其参与度高，受到游客的普遍欢迎。

三、促进了内蒙古民歌旅游文化的文化认同

蒙古族民歌是结合当地特有的地域风貌，经过千百年历史的发展孕育生成的，与其他地方的民歌文化存在很多的不同，这使得蒙古族民歌在传播过程中受到了一定的地域阻碍。大众传播媒介产生之后，用其统一的传播形式，降低了人们因文化差异而产生的排斥心理，促进蒙古族民歌打破了这种不同文化之间存在的障碍。随着新媒体的发展，蒙古族民歌被其用更快的速度在更广的范围传播，取得了一致认可的效果。这样，通过传播媒介的宣传，加深民众对蒙古族民歌旅游文化的认同感。这对于蒙古族民歌文化的保护与发展，有着积极的引领作用。

四、促进了内蒙古民歌旅游文化的文化发展

当下，民歌文化之所以能渗透在人们的日常生活之中，靠的是媒介的传递与推介，因为媒介能加强传播者的传播能力。然而，大众媒介和蒙古族民歌文化之间关系并不只是简单的传播与被传播，它们之间还存在着有效的互动关系，蒙古族民歌会随着大众传媒的发展而不断更新。因此，大众媒介在其民歌文化

的发展中起到了极其重要的拓展、引导作用,这样就使得其文化内涵、文化精神得以完整地保留下来,使得游客可以欣赏并体验到其民歌文化的精髓。最终,在传媒的助力下,内蒙古民歌旅游文化得到有效的保护与传承,并赢得了崭新的发展成果。

第二节　媒介传播对天津相声旅游文化的影响

目前条件下,媒介传播对天津相声旅游文化的影响,主要表现为文化形式灵活、文化效果到位、文化传承有效等媒介作用的引领上,其对天津相声旅游文化的积极传播与带动作用显著,并且影响效果比较突出。鲜明的旅游文化定位是旅游体验的基础和灵魂,独具一格的天津相声旅游文化,可以为游客、民众提供悠久深远的历史文化感触,让他们获得良好的旅游文化体验,产生深刻的印象,成为社会大众必选的旅游文化项目及体验地。

一、媒体视听表现,文化形式灵活

相声艺术要通过听众的听与看相结合达到教化、娱乐的效果,其中视听是主要方面。当下,相声艺术与电视媒体结合以后,需要适应电视以视觉为主的特性,相声表演者为此有意地加入了一些肢体动作。这使得相声表演的传统特色和优势听觉效果,得以有效传承,并成为天津当地旅游文化特色景观的良好表现渠道。尤其是新媒体短视频平台的运用,使得相声表演的视觉效果的冲击感受,更加明显地展现出来。天津的相声表演受到越来越多游客的欣赏,在给民众带来笑料与欢快的同时,它已经俨然成了天津地方旅游文化的代表。

相声演出中的包袱是引发大众笑声的源泉。相声包袱,需要时间的展开和层层的铺垫,抖出的包袱才会顺理成章引发欢笑并引得人们的关注,而这些正是天津相声文化能够胜出的关键。视觉新媒体对节目的播出时间没有严格的限制,原来三四十分钟的相声,既可以在优酷、腾讯等长视频平台上完整表现,又可以被短视频平台剪辑成只有三四分钟的小短片,将相声原本的铺垫展开过程都忽略了,将其最精彩的包袱部分得以快速呈现,赢得了更多年轻民众、游客的喜爱。在媒体的传播下,相声可能不再像传统的相声,它暂时失去了完整性，但是这种对相声的特殊艺术加工形式，反而增强了原本的艺术效果。这使得天津相声旅游文化，赢得国内民众的认可，已经发展成为了天津旅游文化的一张标志性名片。

二、媒体多样显现，文化效果到位

相声演出与广播、电视媒体结合之后，改变了传统相声表演者与观众面对面人际交流的状态，传媒的介入造成了信息反馈的全面、客观、便捷，对相声艺术的发展产生了极大影响。当下，天津相声旅游文化的表现，其中游客集中到剧场观看体验占据了较大部分，剧场相声的表演者，不是按照写好的台词照本宣科，而是要在表演过程中，根据观众的反应和现场的变化，对其在舞台上的表演做出相应的调整，这样就可以最大程度地调动现场民众的热情与兴趣。伴随新媒体客户端的出现，新媒体直播、录播成为常态，相声演员在表演过程中的精彩内容，借助新媒体的表现手段为更多的国内民众所熟知。尤其是表演中，应观众要求的临时发挥部分，使得场面的观赏性、娱乐性升级，这些表演内容借助新媒体平台尤其赢得年轻群体的肯定。这样天津相声旅游文化的艺术魅力，就展示给全国民众。

目前广播、电视媒体上播出的相声，反馈形式多样、高效、迅速，相声演员可以根据观众对相声作品的理解程度，作出适度的调整，以适应观众的文化欣赏需求，破除了模式化表演的问题，赢得了一致认可。另外新媒体的直播增加了一种现场表演的氛围，录播节目在后期制作时会加入一些掌声、笑声等特效，以及弹幕等实时的反馈信息，这种真实、及时、高效的互动反馈，加强了相声演出的传播效果，使得天津相声旅游文化赢得了更多网民、游客的欣赏，带动天津旅游业的发展。

三、媒体网络呈现，文化传承有效

首先，网络传播最大的优势之一就是迅速，可以使热点文化消息一夜之间传播到全国，其对相声作品的传播也是如此。新创作并演出的相声作品，对于天津旅游文化业的带动作用显著，在其受到网络受众的肯定之后，通过新媒体平台迅速传播到全国。这种传播方式的出现，大大缩短了相声作品的生命周期，提高了传播的时效，对于天津旅游文化的形象塑造起到极其明显的作用。同时，对相声作品创作的发展，以及天津相声文化发展环境的改善，都有极其有利的引导作用。

其次，网络的虚拟性、互动性，使得相声作品的交流和传播得以深入下去，和相声有关的旅游文化得到有效的保护与传承。由于相声旅游文化传播的虚拟性，各种新媒体平台二次编辑后上传量都不少，网民、游客都可以尽情体验相声带给他们的享受。另外，天津相声旅游文化的网络互动效率颇高，相声文化的交流深入具体，对于年轻一代网民的熟悉、认同起到了卓有成效的作用与效果。

最后，网络受众以青年人为主，辐射整个社会群体，由于传统媒体和新媒体的引领效果，提高了他们对相声艺术内涵和相声艺术审美的接受水平。天津相声旅游文化，借助媒体传播的效力，一些制作精良、内容优雅、表现多样的现代相声，在社会大众中有很大市场，带动了旅游文化业的进一步拓展。于是，天津相声旅游文化成为引起公众关注的重要内容，推动天津旅游文化业的跨越式发展。

第三节　媒介传播对辽宁满族旅游文化的影响

目前条件下，媒介传播对辽宁满族旅游文化的影响，主要表现为纸质媒体传播、网络媒体传播、微博传播、微信传播等媒介形式的引导上，其对辽宁满族旅游文化的积极传播与带动作用显著，并且影响效果比较突出。鲜明的旅游文化定位是旅游体验的基础和灵魂，独具一格的辽宁满族旅游文化，可以为游客、民众提供悠久深远的历史文化感触，让他们获得良好的旅游文化体验，产生深刻的印象，成为社会大众必选的旅游文化项目及体验地。

一、纸质媒体传播的影响

纸质媒体包括报纸、书籍、杂志，是一种传统媒体。其中书籍这种传播媒体相对于新媒体而言，其最大特点是具有权威性、系统性、专业性、收藏性。辽宁满族旅游文化的传播主要依赖传统媒体，尤其是当中的书籍更是其重要的传播载体与传播形式。比如，《红楼梦》相关的书籍在辽宁满族旅游文化的传播中，最具有典型性和全面性。

通过剖析该书籍，可以发现其蕴涵的满族文化大致分为三个方面，即宗教文化、服饰文化、饮食文化。宗教文化方面，萨满教是北方游牧民族特有的宗教形式，满族尤其信奉萨满教，而《红楼梦》一书中也提到了该宗教的一些相关仪式内容。同时根据该书记载，还能看出佛教和道教在满族入关后也得到信奉，对满族宗教文化的发展也有着深远的影响。服饰文化方面，满族旗人特有的箭袖、旗袍也在该书中能够看到不少服饰细节、场合仪式等的描述。饮食文化中，满汉全席这种有满有汉的宴席形式，在书中贾府的诸多宴会上都有表现，它被作为写作的参照，以及背景来对待。借助这一媒介形式，对于满族旅游文化为社会民众广泛认可、接受，以及进一步的深入传播，都起了不可或缺的作用。具体而言《红楼梦》一书中，对满族旅游文化的描写、记载，主要分为如下三个方面。

（一）《红楼梦》中的满族服饰文化

《红楼梦》中第3回，对贾宝玉的服饰有一段精彩的描写"穿一件二色金百蝶穿花大红箭袖，束着五彩丝攒花结长穗宫绦，外罩石青起花八团倭缎排穗褂"。这一身是典型的清代满族服装。满族的"箭袖"最初是指一种袖子，后来被指为有箭袖的衣服。因为满族人长年在东北生活，冬季的气温一般零下几十度，拉弓射猎戴上手套很不方便。因此，在原来袖子安上可以盖住上手背的袖子，即"箭袖"。

（二）《红楼梦》中的满族饮食文化

在满族人的食谱中，来自大自然的野味很多，天上飞的、地上跑的无所不有，如熊、鹿、狍子、黄羊、野猪、大雁等。满族饮食与汉族饮食取长补短、相互融合后，就成了"满汉全席"。"满洲菜多烧煮"，如烧鸡、满洲土豆炖鹿膝、烤鸭等。《红楼梦》中第49回描写了众姐妹吃烤鹿肉。这些都是满族作为游牧民族，其饮食文化的反映，打猎烧烤等这些饮食文化的特色都一一继承了下来。

（三）《红楼梦》中的满族宗教文化

满族人信奉萨满教，萨满是人神之间的中介，《红楼梦》第25回写到王熙凤毒尽癔回。众人请"巫婆跳神"，事后"祭天祭祖，还愿焚香"。这些都与信奉萨满教有着直接的关系。这说明宗教文化在满族社会中，占据很重要的位置，它对整个民族在观念、思想等方面影响深远。于是，社会民众对于满族宗教文化，获得了很大程度的兴趣与感悟，使得这种文化形式开始被全国民众所熟悉、接受。

二、网络媒体传播的影响

网络媒体作为一种新媒体有其自身的传播优势，网络传播速度快捷、信息量大、互动性强、及时性好。辽宁满族旅游文化的塑造与宣传，与网络传播的快捷性特点分不开，网络传播的广泛性与互动性，使得其满族旅游文化更有效、更广泛地传播。在网络媒体发展的同时，中国各个民族地区的人民政府和有识之士，也逐步意识到网络媒体的重要性，开始宣传和介绍本民族地区的经济文化。其旅游文化方面的做法，主要是利用各自的优势逐步创办了一系列具有浓郁地方色彩、民族特色的网站。据官方统计，我国目前有关民族类的网站有200多家，它们大多是2000年以后创办的。在这些民族网站中，既有全面的综合性报道；也有侧重介绍本地区民族文化，同时兼有对民族文化新闻的报道；还有偏重对本地旅游资源的介绍，如云南旅游信息网。这些民族网站的出现，不仅丰富发展了我国的网络媒体，而且对于宣传介绍各个民族，以及其旅游文化的发展都起到了十分重要的作用。

民族网，是国家民委下属的民族文化宫主办的，以介绍56个民族为主的综合性网站。打开民族网站，首先可以看到红色的民族导航，上面有各民族的链接，想了解满族文化的人可以点击满族，之后会链接到满族文化页面。在满族民族文化的板块中，有满族新闻、满族旅游、满族文化、满族饮食、满族工艺、满族医药、满族建筑等。几乎涵盖满族文化的方方面面，同时在每一个栏目里又设有各个不同的分支。比如，满族文化栏目，会细化有满族刺绣的特色、满族剪纸的特色、满族歌舞的特色、满族语言文字、满族祭祀舞蹈。满族历史栏目下，细分有满族起源传说、满族八旗、满族发祥地抚顺、满族的兴起与发展。满族文艺栏目，也会设有各个时期的满族舞蹈的发展。满族节日栏目下，细分了满族各个重要节日，可以点击链接到满族中元节、满族的二月二、满族添仓节等节日。满族工艺一栏，设有满族补绣工艺、满族绣花鞋、满族氏布糊画、满足首饰"扳指"。满族人物分设的栏目，有抗联将领陈翰章、满族名人关向应、清朝将领多隆阿、著名歌手齐秦（运用名人效应宣传满族人物）等。满族风景一栏，细分有满族的恭王府、满族的圆明园、满族的清东陵、满族的清福陵等。最后一栏是满族古迹，链接有木兰围场遗址、沈阳故宫、满族的赫图阿拉城、满族的石棺墓、柳条边遗址等。民族网上的内容几乎可以说是面面俱到，各个方面的细分都很到位，宣传了满族文化的多方面，立体感强。

其中，沈阳故宫最能代表辽宁满族旅游文化。与北京故宫相比，沈阳故宫建筑风格上更有满族特色。在布局上，东路大政殿、十王亭布局仿照八旗行军帐殿；中路大中阙"宫高殿低"，居住部分位于高台之上，俯瞰理政的正殿区域，这是来源于满族人喜欢居于台岗之上的生活习惯；西路以文溯阁为主。

满族在线网，这是满族自办的地方民族网站，是专门以宣传各类满族文化为目的的网站。相比民族网内容更全面，信息更广阔。满族在线网与民族网的设置基本相同。该网也设有满族名人、老照片，以及满族历史、满族工艺等栏目。满族在线网的显著区别，是同时设置了满族的文化论坛，有鲜明特色的是新闻栏目，其栏目主要以满族民俗和满族文化新闻为主。这个网站方便人们更深入地了解满族旅游文化，使得国内民众可以多方面地了解满族历史、文化，带动辽宁满族旅游文化业的有效发展，满族文化已逐步成为辽宁旅游业的主流。

整体来看，网络媒体传播满族旅游文化的最大优势，是超链接文本的扩展性。超链接文本可以容纳巨大的信息量，实用性很强，国内民众据此可以充分了解满族旅游文化，并借助互动交流进行分享。这时，借助网络媒体的优势，树立起辽宁满族旅游文化的良好形象。文字、图片、音频、视频等多样化的展现形式，对于吸引全国网民、游客的关注，作用力显著。民族旅游文化熟悉度、知名度相对不高，相对来说不具有引人感兴趣的内容，但是通过网络媒体的宣传，最终达到了良好效果。网络传播媒介的引导，对于辽宁满族旅游文化，为全国民众所认识、认可，并最终对游客起到极其明显的作用，使得辽宁满族旅游文化得以加速发展。

三、微博传播的影响

微博这种新媒体的关注形式，有很强的互动性和选择性，可以单向或者双向关注。这里把微博和网络媒体区分开，是因为一般网络媒体的接收终端是电脑，而微博的接收终端绝大部分是手机媒体。虽然都是利用互联网，但是由于接收终端的不同，从而导致了两种媒体接受信息的便捷性不同。手机媒体这种新媒体人人都在使用，微博在手机媒体中的占有率、使用率是相当高，因而对辽宁满族旅游文化的影响也很大。辽宁满族旅游文化在传播中也充分发挥了微博的作用。微博这种新媒体传播满族文化的优势是多方面的，这些优势作用的发挥是综合性的，即更新快捷、便携性好、互动性强、阅读方便、选择性强。

满族文化公众账号，通过微博平台传播满族文化，还利用了微博可以申请"会员"这一特点。微博会员"粉丝"也会通过多样的方式急剧增加，拥有了大量的粉丝群就能把发布的满族文化信息，更广泛地传递出去。感兴趣的网民、游客都可以选择转发，这样扩大了信息的覆盖率。微博还有一项功能是"@"，即提醒特定的受众关注。受众关注满族文化相关的微博，并且可以@给其微博好友，如果好友也对这条满族文化的内容有兴趣，则使得其影响力越来越广。

满族旅游文化借助微博的粉丝力量，以及循环扩散机制，将其文化内涵、表现形式、活动内容等发出去，使得国内公众对这一文化的兴趣越来越浓厚。这种传播方式周期很短、见效很快、影响很大。而且这种新媒体的适用人群广泛，接受度普遍较高，能够以较低的成本获得理想的传播效果。结合受众关注度、社会影响力，目前比较权威的微博公众账号为"盛京满族文化馆"。此微博对于民俗文化、历史文化、风俗表演等都有表现，其对辽宁满族旅游文化信息实现了线上、线下同步展示，融合展览、旅游、体验、休闲等功能，达到了全面综合的介绍、普及满族文化的目的。通过微博这一新媒体方式，辽宁满族旅游文化得到了全面的传播与普及，吸引国内游客前往体验，使得满族旅游文化成为辽宁的文化名片。

四、微信传播的影响

微信公众账号的传播形式，对于辽宁满族旅游文化的影响也颇深。微信作为新媒体之一，同样属于社交媒体类，但是相比较微博更偏向于深度交流、互动频发，发布的文化信息更具有特点、色彩，感染效果更强。这些微信公众账号推送的信息，可以更有针对性、目的性，赢得公众的高度关注。和微博比较而言，微博中很大一部分信息，需要借助公众人物的介入，来达到较好的传播效果。微信公众账号在运用中，也在利用这方面的优势。但是微信公众号，多数是文化新闻、休闲养生、旅游路线等内容的直接推送，并且由于其良好的公信力，所以对于辽宁满族旅游文化的表现反而更佳。

目前宣传满族文化的微信公众号，有"满族""满族文化"等。其中"满族文化"这一公众号更有代表性。它的阅读量、评论量都很高，所发布内容涵盖全面，表现形式也比较多样。而且在内容布局上，文化传承与休闲养生相结合，网民在熟悉满族文化特色的同时，还可以学习养生知识。该公众号具体在内容设置上，每期有四个版块，包含的内容涉及：满族建筑文化、饮食文化、宗教文化、服饰文化，这些文化信息全面充分地进行了归纳、整理，呈现给全国民众一幅满族文化的完美画面。

辽宁满族旅游文化，借助微信公众号的新媒体方式，把这一文化的独特之处推广给国内公众，赢得了极大的关注，取得了良好的社会效益。在这种优势文化的带动下，辽宁加大了文化产业的投入力度，旅游文化业逐渐成为优势产业。在这一过程中，满族文化突破了地域的限制，其影响力扩大至全国范围，在新媒体的引导下，辽宁满族旅游文化形成可持续发展方式，带动当地文化产业快速发展。

第四节　媒介传播对吉林延边朝鲜族旅游文化的影响

目前条件下，媒介传播对吉林延边朝鲜族旅游文化的影响，主要表现为文化传承、文化拓展、文化创新等媒介效应的发挥上，其对吉林延边朝鲜族旅游文化的积极传播与带动作用显著，并且影响效果比较突出。鲜明的旅游文化定位是旅游体验的基础和灵魂。独具一格的吉林延边朝鲜族旅游文化可以为游客、民众提供悠久深远的历史文化感触，让他们获得良好的旅游文化体验，产生深刻的印象，成为社会大众必选的旅游文化项目及体验地。

一、现代传媒促进了延边朝鲜族旅游文化的文化传承

目前，在媒体的传播效力作用下，延边朝鲜族的民族文化意识得到增强。根据当前世界文化发展趋势，选择符合延边朝鲜族文化发展的方向，成为当务之急。吉林延边朝鲜族旅游文化的形成、发展，受到朝鲜半岛文化的影响，而朝鲜半岛与延边朝鲜族存在着无法割舍的内在联系，这也是其区别于国内其他文化形式的独特之处。如何发挥这一文化优势则是问题所在，如今延边朝鲜族已形成其相对独立的文化体系，在以后的文化传承中，应当将朝鲜半岛的现代文化形式加以融合借鉴，促进延边朝鲜族旅游文化与时俱进，向着多元化发展。

在文化转型发展的过程中，延边朝鲜族应该拥有自身的民族责任感和荣誉感，将传承和发展民族文化作为每个人应尽的义务。对于媒体而言，传承吉林延边朝鲜族的优秀文化传统，并赋予这一民族文化新的生命力和时代性。在媒体的引领下，吉林延边朝鲜族旅游文化的提升与创新发展必将实现。

二、现代传媒促进了延边朝鲜族旅游文化的文化拓展

吉林延边朝鲜族旅游文化的拓展，以传统媒体为基础，充分利用新媒体，以此对延边朝鲜族旅游文化发挥了有力的传播效应。在媒体发展日新月异的当今社会，媒体已成为信息社会不可或缺的重要部分。延边地区，一定要充分利用媒体这个有力工具，既要重视报刊、广播电视等传统媒体对当地文化的形象塑造，又要发挥新媒体对文化资源的推广效果。传统媒体拥有强大的人力与物力资源、相对稳定的受众和丰富的专业技术，诸如电视媒体播出的延边朝鲜族文化特点的纪录片、电视剧，报纸上开设的民族文化专版、专栏等。使民众对延边朝鲜族文化的了解从最初的服饰、饮食文化，能够深入到对延边朝鲜族的传统礼仪、民间习俗、文学艺术、民族历史等方面进行认知。当下，新媒体超乎寻常的时效性、互动性和传播力，拓展了吉林延边朝鲜族旅游文化的生存、发展空间，扩大了其旅游文化的影响力，带动吉林延边旅游文化业的增长。

三、现代传媒促进了延边朝鲜族旅游文化的文化创新

媒体的传播作用，进一步增强了民众对吉林延边朝鲜族旅游文化的社会责任感。随着商业文化和外来文明的不断侵入，许多少数民族失去了固有的民族生态环境，少数民族人民的文化环境、思想认识、行为方式等，都受到了很大程度的冲击，发生了巨大变化。无疑延边朝鲜族文化同样面临相同的问题，这种情况下，吉林延边地区的各类媒体，有责任更有义务肩负起这份社会重担。它们充分利用现代媒体的传播手段，使延边朝鲜族旅游文化以崭新的面貌吸引着全国民众，借助媒体技术优势，使人们直观地感受到，延边朝鲜族旅游文化自然纯朴的独特魅力，以及无可替代的文化价值，唤起人们对民族旅游文化开发和创新的意识。在这种媒体效果的影响下，吉林当地的旅游文化企业逐步加入到项目开发中来，对于延边朝鲜族旅游文化资源的挖掘、改造与创新，发挥了极其有利的作用，使吉林延边朝鲜族旅游文化快速走上系统化发展之路。

第五节　媒介传播对上海海派旅游文化的影响

目前条件下，媒介传播对上海地区海派旅游文化的影响，主要表现在纸质媒体中，包括《解放日报》《文汇报》《新民晚报》等纸质媒体，其对上海地区海派旅游文化的积极传播与带动作用显著，并且影响效果比较突出。鲜明的旅游文化定位是旅游体验的基础和灵魂，独具一格的上海地区海派旅游文化，可以为游客、民众提供悠久深远的历史文化感触，让他们获得良好的旅游文化体验，产生深刻的印象，成为社会大众必选的旅游文化项目及体验地。

为了进一步提高对海派旅游文化的影响力，发挥媒体对于社会民众的引导功效，上海报业集团旗下《解放日报》《文汇报》《新民晚报》，从 2014 年开始，依据文化市场的发展变化，开展了一系列变革。"结合市场化发展的背景，进行了市场定位和版面结构的大调整，有效提升了上海主流媒体的传播力和影响力，形成了'党''文''民'三位一体的、差异互补的上海市民全覆盖的新型上海主流媒体传播格局。"[①] 此次改革举措，极具上海海派文化中敢于锐意革新、广采博纳的特点。下面根据这三大报刊媒体，在上海地区海派旅游文化方面所起到的影响作用，展开详细分析。

一、《解放日报》对海派旅游文化的影响作用

《解放日报》通过开展社会活动，来提升其对海派旅游文化的影响力，这些重要举措都赢得了公众的认可。在文化活动中，其媒体工作人员与社会民众进行深入的互动交流，了解他们对于旅游文化方面的需求，对旅游文化市场的动态发展进行了有效把握，普及传播了上海海派文化，在潜移默化中拓展了海派文化的发展市场。诸如，2015 年 5 月 18 日该报在经济版发表《最大迪士尼商店主打上海风》的新闻消息，指出以"上海元素"作为切入口，并强调了每个迪士尼玩具上都刻有"上海"二字，以及上海店还将独家发售"我爱上海"城

[①] 强荧、焦雨虹主编：《上海传媒发展报告（2015）》，社会科学文献出版社 2015 年版，第 35—37 页。

市纪念版商品，打造专属上海的迪士尼元素。①《解放日报》对类似文化活动的传播，使得上海地区海派旅游文化，不仅吸引了国内民众的兴趣，而且对于海派旅游文化的全球扩展，起到了相当有利的作用。最终上海地区海派旅游文化的多元、包容性，得到了有效提升与发展。

二、《文汇报》对海派旅游文化的影响作用

《文汇报》对海派旅游文化的作用，主要体现在其文化栏目的独特定位上，借助这些栏目将海派文化中的现代文化、非物质遗产文化等，介绍给社会公众。让人们充分感受到了海派文化的历史性、前瞻性。2013年12月31日，新版文汇报上线，聚焦"名、特、优、新"，在思想、文化、历史领域致力于建设凸显海派人文特色的栏目。2015年2月5日，文汇报发布《上海探索非物质文化遗产生产性保护开发》。②该新闻对上海市现有的94项非物质文化遗产，进行了分类概述，以及文化遗产项目传承发展现状介绍。让国内民众在这个商业文化的城市，可以放松脚步用心感受属于这座城市悠久的文化，诸如"海派锣鼓、海派木偶戏、海派玉雕"等，这些非遗项目都具有很强的历史、文化和旅游价值。文汇报这类报道助推了上海海派旅游文化的发展，推动了上海地区海派旅游文化的纵深发展，彰显出其历史厚重感。

三、《新民晚报》对海派旅游文化的影响作用

作为全国解放后保留下来的唯一晚报，《新民晚报》的历史勾绘出上海大都市报业发展的部分轨迹。"在一份调查中显示，对《新民晚报》的'具有传统海派文化特色、引人入胜、津津有味、少老皆喜、融入寻常百姓家'的定位，认同度为51%，有47%的受访者表示《新民晚报》是认识上海的第一选择。"③

---

① 王志彦：《最大迪士尼商店主打上海风 本周三于陆家嘴开业》，环球网，https://finance.huanqiu.com/article/9CaKrnJL75Z，2015-05-18。

② 李婷：《上海探索非物质文化遗产生产性保护开发》，文汇网，https://www.whb.cn/zhuzhan/xinwen/20150205/23852.html，2015-02-05。

③ 强荧、焦雨虹主编：《上海传媒发展报告（2015）》，社会科学文献出版社2015年版，第36—38页。

《新民晚报》在创办过程中一直坚持"短广软"与"高度、深度、厚度"相结合。这种优势,对于海派旅游文化深入百姓之中,发挥了关键作用。该报2014年又推出了"乡村里的中国"系列报道,并新增了老年版的《金色池塘》(专刊),还放大了字号,这些对于广泛拓展社会旅游群体,效果显著。《新民晚报》对与旅游文化密切相关的领域特别关注,并且在新民俗、新民风上深入挖掘,满足了国内民众对于上海海派旅游文化的需求。让上海地区海派旅游文化,为全国民众所熟悉、认可与接受。

第六节　媒介传播对浙江嘉兴红色旅游文化的影响

浙江嘉兴地区拥有着丰富的红色旅游文化资源,国内多种媒体也在持续不断地进行报道,浙江嘉兴红色旅游文化逐渐被人们所熟悉。但是除了浙江省内游客及嘉兴市民之外,国内民众对该地区红色旅游文化的详细情况,仍旧知之甚少或者说了解不够深入、明晰。本次调查研究的目的,就是研究大众传媒在红色旅游文化传播过程中所发挥的影响作用,以及媒体在传播红色旅游文化当中存在的问题。这次问卷以浙江省民众作为主要目标对象,同时兼顾其他省市民众,主要研究内容共分为三个方面:红色旅游文化的传播渠道、红色旅游文化的传播受众和红色旅游文化的传播效果,即媒体对嘉兴红色旅游文化在这三方面所产生的影响。本次网络问卷调查从2021年2月至4月共进行了3个月,在嘉兴本土最具影响力的城市生活社区网站——嘉兴市广播电视集团官方旗下的嘉兴人网的论坛,以及全国范围的QQ群组、百度贴吧、微信朋友圈等平台发放,总共获得1 000份有效问卷。通过对这些问卷调查的整理与分析,归纳总结出,浙江嘉兴红色旅游文化传播过程中的影响情况。具体来说,嘉兴红色旅游文化的影响情况如下:

一、浙江嘉兴红色旅游文化在传播渠道方面的影响

本次调查中,就关于问卷题目"您是通过什么渠道了解到本地区红色文化的?"(见图4.17.1)。进行数据整理后,最后发现有44.32%的人了解红色文化的渠道是来自于课堂;其次有34.09%的人对其的了解来自于游览嘉兴南湖

革命纪念馆；其余对这一文化的了解渠道，来自于电视、网络、手机的人分别为30.68%、28.41%、27.27%。这一结果说明，嘉兴地区媒体、浙江省内媒体及全国性媒体，对浙江嘉兴红色旅游文化的传播力度不强，而红色文化教育和旅游文化企业对红色文化的推动作用是显著的。这可能和传媒业关注的重点有关系，另外长期的学校教育影响可谓根深蒂固，还有旅游公司相应线路的推送、宣传效果也较为明显。最后，受众的获知渠道来自报纸、广播、杂志的人分别为14.77%、9.09%、2.27%，作为传播红色文化主力军之一的报纸排名如此低，确实有点出乎意料。不可否认，这可能和当下传统媒体的阅读率、收听率不高有很大关系。而且本次问卷调查通过网络进行，受调查对象多是以年轻人为主，他们对传统媒体兴趣较低，使用率不高，这些也是造成这一结果的缘由。

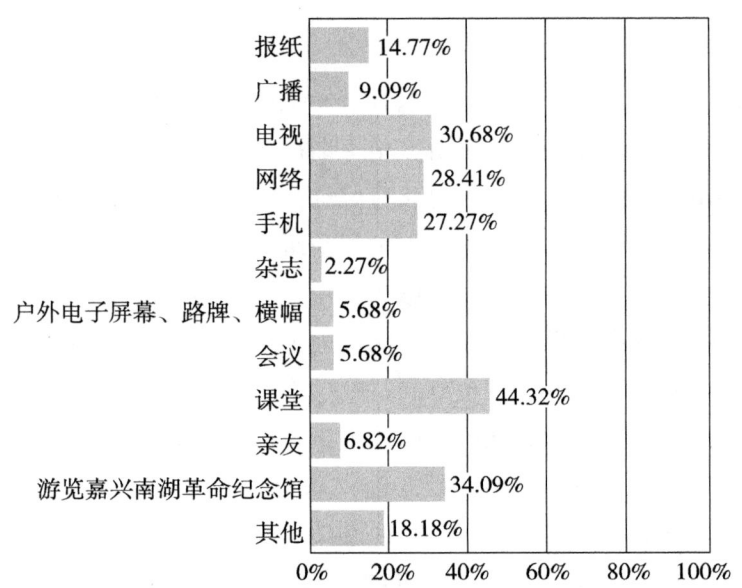

图 4.17.1　受众了解浙江嘉兴红色旅游文化的渠道（多选项）情况统计图

二、浙江嘉兴红色旅游文化在传播受众方面的影响

（一）受访者的年龄分布情况

本次调查对象的年龄情况，从图 4.17.2 中可以清楚看出参与此次调查的人群，在年龄分布上显示出的特征。此次参加问卷调查的1000人，主要分为五个年龄段，所占比例分别是：未成年人占12.30%（123人），18-25岁年龄段的人数占53.28%（533人），26-35岁年龄段的人数占14.75%（147人），36-60岁

年龄段的人数占16.39%（164人），60岁以上的人占3.28%（33人）。可以看出18-25岁的年轻人最为众多，其中原因，除了现在网络论坛、群组里人数最多的、活跃程度最高的以年轻人为主外，还有他们自身学习能力强，多数经过不同层次学校教育，对红色文化的了解度更多。而60岁以上的人相对最少，其中原因除了接触网络较少外，现实生活中仍有大量的事务占据他们的生活，没有闲暇时间来关注红色文化。根据媒体分众化的现实发展状况，已经将年轻人当成主流媒体传播浙江嘉兴红色旅游文化的主要受众，以及网络媒体传播浙江嘉兴红色旅游文化对象的生力军。同时，由于他们自身的接受能力很强，也自然成为本次调查研究的重点对象。

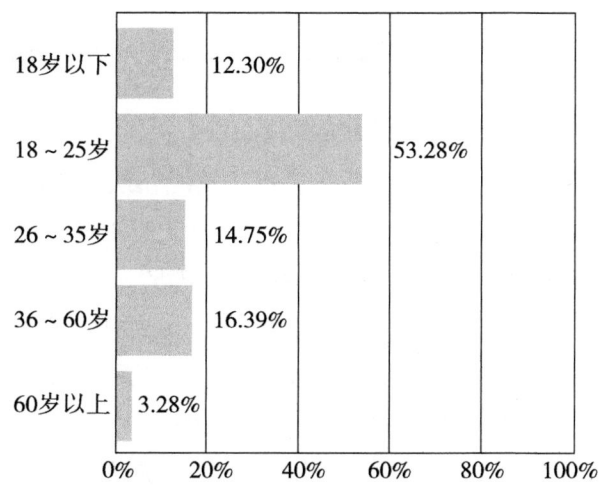

图4.17.2　浙江嘉兴红色旅游文化受众年龄分布情况统计图

（二）受访者的性别分布情况

本次调查的对象中，有关性别方面的情况，可以从图4.17.3中得知，这一结果也大致反映了浙江嘉兴红色旅游文化的传播现状。该问卷调查的数据显示，男性人数略少于女性人数，男性人数为434人，占总人数的43.44%。女性人数为566人，占总人数的56.56%。其中主要原因，是发布问卷调查时，包括有发布在嘉兴人网论坛的休闲区"江南水乡"，该论坛女性占比较多，这是原因之一；同时女性相比男性而言，对于红色旅游文化更有兴趣，实地旅游体验得更多。而男性工作相对压力更大，没有更多的时间与精力，来参与网络问卷调查，也是造成这一结果的主要原因。浙江嘉兴红色旅游文化传播对男性与女性的影响上，两者虽然有点差距，但是并不不明显，所以对该问卷调查所得出的最终结果影响甚微。

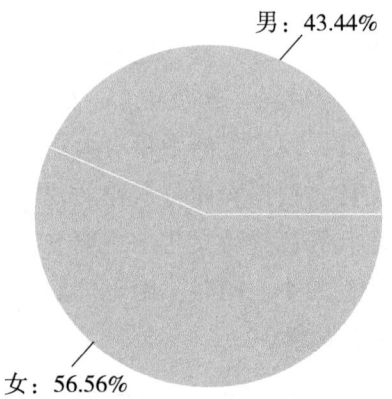

图 4.17.3　浙江嘉兴红色旅游文化受众性别分布情况统计图

（三）受访者的文化程度分布情况

本次调查的对象中，有关文化程度方面的情况，从图 4.17.4 中反映的结果，可以基本得出浙江嘉兴红色旅游文化传播中，文化程度起到的影响作用。具体在文化程度分布上，其中本科生占大多数为 46.72%（467 人），这是由于发布问卷调查主要在一些论坛、QQ 群组等展开，这些使用者一般都是长期稳定的用户，在工作及学习中都会用到这些平台，他们的文化程度整体较高。高中生为占比 13.93%，居第二位，只有 140 人，这是因为高中生学习压力大，没有充裕的时间去了解红色旅游文化。接着是初中及以下和大专其所占比例相同，都为 13.11%（131 人）；然后是中专为 9.02%（90 人）。这三部分人数都较少，其中的原因可能是，初中学校的教育重点还是应试，不够重视红色旅游文化；中等院校的学生，课程设置更偏向于学习谋生技能，社会压力较大，同时自身也没有多余精力、时间去了解红色旅游文化。最后所占比例最小的是研究生及以上人群，只有 4.11%（41 人），这是由于研究生及以上的人，多属于专业技术人才，他们对自身所熟悉的领域比较关心。同时，因为他们的研究面更深、专业度更高，红色旅游文化所能引起的关注度不会太高。从中可以看出，学历的高低对浙江嘉兴红色旅游文化的传播，确实存在差异化的影响，但并不是完全对应的正相关直接影响。所以，浙江嘉兴红色旅游文化在未来发展中，还是要有针对性地采取不同策略去灵活应对。

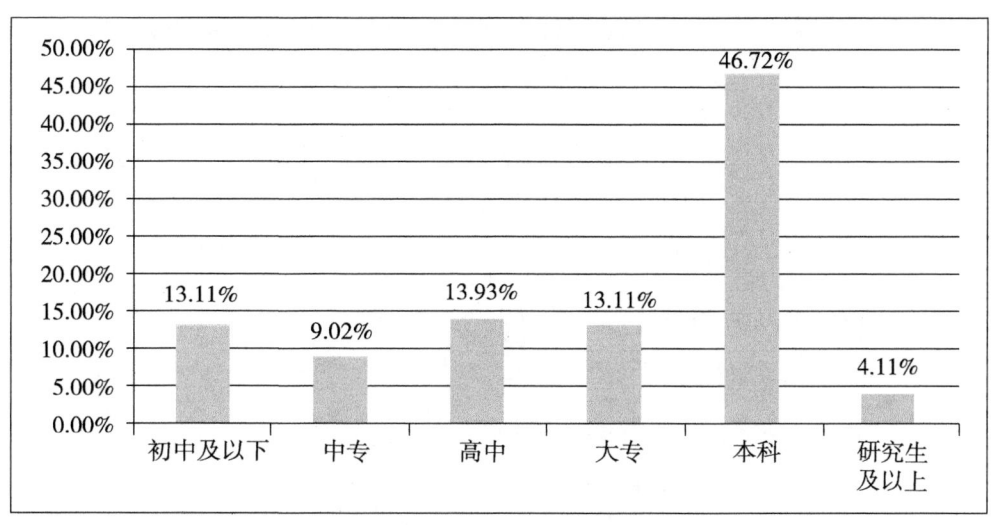

图 4.17.4　浙江嘉兴红色旅游文化受众文化程度分布情况统计图

(四) 受访者的职业分布情况

本次调查对象中,有关职业分布方面的情况,图 4.17.5 所反映的调查数据,说明了浙江嘉兴红色旅游文化传播在不同职业人群的影响状况。具体来看,此次网络问卷调查中受访者的职业分布,其中学生占 47.54%(475 人),学生喜欢逛论坛、聚集在社交媒体群里。同时结合图 4.17.4,就可以看出参与此次调查问卷的人主要是大学生,他们是调查人群中最了解红色旅游文化的群体,这主要是由于他们接触媒体的时间长、种类多,受到大众传媒的积极影响。民企、私企职工占 19.67%(197 人),民营企业主、个体户占 6.56%(66 人),这部分人群数量也相当可观。其原因可能是政府政策扶持,对乡村振兴中凸显出来的红色旅游文化以及相应文创企业特别支持,还有红色企业家对职工的引领教育,使很多人对红色文化有不少的了解。党政机关、企事业单位职工占 6.56%(66 人),这一结果比较出乎意料,其中的缘由主要是,对红色旅游文化的了解多停留在政策熟悉上,实际的参与体验机会虽然有,但是由于平常过多的忙碌于事务性工作,从而真正接触红色旅游文化的时间较短,了解不够深入。其余自由职业者占 5.74%(57 人),农民占 3.28%(33 人),离退休人员占 2.46%(25 人),这部分人群普遍较少,原因多是由于工作性质或者是生活范围所限,接触媒介的愿望和要求都不高,所以对红色旅游文化的熟悉度较低。其他职业占 8.19%(81 人),虽然没有办法具体地了解这部分人群的职业身份,但是说明社会民众对浙江嘉兴红色旅游文化的了解还是有的。因此,大众传媒,尤其是新媒体需要扩大传播范围，有效提升其对浙江嘉兴红色旅游文化发展的社会影响力。

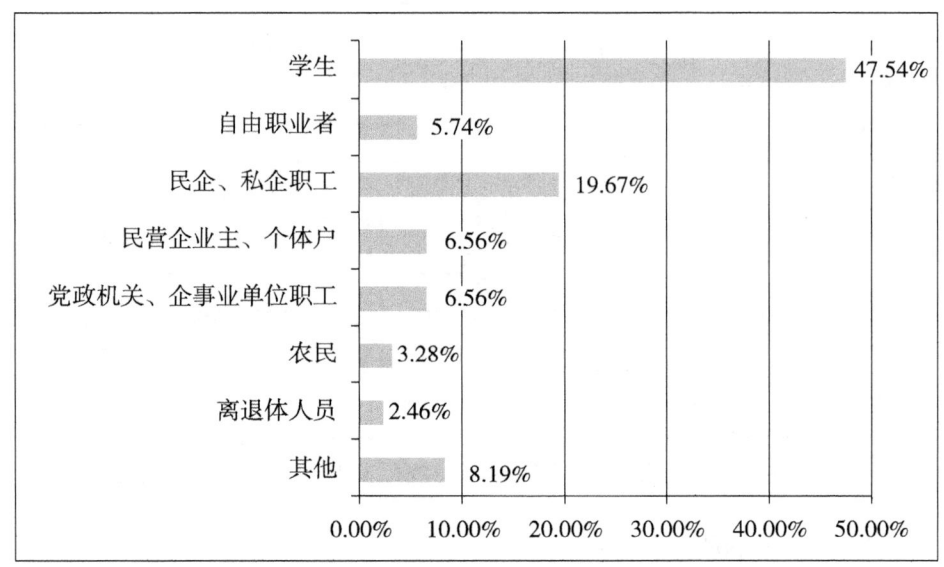

图 4.17.5　浙江嘉兴红色旅游文化受众职业分布情况统计图

（五）受访者的政治面貌分布情况

本次调查对象中，有关政治面貌分布方面的情况，从图 4.17.6 所得出的数据，可以说明浙江嘉兴红色旅游文化在媒体的助力作用下，所起到的实际影响效果。具体而言，受访者的政治面貌具体表现为，共青团员占 47.54%，在人群中总共有 476 人，这是由于该调查中职业身份是学生的为数很多，学生大多数都是共青团员和部分党员，同时学校对学生的教育使其对红色旅游文化的了解度比较高。另外，预备党员或正式党员有 180 人，占总数的 18.03%。可以看到，这一群体对于浙江嘉兴红色旅游文化的了解度、熟知度，还是很高的，说明平常的党内学习及媒体传播的影响，所发挥的作用还是很大的。这其中，民主党派成员只有 8 人，占总数的 0.82%。这是由于民主党派的人占比较少，以及发放调查问卷的网络平台，也不是这一群体关注的重点。群众有 336 人，占总数的 33.61%。这一数据说明该调查对象中，群众所占比例只有三分之一左右，群众参与活动的积极性不是很高，当然这和浙江嘉兴红色旅游文化本身对社会群众的吸引力不足，不无关系。综上，浙江嘉兴红色旅游文化在下一步的发展中，需要融合运用媒体手段，展现其文化影响，使得众多社会群众和部分民主党派成员，进一步深化对红色旅游文化的认识，发挥媒体的引导效应。

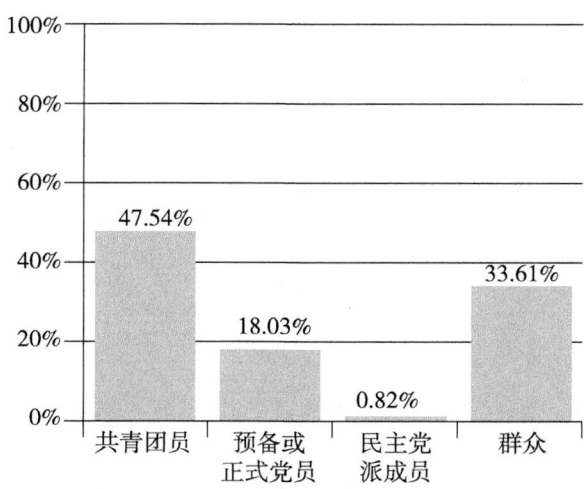

图 4.17.6　浙江嘉兴红色旅游文化受众政治面貌分布情况统计图

（六）受访者的媒介使用习惯分布情况

本次调查对象中，有关媒介使用习惯方面的情况，从图 4.17.7 的统计结果可以看出，浙江嘉兴红色旅游文化传播中，不同媒介形式所产生的影响效果。由于本次调查中，关于媒介使用接触习惯是多选题，所以可以看出不同媒介形式的影响相对都很大。具体而言，受众平时接触手机、网络、电视的比例，居然分别高达 78.69%、67.21% 和 50.00%，这也印证了现在媒体的市场影响力状况。而对广播、报纸、杂志及户外媒介形式等的接触，就显得较少，分别为 17.21%、12.30%、8.20%、8.20%，这一数据所反映的情况，也正好对应了主流传统媒体的发展现状。由此可见，随着近些年移动互联网和智能手机的发展，移动终端和手机媒体更方便人们获取信息，和增加浙江嘉兴红色旅游文化的接触机会与了解渠道。人们对手机和网络的使用越来越频繁，而媒体传播浙江嘉兴红色旅游文化，就要找准目标人群的媒介接触规律，从而更好地进行策略应对。

综上所述，本次调查的结果虽然存在着一定的误差，不够全面准确反映浙江嘉兴红色旅游文化在传播中对受众的影响，但是正因为这次是网络调查问卷，而且网络新媒体现在发展势头强劲，社会影响效果也是最佳的。所以，尽管参与调查人群多是 18 至 25 岁的年轻人，最后所得到的结果也确实可以帮助媒体，在这部分年轻群体当中，发挥更加有利的影响效果，实现最终带动浙江嘉兴红色旅游文化业的转型升级与创新发展。这也正好达成了本次调查研究的主要目标。

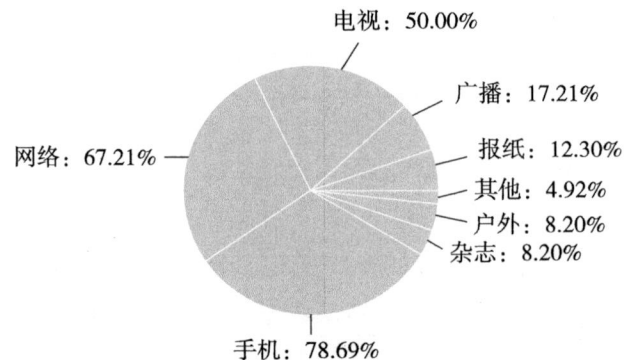

图 4.17.7　浙江嘉兴红色旅游文化受众媒介使用习惯（多选项）分布情况统计图

三、浙江嘉兴红色旅游文化在传播效果方面的影响

在本次调查中，关于图 4.17.8 所调查题目为"您听说过'红船精神'吗？"的结果中可以看出，对于浙江嘉兴红色旅游文化的代表之一"红船精神"的熟知度，不是很理想。具体来说，参与调查的民众中只有 72.13%（721人）比较熟悉，另有 27.87%（279人）的民众是完全没有听说过。这就说明当前浙江嘉兴红色旅游文化的传播，还存在不少问题，即媒体对"红船精神"的宣传效果并没有真正深入人心。至于其中的原因，主要在于媒体所采用的传播形式、技巧都过于保守，过于"诉诸理性"，而忽视了"诉诸感性"的表现，导致许多民众对这类信息关注度不高，甚至还有部分民众对其是毫无兴趣，这也给媒体接下来开展的传播形式提出了新的考验。

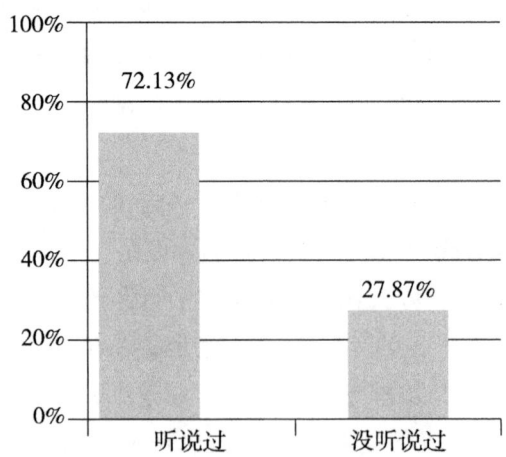

图 4.17.8　受众了解浙江嘉兴红色旅游文化的"红船精神"情况统计图

在本次调查中，从图 4.17.9 所反映出的结果可以看出，国内民众对浙江嘉兴红色旅游文化中的红色代表人物，了解程度存在较大差异，很多有名的人物都不甚了解与熟悉。具体来看，其中有 90.00%（900 人）认识茅盾，这是由于他是中国革命文艺奠基人，他的《子夜》《春蚕》等小说都是家喻户晓的，包括他在现代文学、文学评论等领域成就也很高，社会影响力也很大。另外，这当中有 59.02% 的人认识沈钧儒，24.59% 的人认识沈泽民，这一调查结果也基本和他们的社会知名度相吻合。其余有 9.83% 的人认识龚宝铨，7.38% 的人认识王会悟，6.56% 的人认识倪天增，而熟悉褚辅成的人只有 1.64%，调查对象中仅有 16 人熟知。造成这种巨大社会差距的原因，部分是因为除了茅盾外，其他的人物很少在教科书或者相应的普及型读物中被提到，只有在一些专题性的纪录片或电视节目中会出现。这也反映出，国内媒体对浙江嘉兴红色旅游文化的报道不够全面，甚至也没有做到位，使得很多浙江嘉兴红色旅游文化的红色代表人物，在媒体上难以见到。所以，浙江嘉兴红色旅游文化的发展中，对于媒体功能的发挥与利用，还需要进行有效的引导。

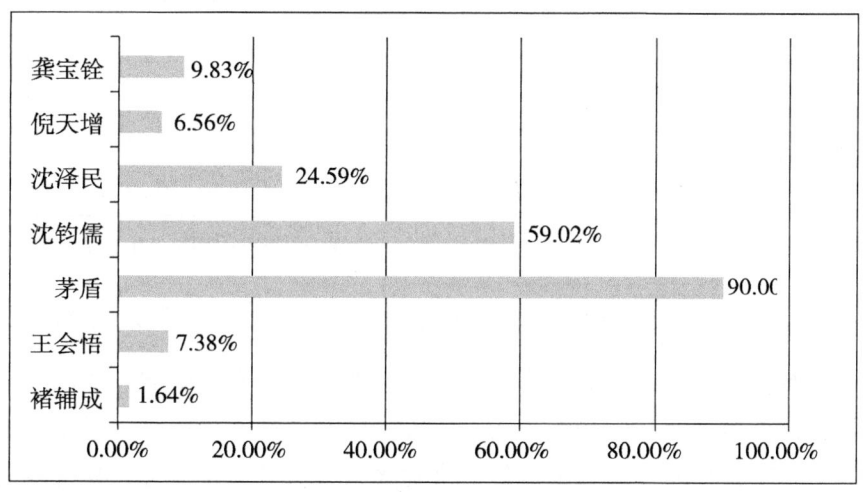

图 4.17.9　受众了解浙江嘉兴红色旅游文化的人物（多选项）情况统计图

在本次调查中，从图 4.17.10 所反映的结果可以看出，浙江嘉兴红色文化遗址的社会民众熟知度差异很大。其中，除了南湖革命纪念馆以 91.23% 的熟悉度遥遥领先外，其他红色文化遗址的知名度都非常低，甚至很多人都没听说过。具体来看，辛亥革命烈士纪念馆占 12.34%、龚宝铨故居占 9.83%、嘉兴地方党史陈列馆占 8.20%，这几处红色文化遗址，由于比较具有历史、文化、军事等重要意义，所以民众的关注度还是可以的。其余，新四军北撤澉浦之战烈士纪念碑占 4.52%、王会悟纪念馆占 3.28%、滨海红色长廊线占 2.46%，而最少的是留云居，仅占 0.82%。国内媒体在宣传浙江嘉兴红色旅游文化时，主要集中于南湖红船，对其他红色文化遗址、文化景点的宣传力度十分微弱，有些近乎没有在媒体上展现过，导致很多国内民众，甚至浙江本省人都没听说过，更没有去过了。这就反映了媒体在对浙江嘉兴红色文化遗址，进行传播策略的运用后，并没有达到预期的效果，使得国内民众只对几个重点文化景区留有深厚印象，其他则效果不佳。这样浙江嘉兴红色旅游文化在以后的发展中，必须重视媒体的综合利用，以发挥其良好的社会效果。

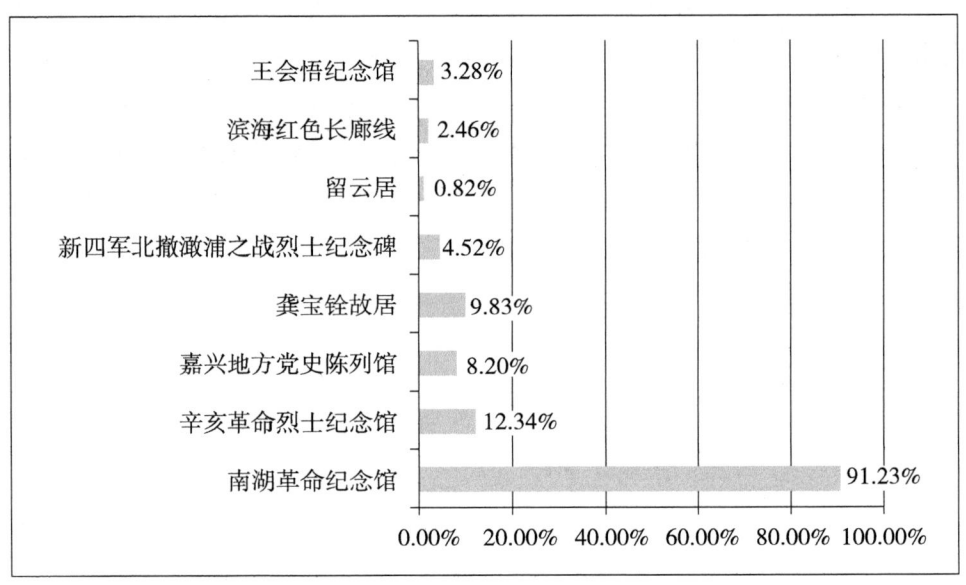

图 4.17.10　受众了解浙江嘉兴红色旅游文化的文化遗址（多选项）情况统计图

综上所述，浙江嘉兴红色旅游文化在传播效果方面的影响，并没有达到理想的程度，很多民众对这一文化的认识度、熟知度都不是很高，只是对在全国范围内知名度、影响力都很大的红色文化名人、红色文化遗址，拥有较高的认可度。其余的红色旅游文化内容，整体熟悉度都较低，说明其发展空间还相当大。浙江嘉兴在发展红色旅游文化的相关内容过程中，还需要加强媒体的传播、引导作用。这样浙江嘉兴红色旅游文化的发展，才会沿着系统化、规模化、产业化的道路前进，最终在全社会产生良好的文化影响力，提高公众的旅游文化认知度、接受度和体验度。

第五篇

山西及部分省区媒介传播下旅游文化的问题与对策

第十八章 山西晋北地区旅游文化的问题与对策

第一节 大同旅游文化的问题与对策

目前,从大同旅游文化产业的发展现状来看,已经形成了以旅游文化行业为转型发展的重点,以及影视、会展等旅游文化产业迅速发展的局面,它们共同打造了新兴的支柱产业。不过,在大同市人文强市的展开、转变过程中,仍然面临着不少的问题。诸如,在全国互联网+旅游这一发展模式风生水起之时,大同市的旅游文化行业却仍然维持传统经营理念,其中工艺品店、民俗展览、非遗作坊等传统经营模式占比不少,经营理念相对滞后。因此,需要从根本上转变不利于旅游文化乃至文化产业进步、发展的思想观念,把眼光放至长远处,以寻求长久持续发展。当下,尽管大同市的新型文化产业取得了较为快速的进展,然而从总体规模上来看,旅游文化产业依旧偏少,"零散化"明显,整体实力有待于进一步提升,特别是与我国旅游文化产业发展兴旺的东部地区省份比较,相差甚远,与邻近省市内的旅游文化产业相比,也存在着较大的差距。如今,在新媒体环境下,旅游文化产业的开展少不了人力资源的支撑,但是在大同市,讲求高质量综合提升的文化产业人才缺口不小,而且人才构成、分布相对不平衡,这在很大程度上阻碍了旅游文化产业新业态的开创、进展。还有,目前大同市旅游文化产业的调整力度和整体规划尚存在较大程度的欠缺,忽视了对文化产品的深度挖掘和资源整合,以至于文化品牌力量薄弱。而且,从地区来看,大同市的旅游文化产业,在近年的发展进程中,出现了新媒体领域发展较为落后的问题。这些问题不仅表现在该市文化产业布局上的不合理性,与此同时,还表现在城乡差异较大。种种困窘制约了大同旅游文化产业的进展步伐。

总体来看,在丰厚的文化资源储备、坚实的产业政策引导等各方面的支持下,大同市利用传媒发展旅游文化产业,具有了充分的现实基础和足够的有利条件。可以预见的是,传媒将给大同旅游文化产业发展带来可以期待的巨大变化,不过,在传媒影响下,当前大同旅游文化产业的发展仍然面临着一系列问题,有待于在实践中逐步完善。

一、大同旅游文化业发展中的问题

(一)气候条件制约明显,无法拓展产业规模

大同位于中温带和寒温带的分界线上,常年气候季节变化比较明显,并且影响因素存在多样性、变化性。一般来说,春夏季节气温变化突出,白昼温度较高,但是夜晚温度下降明显,且多伴随大风。秋季时长最短,冬季时长占比最高,多达四个月左右,期间白昼较短,夜晚较长,温度变化较小,保持在零下二十度左右。纵观全年气候,适合出行的天气较少,所以只有夏秋季节短暂的旅游旺季,尤其是云冈石窟和恒山等自然景观受影响更为严重。这不仅影响了旅游文化业的发展规模,还对一些年代久远的文物资源,尤其是石刻和木建筑的保护很不利。

(二)信息传播进程缓慢,无法适应市场需求

互联网与旅游文化产业的融合是大势所趋,但是目前,大同旅游文化的网络化普及大多不是出于市场的需求,而是行政管理方面的要求,网络新媒体技术并没有真正地渗入到旅游业发展中。相当一部分旅游文化信息的传播仍存在滞后、不全面等多层次的问题。大同多数旅游文化景区,重视网络硬件配置但忽视软件开发,并且缺乏技术人才支持,因而造成已有的网络应用更新慢,维护滞后,用户体验较差的问题。因此,打造旅游文化信息化平台,是当下大同旅游文化管理人员亟待解决的问题,也是大众传媒急需发挥信息传播和技术优势来应对思考的问题。

(三)景区经营方式有限,无法满足产品升级

大同的旅游景区收益大部分来自于门票收入,小部分来自于景区内纪念品或香火供奉品的销售,整体而言旅游文化产品层次较低。诸如大同火山群地质公园,现有经营方式只有门票一种,且门票只有5元。火山地质公园虽然维护成本较低,但是长期经营的乏力,且丰富性不够,景区就无法得到升级发展。这致使旅客逗留时间短,对周边其他文化产业和服务行业无法形成互补效应,从而影响整个大同地区旅游经济发展。鉴于此,大同可以建立火山博物馆,增

加火山石雕刻等以形成完整的产业链，并和周边温泉度假村联手打造一系列的旅游产品，完善经营方式。

（四）地区经济制约突出，无法扩大投资渠道

大同长期以来以煤炭工业作为支柱产业，虽然拥有众多的旅游文化资源，却因为产业结构的固化，而长期得不到重视，以至于无法最大程度地进行开发。旅游业长期依赖政府财政支撑，外来的投资渠道进展缓慢。随着煤炭资源总量的减少，国家能源的转型发展，煤炭经济增长乏力，政府的资金支持也很难有效保证。目前，社会资本进入旅游业较为困难，由于缺乏政策支持，很难有实力雄厚的文化企业介入投资门槛甚高的旅游文化业。所以，大同旅游文化业的最大出路，就是扩大多样化的发展渠道、发展形式，使得旅游经济形成良性的循环发展模式。

（五）城市旅游竞争激烈，无法形成品牌优势

大同旅游文化在发展中，必须面对来自周边城市的激烈竞争，尤其是承德、北京等旅游城市，这些城市的旅游文化发展较为成熟且优势明显，这是客观影响因素中极为重要的一个。另外，山西省内邻近的忻州市，也拥有相当数量的旅游文化热点，包括五台山、芦芽山和雁门关等。这些都对大同旅游经济的增长造成不小的影响。不过，邻近首都城市经济圈，又会产生良好的辐射效应，只要对自身的优势把握得当，差异化地去考虑应对措施，打造出自己的文化品牌，形成独有的竞争优势。这样大同就与省内外的旅游城市，构成了旅游文化融合发展的城市圈。

（六）产业服务意识薄弱，无法产生共振效果

大同旅游文化业整体服务意识不强，尤其是在交通服务领域表现更为突出。出租车是旅游城市的名片，但在大同火车站、旅游景区附近，出租车司机宰客、哄抬价格等不文明现象较为普遍，使游客对大同印象大打折扣，让城市形象也备受影响。近几年由于当地政府高度重视旅游业发展，每年在旅游高峰期或旅游节期间，都会对交通出行、景区配套服务加强管理，但效果不够理想。总体来看，旅游业的管理层没有对大同城市的服务体系进行科学有效的规划，达不到应有的理想高度。在利益的驱使下，当地一些景区在配套服务上也就无法达到应有的水平。

二、大同旅游文化业发展的对策

整体分析来看,传媒给大同旅游文化业带来很大的发展机遇,而大同旅游文化产业与传媒业的结合也有较强的现实优势。"新常态"下媒介环境的变化,也必然要求旅游文化业与传媒业融合发展,走出一条适合大同现状、具有大同特色的发展道路。

(一)发展路径方面的对策

1. 建立新型产业观念

随着我国科学发展观念的逐层深入,在如今的山西大同,当地固有的以煤炭为代表的不可再生资源已经不再是发展的重点。旅游文化资源的深入挖掘与开发,成为当前的核心,谋求发展的模式需要继续开创崭新的路径,否则势必会使自身陷入困境。而目前,鉴于地方旅游文化资源的丰富性与多元性,大同响应山西省全域旅游转型发展的思路,当前的出路便是把可以开发的人文资源作为发展契机,充分发挥其良好的引领与示范作用,从而谋求经济、社会、生态融合发展。当下,政府需要转变人们心中固有的认识,围绕文化产业的创新发展,形成新型的产业观,并通过一系列政策的实施,使得这一发展思路成为社会民众的行动。

一方面,大同各级党政人员要从工作思路上深入解放思想,从地方实际出发,把旅游文化产业作为今后发展的总目标。以此引领其他相关文化产业,找准自身的发展优势与目标,融入到旅游文化业这一总的发展进程中来,并且政府相应管理机构应当加大对旅游文化产业良好政策的扶持,以及施行全过程的监督维护。另一方面,当地旅游文化企业应主动接受传媒文化等最新理念,转变传统的文化产业发展观念,形成并强化旅游文化产业"新常态"认识。在这一发展思路带动下,使得相关文化企业都融入到这一创新行业当中,生产出顺应时代新潮的文化产品,提供优质的人文文化创新内容,以此给整个旅游文化业的发展带来新的生机活力。只有这样,大同旅游文化产业才能摆脱之前传统观念的束缚,利用自身良好的文化资源及地理优势,充分发挥出在自然旅游文化、人文旅游文化等多方面的优势,形成旅游文化业发展的新型产业观念及相应的创新发展思路。

2. 统筹区域资源模式

传媒的实质在于开拓创新，它发轫于科技进步、革新，伴随大同旅游文化产业向纵深化迈进，传媒技术的运用对于大同旅游文化的促进效果越发鲜明地呈现出来。大同市的新型旅游文化产业应该在"政府政策有效引导，市场竞争有序推进，本土文化有力挖掘"路径的指引下，坚持多元化发展模式，积极推进产业创新。鉴于大同旅游文化产业发展中所存在的片状化明显、地区发展不平衡、产业结构不合理的问题，可以采用"文化+N"的模式，把集团化、专业化、区域化视为旅游文化科学发展的新模式，在数字媒体、融媒体技术的支撑下，发展多元旅游文化经济，推动大同地方文化产业创新。

当前大同在民俗旅游文化方面表现非常突出，已形成了一定规模的龙头企业，在龙头企业的带动下，以集团化的形式发展"文化+民俗""文化+商演"，形成跨行业的文化资源产业链。借助企业的力量促进旅游工艺品的高端化、精品化发展，深挖产品的附加值，扩展产品的人文元素，实现"民俗文化"的品牌化发展，带动企业的联动发展。另外，虽然大同当地的旅游文化资源十分丰富，但是区域协作松散、联系不够紧密，所以应当坚持将人文元素恰当融入旅游业中，同时力图寻求跨地域性的合作，积极寻找有效的合作形式。通过加强区域性合作，借助传媒构筑的信息沟通、营销推广等资源共享平台，统筹区域内的各旅游文化景点和旅游文化资源，充分利用山西省转型发展综合改革所做出的，有关区域一体化发展的战略举措，抓住京津冀一体化发展时机，积极融入"蒙晋冀（乌大张）"长城金三角体系并与区域内各方共同发展，促进旅游文化业这一新兴产业的融合发展。

3. 发展长效人才机制

人才，是大同旅游文化产业更好开展的强有力支撑。在传媒"新常态"环境下，以及数字传媒技术的推动下，大同旅游文化产业不断进行着布局调整和结构变革，传统的单一学科体系知识结构的人才已经无法满足其发展需求。当下，旅游管理、文化产业、市场营销、网络与新媒体等领域的人力资源，逐渐成为影响旅游文化业发展的关键因素。那些跨学科人才中，能够掌握现代信息技术和传媒知识、具有文化创意能力的人，尤其缺乏。大同当前旅游文化发展的新形势，亟须这方面的综合型人才，这也是目前其文化产业融合发展和结构重塑步履维艰的根本原因。所以，下一步依托先进的传媒科技，不断壮大文化产业，必须坚持新项目的培育与开发并重，并引入高层次综合素养的人才，充分发扬其专业特长。这样长久以往，大同才会汇聚优质人才资源，产生出联动效应。

大同旅游文化产业的发展中，对于所需人才的创新发展路径，可以重点实施如下方面的人才战略。第一，积极开展并参与各个级别、类型的文化活动与文化会展，通过不同类型的交流活动，来吸引多层次的人才参与进来，通过提供良好的发展平台来使更多的高素质人员，参与到大同旅游文化业的进一步发展中。第二，通过设立人才竞争机制和激励机制，加强高素质旅游文化产业队伍的建设，不断提升人才发展的整体环境。最后，以高等学校、研究基地为依托，建立定向的人才培养与输入机制，以此建立起人才循环发展的通道，保证其对大同文化产业的作用得以长久进行下去。这样长此以往，就能使得人才缺口的问题得以解决。

4. 塑造独特文化品牌

在当前传媒构筑的"新文化业态"经济形势下，大同旅游文化产业必须紧跟行业发展趋势，这样才能在激烈的市场竞争中，保持其文化产业拥有持久的生命力和旺盛的竞争力。纵观全国不同地区旅游文化业发展的情况，目前地方旅游文化的可行性发展路径，就是走品牌化、产业化、集团化的道路。对文化资源的优势整合与利用，使得区域性文化在与全国性优势文化的竞争中，可以找到自己的独特生存之路。如今，大同在探索旅游文化产业发展新路径的过程中，也不同程度地显现出了文化品牌知名度、文化产品集约度等方面的问题。这些问题，如果不能得到妥善解决，将直接影响后续整个旅游文化产业的持续发展。

对此，大同旅游文化产业的发展，可以依托本区域内的文化品牌，将其打造成为本土优势旅游文化，以此赢得国内文化企业的关注，并展开进一步的合作。大同旅游文化的品牌建设，目前可以利用的有"古都文化""边塞文化""地貌文化"等历史遗留内容，以及"地方戏曲文化""红色文化""宗教文化"等人文遗留内容，还有"煤炭文化""剪纸文化"等民俗遗留内容。这些品类多样的文化形式，通过政府文化政策的引领，吸引省内外的文化企业、传媒企业进行投资，合力打造可以形成大同旅游文化的品牌特色。最后形成产业化、集团化的行业发展优势，并且有效发挥旅游业的主导力，带动周边文化产业的联动发展。同时，利用文化品牌的潜在内涵和延伸价值，借助媒体积极、高效地进行宣传、推广，从而形成大同良好的品牌效应，最终赢得国内民众的认可与欢迎。

（二）发展形式方面的对策

1. 坚持文化传承，重视媒体运用

目前，旅游文化业的发展已经和传媒业的进展紧密地联系在一起。大众传媒对大同旅游文化资源的开发与塑造，类似于传统意义上的文化保护与修正，可以提升旅游文化本身的社会影响力，起到一种对普通大众的文化普及和传承效果。另外，传媒对旅游文化资源的开发效果明显，这种开发是一种更具综合性、立体性、长远性的文化挖掘，其对旅游文化作用的发挥是潜移默化的。形式多样的旅游文化借助媒体的塑造影响，将其独特的文化形象传播给民众，这种效果的发挥更多是对大同旅游资源、文化形态的有效利用与展示，通过传媒的报道，让更多人了解其文化内涵与社会意义，从而唤醒社会大众对它的普遍关注。

如今，大同旅游文化的传承过程中，传统媒体与新媒体都起到了重要的带动作用。在类型多样的旅游文化当中，大同地区拥有多项非物质文化遗产，以及众多的民俗文化形式，它们都是旅游文化的多种文化形式之一。其中，比较有代表性的，有表演艺术"耍孩儿""挠搁"，有民俗工艺绢人和铜艺等，这些旅游文化形式通过传媒的报道，而使其文化得以继续传承，进而得到政府政策的有效保护。最终使得这些种类繁多的旅游文化，引起全社会的一致关注和认同。

2. 深挖文化内涵，重视传媒实效

旅游文化产业的发展，最终要体现在文化产品的设计与策划上。国内不同群体对旅游文化产品的需求，不同于一般商品，其精神文化消费特性决定了旅游文化产品中必须富含深厚的文化内涵、文化价值，而这些内容的特性要能够满足旅游者的文化期待、文化要求。当下，要挖掘旅游文化背后的深层内涵，就要立足大同本地深厚的历史文化积淀，邀请行业专家、民间学者、传习艺人等参与到形式众多的文化交流活动中来，用专业的视角去解读旅游资源背后的文化故事。而大众传媒要做的就是，利用各种喜闻乐见的形式将这些文化故事等展示给受众，让更多的省内外的游客，进一步熟悉这些文化形式，进而产生兴趣和热情。

大同发展旅游文化业有着独特的自然条件和人文资源等优势，大同旅游文化资源种类齐全、历史独特，它融合了汉文化与少数民族文化的特点，如北魏文化、辽金文化、边塞文化和红色文化等。所以，在开发旅游文化产品时，应

更加注意如何深挖不同文化的内核，把各种文化的特色充分地展现出来。只有这样，才是现代旅游文化产业发展的根本所在。时代在变，技术在变，但不变的是公众对文化的灵魂追求。大同应凭借其独有的融合多民族的文化特点，受到更多人的关注。

3. 加强区域合作，重视旅游形象

区域旅游文化业的系统发展，是大同及周边地区在竞争激烈的旅游市场中的必然选择，也是该区域提升整体旅游文化形象建设的应有之义。大同位于晋、冀、蒙三省区交界处，东与河北省张家口市交接，西与内蒙古自治区乌兰察布毗邻，南距佛教圣地忻州五台山200多公里。周边区域旅游文化发展都不是很强，所以区域合作式的集约化发展，是多方共赢的良好发展形式。大同作为历史文化名城，其内有云冈石窟世界文化遗产，更有悬空寺天下奇观，但在整体实力上与国内其他重点旅游城市相比，优势并不显著，在旅游文化产品的营销上更是无法与其企及。所以联合周边城市，共同进行开发旅游文化产业的形式是最有利的。

因此，要想使本土旅游文化产品在旅游市场中占据有利的形势，大同与周边城市必须"抱团取暖"，加强交通设施联网和旅游项目共享等政策规定、具体举措的合作，形成规模效应。这样，在提升整体区位优势的同时，也增加了地区旅游文化形象的社会影响力。大同旅游文化产业借此获得了对外拓展的有利契机，将自身旅游文化的优势项目为更多的民众所熟知、接受。此外，在多地媒体宣传效应的作用之下，大同旅游文化的特色内容与独特项目，开始为全国民众所熟知。

4. 培养专业人才，加快网络建设

当前旅游文化业整体缺乏专业人才，尤其是经济发展较为缓慢的中部省份，大同虽然拥有多个国家A级旅游景区，但是总体上受地区发展水平和景区经营管理方式限制，所以行业人才的整体水平远远跟不上发展需求。大同本地高校虽然设有旅游管理专业，但是人才培养方式和毕业生总体质量，都远远不能满足当地旅游文化产业创新发展的客观需求。能够将最新的创新理念运用到大同旅游文化产业实际的专业人才，更是屈指可数。当下，保守的经营方式已经不能满足急剧变化的旅游消费市场需求。大同要加强传媒的注入与运用，使得旅游文化产业具有多样的形式和活力。扩大培养范围和引进复合型人才，是大同发展的当务之急。

与此同时，网络平台作为旅游文化业必备的重要条件和配套设施，已经成

为大同各旅游景区升级发展必不可少的工具，也是促进旅游从业人员转型提高的有效举措。目前，由大同广播电视台旅游专栏节目"天下大同"和大同市旅游局联合开发的"玩在大同"微信公众号，从旅游信息发布到景区文化讲解，都成为大同旅游转型发展的成功代表。在今后的发展中，大同还需要在技术方面以及在景区网络平台建设和营销推广方式上，借鉴"乌镇发布"等智慧旅游城市的典型做法来提升水平。

（三）发展措施方面的对策

如何运用视觉媒体对大同旅游文化进行塑造和传播，对于大同旅游文化被全国民众乃至世界各国游客所接受，起着至关重要的作用。

1. 创新大同旅游文化的传播内容

目前由于大同对旅游文化保护理念的施行不当，以及视觉媒体方面专业人才缺口比较明显，使得视觉媒体对大同旅游文化的传播内容有些滞后，跟不上新媒体的发展步伐。通过创新发展，以提高传播内容的质量，具体从如下两方面入手。

其一，就是重视旅游文化规范保护作用。对拆旧建新的不合理保护理念进行适当的整改，对破坏旅游文化的行为要进行严厉的打击，加大保护文化环境的力度。只有旅游文化充满鲜活的生机，视觉媒体的传播行为才能散发出无尽的动力。大同旅游文化在媒体的传播效果带动下，才会表现出自身独特的文化价值、魅力。

其二，就是注重视觉媒体专业人才作用。传媒拥有专业的熟悉旅游文化的新媒体采编人才队伍，其媒体内容方面的创新才有了坚实的基础。视觉媒体需要出台相应的人才引入制度，建立专业人才培养机制，发挥高素质人才在制作、播出、反馈等各个环节中创新发展的综合能力，以促进大同旅游文化业的发展进步。

2. 提高大同旅游文化的传播效果

在网络新媒体大行其道的今天，大同旅游文化的传播效果远远跟不上文化产业的进展步伐。目前，电视媒体在大同旅游文化传播方面仍然占据主流，其他新媒体形式也有不同程度的采用，但是表现内容不够出众，难以满足网民的文化消费需求。多种媒体形式对大同旅游文化的传播，以及与观众的互动效果都不够理想，无法与受众产生共鸣，无法使这一文化内涵、样式为更广大的国内民众所熟知。

当下，电视媒体对大同旅游文化的传播，更多地局限于电视专题节目、综艺节目、纪录片等，受众参与互动的程度都不够深入，这无疑是电视媒体不利的地方。电视媒体应该拓展其微博、微信和短视频等新媒体平台的使用范围，并设置专职人员进行管理，以拓宽沟通渠道，增强与全国民众的互动效果，拓展大同旅游文化的传播范围。这样就会使得大同旅游文化，达到为省内外的游客所高度关注的效果。

3. 整合大同旅游文化的传播媒体

当前，多种媒体手段都运用在了大同旅游文化的传播上，然而彼此之间协调性不够，没有形成整体的旅游文化形象，尤其是对外省市游客的吸引力明显不足。多样化的媒体表现形式之间，很少进行有效配合。不同媒体在旅游文化呈现方面，各有其优劣。所以，要充分发挥媒体的综合优势，彼此之间就需要进行整合，扬长避短，发挥出各自的特色与风格，这样才能更好地履行其文化传播的职责。

现今媒体的整合方式，有两种主流的形式。其一，就是媒体内部的整合。将传播大同旅游文化的媒体内容形式，在不同层级的媒体平台进行播放，从而形成一种纵向的规模。其二，就是媒体外部的整合。结合报纸、广播、电视等传统媒体，以及抖音、今日头条等新媒体，利用地方融媒体中心集中对大同旅游文化进行整合传播，形成一种统筹效果。如此，大同旅游文化的传播渠道将会大大拓宽。

（四）发展渠道方面的对策

"谁不重视媒体谁就不拥有品牌，因为媒体推动品牌的成立。"中国社会科学院旅游研究中心副主任李明德的论断，应让大同市得到警醒。对于大同市如何更好地利用新媒体发展旅游业，笔者提出以下建议。

首先，需加强对新媒体平台的重视，积极在网络中树立大同市的城市形象，增强自身知名度。官方应与新媒体平台多接触、多交流，争取达成长期合作关系。而在新媒体平台中，可发动网民力量共同描绘大同风采。过去设奖征集视频作品的方法可继续沿用，并降低专业性要求，与全民皆媒的时代特性保持贴合。例如在社交软件平台或短视频软件中征集表现大同特色的优秀作品，鼓励本地居民在网络平台上弘扬家乡文化。借助新媒体交互性强的特点，官方也应安排相关人员进驻平台运营账号，与网民进行实时互动，增强亲和力，展现大同市的态度和诚意，为公众留下良好印象。广泛征集民智与官方力推可作为拉动大同旅游业发展的两列火车。

其次，运用媒体最重要的是充足的文化知识，应让智囊团发挥自身强大的作用。政府可外聘行业专家和相关专业学者参与城市旅游宣传工作与具体措施决策，拼"才"得到的效益往往大于拼"财"。专业的事情还是需要专业的人才去做，设立新岗位招聘优秀人才各显身手。政府应持更开放、多元的思想态度，创新观念、改进方式、完善机制，做好统筹规划工作，让新鲜血液注入旅游业，最大限度地激发文化旅游业的活力。新媒体时代是"旅游业的革命"，在大同市大力发展旅游业的背景下，新媒体带来了新机遇，同时也带来了新挑战。大同市要做到敢为人先，需要有吃螃蟹的勇敢气魄，也需要有稳扎稳打江边钓鱼的细致耐心。乘上新媒体时代的东风，大同市旅游业的前景必将广阔绚烂。

最后，变革自身相对落后的宣传机制，以适应新媒体的新生态。一方面，使用最新最热的技术进行宣传，如近年来广受关注的 VR 虚拟现实技术，用 VR 记录下大同市的城市景象，人们可以在移动设备上全方位"身临其境"地感受大同旅游景区的全貌，感染力更强。另一方面，创造网红形象，可邀请网络平台中有较大影响力的网络红人来参与宣传工作，拍摄 Vlog（视频日志）短片记录大同出行日记，与平台上的意见领袖们达成商业合作，植入大同市的旅游文化广告，发展粉丝经济。"通过抖音城市形象平台构建的 BEST 法则，即 BGM（城市音乐）、Eating（本地饮食）、Scenery（景观景色）、Technology（科技感的设施）立体化建构城市旅游形象和辨识度，由点到面拓展旅游消费，乃至惠及全域"，潜移默化地输出大同的旅游文化品牌。①

第二节　云冈石窟旅游文化的问题与对策

目前，云冈石窟旅游文化在品牌形象塑造和文化传播过程中，仍存在诸多问题。其中，许多旅游拍客，为了迎合网民和市场的需要，获得更多的经济利益，用技术手段修改一些旅游文化的图片、视频，从而对一些文化内容表现不够真实，使信息出现失真，从而误导游客。不少省内的游客，对旅游文化景区

---

①　苗润凯、乔秀峰：《浅析旅游文化业发展中的新媒体对策——以山西大同市为例》，《视听》2020 年第 02 期，第 181—182 页。

的规定遵守不够到位，面对一些严禁拍摄的文物，趁机进行拍摄，给旅游文化的实体造成难以修复的伤害。在景区传播过程中，云冈石窟旅游文化因为其自身深厚、悠远的历史文化，对其文化内核理解需要多方面相关知识进行辅助，比如佛教历史文化、鲜卑族历史文化、北魏历史文化等。这些内容由于熟知度不高，会使多数外省市的游客存在理解上的障碍。如此看来，传播媒介对云冈石窟旅游文化的品牌形象塑造、文化内容的推广方面，还存在许多现实问题，需要进一步去解决并完善。

针对云冈石窟旅游文化，在媒介传播中所存在的问题，笔者提出以下对策。

（一）注重云冈石窟旅游文化保护

云冈石窟旅游文化的保护，要从制度建设上加以完善。首先，要加强游客行为指导工作，对游客进行游览规范的宣传。景区管理部门，需要制定出详细可行的规范准则，对那些急需加大保护力度的文化遗产提供有力的保障，对于遵守规范、违反规范的人员，建立奖励与惩戒的制度性措施。景区可以设立独立的监督队伍，来对规范准则在执行中遇到的问题，进行具体解决。其次，要加强旅游规划，对旅游区域进行功能细分。通过市场调查合理划分景区的功能版块，设立专门的游客活动体验区域，以此来满足游客和拍客们的实际需求。同时，旅游者自身文化修养和保护意识要提高，承担应尽的责任和义务。最后，要加强游客对旅游文化的精神需求，提高旅游文化的体验层次。景区在文化建设上要加大力度，要注重提高游客精神文化的体验效果，让文化走入游客的心灵，文化欣赏成为旅游活动的主体，而不是单纯地摄影留念。这样景区旅游文化的保护才能有效落实。

（二）注重导游文化传播效应发挥

旅游文化的体验过程中，游客需要有专业的导游进行文化内涵上的指导，对云冈石窟的古老文明进行信息解读，来消除文化传播过程中的隔阂。导游是云冈石窟旅游文化传播过程中的引导者，是实现云冈石窟旅游文化传播效果的关键因素，通过其对云冈石窟进行讲解说明，极大地提高了云冈石窟旅游文化的接受度与认可度。导游与游客间的人际传播具有互动性、即时性等特点，在云冈石窟旅游文化体验过程中，游客和导游两者能随时交流意见，把热衷的与感兴趣的话题，向对方进行反馈，从而获得深度的交流效果。最终，使得游客对云冈石窟旅游文化得到深入、透彻的理解和把握。这样的文化信息传播，属于人际传播范畴,具有针对性强、传播范围广等优势。不过,在具体运用过程中,由于游客自身的文化差异性,对不同类型与特点的游客,要灵活多样地采取解说方式,让不同地域的民众对云冈石窟旅游文化都能够接受,进而打造出其旅游文化的社会影响力。

(三)注重大众传媒引导作用实现

旅游文化依托大众传媒,其传播范围广、效率高、速度快,是树立和提升云冈石窟旅游文化形象的重要途径。大同市政府及云冈石窟景区要加大文化建设力度,在国内外重要媒体平台、网络平台上来进行推广、宣传,可以选择旅游旺季和这些传播平台的黄金时段,保障受众接受旅游文化信息的效率,从而产生到实地体验的内心想法和旅游活动。在媒体专题宣传中,适当让名人代言,以提升云冈石窟的知名度、美誉度,融合电视、电影、网络等多种媒介渠道进行传播。在媒体和网络平台加强旅游文化新闻、纪录片、专题片的数量与质量,向民众传递其深层文化内涵。利用省级卫视等主流媒体,开设相应旅游文化专栏,同时借助栏目或主持人的微博、博客等社交平台,运用粉丝力量扩大影响力。景区开展摄影、书法、绘画、微电影等创作活动,进行全方位、多角度的覆盖性文化普及,依托电子商务平台,提供旅游产品的定购、定制等,满足游客旅游文化消费需求。

(四)注重云冈石窟旅游形象塑造

云冈石窟旅游文化的发展,还需要注重旅游形象的塑造,以此来扩大整个景区旅游文化在全社会的影响力。首先,云冈石窟景区需要确定符合自身文化定位的形象宣传主题。在此基础上,根据文化主题来制定出专门的口号、标语,来作为其旅游文化的代表。据此,完善云冈石窟旅游文化的图像标志,使得这一标志在辨认度、美观度上实现统一,达到最有效地传播其旅游文化形象。其次,利用各种重要活动和节日来提升云冈石窟的影响力。在国内及国际重大体育赛事和节庆举办中,着力扩大云冈石窟文化品牌的感召力。同时,邀请文化名人体验并代言云冈石窟,推广相关文化产品。最后,将云冈石窟旅游文化巧妙地融入旅游商品。为了展示云冈石窟的文化特色,应积极主动地适应市场,注重旅游产品的开发和消费者的反馈,整合销售渠道,使云冈石窟文化的经济效益与社会效益有机地融合。这样,在游客与消费者群体中,就可以打造出云冈石窟旅游文化形象。

（五）注重多种传播渠道功能发挥

新媒体传播具有即时性、共享性、互动性、丰富性等特点，给受众及游客带来客观全面的信息共享。它改变了旅游文化的传播方式，注重信息的及时分享，强化了游客与平台的互动效果。云冈石窟景区利用新媒体平台汇聚性、互动性的特点，运用视频、音乐、文字、图片等形式组合，定期向用户推送新内容，培养其对于平台内容的使用习惯。推送内容以云冈石窟旅游文化为重点，同时为用户提供旅游攻略、美食推荐、景区导航等服务。为了扩大云冈石窟民族融合的文化特点，针对那些对云冈石窟感兴趣的游客群体，在新媒体 APP 中建立论坛交流版块，利用版块自身的功能发挥，将云冈特色化的旅游文化，为更多的外省市游客认识并接受，达到文化扩散的效果。另外大同市开展的一系列云冈石窟推介活动，尤其是举办的北魏文化论坛，对云冈石窟的文化全面探讨，在业界与学界产生了极大的影响力。这些传播渠道，对于云冈石窟旅游文化为全社会所认可功不可没。

第三节　五台山旅游文化的问题与对策

五台山旅游文化在传播中，运用了多种媒体形式，虽然取得的效果较为明显，但是问题也不容轻视。不同媒介对五台山旅游文化的传播，都不同程度地表现出传播效果不够理想，没有达到应有的高度和深度的问题；对于这一文化的传播没有足够的持续性，导致后续的文化内容断断续续，难以产生实际效果；对于主要的佛教旅游文化在媒体的解读中，也出现了参差不齐、观点不一的现象，导致游客在欣赏理解时很难把握其文化内涵实质；新媒体在对五台山旅游文化多样化的传播中，为了产生较高的关注度，采用了戏剧化、幽默化的表现手法，虽然很受民众欢迎，但是长久下去极容易出现舍本逐末的结果，得不偿失。

针对上述不同媒体形态，所表现出的程度不一的问题。在对五台山旅游文化的后续传播策略选择上，必须进行有序的调整，在具体的文化传播实践中采用一些有效的宣传对策。五台山旅游文化形象的塑造和传播是一个长期的过程，在此过程中能够认识到所存在的问题，并加以改进，才能使五台山旅游文化走向全国走向世界，得到民众更广泛、更深刻的认同。针对五台山旅游文化，在媒介传播中所存在的问题，笔者提出以下对策。

（一）五台山旅游文化传播需要整合媒介

五台山旅游文化通过各种媒体平台均有所传播，但彼此之间较少配合，没有形成媒介整合传播效果。甚至同样为网络媒体，政府门户网站与其微博等自媒体在文化宣传上也较少配合，或者说这种配合只是偶然行为，没有形成长期的联动效应。不同媒介形式各有所长也各有所短，单一的媒介宣传所达到的效果，远不如媒介融合扬长避短、相互配合所形成的整体效果有利。五台山景区应根据自身的文化定位、优势条件与旅游资源对媒介进行整合。具体而言，这种整合方法有：一是纵向整合，利用相同媒体，如电视媒体的影视剧、宣传片、纪录片等分级组合，在中央、省级和市级的电视台及APP客户端进行播放。二是横向整合，利用同样级层的不同媒体，如平面媒体、电视媒体、网络新媒体等同时对五台山旅游文化进行协同传播。三是交互式整合，利用各个级层的不同媒介展开多方位、多角度、多层面的宣传，并且彼此之间互为补充，达到全媒体形式与内容的覆盖。

（二）五台山旅游文化传播需要创意营销

五台山旅游文化的传播，需要在内容、形式上增加表现力，以获取社会大众的广泛关注。当下，伴随新媒体平台的多样化创意手段、营销方式的运用，网民已经习惯于这种生动鲜活的文化消费。受众对于媒介传播内容的接受度与满意度，很大程度上取决于传播内容和形式的创意性和趣味性。五台山旅游文化的传播，目前多拘泥于人云亦云的传播形式和表现内容。五台山宣传片采用与国内大部分地方宣传片雷同的表现方式和手法，以客观的视角加以第三者中规中矩的解说进行宣传，缺乏活力和互动，极易给观众造成视觉疲劳。对于五台山旅游文化的宣传，可以借鉴商业文化的制作模式，来提升作品的创造力和想象力。运用良好的创意手法进行营销推广，使民众及游客有眼前一亮的视觉体验，加强受众的记忆效果。在内容呈现中采用虚实结合的互动式、全景式手段，对其特色化文化项目与内容进行充分展现，使得国内民众从内心真正认可并接受这一文化形式。

（三）五台山旅游文化传播需要提高质量

目前，五台山旅游文化的传播缺乏强有力的影响效果，传播内容和质量决定影响力的深度，受众的广泛性决定影响力的广度。只有各种媒介增强其影响合力，五台山独特的文化才能传播得更广泛、更深入人心。信息时代加大影响力的最有效方式是微博等新媒体形式。由于微博自身特点，其信息的影响力以粉丝数量为基础，官方微博"五台山佛教协会"粉丝数量到2021年10月10日仅有31 000人，五台山法师中粉丝量目前最多的是大V"梦参老和尚法语"，有41.5万粉丝。微博的互动以粉丝为基础，想要增加粉丝量，加强受众接受度、扩大官微影响力，必须增强传播内容的整合并与受众建立情感交流。裂变式传播是微博的特点，五台山微博内容的广泛传播，只有发布有质量的信息，才能吸引受众进行深度回应。对于五台山旅游文化，以趣味性的表达方式，如动漫、游戏等形式来引发关注。如此才能加强受众的忠诚度，最终扩大其旅游文化在全社会的影响力。[①]

---

① 乔秀峰：《影视媒介与旅游文化的传播研究——以五台山旅游文化为例》，《山西大同大学学报（社会科学版）》2018年第01期，第103—105页。

第十九章　山西晋中地区旅游文化的问题与对策

第一节　太原旅游文化的问题与对策

在丰厚的文化资源储备、坚实的产业政策引导等各方面的支持下，太原市利用传媒发展旅游文化产业，具有了充分的现实基础和足够的有利条件。可以预见的是，传媒将给太原旅游文化产业发展带来可以期待的巨大变化，不过，在传媒影响下，当前太原旅游文化产业的发展仍然面临着一系列问题，有待于在实践中逐步完善。

一、太原旅游文化的问题

（一）投入与产出不稳定

对于旅游文化业来说，如果想要取得一定的效果，势必需要加大投入力度，营造出一种氛围。太原旅游文化业的发展进程，总体来看投入的力度比较大，但是出于多方因素，产出的效果不是特别明显。近年来，太原市委、市政府明确提出"要加快发展旅游文化产业，充分发挥省会城市优势，深度挖掘三晋文化元素和山水文化禀赋，着力打造旅游目的地和集散地，加快把旅游文化产业培育发展成为支柱产业"①。其对旅游文化业的投入也在不断加大。太原市四部旅游微电影是带动旅游文化业发展的核心源泉，到第四部微电影上线时，前三部已累计收获了千万次的播放量，引起了极大的反响。不过，旅游文化的发展需要对旅游市场做深入的调查，如果文化产品或项目的创意设计没有满足游客心理与文化体验的实际功效，那么无论多大投入，也难以吸引游客的兴趣。"1995年，耗资6000多万元用时3年建造完成的太原清徐'三国城'，因为其与江苏

---

①　刘小红：《中国旅游迎来发展黄金期　太原旅游努力讲好"好故事"》，中国新闻网，http://www.chinanews.com/df/2016/03-11/7794015.shtml，2016-03-11。

三国影视城、湖北中华三国城相比较无论是在地理、环境还是规模等方面，都没有优势，再加上整体风格设计不符合历史规范，因此即使是在罗贯中祖籍清徐，也难逃很快衰败的命运。"① 太原在旅游文化业的发展中，要吸取教训避免这样类似的问题出现。

（二）创新与改造不新颖

目前来看，太原大多数旅游文化景区跟影视剧的结合只是简单地拍摄一下景区的外景，或者加入一些制作粗糙的道具以期再现影视剧的场面，并且这些道具由于其本身的粗陋和雷同，反而使游客对景区产生失望甚至厌烦之情，造成了相反的效应。山西及太原素有"红色文化"摇篮之称，但令人诟病的"神剧"桥段频现，值得引起剧作者的反省。这些内容虽然能够增加观赏性与可看性，但是其对太原红色旅游文化的发展而言，不仅没有起到文化的传承效果，让更多人了解这段历史，反而淡化、曲解了其文化内涵。这不仅不是创新，更是旅游文化在创新发展中的大忌。与此同时，"模式化"的太原旅游文化宣传片，不仅使人产生审美疲劳，而且容易让游客产生固有印象，影响了城市本身文化底蕴的传播。山西省太原市是国内重要的重工业城市，在影视剧或者新闻报道中也经常出现太原煤炭重工业城市形象，这让人们很容易忽视太原也是一个拥有2500多年历史的古都，导致很多外省游客提到太原就自然而然地联想到飘扬的煤灰，耸立的烟囱和严重污染的空气。影视形象创新的不足，对于太原旅游文化形象的塑造有较大的损害。太原在发展旅游文化中，必须面对这些问题，找到有效应对与解决的途径与对策。

（三）开发与保护不协调

太原旅游文化在项目开发中，出现了保护措施不利的情况，从而对旅游文化景区本身造成了较大损害。旅游文化景区，通过影视旅游形式吸引了大量游客，同时也增加了景区的文化体验效果，但是在影视作品的取景拍摄中，如果数量与质量规划不到位，就会超出景区本身的容纳量，从而对旅游文化本身及其生态环境形成程度不同的损害。太原也出现由于影视拍摄造成景区文化遗迹受损、环境破坏的情况。所以，在对文化景区进行影视开发中，一定要做到影

---

① 韩宇辰：《太原清徐"三国城"耗资6000万荒废二十余年》，国际在线，http://news.cri.cn/20170220/bee16af8-e9d4-216d-53e2-4e0cef87256d.html，2017-02-20。

视内容的情节、主题与景区风格相协调，否则可能会适得其反，不仅对当地文化形象产生不良的影响，而且对于生态环境保护也是极大的考验。太原一些传统古村镇拍摄户外真人秀综艺节目的过程中同样存在类似问题，真人秀的内容以明星游戏、娱乐比赛为主体，和其古建筑、民俗、民风很不协调，影响整个景区的文化形象塑造。最后会使游客的文化感知、文化体验出现偏差，给景区长远发展带来不利影响。此外，还有一些影视作品在取景中，搭建了很多临时建筑与场景，虽然事后会拆除，但景区的文化遗迹和历史风貌还是会受损。所以说，太原旅游文化在创新开发中，应该避免这些负面效果的出现，以对现有的文化资源与文化形象产生有利保护。

（四）定位和策略不匹配

2016年，情景喜剧《怂人列传》在国内各网络平台开播，该剧表现的主题都是当前热门话题、网络新语、公益服务，整个演出团队都是出自太原本土的年轻人，播出效果很好社会舆论评价也相当高。这一时尚热播剧，整个拍摄场景都选在了太原市内的一些标志性的生态旅游、休闲旅游文化景点。然而，尽管该剧被很多人奉为流行文化的经典，但其本身蕴含的幽默故事、爱恨情仇却与太原古城唐风晋韵的历史文化没有太多联系。虽然在网络平台的播放量、评论量很高，但是并没有对太原旅游文化形成很好的引领效应，与其唐代文化、晋商文化、石窟文化的文化内核差距较大，所以这样的热播剧对景区形象塑造的作用并不明显，所带来的旅游效益也低于预期。类似的问题最近几年来，在太原摄制或者故事发生于太原的影视作品，也时常出现与本身文化定位背离的情况。这说明在运用影视拉动旅游文化发展的策略中，出现了为迎合演出市场及部分民众的文化需求的倾向。这样的影视作品，脱离了太原宝贵的旅游文化资源及其文化内涵，无论多么受追捧，引起舆论的关注，也只能是短时效应，景区需要根据自己的特质合理规划并寻找合作方进行影视开发，这样旅游文化才能长期持续发展下去。

二、太原旅游文化的对策

（一）把握文化内核，紧跟政策引领

太原旅游文化的发展，需要在把握其文化核心的基础上，利用政策导向的良好机会，来充分展现其文化价值与文化魅力。对于影视旅游开发来说，同样

需要掌握文化内核，紧扣政策走向。2017年，山西省提出了以"太行、长城、黄河"作为山西旅游新品牌，突出了山西省文化主体，应该受到各旅游景区的重视。太原旅游文化应该从这三个主题品牌出发，制作有足够内涵、深度的影视作品，来提升景区文化的知名度、美誉度。太原拥有深厚悠长的文化内核，如果能与新时代的旅游文化发展新要求紧密结合，制作出质量上乘、思想深刻的影视作品，不仅对山西，而且对全国旅游文化产业的发展，都有积极的引领作用与借鉴意义。

（二）运用媒体技术，借鉴先进理念

近年来，随着网络媒体技术的快速进步，网络新媒体成为传媒领域居于主导地位的一个重要媒介。太原旅游文化要想取得更好的效果，必须积极拥抱这些新技术，景区可以与视频网站合作拍摄网络剧、与旅游相关网站合作进行广告投放，与当地网红合作进行独特视角和文化内容的微电影创意营销等。与此同时，传媒技术的运用不能离开先进的理念，视觉媒体作品的制作需要运用更先进、更高效的工作模式，如韩国影视作品制作经常用到的"边写边拍边播"模式，它能够紧贴受众需求，最大程度上符合民众的心理预期。当然，这需要监管部门在政策法规上的支撑，甚或管理部门能够创新出更高效实用的新理念，以促进旅游业发展。

（三）施行传媒法规，规范平台行为

旅游文化的创新发展依赖对知识产权的充分尊重，视觉新媒体作品被网络平台用户任意增删、引用，极有可能损害景区的文化形象和社会声誉。所以，太原各旅游文化景区对其新媒体作品知识产权的保护就显得尤为重要。另外，生态环境损害的问题也需要法律和行业法规约束，做到不破坏景区原始风貌，拍摄后的道具、布景及时拆除，那些有文化价值的场景可以保留下来，为以后的开发利用做好铺垫。既达到旅游文化的创新发展，又做到生态保护循环利用。总之，太原旅游文化的规范化发展需要依靠法律的施行，这一行业唯有建立高度的法律意识，时刻承担起应有的法律责任与义务，才能实现其旅游文化业长久良性的发展。

（四）引入市场统筹，保证文化效应

风险和资源利用在太原旅游文化发展中需要引起足够重视，影视作品拍摄

作为一个投资较大的行业，更需要将市场调查纳入其中，来保障最后的媒体传播效果。首先，资本来源要多线并举，避免因投资方撤资而使影视开发进程半途而废，无法达成预期效果；其次，摄制前要充分开展市场调研和民众建议统计，最后的市场反响才会达成，文化效应才能发掘出来，以带来周边旅游文化产品的光环效应。最后，整个过程中要制定详细的文化资源利用与开发方案，保障旅游文化项目能够得到民众认可，避免资金浪费与成本攀升。只有这样，才能保证旅游文化内容开发的有效性，才能更好地维护和促进太原旅游文化景区的可持续性发展。

三、太原旅游文化的城市形象发展对策

网红城市形象的塑造与传播，离不开现实社会的语境加持，特别是社会关系、文化认同的支撑。太原旅游文化的发展，完全可以借鉴网红城市的发展模式，以带动太原旅游文化业的整体转型与高速跃进。媒介传播可以塑造文化认同，而社会关系作为传播语境的构成，也直接影响着旅游文化的传播效果。传统媒体时代，虽然传播也具有社会资源整合的功能，但整体来讲其影响是相对有限的。随着旅游文化媒介化的深入发展，社会发展语境已经成为网红城市形象塑造传播的原动力，这些因素对于太原这样中等城市的旅游文化发展来说至关重要。具体来说，可从以下几方面借鉴网红城市发展形式，来对太原旅游文化进行打造。

（一）经济发展的内驱诉求

信息技术的成熟发展进一步消除了行业界限，互联网成为行业整合的根本依托。随着我国市场经济体制的完善发展与转型升级，信息产业也快速崛起，"互联网+"时代的跨界整合成为主流，新的业态不断涌现，资源配置方式不断优化，以全面适应行业整合的发展要求。在此背景下，城市形象塑造的战略地位不断提高，其知名度更关系到人才、资源、投资的流向，这也是当前网红城市塑造传播最根本的内驱诉求。

（二）传统文化媒介重构的元素创新

在全媒体时代语境下，媒介作为文化建构的核心主体，其文化生产与传播打破了以往都市文化的空间限制，基本消解了传统文化"本地在场有效性"的

机制束缚，新媒介成为人们进一步感知世界、拓宽文化领域的核心路径。以往线下直面式的文化交流被迫退出，社交互动与分享成为都市新常态，个体之间的交互更加多维、多向，社会结构也变得愈加复杂、多样，在一定程度上为网红城市形象的塑造提供了环境加持。许多城市文化元素在新媒介的重构下，快速实现大规模的"不在场关注"，赋予全新意涵，成为网红经济中不可或缺的消费品。

（三）受众现实生活的媒介展现

网红化已经成为自媒体时代主流的传媒经济样态，这一动态过程的实现离不开社群用户的共同运作，因此会映照出有关群体身份认同的内容，最终成为线上意见气候的核心要素。也就是说，城市形象的网红化，在重构受众现实世界的同时，其场景化传播也成为生活方式本身。人们通过到网红城市打卡的行为，将旅行活动从现实世界转移到线上空间，不仅是媒介再现的自我演化，而且是私人生活公共化的媒介展现，并借此获得心理认同和满足感。在此过程中，围绕网红城市的原始体验通过其他经验的交织累计，最终实现不同文化生活体验的整合，形成具有较强吸引力的圈层，带动更多人以网红城市相关话题为入口，呈现更多的媒介展现。

由此可见，网红城市形象的产生，是社会关系与文化认同综合作用的结果，既有经济发展的内驱诉求，也有传统文化媒介重构的元素创新，同时离不开受众现实生活的媒介展现。以网红城市重庆为例，洪崖洞在经过改造后，有受众发现其与动画片《千与千寻》的场景十分相似，并将其上传网络，得到其他受众的广泛认可，成为城市网红景点。而在现实生活中，许多人受圈层文化的影响，纷纷前往洪崖洞打卡，最终带动了整个城市的经济发展。可见，网红城市作为典型的消费符号，在动员受众通过圈层内部相关入口进行聚集时，也在不断进行元素创新，并经过个体能动实践产生全新的城市要素，进而有效维持网红城市形象的发展活力。[①]

[①] 乔秀峰：《网红城市形象塑造的融合传播与主体协同》，《传媒》2022年第11期，第72—74页。

第二节 太谷旅游文化的问题与对策

在丰厚的文化资源储备、坚实的产业政策引导等各方面的支持下，太谷县利用传媒发展旅游文化产业，具有了充分的现实基础和足够的有利条件。可以预见的是，传媒将给太谷旅游文化产业发展带来可以期待的巨大变化，不过，在传媒影响下，当前太谷旅游文化产业的发展仍然面临着一系列问题，有待于在实践中逐步完善。

一、太谷旅游文化的问题

（一）传播广度不足且认知度低

太谷电视台及当地媒体，在对太谷旅游文化业的发展情况报道中，存在文化内容的广度不足，并且内容创新性不高，多是对政府旅游文化方面的政策解读的问题。作为当地主流媒体的太谷电视台，在对其地方旅游文化的塑造中一直没有突破性进展，没有打造出有影响力的特色化栏目和独特的文化传承风格，多为常规化的文字＋图片式的报道内容。当地政府在旅游文化业的资源整合中，没有很及时地抓住其中的亮点或产业发展方式，仅限于公益广告式的推广形式。新媒体对太谷旅游文化的传播形式与效果都表现一般，缺少对其文化内涵、历史积淀的深度挖掘，无法形成口碑性的文化内容影响力，给游客的印象平平。媒体对太谷旅游文化的认识不足，间接导致了当地民众对自身的文化内核知其然而不知其所以然，没有激起其应有的文化自豪感与荣誉感，太谷旅游文化的影响力不够理想。

（二）宣传力度不够且创新度低

太谷旅游文化的社会知名度一直不高，在媒体利用上存在明显的宣传力度不够的问题。太谷旅游文化产业的发展一直借助于本省电视媒体及网络新媒体，它们对其旅游文化的表现，都有不同程度的局限性，多限于旅游文化项目的普及性介绍与说明，在数量与质量上都不占优势。这显示出景区在旅游文化业创新发展中，在对外文化形象的塑造与展示方面明显不够到位。太谷旅游文化的知名度打造，亟需有更大社会影响力的全国性媒体参与进来，发挥其卓越的带动效应，引发全国民众的高度关注。另外，旅游文化的发展需要内容创新与形式创新同步发力，一直以来太谷旅游文化多是传统内容，现代创意文化产品的开发都比较少，缺少有市场竞争力的旅游产品，对外省市游客的吸引力不高。所以，新颖的、引人关注的旅游文化项目开发，成为太谷旅游文化在创新发展中需要解决的问题。

（三）品牌效应不高且美誉度低

太谷旅游文化的发展中，缺少可以引领社会潮流的文化品牌，这是当前遇到的最大问题。旅游文化品牌的形成，需要媒体长期的宣传造势，尤其是新媒体作用的发挥显得尤为突出。太谷旅游文化景区，对于文化品牌的打造，多依赖于旅游广告作用的发挥，包括一些在新媒体短视频平台传播的旅游文化宣传片，虽然对于当地游客数量的拉动起到一定作用，但是尚不足以形成品牌效应。在扩大省外游客的数量与质量上，除了品牌引领效果外，还需要加大景区本身旅游文化的建设，使其融入创意文化的内容，文化的类型变得富有多样性、新鲜性。所以，太谷旅游文化业的发展需要结合多种媒体渠道，以形成地方旅游文化的品牌拉动效果，更要发挥自身优势丰富景区文化的内容建设。这有利于提高其旅游文化的市场竞争力，在赢得市场的同时也获得国内民众的欢迎，促进旅游业加速发展。

（四）营销方式不佳且价值度低

太谷旅游文化业的发展离不开商业模式的运营，毕竟没有利益的产业是没有发展前景可言的，可以说商业化是方式也是目的，但是商业化过程中不应忽视文化本身的建设，即商业化发展和旅游文化建设并不存在矛盾。在旅游文化业的发展中，太谷一些景区于开发中为了追求更多的经济利益，营造所谓的"卖点"，不惜走向低俗、媚俗、庸俗文化的深渊，将传统文化、民间文化、历史文化都抛诸脑后，这种发展方式是不可取的，更是得不偿失的。民众游览一个古老的建筑，观看一场具有地方特色的艺术表演，亲身经历一次先人走过的历史古道，都是为了体验其本身内涵的文化价值。商业化的营销，只是为了让旅游文化资源能够创造更多的社会价值，使游客觉得物有所值。否则只会引起民众的反感，甚至降低旅游文化本身的价值含量，不利于整个太谷旅游文化业的良性循环与持续发展。

二、太谷旅游文化的对策

（一）提高旅游文化的传播广度与认知度

太谷地方政府需要与媒体进行密切合作，对太谷旅游文化资源进行全面挖掘，借助媒体的影响力和权威性，使其文化内容为国内民众所了解与熟知。在媒体公众平台的带动下，建立太谷旅游文化的多样化传播栏目，增强与网民及游客的交流互动，使民众能够借助媒体技术优势获得对太谷旅游文化的全方位、立体化的认知，让游客真正获得一种深度的文化体验。当下社会，新媒体技术的极速发展，为旅游文化的深度拓展创造了良好条件，以哔哩哔哩、快手、西瓜视频为代表的短视频自媒体平台，对地方旅游文化的广泛传播作用力越来越明显。近年来，太谷旅游文化景区利用这些新媒体平台起到了良好的传播效果，因为用户参与度高，其旅游文化内容为民众所高度熟悉与认可，有效促进了太谷旅游文化发展。

（二）提高旅游文化的宣传力度与创新度

太谷旅游文化的发展，需要融合多种媒体形式，发挥出不同媒体手段的表现优势，来对社会公众产生切实有效的宣传效果。一方面需要和全国有影响力的卫视频道展开合作，推出一系列高品质的旅游综艺节目；另一方面利用国内一些主流新媒体平台，开设各景区的官方账号，实时更新与发布关于太谷旅游文化内容的最新动态信息，增强与全国民众的交流互动，营造"全民参与太谷旅游"的氛围。另外，在增强太谷旅游文化的创新发展上，各景区可以和一些文化传媒企业展开合作，进行创意文化产品的建设与开发，利用其旅游文化资源因地制宜、适销对路地形成创意文化产品，以满足游客的文化消费需求。这样可以更贴近民众要求，以调动其实践参与的积极性，增强公众对太谷旅游文化的自信心、自豪感。

（三）提高旅游文化的品牌效应与美誉度

太谷旅游文化的加速发展，必须借助多种方式形成自身旅游文化的品牌，以此带动旅游业的创新提高。首先，当地政府要对旅游文化资源进行深度的挖掘，对各种文化本身的特性、潜力获得高度的了解和认识。其次，当地文化创意企业，在政府政策的引导下，进行地方特色文创产品的开发，以此来扩展其旅游文化的多样性。最后，利用当下新媒体的综合优势，对这些新开发的创意文化项目及内容，进行全方位的体验效果打造，以形成一系列口碑型的旅游文化品牌，提高民众的关注度与参与度。与此同时，太谷要积极地借鉴国内其他省市旅游文化发展的一些先进经验、成熟模式，通过本土化改造和运用之后，给全国游客焕然一新的旅游体验，这样就极大提高了其旅游文化景区在公众当中的美誉度与接受度。

（四）提高旅游文化的营销方式与价值度

太谷旅游文化要想树立良好的社会形象，就要在政府的主导下，借助媒体社会影响力的发挥，进行旅游文化的营销活动。太谷旅游文化景区需要和国内主流媒体合作，通过举办"古色古香，魅力太谷""金色太谷，明日之星"等类似的文化体验活动，邀请一些文化专家、地方学者以及广大游客，来参与这些颇具特色的线下体验活动。尤其是类似"明日之星"等活动的举办，使更多的青少年可以积极参与其中，加深对太谷深厚历史文化的了解与把握，达到有效的文化营销效果，提高太谷旅游文化的知名度。另外，太谷需要积极参与省内及国内一些旅游文化交流论坛、博览会等，提升其文化内涵在行业当中的价值影响力，并吸引更多的国内企业参与到太谷旅游文化的创新开发中，全面提升文化影响力。

第三节 和顺旅游文化的问题与对策

在丰厚的文化资源储备、坚实的产业政策引导等各方面的支持下，和顺县利用传媒发展旅游文化产业，具有了充分的现实基础和足够的有利条件。可以预见的是，传媒将给和顺旅游文化产业发展带来可以期待的巨大变化，不过，在传媒影响下，当前和顺旅游文化产业的发展仍然面临着一系列问题，有待于在实践中逐步完善。

一、和顺旅游文化的问题

（一）文化产业开发度不够

和顺旅游文化业发展起步较慢，发展程度不够。这与当地农业经济长期占比较大有着直接关系，致使旅游产业处于被动地位。政府对于旅游文化业的投入力度较少，而且缺乏长期规划，这使得其旅游文化的开发还停留在较浅层次，在一定程度上阻碍了当地文化产业的发展。另外，和顺县地理位置偏僻，交通不够畅通、方便，旅游文化业的发展处于相对封闭的环境中，与周边地区的文化交流较少，所以受到周边旅游文化业的影响和辐射作用不够明显，这也使得和顺旅游文化业的开发、进展状况，长期没有取得有效的突破。

虽然和顺县被命名为"中国牛郎织女文化之乡"，但山西省政府、晋中市政府对于这一旅游文化品牌的后续开发，缺乏有效的政策支持，和顺县政府虽然着力打造这一文化品牌，也进行了一些项目开发，但远远达不到理想的发展愿景。

（二）文化资源利用度不高

和顺拥有丰富的自然、人文旅游文化资源，其价值含量也相当高，部分旅游文化内容在省内外的影响力也比较大。不过，这些文化资源没有得到有效的利用，给当地带来的经济文化引领效果极为有限。一方面，和顺是典型的农业社会，商业文化的发展比较滞后，政府对于文化资源的价值认识不够到位，可利用的文化传媒企业不多，致使文化资源利用率偏低。另一方面，当地旅游文化景区缺乏对于文化资源的开发和利用意识，一些值得深入建设、挖掘的旅游文化项目，长期处于自然发展状态，导致文化资源的可利用部分偏低，旅游业的发展相对缓慢。

另外，和顺当地的文化团体及旅游协会没有深度发掘其文化精髓，更没有利用现有的虚拟现实等技术手段，将其旅游文化展现给国内民众，导致其社会价值很难被全国性的旅游文化企业所关注，得到开发利用的机会不多，发展比较缓慢。

（三）文化渠道拓展度不足

在对外传播过程中，和顺旅游文化出现了文化传播渠道不足的问题，使得其文化内容向国内民众的拓展显得乏力。当前，和顺旅游文化的传承发展主要依赖报纸、电视等传统主流媒体，对网络新媒体的使用程度比较低，这种传播渠道的格局使得其旅游文化内容的传播范围、质量、效果都受到限制。目前，当地景区自身对媒体的社会效应存在认识误区，尤其和新媒体的合作意愿比较低，所以在目前主要的新媒体平台上很难见到其官方账号，只有一些旅游文化爱好者开设的个人账号，对外地游客的吸引力不够充分。这些都限制了其文化传播的整体效果。

另外，和顺及晋中市的主要媒体对这一新兴文化的内容把握不足，在对外传播中也是有所保留，没能将其文化内容的全部展现给全国民众，这也影响了最终的文化拓展效果。新媒体行业在当地发展不充分，更是阻断了文化的交流发展。

二、和顺旅游文化的对策

（一）加大文化产业的规划实施

和顺旅游文化业的有序开发和利用，需要在整个旅游文化产业的规划上进行努力，这主要依赖政府政策的实施。首先，晋中市及和顺县政府要积极开发旅游交通线路，尤其要开发当地与周边地区的交通路线，以便旅游文化的传播交流，融入周边发展的经济圈，带动当地旅游文化业发展。其次，和顺县要转变旅游文化业的发展方式，将文化产业纳入到行业经济发展的规划中，在当地政府主导下引入有实力的旅游文化企业，进行文化项目的实地建设，促进文化产业升级发展。最后，和顺县要加大对文化产业的投入力度，为旅游文化业的发展提供必要的政策依存条件。在发展旅游文化过程中，要逐渐加大文化产业在经济格局中的比重，增强文化产业的经济发展推动力，使得和顺的经济结构布局更加完善与合理。只有这样，和顺旅游文化业才能抛弃旧有的发展方式，获得全新的创新发展面貌。

与此同时，晋中市、山西省政府针对和顺非遗文化内容，需要制定长期的发展规划，把这些非遗旅游文化塑造成当地的文化形象标志，带动整个和顺旅游文化业的全面振兴。在具体进行旅游文化品牌的打造中，由和顺县政府牵头联合当地非遗文化的传承企业联合开发，政府对当地非遗旅游业的发展制定具体规划措施，对于优势明显的非遗项目进行适当政策倾斜，以快速形成旅游文化品牌，促进当地文化产业崛起，最终实现旅游文化业在品牌效应带动下的长远持续发展。

（二）加大文化资源的利用推进

和顺需要深入挖掘牛郎织女文化资源，并开发多种民俗文化，创建独具特色的旅游文化产品。当地社会文化团体可以抓住剪纸、漏边绣和五谷画等民间工艺的发展，尤其需要完善漏边绣等新型刺绣技艺，这类旅游文化产品不会受到年代、图案和地区的限制，发展空间广阔。五谷画这类手工艺品是用五种谷物粘合而成，并且已经申请专利，给当地旅游文化业发展带来了引领效果。近年来，多样化的和顺手工艺品，越来越成为旅游市场的热销品，为其旅游业的繁荣带来了机遇。

另外，凤台小戏、夫子岭弦腔等民间传统文化更应该大力发展，使其成为带动当地旅游文化产业的品牌内容。凤台小戏由于在当地凤台村产生而得名，同时在 2009 年被山西省人民政府确定为第二批省级非物质文化遗产。它是通过两个到三个人扮演成不同角色来进行的民歌表演艺术形式，大约形成于清代中叶。其所唱曲调，有的是东山地区的民间小调，例如《绣荷包》；还有的是从明清时代流传至今的作品，例如《莲花落》等。这些类型多样、表现奇特的民俗文化产品，成为和顺旅游文化发展的重要资源，当地景区利用现有的视觉新媒体可以充分展示其文化价值，吸引国内有实力的旅游企业联合投资，加快景区旅游文化产品的完善，提高旅游文化资源的利用率。这些旅游文化，都代表了当地民众独一无二的生活状态，更体现了一种返璞归真、回归自然的文化体验感，深得游客喜欢。

（三）加大文化内容的宣传表现

和顺的旅游文化资源相当丰富，当地不仅是"牛郎织女文化之乡"，同时也是抗日战争时期很多战役的发生地，这些文化内容都需要媒体拓展自身的传播渠道，使其为国内民众所熟悉与接受。尤其需要利用新媒体扩展和顺"红色旅游文化"，以多样化的方式积极宣传在晋察冀革命抗日根据地建立过程中，朱德、彭德怀、左权等老一辈无产阶级革命家的战斗足迹，以及许多具有重要意义的遗迹遗址，包括石拐会议、朱德驻地、邓小平驻地、北台梁革命烈士墓群等。这些极具社会价值与历史意义的文化资源，是发展红色旅游的天然条件，当地旅游文化景区需要积极地利用新媒体平台的优势，建立官方及个人的账号，将其文化内核传承发展下去，为更多的国内民众所了解、熟悉。这样才能够在媒体的影响下，建立起和顺旅游文化的良好形象，引导其旅游文化产业的系统化、规模化发展。

另外，当地政府、民间团体也应该建立相应的博物馆、艺术馆等，对这些内涵丰富类型多样的文化内容，向公众进行更加开放的展示。与此同时，在现有艺术团体中，将传统文化与现代艺术相结合，利用戏剧、歌曲、小品等演艺方式进行表现，使更多的国内游客获得良好的文化体验。与此同时，借助媒体生动鲜活的表现手法，深入挖掘当地独特的民俗文化，拓展宣传力度，丰富宣传方式，为旅游招商引资注入活力，促进和顺旅游文化产业可持续、高质量的转型发展。

第四节　晋商旅游文化的问题与对策

晋商旅游文化在大众媒介的传播下得到了快速发展，晋商文化的影视作品一经播出就获得了不俗的收视效果与社会反响，这对晋商文化的传承起到了极为有效的作用。然而全媒体时代的今天，在晋商企业飞速发展和晋商文化逐渐成熟的过程中，很多问题也渐渐凸显了出来，尤其是视觉媒介对晋商旅游文化的传播还有许多需要完善之处。通过这些问题的解决与完善，晋商旅游文化才会得到更加深入的发展，才能产生更为良好的影响效果。

一、晋商旅游文化的问题

（一）媒介文化传承功能利用不充分

晋商旅游文化在传播的过程中，当地政府利用大众媒介的意识较为薄弱，没有充分利用大众传播媒介为文化传承做贡献。目前民众对于晋商文化的认识主要靠视觉媒体，尤其是电视媒体的传播，晋商文化在报纸、期刊、书籍方面的表现也较为平淡，网络媒介对晋商文化的传播效应还没有发挥出来。在当下新媒体时代，受众更多的是被手机、平板电脑等新媒体终端包围，而旅游文化传播更多的是动态式和分享式的交流，这样就给晋商旅游文化中一些传统民俗，如剪纸、杂耍等不适宜传统媒体传播的内容带来了新的机遇。然而当前新媒体使用效率的欠缺，使晋商文化的精神和价值传播受到阻碍，不利于晋商文化的传承、发展。

在现有的晋商文化的影视作品中，大部分是以晋商的商业经营、晋商大院、晋商精神、晋剧等为切入点来展示晋商文化内容。虽然这些方面是晋商文化的主要内容，但这不是晋商文化的全部，晋商文化之中还有更多需要表现的部分，如方言、饮食、习俗、地理环境等等，这些内容需要更多的媒体去展现。此外，以晋商文化为主要内容的纪录片不多，目前仅有《晋商》《天下晋商》《乔家大院寻珍》《光阴》晋商系列等少数，它们在新媒体平台的播放量都不高。电影方面仅有《白银帝国》是以晋商文化为主要内容，其他电影只是提及或是表现晋商文化的部分内容。这些不足制约着晋商旅游文化的传播与影响力发挥。

（二）媒介文化内容塑造存在不真实

媒体行业的极速发展，尤其是新媒体技术的迭代更新时间越来越短，使得现在针对媒体的管理难上加难，致使大量不够真实的信息充斥于媒体内容之中。在晋商旅游文化传播的过程中，为了增强影视作品的观赏性和艺术性，有很多情节都不符合历史的真实。如电视剧《乔家大院》中，主人公乔致庸娶陆家小姐陆玉菡，以致产生和江雪瑛三角恋的故事都是虚构的，包括对胡沅浦这个两广总督人物的一生，都是精简虚构的。这些不实的内容再加上媒体的大肆扩散，致使人们难辨真实情况，更对晋商文化的全面呈现产生了误导效果。媒体在表现晋商文化过程中出现的这种行为，势必会对晋商旅游文化社会影响力的发挥带来不利后果，从而影响当地整个旅游文化的发展现状与趋势。

针对大众传媒的社会效果，美国学者格伯纳提出了"培养分析"理论。他认为大众传播媒介所展示的"象征性现实"，会对社会成员认识和理解现实产生影响，从而让社会大众产生接近或一致的"共识"[①]。晋商文化的影视作品，并不是当时历史的再现，而是尊重历史基础上的适度改编，这样的文化内容与真正的晋商文化史实会有所偏差。然而，作为大众传媒由于其社会公信力的存在，它所传播的晋商文化，让民众容易产生这就是真实情况的认识。视觉媒介使观众形成的这种共识，不利于晋商旅游文化的传播，影响了传媒的社会形象与品牌效应。

---

① 郭庆光：《传播学教程》（第二版），中国人民大学出版社 2011 年版，第 236—238 页。

（三）媒介文化价值功效发挥不到位

文化是旅游的生命力，挖掘文化的内涵与价值，对于提升晋商旅游文化的品牌和价值意义具有深远的影响。然而，晋商旅游文化景区在开发的过程中，忽视了晋商文化所遗留的，包括物质文化和非物质文化遗产背后的文化价值，只是过度地进行商业营销。使得部分游客去旅游景点只是单纯地观赏打卡，而没有实质性地了解到这些景点其古老建筑所蕴含的文化价值和内涵，从而导致了旅游文化发展的偏差和旅游资源的不合理利用，这不是晋商旅游文化发展的长久之策。

视觉媒体对于旅游文化的内涵、价值传播是极其重要的。优秀的影视作品，可以凭借其缜密的思路、完美的细节、精良的制作来叙述故事，借助故事情节来表现其文化内涵与价值，不过最后阶段的系列问题，也影响旅游文化功效的发挥。

电视剧《走西口》制作虽然精良，但是细节表现上不够到位。比如，该剧中有一细节安排，即田青被包头"县长"诬陷，实际情况是当时袁世凯称帝前，包头还只是个镇。除此之外，影视作品的制作周期过长，因为主题表现或是情节安排等，需要部分内容重拍、改拍，影响最后社会效果的发挥。比如电视剧《李家大院》2013年便已杀青，但是2014年才播出；电视剧《大盛魁》从制作到播出经历了八年；纪录片《晋商会馆》经历了七年才播出。这些问题，都限制其所表现的文化内涵与文化价值的发挥，对晋商旅游文化的传播也带来不利后果，影响旅游业的发展。

二、晋商旅游文化的对策

在全媒体时代，为了使晋商旅游文化得以不断发展和弘扬传承，针对上述所提到的晋商旅游文化传播中的问题，笔者提出了解决的对策。具体包括如下几点：

（一）借助媒介传播，加强文化传承

晋商旅游文化的发展壮大，需要借助大众传播媒介功能的发挥，使这一文化得以传承发展下去。目前，对于晋商旅游文化的传播，应充分利用好书籍、报纸、电视、网络等多种媒介。在晋商文化影视作品热播的同时，也要加大同

名小说的出版,以扩大其在公众当中的接受度与感染力。诸如,晋商文化影视作品《白银谷》《白银帝国》播出同时,要加大其所改编自的小说《白银谷》的出版,这样多种媒介形式同时运用,可以产生良好的文化传承效果。与此同时,需要加强微博、微信等新媒体的使用,使晋商旅游文化为更多的年轻群体所熟悉与认可。目前关于晋商旅游文化,景区的公众号有"山西常家庄园景区、平遥古城、山西祁县渠家大院",媒体的公众号有"晋中日报文化周刊、新晋商杂志社官方微博、山西商报官方微博",旅游服务公众号有"文化山西服务平台、世界晋商徒步旅"。微信关于晋商旅游文化,景区的公众号有"晋商博物院、平遥县百川通晋商家私博物馆",文化教育的公众号有"晋商文化研究会、晋商文化"。这些公众号为人们了解和加深晋商旅游文化的内涵提供了方便。

在充分利用新媒体时,更要加强视觉新媒体对晋商旅游文化的传播,解决好晋商文化中传统民俗,如剪纸、杂耍等不适宜传统媒体传播的文化内容,利用视觉媒体的力量让这些文化更多地进行动态式和分享式交流,避免发生文化传播的缺失。并且影视作品的制作要还原历史真实,为观众客观真实的呈现晋商文化的全部风貌。在旅游文化业发展的同时,也要利用网络媒介的渠道优势,即制作晋商文化旅游地的影像宣传册、策划大型的晋商文化在线活动,以及在网络平台播放晋商文化的纪录片、专题片、微电影等,在旅游业得到引领发展的同时,也加强了文化的传承。因此,在这个媒介技术日新月异的时代,应打破媒介的局限,通过多种媒体联合来传播晋商旅游文化,使更多的民众了解其内涵和价值。

(二)借助媒介技术,加强文化监管

晋商旅游文化的发展,需要利用媒介技术,提高视觉媒体作品的内容表现力,使其充分全面地将这一文化展现给全国民众。视觉媒体作品的质量会影响观众对其的认可度,尤其在旅游文化的表现效果上要注意真实性与艺术性的相协调。因此在影视作品的制作上要对其视觉表现加以观照,一方面要处理好史实和艺术的关系,在充分尊重史实的前提下适当添加艺术表现效果。另一方面要做到缜密的逻辑、精美的画面、完美的细节相融合。这样既可以避免影视作品刚制作完成就被淘汰的尴尬境地,又可以将晋商旅游文化的视觉效果表现得更加细腻、完美。

另外,对于晋商旅游文化的传播,政府要在经济和政策上予以支撑。一方面,政府应该对晋商文化的影视作品进行经济上的资助,使其发挥对旅游业足

够的带动作用。另一方面，政府要给予优惠政策，鼓励各大影视公司、网络平台去拍摄有关晋商文化的视觉作品。我国对视觉作品有着规范的管理机构，借助这些机构落实政府的帮扶政策，提高晋商旅游文化的传播质量与影响力度，推动旅游业发展。

媒体的使用者是大众，为了取得良好的社会效果，对晋商旅游文化的传播，需要加强媒体的监管力度。首先，要着重培养每个媒体平台的"意见领袖"，使其传播晋商文化的同时，对晋商文化进行过滤后形成最具权威的媒体观点，让受众通过大众传媒获得更准确的文化认知；其次，落实网络媒体的后台实名制，并且要求网络媒体，对晋商文化的传播内容进行舆论引导，尽量阻止不实信息进入受众的视野中，从而减少受众对于晋商文化的理解偏差。最后，通过新媒体技术进行监管，要重视新媒体技术的算法开发，构建新媒体平台的信息防范、甄别和处置系统。利用这些措施，对晋商旅游文化传播中出现的不符合实际情况的内容，进行有效应对，使得社会民众对这一文化形态获得全面的了解与把握。与此同时，给当地旅游文化业树立了良好的社会形象与品牌效应，促进旅游效益的提高。

（三）借助媒介功效，加强文化价值

文化牌是晋商旅游景区不断发展的关键所在，旅游业发展的核心就是其蕴涵的文化价值，这需要利用媒体功效来起作用。对此政府应该不断投入资金及政策支持，全面发掘晋商文化所遗留的物质文化和非物质文化遗产价值，避免出现旅游资源的浪费和文化开发的偏差，让更多的国内民众在体验独特的文化景观时，可以深入了解景点背后的晋商文化内涵，从而提高旅游活动的质量与效率。在以往晋商文化的视觉媒体作品里，几乎没有影视作品能全面、完美地表现晋商文化。因此，要加强视觉媒体作品表现的丰富性与全面性，既要表现出晋商文化的经营理念、建筑风格等，还要深入挖掘晋商文化中的民族习俗、戏曲艺术等方面的内容，将晋商文化中的进取、敬业、团结精神，以及诚信第一的商业经营理念充分地展现出来。因此，视觉媒体对晋商旅游文化的传播要做到位，还要注重晋商文化的时代精神，以创新的手法去表现传统的晋商文化，加大视觉新媒体对晋商文化的推广力度，在增加媒体作品数量的同时，严格进行制作方面的品质把关。

旅游文化的视觉传播，离不开媒体人员的共同努力，而那些受欢迎的优秀作品，更离不开适销对路的营销策略，比如《英雄》的新闻营销、《色戒》的焦

点营销、《赤壁》的文化营销等。这些电影的成功，说明营销策略对于旅游文化业发展的重要性。因此，晋商旅游文化的发展，也要借助营销策略的有效运用，尤其是开展对晋商文化影视作品的创意营销。在文化营销过程中，要制定完善的企划宣传方案，使得影视作品的宣传能够做到前期预热、中期吸引受众、后期能够继续扩展。因此，需要充分利用微博、微信公众号、短视频等新媒体平台，来提升文化内涵、价值的影响力。另外，对于晋商文化的媒体作品也要有良好的主题设定与情节安排，以发挥其强劲的旅游拉动作用。因此，晋商旅游文化的发展要充分利用媒体的功效，让晋商旅游文化以鲜活生动的形象呈现给全国游客。

第五节　平遥古城旅游文化的问题与对策

在丰厚的文化资源储备、坚实的产业政策引导等各方面的支持下，平遥古城利用传媒发展旅游文化产业，具有了充分的现实基础和足够的有利条件。可以预见的是，传媒将给平遥古城旅游文化产业发展带来可以期待的巨大变化，不过，在传媒影响下，当前平遥古城旅游文化产业的发展仍然面临着一系列问题，有待于在实践中逐步完善。

一、平遥古城旅游文化的问题

（一）媒体宣传力度不够

媒体在宣传平遥古城旅游文化过程中，更多的是山西省内的媒体进行宣传，其他省市媒体的宣传力度比较小，导致其他省市的民众对山西平遥古城旅游文化了解不多，旅游意愿较低。除此之外，平遥古城旅游文化十分丰富，除了人们熟知的《又见平遥》大型情境体验剧、古城墙旅游文化景点外，还有当地最有特色的票号、镖局和推光漆器等，可惜的是人们对这些旅游文化知之甚少，有的甚至闻所未闻。这足以说明媒体对平遥古城旅游文化的宣传不到位，力度不够，这些问题都需要景区及当地政府，动员更多的媒体来引领其旅游文化的发展。

（二）媒体宣传形式不足

媒体在宣传平遥古城旅游文化时，主要以新闻报道和宣传片为主，具有创新性的传播方式很少。这样的宣传形式较为简单，没有起到足够的社会效果，无法引起广大受众的有效注意。虽然平遥古城作为世界文化遗产，在业界知名度较高，但是由于其对外传播手段的不足，在国内民众中的熟知度、认可度都不是很高。目前，其旅游文化的对外传播以电视媒体为主，以及摄影展、电影展等展会形式，对于新媒体独特创新形式的运用太少。当前社会太多的信息充斥着民众的生活，单一的传播形式很难吸引公众的注意力，当地景区需要扩展其对外宣传的形式。

（三）媒体宣传反馈不力

信息反馈是传播者了解受众需求的主要渠道之一，它对于平遥古城旅游文化的对外发展，有着良好的促进效果。经过调查，目前媒体在传播山西平遥古城旅游文化中，并没有建立起有效的信息反馈机制，许多主流报纸的新闻网站没有设置互动平台，只有一个"联系我们"的信箱；作为互动性很强的微博而言，也并未做到及时地交流互通。这样就使得政府无法通过官方媒体渠道，了解人们对旅游文化的真正需要，现有政府的政策导向如何促进旅游文化业的发展，都是亟需面对的困境。否则，当地的旅游文化无法得到更好的推广，影响旅游业发展。

（四）媒体宣传效果不佳

平遥古城旅游文化在媒体的传播中，主要侧重于其历史文化、晋商文化的表现，没有达到预期的社会美誉度与知名度。国内四大古城中，社会知名度与影响力最大的就是云南丽江古城，丽江古城之所以能够闻名于世，与其独具特色的民俗旅游文化和民族主题文化有重要的关系。相比之下，平遥古城就没有这样独一无二的旅游文化定位，或者说其文化定位和周边市县的景区重复度太高，以至于文化内容不具有优势。这种效果的出现，一则景区自身没有找到最佳的旅游文化设定，使得优势较弱；二则媒体在文化形象塑造中，没有找到独特的创意营销点。

二、平遥古城旅游文化的对策

（一）加强媒体宣传力度

平遥古城旅游文化景区在运用媒体进行文化形象传播中，存在对媒体的使用不平衡现象，需要在提高山西省内媒体的传播质量同时，和其他省市及全国性媒体展开广泛合作，让平遥古城旅游文化走向全国，让全国民众对这一文化形式更加熟悉，产生强烈的旅游愿望与需求。与此同时，需要政府出台一系列政策，支持平遥古城旅游文化的创新发展，通过提高自身文化的竞争力，来赢得更多的媒体关注。另外，平遥古城旅游文化资源丰富，需要在现有文化景点基础上，对众多的民俗文化、建筑文化、手工技艺等进行开发，发挥其旅游文化的功效与价值。当地政府需要保持现有大型情景体验剧、古城墙文化景点发展基础上，对规模不等的票号、镖局建筑进行文化特色的挖掘，还有推光漆器等文创产品的创意开发，以及碗托为代表的饮食文化的推广，使得这些种类多样的旅游文化资源，共同发挥对平遥旅游文化形象的塑造。此时，再利用视觉新媒体的传播优势，将这些文化内容运用游客乐于接受的方式传播出去，在进行文化形象打造的同时，推动了旅游业的跨越式发展，使平遥古城的这些特色旅游文化为国内民众所欢迎。

（二）加强媒体宣传形式

当前社会，要想把平遥古城旅游文化宣传到位，就要满足受众的心理需求，创新传播形式。除了拍摄电影、电视剧外，还可以拍摄微电影。这种短小精悍的视觉媒体形式能更加适应快节奏的生活方式，更好地进行文化传播。在当下这个自媒体时代，人人都是传播者，网络直播更是成为打造旅游文化景点的有效手段，在宣传平遥古城旅游文化时，可以借助旅游活动的举办让游客边游览边直播，用游记的形式来进行传播，这样能增加民众的亲临感、体验感，更好地促进平遥古城旅游文化的传播。近些年，电视综艺节目搞得如火如荼，如《爸爸去哪儿》《奔跑吧》和《我们十七岁》等，凡是这些节目拍摄过的地方在人们心目中都留下了深刻的印象，所以平遥古城也可以借用这种方式来传播其旅游文化。诸如《咱们穿越吧》（第二季）第一期到三期《穿越清朝晋商票号》就是在平遥古城拍摄的，将平遥的晋商文化渗透到这一历史体验真人秀活动中去，以这种潜移默化的形式进行传播，再加上名人效应，收到不错的社会效果。

除此之外，还要多发挥平遥国际电影展这样的文化品牌效应，来带动平遥古城旅游文化的大发展。

（三）加强媒体宣传反馈

平遥旅游文化的发展，需要建立有效的信息反馈渠道，来了解民众对这一文化内容的真实看法与态度，以提升其旅游文化业的发展层次。平遥县人民政府网是一个综合性的网站，它设置专门的政民互动栏目，包括有网民留言、在线访谈、问卷调查、民意征集、回应关切，这在很大程度上调动了民众发言的积极性。"平遥文旅之声"是平遥县文旅局的官方微博，该微博定期地向公众发布其旅游文化的最新信息，内容被网民转发的数量不少，回复都比较及时，双方互动效果良好，有利于平遥古城旅游文化的广泛传播。另外当地主要媒体在今日头条、抖音、微信等新媒体平台，都开设了官方账号，建立起系统化的媒体矩阵，服务整个平遥旅游文化业的互动交流。所以，平遥县无论是门户网站，还是官方微博、微信公众号等新媒体平台，都建立起了相应的互动反馈机制，引发民众的发言热情，为平遥古城旅游文化的传播铺平道路。这样，政府就建立起了极为有效的信息反馈渠道，借助它们可以随时了解平遥旅游文化的发展现状，并制定有效的政策来引导旅游业的发展，不断完善其社会形象，使全国民众熟悉并接受这一文化。

（四）加强媒体宣传效果

山西平遥古城旅游文化的发展，需要在保持现有文化特色条件下，深度挖掘其特有的创意文化资源，塑造出独特的社会形象。政府在引导媒体对平遥古城旅游文化的传播中，有意识凸显这些崭新的创意文化内容，以彰显其与周边市县不同的文化风格。诸如，平遥国际摄影展、平遥国际电影展这样社会反响良好的创意文化，把这些崭新的旅游文化内容，通过媒体的宣传逐步形成平遥古城旅游文化的崭新名片。另外，云南丽江古城、山西平遥古城、四川阆中古城和安徽徽州古城也可以学习五岳联盟，成立一个四大古城联盟，并轮流举行年会，打破过去的"分散"模式，资源整合互利共赢，实现中国四大古城共同发展。这种跨区域合作发展旅游联盟，突破了过去行政机制的束缚，探索出旅游产业发展的新模式，可以借此扩大平遥古城旅游文化的国内甚至国际影响力。这样的旅游文化定位与发展模式，可以将平遥传统的历史文化、晋商文化等旅游文化资源，与当代的摄影文化、电影文化等旅游文化资源进行融合发展，借助全国性主流媒体的定期、持续的关注，使得平遥古城旅游文化的知名度、美誉度都上升到一个新的高度。

第六节　晋祠旅游文化的问题与对策

在丰厚的文化资源储备、坚实的产业政策引导等各方面的支持下，晋祠利用传媒发展旅游文化产业，具有了充分的现实基础和足够的有利条件。可以预见的是，传媒将给晋祠旅游文化产业发展带来可以期待的巨大变化。不过，在传媒影响下，当前晋祠旅游文化产业的发展仍然面临着一系列问题，有待于在实践中逐步完善。

一、晋祠旅游文化的问题

（一）晋祠旅游文化的表现不够真实客观

当前传媒对晋祠旅游文化的报道，不论是报道内容，还是报道范围，都不能够反映晋祠旅游文化发展的实际状况。从报道内容来看，多是晋祠景区举办的各类旅游文化活动，以及一些有影响力的公众人物前来参观等方面的消息，这些内容都未能深刻彰显出晋祠旅游文化独一无二的历史地位。从报道范围来看，对于晋祠最近几年的发展变化、晋祠旅游文化在当前的传承情况都涉及较少，至于晋祠景区规划、开发的愿景，以及景区运用虚拟现实等技术手段改进文化形象等方面的报道，几乎很难见到。可以说媒体在传播晋祠旅游文化的过程中，缺少整体策划，使公众对晋祠很难形成切合实际的良好印象，不利于旅游文化业的发展。

（二）晋祠旅游文化的整合不够充分完善

传媒对晋祠旅游文化的整合传播力度比较欠缺，当地民众中对这一文化了解并熟悉的人数占比不高，对晋祠的历史知之甚少的人也不在少数。这说明传媒在运用多种媒体平台、媒体形式进行文化传承的力度不够，其对晋祠旅游文化的传播还有很长的路要走。传媒在旅游文化资源整合方面还有待进一步完善，媒体在实际的报道过程中没有统一的文化形象定位，对晋祠文化资源的利用并没有达到最大化,使得民众的了解不够全面、系统。传媒在旅游文化内容的传播策略运用上,并不是很到位,改进传播策略是其当务之急,需要增强文化内涵、提高文化形象、注重文化价值,这样使晋祠旅游文化的传播产生实际功效,促进旅游业发展。

(三)晋祠旅游文化的发展不够协同一致

传媒引领下晋祠旅游文化取得快速发展,晋祠旅游业的发展给当地带来经济效益的同时,也对晋祠内珍稀文物、原有古建和周围环境带来了不可小觑的破坏,如何合理有效地保护这些旅游文化资源,成为当地政府及景区需要面对的重要问题。旅游文化的开发与发展,需要和媒体环境相协调,更需要和生态环境协同一致迈向前进。当前传媒技术发展很快,尤其是虚拟现实的表现技术,由于其极佳的体验效果,国内很多景区都在引进并开展运用。晋祠景区需要实现一定的技术突破,来展现其丰富多样的文化形态,当下其对虚拟技术等的使用还是一个短板,这是需要借助视觉新媒体平台来增强其社会影响力,提升景区的整体发展水平。

二、晋祠旅游文化的对策

(一)真实客观地表现晋祠旅游文化

大众传媒要塑造良好的晋祠旅游文化形象,必须遵守一定的文化表现原则,最主要的就是真实性原则、客观性原则和创新性原则。真实性原则要求媒体对晋祠旅游文化的传播,要切实反映其旅游业的实际情况,对游客产生有效的吸引力;客观性原则要求媒体对晋祠旅游文化的反映,要显示出其文化的独特历史价值,使得游客内心产生情感上的向往。创新性原则要求媒体要坚持思维创新,在公众中塑造出晋祠旅游文化的良好形象。首先,媒体对晋祠旅游文化要进行整体策划,对文化内容的表现形式,要做到恰到好处。其次,媒体对晋祠旅游文化的当前传承发展现状,重新进行文化定位,运用最新的媒体手段来展现其风格。再次,媒体对晋祠景区规划、开发的情况,就其创新性的旅游文化内容,进行文化形象的塑造,赢得年轻群体的广泛认可。最后,媒体要对晋祠旅游文化的传播形式进行充分地创新,尤其是要利用融媒体平台及其技术手段,增加文化表现的动感性。这样,就可以给当地旅游文化业带来良好的传播效应,提升旅游业的发展水平。

（二）充分完善地整合晋祠旅游文化

传媒对晋祠旅游文化的传播，需要进行媒体运用、文化资源的整合。一方面，横向整合。在当地广播电台、电视台、各类报刊和网络新媒体上，传播晋祠旅游文化时要综合利用各类媒体形式，强化传播力度，相互配合形成立体传播效果。对多样化的晋祠旅游文化内容，不同媒体利用各自的表现优势，对其文化资源进行深度挖掘传播其社会文化价值，从而增进人们对晋祠的熟知度，增强这一文化形象的社会美誉度。在媒体影响下，带动晋祠旅游文化业的全面提高与发展。另一方面，纵向整合。晋祠旅游文化的传播，要综合运用中央、省市的电视台、广播电台、报纸、网络新媒体展示晋祠文化形象。晋祠的重大旅游文化活动不仅要在本区域媒体进行深入报道，同时也要通过创新型的文化热点，吸引中央、各省市媒体的关注。这样可以增加晋祠的社会影响力，加深人们的认识度与熟悉度，尤其是其历史价值、社会价值的媒体审视，使晋祠旅游文化在中华文化中的重要地位得以彰显出来，从而有效促进晋祠旅游文化的传承，带动旅游业的跨越式发展。

（三）协同一致地发展晋祠旅游文化

晋祠旅游文化的发展中，需要有效保护和利用其文化资源，尤其是传媒技术的运用，可以最大程度展现其文化内涵，实现和生态环境的协同发展。虚拟旅游在晋祠景区就能够发挥这一作用。虚拟旅游，是指旅游者置身于使用多媒体、感应器、计算机等设备创建的虚拟旅游世界中，所产生的旅游体验，这种旅游体验活动在具备软硬件环境的任何地方都可以进行。它包括桌面式虚拟旅游和沉浸式虚拟旅游两种，其中桌面式虚拟旅游形式包括制作动画电影、研发仿真游戏等；沉浸式虚拟旅游形式包括在晋祠景区采用 3D 和 4D 技术，使游客有身临其境之感。虚拟旅游的出现，一方面是虚拟现实技术应用范围的扩展，另一方面也是旅游业信息化、网络化的一种必然趋势。它可以高效快捷地传播晋祠文化，使其满足公众需求，同时可以降低晋祠因旅游发展而造成的环境破坏和资源消耗。因此发展虚拟旅游，既是晋祠自身发展的客观需要，同时又是晋祠文化资源保护的最佳方式。这样不仅有效利用与保护了晋祠文物和周围环境，更带动了旅游业的数字化发展。

综上所述，晋祠旅游文化的发展，需要在不同级别的媒体上全方位、多层次、宽领域地展示晋祠文化形象，在综合运用多种传播方式的基础上进行发展。

首先，利用国内主流媒体，包括广播电台、电视台；省市日报、晚报；对外出版的期刊、有关杂志书籍等。其次，利用网络媒体，包括省市新闻网站、城市论坛、政府网站、旅游网站等。这些对外文化交流网站，有力宣传了晋祠丰富的历史文化资源和旅游产业发展的崭新形象，营造出良好的舆论环境。再次，利用新媒体。可以在新媒体上推出晋祠旅游文化传承、晋祠文化形象建设的精品内容，突出对晋祠文化内涵及历史底蕴的大力推广。最后，开展与强势媒体的合作，诸如中央电视台、央视网等。在中央电视台纪录、科教频道推出晋祠旅游形象宣传片，在其中文国际频道的国宝档案栏目推出"晋祠旅游文化"内容，以展现晋祠深厚的文化积淀和崭新的发展面貌，从而达到良好的传播效果。通过这些媒体的良好社会声誉，将晋祠的文化、历史、旅游等信息结合起来进行整合传播，完成了对国内民众的旅游文化普及推广，推动了晋祠旅游文化业在国内的创新发展、跨越发展。

第七节 绵山旅游文化的问题与对策

在丰厚的文化资源储备、坚实的产业政策引导等各方面的支持下，绵山利用传媒发展旅游文化产业，具有了充分的现实基础和足够的有利条件。可以预见的是，传媒将给绵山旅游文化产业发展带来可以期待的巨大变化，不过，在传媒影响下，当前绵山旅游文化产业的发展仍然面临着一系列问题，有待于在实践中逐步完善。

一、绵山旅游文化的问题

（一）绵山旅游文化的媒体形式不够丰富

媒体在绵山旅游文化的传播中，由于对文化内核的把握不够到位，使得这一文化形式的表现不够充分，对国内民众的吸引力和号召力不足。媒体在绵山旅游文化的报道中，表现形式不够丰富多样，很少有专题性的内容呈现，综艺类、文化类节目也极为少见，在民众及游客当中的影响力不是很好。另外，绵山景区在运用广告媒体方面的效果也不是很理想，广告投放数量明显偏少，广告的制作质量也不是很高。这些都反映出，政府在绵山旅游文化的政策引导上，还需要完善，尤其要加强媒体对旅游文化业的政策解读与引领。这样，通过绵山旅游文化价值的挖掘，从而塑造出良好的城市旅游形象，以拉动当地旅游业快速发展。

（二）绵山旅游文化的联动效应不够到位

绵山旅游文化景区，就其文化类型而言，和山西其他地方乃至全国其他地区的旅游文化景点有着共同的文化属性，它们可以联合起来发展，以发挥更大的社会影响效果。这些景点虽然有共通处，但各自仍拥有不同的旅游文化特色。媒体在传播绵山旅游文化过程中，往往忽略了这种文化共性，只对绵山旅游景区及其文化内涵与特色进行宣传，并未考虑与其他景点的联动、合作，以发挥更大的社会影响效果。这很大程度上导致了宣传效果不佳，宣传的受众广度与整体效果较差，民众熟知度不高。这样就导致了对潜在游客的吸引力不够明显，减缓了当地旅游文化市场的扩展速度，使绵山旅游文化的传承与发展都受到较大程度影响。

（三）绵山旅游文化的媒体合作不够深入

绵山旅游文化在面向大众传播中，过多地倚重山西本地媒体，全国性的媒体对绵山旅游文化的关注内容、范围都不高。绵山旅游文化的类型丰富、形式多样，然而在媒体上所呈现的绵山旅游文化内容，不论是数量还是质量都不是很高，尤其是在国内主流电视媒体的科教、文化类节目中，选取的文化形式都较为单一。这些文化内容的传播频次都不是很高，除了一些重要的节日纪念活动外，国内其他省市的媒体很少关注绵山旅游文化。同时，在网络媒体上也有类似的问题存在。

说明绵山景区及地方政府与媒体的合作不是很深入，导致报道内容较少甚至缺失，达不到理想的传播效果，使得绵山旅游文化业的发展较为缓慢、水平不高。

（四）绵山旅游文化的媒体手段不够合理

绵山旅游景区在媒体手段的使用上，过多地依赖于传统媒体，对于新媒体形式的运用较为欠缺。尤其是在移动端的微博、微信等新媒体使用上，都没有发挥出应有的理想效果。一方面，这两个平台的景区官方号，都定位于景区新闻信息的发布。于是，对于旅游文化的传播内容极少，景区的文化形象没能及时得到展示。另一方面，新媒体所拥有的优势，在绵山景区的运用中都没有得到有效发挥。表现为信息内容少，发布频率低，无法满足游客的实际旅游体验需求。另外，景区及当地政府管理部门，不重视游客与网民自发聚集的交流平台如快手、B站等新媒体平台的利用。最终使得绵山旅游文化业的发展，出现媒体传播极为不平衡的问题。

二、绵山旅游文化的对策

（一）加强媒体的表现形式

绵山旅游文化的发展，需要加强地方媒体的传播力建设，以发挥其对民众及游客的吸引力和号召力。尤其是晋中市及山西省的媒体，要加大对绵山旅游文化的形式表现，对这一文化的内涵、外延等进行充分的解读与说明，以引发国内民众的高度关注。绵山景区需要发挥自身的优势，展开和国内主流卫视及网络视频网站的合作，运用户外综艺节目、文化探险节目，以及专题性文化节目形式，对绵山旅游景区进行全方位展现，以拓展其文化影响力。同时，绵山景区需要和国内主要广告媒体展开合作，整合自身旅游文化资源，通过高质量的广告，提高绵山旅游文化对国内游客与外来旅游、商务人员的传播效果。另外，当地政府需要政策的引导，扩大与周边地区媒体的合作，通过与这些媒体的合作，形成一个区域性的媒体传播圈，借此政府可以将绵山旅游文化的特色、风格等全面推广开来，以引起全国公众的高度关注与实地旅游参观。在这样良好的互动影像下，绵山旅游文化的文化价值、文化形象进一步树立起来，推动其旅游业的高速、高效发展。

（二）加强景区的联动效果

介休市绵山旅游文化景区，基本以人文民俗文化为主，尤其是中国清明节（寒食节）文化最为著名。无论从地理位置来说，还是从旅游文化的类型而言，它和周边的中国民间文化艺术之乡汾阳市、中国历史文化名城平遥县，都具有高度的接近性，完全可以联合起来形成一个旅游圈，以产生更大的社会影响力与旅游经济的拉动力。这种效果的发挥，需要三地政府的协商并出台相应政策支持，还有媒体对政府政策的深入解读，以获得广泛民众的支持。今后媒体对于绵山景区及其旅游文化报道时，需要进行相应的主题策划，以挖掘这一旅游圈的文化价值、文化特色，树立起良好的旅游文化形象，以带动区域旅游业的整体高速推进。与此同时，绵山旅游景区可以联合汾阳、平遥等地景区，运用视觉新媒体平台，开展线上、线下同步进行的旅游文化节，既可以扩大景区的知名度与美誉度，又可以满足年轻旅游爱好者的旅游体验需求。这样的旅游文化发展形式，极大地激活了地区旅游市场，在进行文化传承的过程中，推动了旅游文化业的规模化体系化发展。

（三）加强媒体的合作力度

绵山旅游文化的发展，需要在现有文化内容的基础上，对其类型丰富的文化资源进行深度挖掘，尤其是创意旅游项目的开发，使旅游文化立体化全面发展。在媒体的传播影响力上，除了山西本省媒体外，需要使更多的全国性媒体参与到绵山旅游文化的发展中，加强与全国知名媒体的旅游、文化相关栏目的合作。这些都需要当地政府与景区共同努力，通过政策与资金的支持，吸引全国及各省市的主要媒体对绵山不同的旅游文化，进行综艺节目拍摄、科教节目录制与旅游节目介绍等，借助这些媒体良好的社会声誉，扩大绵山旅游文化对全国民众的影响效果。另外，绵山景区还要和全国主流的网络媒体、新媒体平台，进行积极合作，使其能够开辟专门的栏目、版块，对绵山景区的多样文化形式，进行全面、充分的展现，尤其是夏秋季节的旅游旺季时段，这种媒体号召力和带动力不容忽视。这样就可以将媒体的优势效应，转化为其对绵山旅游文化的宣传效应，借助数量、质量上的影响力发挥，以推动当地旅游业的高速度、高水平、高效率推进与发展。

（四）加强媒体的手段运用

绵山旅游文化的传播，要在现有传统媒体使用的基础上，加强对新媒体的使用力度，而微博与微信的利用，更是为这种旅游文化效果的发挥提供了平台。一方面，微博、微信官方账号的定位，要着重于绵山旅游文化形象的对外塑造，通过对其旅游文化内容的阐释，使更多的国内游客熟悉这一文化，并产生实际的行动。另一方面，要有效利用新媒体的优势作用，使得其对绵山旅游景区发挥出良好的引导效应，尤其是增加信息内容发布的数量、质量、频率，全面满足国内游客的旅游文化需求及实际旅游体验需求。与此同时，绵山旅游景区需要利用文化资源上的优势，组织游客参与线上实时直播、线下游戏活动相结合的旅游文化节，借此发挥视觉新媒体平台的传播优势，通过奖励等措施激发游客自觉地利用短视频平台发布相应活动内容，既增加了民众旅游体验的趣味性，又对景区的文化内容进行了极大的传承。这样就在绵山旅游文化的传播中，形成传统媒体与新媒体双重发力的效应，并在政府旅游文化政策的鼓励下，带动旅游文化业迈向新高度。

综上所述，在传统媒体与新媒体的共同作用下，绵山旅游文化景区形成了民众及游客获取最新文化信息的平台，旅游文化的多样化内容借此产生了良好的社会影响力。在绵山旅游景区和周边地区形成文化圈后，这种文化的影响力可以突破地域限制，在媒体及政府政策的激励下扩展到全国范围。同时，由于这一文化独一无二的特性，获得了国内民众及游客的欣赏与接受，产生了意想不到的绝佳社会效果。绵山旅游景区与当地政府及其相应管理部门，应充分利用媒体的文化传播平台，通过有关绵山景区及绵山旅游文化的信息、活动等内容，引导公众逐渐接受并自觉传播相应旅游文化内容，同时积极地与民众进行交流互动，以塑造出良好的旅游文化形象。从而在全社会产生极佳的传播效果，有利于绵山旅游文化的可持续性发展与影响力拓展。

第八节 晋剧旅游文化的问题与对策

在丰厚的文化资源储备、坚实的产业政策引导等各方面的支持下，晋剧利用传媒发展旅游文化产业，具有了充分的现实基础和足够的有利条件。可以预见的是，传媒将给晋剧旅游文化产业发展带来可以期待的巨大变化。不过，在传媒影响下，当前晋剧旅游文化产业的发展仍然面临着一系列问题，有待于在实践中逐步完善。

一、晋剧旅游文化的问题

（一）晋剧旅游文化缺乏市场动力

晋剧旅游文化的发展，主要依赖旅游市场的形势与状况，这种不景气的现实情况，和晋剧团的发展现状息息相关。据目前山西旅游市场的官方统计显示，山西省内各主要景区，晋剧演出的场次和频率都不高，除了各级政府主导的惠民演出内容外，其他演出内容的市场效果都不尽如人意。造成这一状况的原因是多方面的：第一，由于经济文化的丰富与发展，民众的文化欣赏越来越多元化，大众喜闻乐见的旅游活动形式多样，对晋剧演出这一旅游文化活动造成冲击，致使晋剧观看人数逐年下降，演出场次也不断减少，剧团效益自然下降。第二，许多剧团内容创作者缺乏，演出人员陆续退休，剧情对游客吸引力不足，表演无法深得游客满意，报价偏低使得剧团负担越来越重，演出的效果难以助力景区发展。第三，不少地方政府在发展乡村旅游的过程中，形式逐渐多样化，对晋剧等戏曲文化的依赖越来越低。因此剧团失去当地政府的资金支持，剧团人员负担多开销大，旅游景区的演出收益无法满足进一步发展需求，剧团对旅游景区的影响力减弱。另外，山西省公共文化体系建设中设立了农村文化站，但是城市社区类似的场所没有建立起来，小型剧团及戏迷活动大多聚集在公园、露天广场进行。而到了十月之后，室外天气变冷，演出活动只好暂停，直至次年的五月，有近半年的"休眠期"，不利于晋剧生态旅游市场发展。政府给予晋剧的重视不足，社区生态旅游发展滞后，社区小剧场缺乏，这些都极大地影响晋剧旅游文化在城市的开展效果。这些问题，不仅影响市民享受生态旅游成果，而且为晋剧文化的发展设置了障碍。

（二）晋剧旅游文化缺乏人才优势

晋剧旅游文化在步入市场化发展后，来自旅游文化市场多样化发展方面的竞争随着出现，其中最为突出的便是人才资源，晋剧旅游文化发展中最主要的问题就是人才短缺。第一，演艺人员大量转行。晋剧各个行当最初都有专人担任，人员也比较充足，不过伴随旅游文化市场的竞争加剧，晋剧的演艺在旅游景区日渐式微，剧团的发展整体下滑明显，演职人员的待遇很难得到有效的保证，不少人员只要条件允许便会寻求其他出路，转入到其他利润丰厚、发展较好的行业中去。第二，人才补给出现断层。尤其是艺术生来源不足，使得后续发展的人才推送明显满足不了行业发展所需。文化发展的全球化，使得外来多元文化对国内传统戏曲文化产生巨大冲击，晋剧文化对年轻一代吸引力衰减，他们更倾向于美声或现代舞等专业。这样，使得艺术类院校的戏曲专业招生困难重重，报考率逐年下降，这是需要面对的棘手问题。第三，戏曲行业淘汰率高。晋剧等戏曲行业对人才要求很高，本身的自然淘汰率就偏高。这一行业对学历等的要求不高，学员的水平良莠不齐，加剧了剧团的培养成本，使得一些艺术禀赋比较差的学员，虽然剧团花费较长的时间去培养，但是最终收效甚微得不偿失，成材率偏低的问题一直存在。当前形势下，山西各地乡村旅游文化发展得如火如荼，而晋剧旅游文化短期之内，由于人员短缺与创新乏力等因素，很难融入到这种新兴的旅游业态当中,没有办法把握住这一良好机会。这些来自行业内、外的多方面因素,对于晋剧旅游文化的发展都是不利的,这些都需要地方政府及相应管理机构共同面对解决。

(三)晋剧旅游文化缺乏受众群体

晋剧旅游文化的内容,尤其是经典剧目多以反映爱国主义、揭示忠奸斗争、表现美好爱情等为主题,这些主题内容已经无法满足当前民众的旅游文化消费需求。伴随媒体技术的高速进步,文化的传播越来越便捷,旅游文化的跨国传播也逐渐频繁起来,人们对于旅游文化的需求更加多元化发展。国内民众对旅游文化的需求,也开始融入外来文化的色彩,尤其是欧美文化、日韩文化的影响更重,于是那些反映当前社会现实、文化潮流的创新内容,赢得了公众的广泛欢迎。然而,晋剧内容创新乏术,创新剧目不多,很少能跟得上当前旅游市场的发展趋势,其多为传统剧目的不断重复,与当下旅游文化接轨的剧目寥寥无几。像《打金枝》《金水桥》《长坂坡》等传统剧仍是旅游景区演出最多的剧目,它们易造成民众审美疲劳与受众流失。虽然有《于成龙》《河清海晏》《边城罢剑》等新编历史剧,以及《焦裕禄》《托起太阳的人》《守护夕阳》等当代戏,但是内容多为党和政府的政策措施、思想理念、工作实效等,在戏曲艺术上的体现,与普通游客的文化欣赏、休闲需求并不是息息相关,不够接地气,在旅游市场民众的喜好度不是很高。当下的青少年、青年群体,因为这些缘由会逐渐对晋剧旅游文化失去兴趣,由于晋剧演出内容满足不了多数民众需求,短期之内虽有政府支持的惠民演出做保障,但晋剧的创新如果始终融不进当下的文化潮流,最后晋剧可能只会吸引到那些闲暇时间较多、观念闭塞的老年群体。内容创新与时代脱节,无法满足新一代受众的需求,这是晋剧旅游文化发展中不得不面对的问题。

二、晋剧旅游文化的对策

(一)加强内容与形式的创新以激活市场动力

晋剧旅游文化的发展,在内容创新方面,应该吸收新时代下民众的需求热点,采用深入的市场调查了解旅游文化的发展现状,挖掘民众喜欢的故事类型,以丰富晋剧旅游文化的内容,使其更加具有吸引力,赢得景区游客的欢迎。如今都市爱情剧、公案悬疑剧、非遗历史剧等颇为流行,晋剧的内容创作可以在当前文化政策的允许下，围绕这些主题进行新剧的创作，以满足游客对于旅游文化的要求。

晋剧旅游文化，应该采取灵活多变的演绎方式，探讨与其他舞台表演形式的多样结合，如流行音乐、舞台剧、舞蹈等。央视文艺频道《艺览天下：了不起的地方》是 2021 年 8 月推出的新节目，将民间绝技、非遗文化、地方文艺完美融合同台竞技。晋剧可以通过参与这样的节目，以赢得年轻观众的喜欢，进而将其带入景区，吸引游客的关注。央视电影频道《潮起中国：非遗焕新夜》主题晚会，将非遗项目及其传承人、时尚设计师及其国潮品牌融合于一体，运用明星表演和传统非遗演艺跨界结合的方式，舞台多维背景烘托下，给观众科技与未来感十足的潮流体验。晋剧作为首批国家级非遗项目，可以通过参与该晚会来展现其艺术风采，并把这种风格类型的演出方式带到景区，为旅游业激发出崭新活力与时尚。

（二）加强政策与资金的支持以保障人才优势

晋剧旅游文化的发展，如何保证人才资源的优势，已经成为阻碍其进一步前进的主要因素。当前，晋剧剧团都不同程度地存在专业人才短缺的问题。这些需要剧团创新经营模式，有效利用现有人才资源；更需要山西省各级政府结合当地剧团人才困境，出台适当政策与措施，以引导艺术院校获得更多的企业投资，使晋剧人才的培养、成长更加稳定与持久。

针对晋剧行业人才培养过程中，淘汰率高的问题，国内各级政府通过设立职业培训机构，来缓解剧团培养的资金及成本负担，在部分地区这一成效已经显现出来。另外，国家及山西省各级政府都设立了艺术基金项目，支持晋剧剧团的长远发展、革新剧目及人才塑造。这些措施对于规模较大的国营剧团，已经初见效果，创新的剧目不断上演，赢得了民众的认可与欢迎。而对于民营剧团来说，发展中显现的问题不一，需要地方政府因地制宜地出台一些帮扶对策，在保持文化传承的基础上，获得旅游市场的大力支持。另外拓宽行业奖项，激励那些优秀的内容创作者和戏剧演出者，给这些核心人才以良好的发展环境，使得晋剧旅游文化能够长期稳定地发展下去，并且充满生机与活力，带动旅游业的高效快速发展。

（三）加强文化与休闲的保障以巩固受众群体

晋剧旅游文化的发展，由于融入当下文化现实、文化潮流的创新内容不够多，其受众群体多以中老年为主。需要通过多种措施，继续维持这部分受众对晋剧旅游文化的喜好度。山西省各级政府要借助国家惠民文化演出专项资金，鼓励各旅游景区，尤其是城市周边游的景区，要高数量、高质量地传播晋剧，促成这一国家级非遗文化的传承发扬，增强老年受众群体的黏性，维持他们对晋剧的忠实度。

在巩固老龄受众的同时，也应培植年轻受众，使晋剧拥有更多青年群体的爱好者，这是晋剧旅游文化发展的未来保障。剧团可以运用旅游行业发布的大数据、云计算等调查统计结果，针对年轻群体的文化品味，为他们设计出一些体现文化潮流的表演形式。年轻人普遍喜欢说唱音乐、动感街舞等时尚文化，将它们和晋剧结合不失为吸引年轻受众的有效方法，也为晋剧的传承开创了一条与众不同的道路。旅游景区可以将现代音乐、舞蹈作为传播晋剧的载体，并与晋剧的唱、念、做、打等表现形式相结合，形成一种以现代手法传播晋剧文化的有效方式。这种形式在央视等主流电视媒体上已经取得了良好成效，势必会吸引年轻受众的高度关注，以带动旅游文化市场的快速发展，为晋剧旅游文化开拓出一条创新之路。

第二十章 山西晋南地区旅游文化的问题与对策

第一节 长治红色旅游文化的问题与对策

在丰厚的文化资源储备、坚实的产业政策引导等各方面的支持下，长治利用传媒发展红色旅游文化产业，具有了充分的现实基础和足够的有利条件。可以预见的是，传媒将给长治红色旅游文化产业发展带来可以期待的巨大变化，不过，在传媒影响下，当前长治红色旅游文化产业的发展仍然面临着一系列问题，有待于在实践中逐步完善。

一、长治红色旅游文化的问题

（一）缺乏规划，旅游资源配置较差

长治红色旅游文化发展中，政府缺少对旅游文化资源的合理规划，存在职责与作用模糊的问题。长治红色旅游资源多且景区分布不均，多数景点地处山区，它们远离经济与文化发展良好的城市及相应交通干线，交通不便发展缓慢。长治红色旅游景区，多数地处太行山腹地，只有一条公路，交通方式单一。这些和政府没有很好地规划旅游文化景区的发展方向，缺乏相应举措有着直接的影响作用。与此同时，国内媒体对红色旅游文化的传播规律把握不是很到位，在文化内容的表现上很不全面。这些旅游景区多数处于经济效益差、资金短缺、基础设施建设不完善的状态，政府对这些红色文化旅游景区投入资金少，媒体在表现过程中很少能够深入实际进行调查。面对日益迅速发展的红色旅游业，在对外旅游文化的形象塑造中，媒体需要对旅游文化资源进行征集与整理，以进行媒体传播。

另外，旅游景区在和媒体进行合作中，存在商业化和娱乐化的倾向，这对于长治旅游文化的长远发展十分不利。媒体在旅游文化资源开发中的不完善问题逐渐凸显出来，而当前游客的媒介素养普遍不高，极容易产生误导的效果，

这样就不能很好地满足游客的文化体验需求。景区在资金短缺的情况下，对当地的文化项目开发不够深入，导致红色资源不能有效利用，影响了长治旅游文化业的高效发展。

（二）缺乏管理，旅游市场运行较差

目前，长治各地正在积极开发红色旅游文化，但由于政府缺乏管理，市场自主运作，使得一些偏远地方的红色旅游文化在发展中有所变形，这就需要当地政府部门加强管理举措，加大监督力度。一方面，由于景区对红色文化的内涵、价值和意义的认识不足，红色文化在传播过程中，一些景点为了片面地追求商业利益，追求"卖点"，甚至出现低俗、媚俗与庸俗的倾向。光荣传统文化、先辈英勇事迹等被统统抛于脑后，使红色文化成为商业经营的"噱头"，造成旅游文化的商业化。诸如红色经典的大量改编与热闹翻拍，结果却是事与愿违，各种"雷剧"涌现，观众恶评如潮。另一方面，由于缺乏健全的文化管理机制，开发者迫于竞争压力，使红色文化在传播过程中出现无序竞争，红色文化资源浪费严重。随着山西省大力支持并发展红色旅游文化，长治市政府没有很好地考虑红色旅游景区的特色文化与周边环境，盲目开发并拓展旅游景区的规模。与此同时，为了尽快达到预期效果，大力发展红色旅游项目，并且开发过程中缺少有效的监督管理，致使一些规划不合理的文化项目出现，严重影响了红色旅游景区的文化形象与可持续发展。当地政府为响应山西省的号召，开发红色文化遗址是没问题的，然而只注重数量的开发，不注重品质的提升，无法高效发挥这些旅游文化的社会价值。

（三）缺乏重点，旅游品牌建设较差

长治红色旅游文化在发展过程中，由于基础设施的条件等限制，红色旅游文化起步晚，投资力度较小，景区开发建设不够完善。旅游景区在规划建设中，由于没有太多的经验可以借鉴，没有将长治各地区的红色旅游景区进行分类发展、重点建设，更没有形成自己独特的旅游品牌。因此旅游者只能进行简单的遗址参观和文物浏览，导致游客在面对文化内容相同且单调一致的红色旅游景点时，大多兴趣不足、停留短暂。再加上景点解说人员由于缺少专业素养，知识储备不够完善和讲解技巧不够娴熟，甚至许多景点连解说人员都没有，使得那些不了解红色文化的游客只能随意参观，严重影响了景区的旅游体验效果。另外，当地政府在发展红色旅游文化时，没有和本地其他旅游资源相结合，以

形成规模化的集群效应。这样一来，单一的旅游文化景点游客容量有限，各景点之间的交通又不是很便利，很难留住游客并给其带来良好的旅游体验。与此同时，长治也没有利用武乡县和周边晋中市的左权县、昔阳县地理上的优势，来联合开发三地的红色文化资源，这三地红色文化类型多样、特色鲜明，如果能够形成一个红色旅游文化圈，将极大地提高其红色旅游文化在全省，乃至全国的影响力，品牌效果显著。可是地区发展的差异影响了这种模式的建立，更影响了红色旅游品牌的建设与形成。

（四）缺乏宣传，旅游景区客流较差

长治市政府和当地文旅部门投入力度偏小，对红色旅游的宣传不够充分，导致民众对其红色旅游文化的认识与了解不足，旅游市场客流匮乏，没有活力。这种情况持续下去地方红色文化有逐渐消失的危险。长治红色旅游文化，起步时间晚，开发效果不佳。同时宣传平台较少，外省客流量不足，只有爱国人士和政府机构的党政干部，通过红色文化研学活动来进行参观游览，以此来缅怀先烈。当前长治没有塑造出独有的红色旅游品牌，其旅游文化影响力不高，人们了解程度低，景区大多无人问津，长此以往造成景区资源浪费，使红色文化很难发挥作用。

景区对红色文化的内涵和作用认识不足，缺乏传播的内在动力。一方面，在这个娱乐文化的年代，红色文化被认为是神圣难以接近的政治文化。一些景区把红色文化简单设定为革命文化，认为它只是代表了革命和战争年代的一种文化，它在战争年代发挥的鼓舞人心效果，在新时期已无法适应人们日益增长的文化消费需求，甚至认为红色文化和当下的旅游文化趋势格格不入。另一方面，在新媒体流行的当下，人们的时间越来越分散，注意力成为稀缺资源。民众在对旅游文化进行选择时，倾向于易于接受的影视旅游文化，很少去关注红色文化的发展情况。这使得红色文化的传播效果明显减弱，给长治旅游文化业的长期发展带来困难。

（五）缺乏渠道，旅游文化传播较差

长治红色旅游文化在实际的发展中，社会反响效果、接受效果都没有预期的理想。目前，长治地区红色文化没有在社会上引起广泛的共鸣，这和其有限的传播渠道有直接关系。首先，长治地区红色文化的传播途径多数集中在一些旅游景点的推介展会中，以及一些重要节庆活动。特定的节庆日举办文化传播

活动的频次较低，而旅游活动往往具有长期性、预见性和可控性的特点，过度依赖旅游活动推广红色文化，可能会造成红色文化成分逐渐被淡化的问题。其次，长治地区红色文化的传播渠道主要停留在传统媒体上，利用新媒体手段传播的文化信息比较少。传统媒体的权威性与公信力不可否认，然而其不断流失的受众人数，使其影响力下滑明显。当地政府部门及景区对微信公众号、政务微博和视觉新媒体平台等的利用不够规模化、体系化。最后，长治地区红色文化在整体上缺乏自主性的传播渠道。长治没有和省内及国内的红色文化旅游景区联合起来，建立统一的旅游联盟，于是无法借助这种联盟分布广泛的旅游中心等分支机构，来扩大其旅游文化在全国的影响力。由此可见，在市场化条件下，长治地区本身缺乏专业的旅游活动机构，仅仅依靠报社和电视台等媒体渠道来传播红色旅游文化，显得势单力薄。这样看来红色文化的传播缺乏合力，减缓了长治旅游文化业的发展进程。

二、长治红色旅游文化的对策

（一）加强规划，促进旅游资源优化配置

首先，当地政府要对自身的职责进行合理定位，明确其在红色旅游文化传播中的作用。这就需要对红色旅游文化的发展，以市场调节为主，宏观调控为辅，合理规划红色文化资源的配置。对那些发展基础薄弱的景区，要加大扶持力度，增加资金投入，合理进行布局。对重要的红色文化纪念馆和旧址，通过电视媒体、网络媒体和视觉新媒体等方式进行积极宣传，扩大其在全国范围内的知名度，营造独特的文化形象。对于尚未纳入规划中的红色景区，应按照发展布局进行设计，打造成兼具爱国主义教育基地和独特红色文化的旅游区。其次，媒体应该遵循红色文化的传播规律，充分展现其文化风格与魅力。这样就需要媒体对长治地区的革命史实进行认真的整理和归纳，创作一批真正展示老区风采，表现英雄先烈事迹、激励人民斗志、民众喜闻乐见的作品。最后，旅游景区在发展旅游文化的同时，要避免商业化和娱乐化。视觉媒体对景区的表现中，有些商业性节目是符合历史真实的，但有些娱乐性节目歪曲了其文化内涵。为了艺术再现的效果，适当用夸张手法表现是无可厚非的，毕竟艺术源于生活又高于生活，重要的是，要有一个合理的尺度把握。社会大众在面对媒体提供的大量信息时，虽然有理性的判断力，然而景区和媒体的合作中，还是要保证能给游客提供一个积极正面的形象。

（二）加强管理，促进旅游市场良好运行

长治红色旅游文化在发展过程中，需要着重加强政府的监督与管理，使得旅游文化业的发展方向不至于出现偏向。一方面，政府加强旅游文化的管理应先从思想认识入手，转变景区的经营观念。当地红色旅游景区及其管理层，需要更充分地了解其红色文化的价值与意义，通过旅游行为与文化内容的融合，来带动整个景区的综合提升与发展。另一方面，各景区所隶属的当地政府管理机构，需要加强宏观调控，制定出切实可行的管理方法。这样可以在商业化的发展过程中，避免对红色旅游景区的过度开发所造成的生态破坏，以及对文化资源的浪费现象出现。与此同时，还要通过政府管理部门的规范与引导，提高媒体从业人员的职业素养，使他们能够在正确的价值观引导下，创作出拥有良好社会反响的红色文化影视作品，以全面提升长治红色旅游文化的社会形象。这样才能够吸引到游客，使得游客愿意亲身体验景区的文化魅力，从内心真正接受并喜欢这一文化内容。

红色旅游文化的发展与当地旅游经济的发展息息相关，长治可以通过招商引资的方式，吸纳有实力的文化企业来参与政府规划下的旅游项目的建设与发展。这样极大地避免了市场引导下的盲目开发与恶性竞争，使红色旅游文化成为人们普遍接受并富有长治地方特色的文化名片，并产生积极的文化传承效果与社会效益。

（三）加强建设，促进旅游品牌快速打造

长治在发展红色旅游文化的过程中，需要加强基础设施的建设，为旅游品牌的形成创造良好的条件。这就需要旅游景区，加大资金投入，对景区进行全面的规划建设，明确景区内重点建设的旅游文化项目，以及需要重新完善的项目内容，分层次有步骤地进行发展。经过几年的打造，使其文化类型越来越多样化，表现形式也呈现出差异性，游客的旅游体验效果也会得到很大改善，使得基础条件大为改观。与此同时，要加大景区工作人员的培训机制建设，尤其是解说人员作为景区的名片，更要进行重点培养。通过社会招募等形式，使得本科以上学历人员充实现有解说员队伍，经过专业化的系统培训，使其在职业素养、工作技能上都得到极大提高。最终给游客带来良好的服务效果，加深游客对景区的良好印象。在发展红色旅游文化的同时，政府还应结合当地其他旅游资源以形成集群效应，这样就避免了景观景致单一性的问题。另外山西省可

以让晋中市、长治市和吕梁市加强合作，使三市重点红色旅游地左权县、武乡县和兴县旅游资源共享，形成更大的市场格局。进而长治可以向国内已发展成熟的红色旅游景区学习，借鉴其成功经验，打造出以太行精神为主的红色旅游品牌，提高长治红色旅游地的知名度与美誉度，提升其红色文化旅游地的魅力，从而带动整个旅游业的创新性发展。

（四）加强宣传，促进旅游景区客流增长

长治红色旅游文化的发展，需要政府与旅游景区共同发力，强化对红色旅游的宣传引导，借助多种媒体平台，扩大这一文化形态的社会影响力与接受度。这就需要红色文化借助各种媒体平台，获得新的表现空间，增强其文化本身的传播力和凝聚力，使得普通民众能够很方便地了解到长治红色文化的特色，进而增强其旅游的兴趣。这样就可以带动红色旅游景区的热度，发挥其文化资源的价值。一方面，景区需要提高对红色文化的把握能力，运用多种形式吸引游客参与。诸如，定期举行游客参与的专题文艺演出活动，不定期开展红色文化游戏竞赛、组织文创产品的展销与游客参与的制作体验等活动。紧紧围绕红色文化的价值主题，开展民众喜闻乐见的红色文化体验活动，营造红色文化的现代、时尚氛围。

另一方面，当地政府旅游部门，可以通过主流网络媒体、新媒体客户端等进行市场化宣传。即将革命烈士的英勇事迹和伟大精神，通过影视作品、综艺节目、专题节目等形式表现出来，然后在当下民众所热衷的网络媒体及新媒体平台传播，这样既满足了人们的文化需求，又完成了文化的传承，取得了良好的社会效果。因此，长治要充分结合当地红色旅游文化特色，加大宣传力度与创新宣传形式，以其独一无二的红色文化内容给游客留下深刻记忆，带动旅游市场的发展成熟。

（五）加强传播，促进旅游文化渠道形成

当前需要创新红色文化的传播形式，利用现代新兴媒介，结合长治地区红色文化特征，打造出真正符合其地域特色的文化传播渠道。在这一过程中，既要将传统媒体渠道进一步利用到位，又要高度重视对新兴媒体方式的开拓，二者融合发挥其综合优势，将长治地区红色文化更真实、更客观、更全面地传播出去。诸如将长治红色文化与网络媒体、新媒体相融合，创建个性化、潮流化的红色文化客户端，并及时推送独特化的定制信息、动态信息；运用短视频官

方账号，发布长治红色文化故事，以及红色文化的实时发展情况及旅游活动，进一步开拓受众群体，让红色文化走进人们的生活。除此之外，还要不断创新传统媒体的发展策略，通过网络电视、IPTV、电视客户端等渠道传播，夯实传统媒体的影响力，为红色文化的传播与发展提供坚实保障。长治红色文化发展不仅要扩宽渠道，更要构建全国统一的传播体系。全国红色文化景区本该是一家，各地不应该仅仅局限于本地区的红色文化发展，而要联合起来成立全国性旅游联盟，体系化、制度化地传承和发展红色旅游文化。这样，长治红色旅游文化才能不断推陈出新，紧跟时代的发展，与此同时，利用网络媒体、电视媒体、新媒体及线下的旅游联盟机构等多种渠道，开展卓有成效的旅游文化传播活动，推动长治红色旅游文化的高效长期发展。

第二节　临汾旅游文化的问题与对策

在丰厚的文化资源储备、坚实的产业政策引导等各方面的支持下，临汾利用传媒发展旅游文化产业，具有了充分的现实基础和足够的有利条件。可以预见的是，传媒将给临汾旅游文化产业发展带来可以期待的巨大变化，不过，在传媒影响下，当前临汾旅游文化产业的发展仍然面临着一系列问题，有待于在实践中逐步完善。

一、临汾旅游文化的问题

媒体有其自身的良好文化传播优势，但是在对临汾旅游文化的传播中，不可避免地存在很多问题与不足。具体而言，媒体在对临汾旅游文化的塑造方面有如下几方面的问题。

（一）临汾旅游文化传播缺少媒体机制

临汾旅游文化在发展过程中，媒体对其传承发展缺乏应有的传播机制，使得这种媒体行为停留在偶发性的新闻报道、主题节目上，长效的、固定的媒体传播节目形式与专题栏目都没有。当地传统媒体对临汾旅游文化形象的塑造明显不足，针对临汾旅游文化，临汾的报纸、电视及其新媒体平台都没有设置相应专题栏目，进行周期性、专门性的报道。于是，人们不能实现"约会式"的品味欣赏，对于临汾旅游文化的文化内涵传播、文化形象塑造，会产生极为不利的社会影响。

当前，在《临汾日报》就没有对于代表性地方文化开设的专栏或专刊，对于这些临汾旅游文化的信息内容，大部分都是在本地新闻中穿插传播，或者在全国性假日旅游新闻资讯中，作为其中一部分来进行报道。同样，电视媒体中对于临汾旅游文化的专门性节目也是寥寥无几，社会反响并不理想。这种媒体传播机制的缺乏，使得媒体对临汾旅游业的作用极为微弱，影响其文化的对外传承与发展。

（二）临汾旅游文化传播缺少媒体效力

临汾旅游文化的发展过程中，媒体所发挥的引领和带动作用不够显著，使得公众对其文化内涵和形式的熟知度都比较欠缺。临汾旅游文化是临汾地方独特风貌的代表，尤其是其中的"尧都文化"，更是成为其文化软实力的象征。然而这些文化内容，失去媒体的参与或者参与度很低，就导致外界对这一文化的认知度偏低，对于地方文化的塑造、传承都会产生很大的困难。同时，还会影响临汾地方旅游业的整体发展。所以，临汾旅游文化的传播任务，必须认真面对并解决。

当前，在传统媒体中，关于临汾旅游文化的内容传播，仅局限在特定的版面、栏目内，且传播效果并不显著。诸如在《临汾日报》中关于"首届山西临汾帝尧古都文化旅游节"这一重要内容，仅仅在要闻版中以简短资讯呈现，并没有随后的系列报道跟进。电视媒体也是短新闻，并没有设置专题版块深度挖掘其文化价值。因此，多数临汾地方文化的内容，传播力度、传播效果都很难达到理想效果。

（三）临汾旅游文化传播缺少媒体互动

临汾旅游文化的传播，多借助传统媒体中的报纸、电视等形式来进行。这些传统媒体有特定的版面、播出时段，对临汾旅游文化的表现方式都不够多样化，尤其是缺少和受众的互动反馈，民众的心声和建议都无法及时反映出来。同时，由于传统媒体的传播方式多是线性传播，单方面的文化传播内容较多，虽然新媒体平台也在辅助性使用，但是影响作用极为有限。这样对于临汾旅游文化业的发展与提升，造成了相当困难的问题，尤其是对外文化形象的塑造需要重新打造。

诸如在《临汾日报》中，关于"围棋本源·尧棋"这个专版，主要是探索围棋产生的历史文化。对于围棋本源的探索，早期的文献资料基本失传了，所以更多的是对围棋传承人的采访记录，以此来向民众传播围棋文化。电视专题节目中，则是通过围棋传承人口述的方式，来传播其文化内涵。由于缺乏互动平台，影响了受众对围棋文化的熟悉与接受，对于临汾旅游文化的广泛传播也是困难重重。

二、临汾旅游文化的对策

新媒体的发展，给报纸和电视等传统媒体带来了巨大的冲击，它使得传统媒体之前的优越性近乎消失，在"人人都是传播者"的自媒体时代。利用新媒体平台，每人都可以是一个完整的接受者和传播者，都可以在自己的社交媒体中传播具有影响力的新闻信息。在当下社交新媒体背景下，就报纸和电视等媒体对于临汾旅游文化的问题，可以结合新媒体的优势来解决这些难题，使得新媒体对于地方旅游文化的塑造发挥出最大效用。具体来说，可以从以下几方面来应对：

（一）加强传播，促进临汾旅游文化的媒体机制形成

传统媒体报道中对临汾旅游文化传播的问题，表现在缺少媒体常规机制以进行系统深入的主题报道，对此应该增加对临汾旅游文化的专题性版块、栏目。使得媒体可以常态化地传播其旅游文化内容及特色等，让受众每天都能够便捷地接触到这些内容，可以享受到文化所带来的精神洗礼，从而在内心留下深刻的印象。

在传统媒体中，主要是设置专版或专栏来实现。主要原因有：第一，它是以大众且独特的视角反映并引导地方旅游文化发展，传播临汾文化特色，完成传承旅游文化的任务。第二，它可以使公众更加深入地了解临汾当地文化的内容，有些文化形式从口头相传变成媒体系统化传播。尤其是地方文化专栏，可以从文化背景、文化本源、发展现状等多个方面，进行详细叙述、说明。第三，它给予公众与众不同的获得感，通过鲜活的风格与特色，给予民众不一样的新鲜感，以引起受众的高度关注。因此，在传统媒体上设置专版、专栏，对于临汾旅游文化的传承、发展很有必要，也会产生良好的社会效果。

当前在《临汾日报》中增加了"文旅专刊"这一版面，把"旅游文化景区"等的详细文化内容，以图文方式进行阐释和说明，是地方旅游文化的窗口，每一期走进一个景区，每月刊发一个村镇的详细介绍，包括其所特有的民俗风情、地方文化。这样可以让每一个游客详细地了解其所关心的文化内容，更好地加深其内心印象。相应在临汾当地的电视节目中，也可以增加关于地方旅游文化的专题栏目，运用电视本身的独特优势，尤其是数字电视音质和画面的完美结合，可以给受众更加直观的感受与视觉体验，从而达到旅游文化形象的塑造。临汾地区的"师家沟民居"是旅游文化的代表，其选址、布局及营造等方面都能体现出"天人合一"思想，师家沟清代民居建筑是建筑文化的经典，也是清代民居建筑的典范之作。运用电视媒体的传播优势，将其历史文化通过专题栏目系统展现出来。这样，在传统的纸质、电视媒体中，形成了临汾旅游文化传播的媒体机制，且效果突出。

（二）加强传播，促进临汾旅游文化的媒体效力产生

临汾旅游文化是临汾地区特有的文化特质和标志，其旅游文化的宣传到位与否，会直接关系到文化形象的塑造与旅游业的发展。因此，需要结合媒体特点多角度、多层次地进行宣传，扩大民众对这一文化形态的熟悉度、认可度。

从宏观方面看，当地政府要积极地与传统媒体、新媒体进行合作，通过政府文旅部门政策的引导，带动旅游文化发展的方向。传统媒体在策划编排专题版面与栏目的时候，有意识地挖掘其深层的文化价值，包括其中的广告，也要发挥其对临汾旅游文化的宣传实效。另外，政府文旅部门要积极地与网络新媒体合作，利用其媒体技术优势，大力拓展临汾旅游文化的社会影响力。

目前，有"临汾公共文化网"，主要是为了宣传尧文化设立的，2007年10月正式上线，其中有"文化资讯""文化大观""文明探源""尧文化""三晋文化"。"文化资讯"主要发布每天最新的关于当地文化的新闻，让受众及时去了解。"文明探源"是目前发现的最新的本土文化探索信息，告诉受众其文化发展来源。"尧文化"主要是介绍帝尧文化及相应旅游节活动，包括为促进文化节所开展的各种类型的主题文化活动。另外还涉及"史志档案""文化遗产介绍"等小型版块，来充实其文化内容。当前，在政府政策的引领下，"临汾公共文化网"发挥出其应有的公信力，满足了公众的文化信息需求，尤其是使全国民众对临汾旅游文化的满意度、信任度快速提升，树立了良好形象，达到了预期宣传效果。

图 5.20.1　临汾公共文化网——尧文化频道

从微观方面看，在旅游景区的主导下，媒体报道的内容和受众内心的接受度与认可度取得了一致。媒体报道的内容，不只是单向度的文化内容展现，更多的是用受众乐意接受的方式，将这些内容用最新的媒体技术呈现出来。诸如"尧文化"来源的典故利用 H5 图文＋音乐的方式，"师家沟民居"用微电影＋VR 呈现方式。这样既满足了公众的接受习惯，又对临汾旅游文化达到了最佳传播效果。因此从宏观和微观角度看，临汾旅游文化都实现了全方位宣传，媒体效力完全实现。

（三）加强传播，促进临汾旅游文化的媒体互动发展

临汾旅游文化的发展过程中，需要更多地利用新媒体手段，在增强其文化表现形式多样化的同时，提高和民众的信息交流、反馈的效率，全面改善其文化形式在社会公众中的接受效果。随着网络新媒体的出现，媒体技术手段的不断更新，新兴的移动媒体终端开始出现并迅速达到普及程度。诸如手机媒体和平板电脑已经成为人们信息获取的主要终端设备，微博、微信这些依存于移动终端上的社交媒体，成为旅游文化发展不可分割的一部分。临汾旅游文化景区，需要利用微博的粉丝群体，开设相应的"超话"主题，和国内游客进行深度的互动，最大限度地将其景区旅游文化特色传递出去。同样，景区在微信公众号中，也可以利用游客服务、文化话题等栏目，和民众及游客进行日益便捷化的互动交流，借此扩大景区文化的社会影响力。当前新媒体技术的影响下，在地

方旅游文化的形象塑造、文化内容的传播上，作用越来越显著，旅游景区完全可以有效结合新媒体，来最大程度地传承和发展其文化项目及内容。同时，新媒体可以使受众随时随地发表自己的见解，并进行深入的互动交流与旅游体验分享，社会效果也能够达到最佳。

此外，当地政府旅游部门，可以借助视觉新媒体，把报纸上的深度分析评论和电视媒体上的现场画面，通过短视频的形式让民众更及时、更方便地了解临汾旅游文化的信息。诸如"首届山西临汾帝尧古都文化旅游节"这一专题，可以用短视频官方号做一个系列报道，每天通过视频直播进行传送，这样就可以让人们及时、方便地了解文化发展情况。与此同时，游客也可以将自己所了解的"尧文化"的故事和传说分享出来，塑造出临汾旅游文化的良好形象。这样，利用视觉新媒体，增强受众的信息反馈，并随时进行互动交流，对于临汾旅游文化的传承和发展效果十分明显。旅游景区还可以通过微电影等形式，吸引游客参与旅游活动，增加线上与线下的互动效果。因此，通过新媒体对临汾旅游文化的积极报道，在全国民众当中表现了其旅游文化的价值，提升旅游文化业的发展水平。

第三节　洪洞旅游文化的问题与对策

在丰厚的文化资源储备、坚实的产业政策引导等各方面的支持下，洪洞利用传媒发展旅游文化产业，具有了充分的现实基础和足够的有利条件。可以预见的是，传媒将给洪洞旅游文化产业发展带来可以期待的巨大变化。不过，在传媒影响下，当前洪洞旅游文化产业的发展仍然面临着一系列问题，有待于在实践中逐步完善。

一、洪洞旅游文化的问题

（一）传播方式缺少新媒体参与

洪洞旅游文化的发展中，主要依赖传统媒体作用的发挥，对于新媒体的有效利用不充分。洪洞县旅游文化形象宣传片的推广，主要集中在主流电视媒体、广播媒体等传统媒体平台上，而优酷视频、腾讯视频、搜狐视频等商业视频网站,没有当地文旅部门或旅游景区的官方账号进行投放传播。即使有一些个人账号上传洪洞旅游文化的宣传短片,不过点击量、评论人数普遍不多,社会影响力较低。目前,洪洞旅游文化宣传多集中在电视专题节目、科教文化节目等电视媒体上,其中大槐树景区,还有以大型表演的电视直播来进行宣传,苏三监狱、广胜寺等景区,还会依赖电视新闻等媒体形式来宣传,新媒体平台的官方账号很少见。在新媒体环境下,微博、微信等社交媒体平台的信息,占据了民众大量的闲暇时间,并成为当前最有效的媒体形式,而传统的文化传播方式对洪洞旅游文化的社会影响作用极其有限。单一的媒体传播方式已经无法满足游客的文化体验需求,新媒体的互动性、便捷性,可以加速洪洞旅游文化业的转型与发展,以解决目前困境。

(二)传播渠道缺少多样化进展

洪洞旅游文化的发展,缺乏政府文旅部门的引领,尤其是官方网站的建设较为滞后,影响了国内民众对其旅游文化的了解与熟悉。当前洪洞文化和旅游局没有建立独立的网站,只是在洪洞县政府网站中开辟了相应栏目进行管理方面的工作,没有对其旅游文化的详细、分类介绍与说明。洪洞主要的旅游景区,也都没有设立自身的网站,多是依赖一些全国性的旅游网站,洪洞的主要景点虽有全面的介绍,但没有文化特点和文化渊源的详细分析,多是一般性的普及化内容。目前洪洞旅游文化的传播渠道,主要还是依赖旅游节、庙会等线下传统方式,这些方式对于旅游业的整体拉动效应是不言而喻的,然而就旅游业的持续性发展来说,这些方式是远远不够的。旅游文化的周边衍生品,包括类型多样的文创产品,对于景区的旅游文化可以起到极好的宣传效果,然而在洪洞各景区这些内容很少见到。如果不能利用多种渠道,完善景区旅游文化的传播和旅游周边衍生产品的个性化服务,那么洪洞旅游文化业的发展终究形不成完整体系,影响后续的发展。

(三)传播内容缺少品牌化驱动

洪洞县内拥有众多的旅游文化景区,但是真正将文化品牌传播出去的只有大槐树景区的"根祖"文化,其余在当地很有影响力的文化内容,却没有很好地传播出去。在洪洞本地的远古神话文化中,尧舜文化对本地民众的影响根深蒂固,但其在全国的知名度并不高,除了开发程度不够高、基础设施不完善的因素外,主要还是缺乏文化内涵认同感,神话故事在全国各地都有很大的雷同性，其并没有更特殊的文化内涵同全国其他景点区分开来。深层原因，主要是基于上古神话传说的文化活动，其深层的内涵，缺少考古证据来支撑其旅游文化向纵深发展。

大槐树景区也曾开发过旅游文化纪念品，"问我祖先在何处，大槐树下老鹳窝"，寓意深远的老家吉祥物——鹳鹳、槐宝的设计，是大槐树景区独有的文化纪念品，但可惜的是，该旅游文化产品并没有得到重视及有效推广，社会影响力几乎没有。苏三监狱景区的文化产品，诸如苏三泥塑、糖人等都是独特的民间工艺品，同样社会知名度很小。所以，洪洞旅游文化内容的深入发展，亟须品牌效应的持续拉动。

二、洪洞旅游文化的对策

（一）精准细化目标市场，创新网络传播方式

明确传播对象。洪洞旅游文化的传播对象，可以定位在历史上主要的移民省份，如京、冀、豫、鲁、皖、苏、鄂、秦、陇等。还有海外移民，他们对故乡的向往之情深厚，这种文化归属感也决定了其应该作为主要传播对象之一。另外，在整合姓氏宗室、家训家谱等文献资料基础上，在当地政府的政策引导下，通过新媒体大力宣传根祖文化，使得外省的民众都可以欣赏到宗室祭祀仪式的盛况，吸引他们前来参观体验。借鉴视觉新媒体的成功推广经验的同时，当地政府针对姓氏文化建立常规化的文化协会或社团组织，完善相应的文化资料，给景区的官方新媒体平台提供持续的文化内容供给，以不断扩大洪洞旅游文化的传播效果。

创新传播方式。当地旅游景区对苏三监狱的宣传，应以故事营销的方式进行，对苏三的爱情文化品牌进行二次的创意性开发，诸如情景剧、歌舞剧等形式，来增加其表现形式上的活力。同时在网络新媒体平台开展互动交流，如发布"如果你穿越成苏三你会如何自救"等话题，并邀请知名的自媒体团队进行创意策划，发布原创视频，分享给全国民众以展开深入的讨论，达到对洪洞旅游文化景区的有效传播。另外在旅游景区的官方新媒体账号，经常发布一些线上线下同步进行的活动，如摄影比赛、涂鸦比赛等。通过多样化的旅游体验活动带动景区发展。

丰富传播内容。在丰富旅游文化传播形式的同时，洪洞旅游文化的发展需要调整营销手段。可以借鉴长三角"15+1"旅游区，实现与山西省内周边旅游

景区线路整合、优势互补，与邻近市县的历山风景区、普救寺、王家大院等旅游景区合作，共同宣传打造，通过旅游景区的联盟给游客带来不同形式的旅游文化体验。游客体验旅游文化景区的过程中，都带着崇敬的感情，将宗亲文化与根祖文化联系起来，打造华夏寻根文化之旅等旅游内容，可以激发起更多的省内外民众广泛参与进来，将洪洞旅游文化的主要内容做大做强，并带动其他旅游文化发展。

（二）加强旅游网站建设，创新文化传播渠道

开通官方旅游网站。当地政府旅游部门及景区需要建立网站，使其成为游客了解洪洞文化特色的窗口，并系统整合全县旅游资源，将旅游资源与文化内涵相结合。诸如，结合大槐树的文化内涵设计页面，并融入地方民俗文化等内容；可设置景区文化短视频自动播放的形式，以更好地进行宣传，并设计洪洞旅游标志和旅游口号，如树根的标志和"问我老家在何处，山西洪洞大槐树"的口号。这样全县的旅游文化景点联合起来，在代表性的文化品牌引领下，宣传效果更好。

开发旅游衍生产品。旅游衍生品是旅游文化业的重要组成部分，而旅游衍生品的成功推广也能带动旅游文化形象的传播。如故宫2017年世界读书日与明星鹿晗合作推出"天禄琳琅"文具礼盒，其创意均来自故宫元素，清宫所藏《天禄琳琅》珍籍在书籍史上占据重要地位，而礼盒的元素中"鹿"是"禄"的象征，传统文化与新锐设计碰撞，抓住年轻人的审美趋势，获得很大成功。洪洞可以借鉴并开发"鹳鹳""树根"与"苏三"等旅游工艺品，将洪洞文化的元素融入其中，请名家设计并与相关明星合作推广，定位要在突出其文化特色基础上彰显艺术风格，并在官方网络平台进行宣传促销，通过衍生品宣传旅游文化形象，起到了双赢的效果。同时在官方微博及短视频平台上开展文化话题的讨论，让更多年轻人了解其文化蕴涵，在线下的旅游节活动期间，可以邀请明星参与来联名推广，既实现了旅游文化的有效传承，又使得洪洞旅游景区收获了巨大的关注度。

开展媒体互动交流。在新媒体时代，洪洞旅游景区要开展双向互动，要利用微博的功能发挥，进行话题的组建和互动；要熟悉微信公众号等的运营方式，借助其巨大的社会影响力，进一步提升旅游文化的知名度和美誉度。在这些新媒体平台要注重和游客的双向互动，通过摄影比赛、微电影比赛等旅游文化活动，实现线上线下同步的互动交流。这样就可以将洪洞旅游文化，为国内更多

的人所熟悉。

（三）深化文化品牌内涵，创新多元传播内容

深度挖掘品牌内涵。洪洞在保持根祖文化核心地位基础上，需要深挖品牌的文化内涵，大力弘扬大槐树精神。根祖文化的社会影响力，决定了其在洪洞旅游文化品牌中的地位，"中国·洪洞大槐树文化节"就是一种成功的文化内涵传播形式。对于一贯注重文脉根源的华夏子孙来说，大槐树就是"根"，大槐树定位于"寻根"正好符合这样的情感寄托。通过向古槐移民的后裔们宣传寻根文化，既是文化品牌内涵充分展现的需要，更是诸多海内外游子内心的情感寄托需要，这其中所包含的文化内涵坚韧与包容，与中华民族传统文化内涵是一脉相承的。

传承保护民间文化。对于洪洞的民间文化要在广泛调研的基础上，进行保护与传承。洪洞走亲习俗、洪洞道情、洪洞通背拳、洪洞金鼓乐、洪洞琴书等非物质文化遗产的传承刻不容缓，洪洞当地的非遗文化、民俗文化是打造洪洞旅游文化品牌的基本内核，要打造历史名城的地位就必须丰富其文化资源，没有深厚的历史文化做支撑，文化品牌建设就是空中楼阁。当地政府对于这些文化遗产的传承人，要通过报纸、电视、网络、新媒体等多种方式进行宣传推广，深入报道这种文化传承的重要性，并鼓励年轻人从事相关行业，扩大其对公众的影响力。这样，洪洞旅游文化就会获得广泛认同，使得民间旅游文化的发展可以加速前进。

整合利用文化资源。洪洞需要营造良好的旅游文化氛围，并进一步整合地区旅游文化资源，使其旅游文化业取得更好发展。对于丰富多彩的古文化要做好保护性开发，要重视收集与当地古文化有关的各种历史实物，如广胜寺的木雕、壁画等文物，还有明代移民的有关文书、石碑、族谱及相关实物，其余就是尧舜文化中的历史遗迹等。对于广泛的民间故事要进行系统整理，可以通过故事再现的方式进行旅游文化项目的营销开发，如《苏三起解》歌舞剧等的创意改编，娥皇女英争夫的故事也可以改编为多种艺术形式，这样文化内容就会多元化呈现。

（四）推动影视旅游发展，创新政策引导形式

洪洞旅游文化的发展，要创新发展形式，其中影视旅游就不失为一种有效的途径。要大力发展洪洞地区的影视旅游产业，需要政府在发展定位、发展走

向进行引导，使其能够将本地旅游文化内容通过影视的形式带动起来，这就需要政府的政策引导和资金支持。在此结合洪洞县的现实情况，具体分析如下。

1. 坚持自主创新与引进吸收共存

洪洞各主要景区，要把自主创新放在发展其地区影视旅游业的主要位置，同时也要认识到引进吸收是缩小地区之间发展差距的重要手段，要积极引进国内外旅游景区先进的运作模式及成熟的管理方法，并关注国内外影视旅游方面的最新进展，尤其是要和那些技术完善、经验丰富的传媒公司合作，重点制作出一些有文化价值和社会影响力的影视作品，帮助国内民众更深入地了解洪洞旅游文化。同时扩大影视内容的表现范围，尤其是与旅游文化相关的各种类型的非遗文化项目，这些是其精髓部分，借助影视表现可以有效地带动洪洞旅游文化业的发展。

2. 加强文化体验与基础设施共建

加快洪洞地区影视旅游的发展，繁荣洪洞旅游文化，就对当地相应的基础设施提出了更高要求。洪洞作为省内经济基础较好的县城，基础设施发展条件良好，在依靠政府引导、企业为主的前提下，引入了山西省内外的传媒文化企业和影视制作公司，进行多元化的设计和开发建设。同时不断加强道路交通建设，提高地区旅游承载力，并以洪洞民俗文化的发展为重心，向周边扩散其影响作用，着重提高吃、住、行、游、购、娱等方面的配套服务能力，多方面满足游客的需求，尤其是增加影视体验在旅游文化活动中的比重，以此提高旅游文化的整体水平。

3. 鼓励文化企业与传媒集团共享

洪洞当地政府需要鼓励本地旅游景区、文化企业与国内传媒集团进行合作，促进旅游文化资源的共享与开发机制的形成，使得影视旅游可以获得常态化发展。通过传媒集团的打造，进一步开拓洪洞地区的旅游文化市场，保证洪洞影视旅游的发展拥有良好的外部环境。与此同时，政府引入竞争激励机制，以促进洪洞地区传媒市场的成熟和完善，引导洪洞传媒业的良性发展。同时给予本地文化企业优惠政策支持，以帮助其创新发展影视旅游，使得洪洞旅游文化业获得快速成长与发展。这样，在传媒的文化影响之下，洪洞旅游文化赢得了良好发展契机。

4. 促进影视旅游与环境保护共赢

洪洞县政府需要对大槐树祭祖园、广胜寺、苏三监狱等重要旅游文化景区进行深度开发，尤其是要进行影视旅游的开发。同时要处理好旅游文化资源可持续开发利用的问题，即在文化保护与影视开发产生冲突时，坚持保护为先的原则，按照旅游文化景区可持续发展的要求，实现影视旅游与生态环境的共赢。媒体在宣传报道中要通过多样化形式对可持续发展进行舆论引导，当地旅游管理部门要对影视旅游的摄制进行监督管理，旅游景区对影视旅游的发展进行合理的规划。这样，洪洞旅游文化的发展才能够在取得良好社会效益的同时，使得环境和谐发展。

（五）促进影视旅游发展，创新媒体引导形式

洪洞县位于晋南地区，其主要旅游客源来自陕西、河南等省。因此，洪洞县旅游部门要在面向全国进行宣传的同时，需要做好这些地区的重点宣传工作，并且对于影视旅游的引导要更加具有针对性，使得其在这方面更具有地方文化特色。洪洞当地政府应每年对重点地区进行政策、资金支持，保证其影视旅游可以极其有效地带动地方旅游文化发展。在此结合洪洞县的实际情况，具体分析如下。

1. 转变发展观念与塑造旅游文化

传媒业被公认为是文化产业中的"朝阳产业"，传媒业的突出特点就是内容与渠道上的优势，它对于影视旅游的发展起到良好的引导效果，使得影视旅游得到更多国内民众的高度关注。因此，洪洞当地旅游景区要着力改变传统落后的经营观念，融合新媒体技术、重视创意文化的发展，营造良好的影视旅游发展环境。诸如以洪洞大槐树祭祖、寻根文化为核心，树立其"华人老家"的独特文化定位，通过影视作品的制作与播出，从而塑造出洪洞地区与众不同的影视旅游特色。这样洪洞旅游文化的发展中，就能凸显出自身的优势与特点，赢得良好的发展效果。

2. 注重景区发展与加强媒体传播

洪洞旅游景区要善于抓住影视拍摄的最佳时机，做好影视旅游地的宣传推广工作。洪洞当地的旅游景点，在电影及电视节目等录制的全过程，都要加强媒体的跟踪报道，使得民众获知最新的进展情况，最后伴随这些影视内容的热播，其知名度得到快速提升。这样的效果与媒体的社会影响力有着重要关系，借助影视作品的播出，推出以影视旅游为主题的旅游产品。同时，洪洞各景区要和视觉新媒体深度合作，组织线上线下同步展开的微电影创作活动，形成较大规模，产生效果良好的轰动效应。最后，使洪洞旅游文化景点成为社会公众高度关注的焦点。

3. 借助媒体资源与提升发展机遇

近年来，山西省内各地区借助影视作品，利用媒体资源，对旅游目的地进行全面的渗透式推广，同时引导各类摄制组或有意向的栏目组来当地参观，寻找合作与发展机会。因此，一方面，洪洞当地政府和旅游部门应加强与国内各大影视基地的联系，吸引更多优质影视剧的投资商和摄制组来洪洞地区考察，同时充分展现洪洞地区的独特魅力；另一方面，洪洞当地景区要主动邀请影视作品的制片人、导演等进行交流访问，通过举办旅游文化节的机会，来增加交流效果。这样就为影视旅游的发展提供了良好契机，使洪洞旅游文化赢得国内民众的一致认可。

4. 立足影视旅游与利用传媒效应

洪洞影视旅游的发展，除了要充分挖掘自身的文化资源优势，把文化品牌、文化特色展现给社会公众之外，还要利用传媒集团整合传播的社会效应。传媒集团可以整合业内媒体资源，对旅游文化进行最佳的影视塑造，产生良好的社会效果。借助传媒集团在内容打造、渠道推广方面的成功经验，来发展洪洞地区的影视旅游，已经成为一种良好的发展途径。与此同时，山西省在传媒集团的发展方面已经取得了不错的效果，整体实力得到充分加强，在引导洪洞地方影视旅游发展上可以产生更大的作用。因此，洪洞地区的影视旅游能够取得良好的市场效果。

第四节　晋城上党梆子旅游文化的问题与对策

在丰厚的文化资源储备、坚实的产业政策引导等各方面的支持下，晋城上党梆子利用传媒发展旅游文化产业，具有了充分的现实基础和足够的有利条件。可以预见的是，传媒将给晋城上党梆子旅游文化产业发展带来可以期待的巨大变化，不过在传媒影响下，当前晋城上党梆子旅游文化产业的发展仍然面临着一系列问题，有待于在实践中逐步完善。

一、晋城上党梆子旅游文化的问题

（一）传播方式缺少多样化途径

晋城上党梆子旅游文化在传承发展中，出现了传承方式较为单一，没有产生实际的文化效果等现象。大众传媒对上党梆子等民俗文化的保存作用大于传承作用，使这一文化形态面临着较大的社会危机。当前人们可以从传媒上获得上党梆子的不少文化信息、内容，当地媒体认为，通过媒体传播了上党梆子文化的文字资料、图片及影像资料等文化信息，也就意味着传承了这一文化本身。民众所需要的不是这一文化本身，而是有生命有活力的旅游文化形态，即通过媒体的社会引导效果，使得更多的旅游景区能够给予这些规模不同的上党梆子戏团，更加多样化的演出表演机会，使得游客可以近距离地接触并体验这一文化的艺术魅力。当前媒体只是对这一戏剧文化进行了表面的影像和图文记录，其内在的文化特色与文化内涵在表现中不是很突出，影响了社会传播效果。对于上党梆子而言，现今多数媒体所保留下来的表演曲目，使得人们对这一戏曲有所知晓，但限于形式上缺少变化，实际效果多是对文化的保存，其传承作用虽有，但是社会效果极为有限。

（二）传播渠道缺少多样化形式

晋城上党梆子旅游文化在走向商业化的市场发展道路时，出现了传播渠道过度依赖传统旅游活动等不同形式的问题，在媒体渠道的利用中，主要缺乏对新媒体形式的采用。这些问题与现象，都表明上党梆子剧团在和旅游景区合作，进行商业化运营过程中，没有凸显出其作为首批国家级非遗项目的文化特色和文化品牌，使得其文化性、艺术性都没有充分展现出来。当前，这一旅游文化形式主要依赖报纸、广播、电视等媒体渠道来传播，显然已经满足不了国内游客的文化消费需要。而且，为了满足大规模商业化传播的现实需求，上党梆子等戏曲表演在内容创作上被迫迎合市场的需要，娱乐化、庸俗化的趋向也越来越明显。这种旅游文化形态在旅游景区的发展中，已经开始流于世俗化，失去了原有的艺术表演特色，成为了景区盈利的手段之一。商业化的发展形式无可厚非，但是要把握创新发展中的适度原则，尤其在新剧目的开发中，表现市井生活的同时要兼顾其艺术风格的统一。否则这种旅游文化形态，会最终被民众所厌恶、被市场所抛弃。

（三）传播内容缺少多样化表现

晋城上党梆子旅游文化在促进当地旅游业发展中，出现了文化传播内容较为单一，且表现形式与手段程式化、类型化的问题。这就反映出上党梆子旅游文化其传播内容，在文化资源整合与艺术特色打造方面还比较欠缺。晋城本地的戏曲种类比较丰富，这些都可以作为创作资源，服务于上党梆子表现内容的创新，同时结合其他戏曲的艺术特色，使得上党梆子在表演风格上更加新颖化、现代化。与此同时，晋城上党梆子旅游文化的内容，缺少新型的元素介入，表演风格多局限于类型化的人物设置、程式化的唱段安排，这些都影响了其作为非遗文化的传承与发展。上党梆子在当前网络新媒体的加速扩散下，必须要拓展其在年轻群体中的受众基数，否则会削弱其作为旅游文化的核心竞争力。戏曲旅游文化以旅游景区为寄托，处于受众基数小、内容创新少、市场缺口大的状态，面对多样化的旅游文化内容，有着先天上的弱势。晋城上党梆子旅游文化的可持续发展，必须解决这些问题，否则就有可能面临被其他文化形式同化的危险，使其发展困难重重。

二、晋城上党梆子旅游文化的对策

（一）注重挖掘文化资源，创新文化传播途径

晋城上党梆子旅游文化在发展中，要注重传承方式的多样化，使得这种文化传承能够切实给民众带来切身的旅游体验。当地媒体在对这一旅游文化形态进行传播时，在确保这一非遗文化能够可持续发展前提下，更要注重与突出晋城地区的"地方特色"和"文化内涵"，使得国内民众借助媒体的报道能够真切感受到这一文化形态的与众不同之处。另外，山西省内的主流媒体，要充分挖掘晋城地区的戏曲文化资源和旅游文化内涵，使它们逐步发展成为晋城地区的旅游文化品牌。大众传媒要紧紧围绕地方特色和文化内涵两个方面的主要内容，对上党梆子旅游文化，进行跟踪式、多角度、多方位的报道，真正将这一旅游文化形态的全貌展现给国内游客，使得游客可以尽情体验与感受戏曲文化带给他们的精神洗礼。这样，才能把晋城的本土旅游文化传承下去，并产生良好的社会影响效果。

（二）打造文化精品形象，创新文化传播渠道

晋城上党梆子旅游文化在商业化的发展进程中，需要拓展更多非传统形式的传播渠道，尤其是新媒体渠道的拓展，是其重点发展的方面。上党梆子等旅游文化内容，需要借助大众传媒才能实现它的社会效应和文化传承，而"特色化"和"品牌化"是大众传媒帮助地方旅游文化赢得竞争的独家优势。晋城上党梆子旅游文化需要借助于大众传媒，打造出拥有自身特色的节目形式，树立

独立的品牌形象，并且需要不断创新内容和多重表现方式，以更新颖的渠道进行传播，以应对年轻受众群体多变的社会心理。除了传统的报纸、电视、广播等渠道外，这一旅游文化形态还可以通过网络媒体等新媒体形式，以及动漫、涂鸦、玩偶等年轻人更追逐的潮流形式作为其辅助性的传播手段。与此同时，在适应市场与受众的创新需求时，要平衡好该旅游文化的艺术性、审美性与娱乐化、世俗化之间的关系。

（三）运用社会文化效应，创新文化传播内容

晋城上党梆子旅游文化在带动当地旅游业发展过程中，需要进一步丰富文化内容，在表现形式上要避免程式化、类型化现象出现，给游客一种更加新鲜、独特的旅游文化体验。一方面，整合资源挖掘特色。整合资源，最重要的是整合传统文化资源，其中包括民间服饰、民间竞技、民间杂艺、民间说唱、民间小戏等内容，将这些艺术形式融入到上党梆子的内容创新之中，使其艺术风格、演出内容更加贴近民众的旅游文化生活需求。另一方面，塑造形象创新形式。塑造形象，尤为关键的是融入舞台剧等新型元素，使得人物形象、情节表现都在继承其非遗文化传统基础上，加入中国风的流行元素。使其表演形式，能够多角度、多层面、多样式地展现上党梆子旅游文化，赢得当下年轻群体的喜爱。只有这样，晋城上党梆子旅游文化，才能在旅游市场增强其文化竞争力，获得可持续的发展动力。

第二十一章　山西省域旅游文化的问题与对策总述

第一节　山西旅游文化的问题与对策

在丰厚的文化资源储备、坚实的产业政策引导等各方面的支持下，山西利用传媒发展旅游文化产业，具有了充分的现实基础和足够的有利条件。可以预见的是，传媒将给山西旅游文化产业发展带来可以期待的巨大变化。不过，在传媒影响下，当前山西旅游文化产业的发展仍然面临着一系列问题，有待于在实践中逐步完善。

一、山西旅游文化的问题

（一）前期规划方式不合理

山西在发展旅游文化的时候，应当注意合理规划循序渐进，不要只顾及到短期利益，要立足当下着眼于未来。在开发旅游文化资源时候出现了没有进行合理的全局规划，使得一些旅游景区的文化资源被闲置，景区的文化特色没能有效地呈现出来。旅游景区在扩展发展规模时候，出现了多种文化类型布局不合理的现象，景区的文化项目数量增长快，但是和景区整体的协调性发展存在问题。当地政府还需要做好旅游景区后备文化资源的规划，随着发展层次的不断深入亟需开放与发展新的旅游文化资源。大同云冈石窟在世纪之交因为环境污染问题一度影响到景区发展，在大同这样传统的工业城市，景区周边的生态环境长期缺乏规划，后来经过治理虽然环境问题有所好转，但是部分石窟出于保护不得不长期关闭。

随着不断开发景区数量增多的同时，带来的主要是管理问题，还有重点景区的长远发展布局问题，如何突出景区的文化价值和文化品牌，并使其获得国内民众的认可，是山西旅游文化需要面对的难题。另外由于缺少全省范围的布局规划，山西各级政府及所辖地景区，多是利用现有旅游文化资源优势进行发展,文化资源的开发利用比例不高,发展效果还有待提升。尤其是县级旅游景区相关文化资源利用率、知名度都不够高,如何引领景区的高效发展是需要面对的现实问题。

(二)中期宣传效果不理想

影视媒介对旅游文化起到的宣传作用有限,通过旅游景区的发展现状,可以注意到影视作品对山西旅游文化的影响不够理想。成功的影视作品所产生的魅力是长盛不衰的,故事情节、人文景观和明星效应等能使人产生强烈的旅游意愿,影视作品对拍摄地的宣传是全方位、立体的、持久的,可以在相当长一段时间内对当地产生旅游带动效应。但是,影视媒介对山西旅游文化的宣传深度不够,在电视剧、电视节目或者电影里,对文化内涵的挖掘较少,文化类型的表现不够。

影视媒介运用的传播途径较为单一,虽然山西旅游文化通过影视媒介都进行过不同程度的宣传,但是缺少多样化手法,大多通过电视剧、电影、纪录片等的传统形式进行,而其在互联网平台的播放概率不是很高,对年轻人的吸引力不够。尤其是和影视媒介传播相配合的旅游纪念品很少,没有发挥作用,成了当前发展中的主要问题之一,长此以往,就会导致旅游文化的吸引力减少,影响后续发展。

影视媒介虽然宣传了山西旅游文化,但在推动特色文化和游客体验方面的问题仍然较多。大量游客因为影视作品的带动而涌入景区,然而景区能够给游客提供的文化体验项目比较短缺,无法使游客得到充分的文化感知,这些方面的不足,大大降低了景区的整体旅游效果。对旅游景区的长久发展来说,是必须解决的问题。

(三)后期管理措施不到位

山西各地市旅游文化景区的开发中,尤其是类型不一的影视城在发展中遇到了不少问题。这些影视城在开发之前也进行了规划,大多数影视城按功能属性分为多个区域,主要有主旅游区、商业街区、民居街区等,但是随着旅游文化的发展向纵深迈进,影视城本身的发展中附加功能缺乏,减弱了游客的实地体验效果,缩短了游客停留的时间,对旅游文化资源利用度偏低,暴露出了在管理上的很多困境。

山西旅游文化的快速发展会给景区带来巨大的社会效益,然而过多游客的到来对景区的承载能力、管理水平也是一个巨大的考验。整体来看，合理利用网络与新媒体平台进行管理方面很欠缺，旅游方式、旅游资源的创新发展上还有待提高，利用新媒体展示、推广景区旅游文化方面，还处于较低的水平。这些都不利于山西旅游文化的可持续发展，影响了国内民众对旅游文化的接受度与认可度。

由于对影视作品自身发展的周期不是很熟悉，山西一些地市在发展旅游文化时，对时机把握不够准确及时，没有能够很快调整景区旅游文化的发展重点，错失了扩大旅游市场的机会，游客的旅游体验也大打折扣。这说明当地政府与旅游景区没有建立成熟的合作机制。另外在影视旅游开展中，需要加强相关旅游文化系列产品的版权保护，否则可能适得其反，影响整个景区旅游文化形象的塑造。

二、山西旅游文化的对策

他山之石可以攻玉，借助国内外影视旅游的发展经验，以促进山西旅游文化的发展。作为一种首先产生于国外的新型旅游方式，影视旅游的出现与发展主要是以主题公园形式开始的。影视旅游在中国有将近30年的发展历史，发展阶段大致分为三个。第一个阶段，旅游景区的单纯开发。第二个阶段，建立影视剧拍摄基地。第三个阶段，开展电影节活动与修建主题公园。这三个发展阶段并不是泾渭分明的，而是逐渐转变、依次出现的。山西影视旅游的发展尚且处于起步阶段，乔家大院的旅游开发是一个成功的典型，通过电视剧《乔家大院》的热播推动了本地区旅游业的发展。除此之外，鲜有成功开发的范例，山西发展影视旅游还有很长的路要走，不过其巨大的市场潜力也是一个独特的优势。具体对策如下。

（一）加强景区规划设计，创新文化发展方式

旅游文化与市场的关联度很高，更多的是需要全局性规划，政府部门在这个过程中起到掌控全局的作用。政府需要深入研究旅游市场，并且制定出相应的政策，对旅游文化市场进行合理的引导，促进旅游文化健康合理的发展，尽可能避免出现盲目投资、资源闲置与浪费等不合理现象。当前，山西省政府相应部门出台一系列文件，从地理、文化、民俗三个角度综合分析，将山西旅游文化资源的后续发展分为三个版块，从持续性发展角度进行规划，保证文化资

源的有效利用。

2017年，中共中央发布了文件，从政策上支持山西发展，计划将山西建设成为国家级的旅游区域，并且上升到国家战略高度进行定位，这为山西旅游业的发展提供了最强的动力。2017年9月山西旅游发展会议召开，会议达成了相关协议，以黄河、长城、太行为旅游区域进行划分，整体规划设计，并修建旅游公路以配套发展，以此带动山西旅游业的发展。与此同时，山西坚定不移对五台山、云冈石窟、平遥古城等重点景区进行政策上的支持。这样可以多管齐下，共同作用于山西旅游文化的发展，发挥出景区的文化价值与文化品牌效应。

2018年山西省召开旅游工作的会议，会议提出将重点打造"黄河旅游、长城旅游、太行旅游"等三大旅游新品牌，到2020年建设成为国家级全省区域的旅游示范区，形成山西旅游文化发展的全新格局。在未来的发展规划中，山西省以三大旅游品牌为重点，在全省范围内促进旅游事业的发展，从"景点旅游"向"全域旅游"转变，并以右玉县、左权县、太原西山等地区建成省级生态旅游文化开发区为试验点，等待经验成熟后，就积极向国家文化和旅游部推荐右玉、左权等地区，以申报创建国家级旅游改革创新先行区，带动全省各地旅游文化发展。

除此之外，旅游景区的文化资源利用率也是当地政府及景区管理方需要格外注意的问题。通过加强监管、制定相应的发展规划条例，从政策的角度管理好景区的发展走向。与此同时，还要重视旅游文化的宣传效应，利用多种新旧媒体相融合的方式，扩大山西旅游文化在国内社会的知名度，带动旅游业创新发展。

（二）加强影视媒介运用，创新文化传播渠道

山西发展影视旅游不仅需要政府部门先行布局规划，更需要景区管理部门的主动出击，实际上旅游景区在开发影视旅游的过程中处于核心地位。除了修建基础设施、投资相关文化项目建设，旅游景区更应重视本身文化内涵的打造，加大文化挖掘力度，以丰富旅游文化类型，并借助多渠道形式来进行旅游宣传。近年来大同云冈石窟景区，不仅积极保护传统石窟，而且修建了各种与云冈文化相配套的纪念馆，丰富了旅游文化的内涵，扩展了旅游产品的形式，弘扬了传统文化。

山西各地旅游景区应正确解读旅游文化，更大限度地丰富旅游文化内容。乔家大院景区应进一步发掘晋商文化的精神内涵和人文价值，如拍摄晋商主题

的微电影等适合新媒体表现的内容。五台山景区应着重发挥其得天独厚的地理文化和佛教文化优势，利用新媒体平台，打造独特的休闲旅游。晋南的根祖文化最欠缺的是影视作品等的塑造，应该重新变换视角，向社会公众展示其大槐树移民的历史文化，并增添当下新的文化内容，借助更多的网络新媒体平台来吸引国内游客。

山西旅游资源丰富，不论是影视旅游资源还是旅游文化资源都非常丰富，山西应该充分挖掘并利用在历史人文资源上的优势，加强文化因素在旅游发展中的比重与实效。黄河文化与晋商文化是山西旅游文化的独特优势，如何将文化优势转化为社会实际效果，是政府部门及景区应当思考的发展方向。政府应当主动牵头联系影视作品的摄制，弘扬旅游文化，并且景区适时地开发具有地方特色的旅游纪念品。这样创造性地发展影视旅游及旅游产品，发挥出旅游文化的独特优势。

除此之外，还要重视游客的体验感，通过影视、动漫、演艺、VR技术、研学创作等多种手段，并引入影院、剧场、书店、艺术馆、影像工作室等，满足游客多层次的个人化需求。不仅要重视游客的吃穿住行，更要重视游客的精神文化层面上的需求，这些提升旅游的措施需要贯穿整个旅游过程。山西各地市要立足地域旅游特点和文化功能定位，探索以文化资源为主导的旅游文化发展新路子。这样，就可以利用地方特色的文化内容及文化产品，增加景区整体的文化吸引力。

（三）加强市场管理措施，创新文化形象塑造

国内成功的影视城开发案例是横店影视城，相较于浙江，山西的影视城开发还有很大的差距需要迎头赶上。当前，山西的影视旅游资源开发较为简单粗糙，多数停留在提供服装及相应道具等层面上。横店影视城之所以成功，是因为摆脱了传统影视旅游开发思维的束缚，加大现有文化资源的附加值，除了传统的拍摄场地之外，提供角色扮演体验活动项目，以及文创道具产品的纪念款，从不同侧面挖掘旅游文化内容。山西发展影视旅游可以借鉴这些已经成熟的运作方式，提高影视城对周边旅游文化资源的拉动效应，使远道而来的游客可以实地感受，在旅游项目的互动参与之中去体验深层的文化内涵，获得真切的文化认知。

当前网络媒体发展迅速，年轻群体的注意力大多被网络新媒体所吸引，在加强传统影视媒介宣传的同时，应该开发新的宣传途径，充分利用新媒体的优

势。如在微信建立公众号并发挥引导作用,在新浪微博上建立热点话题并借助官方微博来宣传旅游文化,还可以在快手客户端、抖音客户端等进行推广。山西各地旅游文化景区应顺应媒体潮流,通过崭新的新媒体平台增加多种文化形态的熟悉度。

优质旅游文化内容的熟悉度与认可度固然重要,然而景区的配套管理也必不可少。山西省晋中市绵山景区便是一个成功的例子。自古以来,绵山便是山西名山。1995年绵山通过吸收民间资本进行市场化运作,是全国首家以民营资本为运营主体的景区,山西三佳公司使得绵山从废墟变为知名的旅游景区。绵山景区及时调整发展重点,紧抓旅游市场的变化形势,赢得了省内外游客的高度认可,取得极大成功。

山西旅游文化的发展,需要紧盯旅游市场的动态变化,这也是旅游文化项目取得成功的重要保证。旅游文化有其发展的周期,包括起步阶段、上升阶段、成熟阶段和衰落阶段。这些内容和影视作品开发的周期性、时效性紧密相关,因此山西各地在发展中要重视影视作品的社会周期效果,根据旅游文化市场的需求进行调整,满足更多游客的文化消费要求。与此同时,景区应当具备良好的版权意识,维护自身发展中的合法利益。这样使得旅游景区在不同的阶段,都具有不同的文化项目,满足类型多样的游客消费需求,使得旅游文化的发展得以良性循环。

三、山西旅游文化的视觉媒介发展对策

受益于传统媒体时代的技术和政策优势,山西地方电视媒体积累了众多的用户,在专业分工、价值导向、权威性、社会反响等方面也积累了自身优势,可以为旅游产业的发展提供巨大助力。怎样用媒体思维开好旅游文化产业发展的顺风车,在给旅游产业保驾护航的同时,更好地发展自身,加深文化产业和旅游产业的融合,成为现今电视媒体发展的主要方向之一。

(一)借鉴经验,打造高品质的旅游节目

《人说山西好风光》是山西地方媒体的一档旅游竞演节目,它不仅把本土文化、观众需求相融合,增加受众认同和社会各界参与度,还与旅游门户网站、新媒体客户端、网络播放平台合作。这是地方媒体在文旅融合背景下用媒介传播规律发掘人文资源底蕴的一个标杆性节目。央视播出的《舌尖上的中国》栏

目也介绍了山西的铜火锅、酱梅肉、牛肉丸子面和浑源凉粉等美食，吸引了很多美食爱好者前来体验。美国国家地理频道播出的《鸟瞰中国》纪录片第二季第二集也介绍了山西运城的七彩湖美景。《冲关大峡谷》是一档特色山水闯关节目，节目组在依托太行山的独特景色录制节目的同时，还和北京纵游文化传媒有限责任公司合作开发出了一款跑酷游戏，这档节目至今已播出五季，反响不错。山西电视媒体可以通过参考同行经验更好地开发本省旅游文化资源，继续打造山西旅游节目，通过旅游节目的影像展示和融媒体传播渠道带动山西旅游产业的发展。

（二）重视推广，营销好文化产品

第一，合理改编文化产品，针对不同类型的文化产品打造类似《报告老板》的网络剧，加入新兴网络文化和社会热点元素，用创意为地区文化发展注入新的活力。第二，在提升作品质量的同时，构建平台矩阵，利用融媒体平台互推，整合地区资源吸引流量并可以在景区门票优惠、产品体验和推广方面做文章。第三，用好大数据调查，分析游客的出行规律和喜好倾向，对口开发相关产品，集中力量做好宣传。第四，适当打造和自身有关的热点话题，放开眼界，善于表现。

（三）加强合作，打造文旅产品品牌

第一，与当地政府和文化组织合作，开展线下活动。以联系志愿者、影视剧组运用快闪等方式增加更多的体验和观赏项目，提高群众参与度和游客好感度。提取网络平台上的游客游记的精华，主动帮游客推荐旅游线路，或开设电视栏目，介绍沿线美食和文化，深挖旅游特色。

第二，与公益组织合作，打造旅游文化产品品牌。电视媒体作为旅游文化产品传播的渠道之一，把旅游产品和公益活动相结合，有益于自身口碑和品牌建设。

旅游文化项目公益化。从保护景区生态，延伸到保护环境，减少一次性物品使用、保护动植物、减少影响鸟类生存的基站、文化进社区等各种公益项目都可以参与进来，不仅可以保护生态环境，还可以在促使旅游经济可持续发展的同时进一步增加公众认可度。

随着收益的增加，景区的管理者可以积极参与支持贫困地区发展的爱心活动等。与电视媒体合作打造新的文化品牌，引领新的价值潮流，搞好人文文化

建设并把经验推广出去。

倡导文明旅游，景区要提高自身队伍素质，对强制消费等行为加大曝光力度，给游客和公众提供舒服的环境和良好的旅游体验。

第三，采取志愿者进社区讲文化故事、进学校做宣讲等方式推广优秀传统文化，培养文化爱好者。并且与出版社、文化部门、爱心组织合作给特殊群体专门制作一些盲文书籍、手语视频、音频、VR作品等，带给他们更多的体验。[①]

四、山西旅游文化中社区文化发展对策

鉴于新媒体的影响力和渗透力，其对现阶段旅游文化的重要组成部分社区文化的开发建设具有不可替代的作用。现今智慧社区的进一步推广发展，必然少不了新媒体等传播方式的介入，旅游文化之中的社区文化，其开发中所暴露出来的不足与隐患，可以得到有效化解。结合现实状况，具体对策如下。

首先，认识到新媒体对于社区文化开展的效果。在信息化社会的冲击下，智慧社区离人们越来越近，相应社区文化的形式也需要同步更新，类似DIY素食馆、主题影厅、室内球馆、多功能游乐活动的轰趴屋等，都可以适度展开。运用多种新媒体方式，对这些活动进行记录展示、现场直播供民众欣赏等，调动更多的社民逐步参与到社区的活动中来，使其放松神经、得到文化的洗礼。这样充分发挥新媒体的线上传播、线下组织的优势，可以有效动员社民的积极性、主动性，而且民众也愿意参与对身心如此有益的活动中，既达到社区民众的交流需要，也为社区和谐共荣环境的形成创造了有利条件。

其次，认识到新媒体对于社区文化传承的功用。在信息化社会的建设过程中，社区文化作为文化信息的一部分，其文化理念、文化内容、文化价值等都亟待保留与传递下去，而这些正是新媒体的优势所在，其数字化的存储保证了文化信息的高保真效果。新媒体用户的广泛性、频率使用高，使得社区文化中的知识、价值、行为规范等，于无形之中传递到社民的日常行为中。新媒体的这种文化协调功能还体现在，它可以随时发现社民在文化活动中的非理性行为，对此进行及时地纠偏，使得社区文化在开发进行中，始终发挥积极的正能量作

---

① 乔秀峰、滑冰冰：《电视媒介如何带动旅游产业发展》，《新闻世界》2020年第02期，第94—96页。

用，有效避免了文化在传承中向负面的、低俗的、庸俗的文化方向发展。

最后，认识到新媒体对于社区文化传播的作用。在智慧社区的建设下，从事社区文化管理与建设的人员，都要对社区文化的现实性有足够认识。国内社区文化现在是很大一块短板，必须及时弥补起来。社区文化已经成为衡量一个城市发展水平的标志之一，它对于民众整体综合文明素养的提高发挥着越发关键的作用。现阶段需要运用多种新媒体手段，来对社区文化进行整合传播，以加快其在提升民众健康水平、幸福指数等方面的效果发挥。可以引进国内外已经成熟的运作方式，加以本土化的改造，针对不同地区的实情，创造出适销对路的社区文化。"[①]

第二节 山西旅游文化产业的问题与对策

在丰厚的文化资源储备、坚实的产业政策引导等各方面的支持下，山西利用传媒发展旅游文化产业，具有了充分的现实基础和足够的有利条件。可以预见的是，传媒将给山西旅游文化产业发展带来可以期待的巨大变化，不过，在传媒影响下，当前山西旅游文化产业的发展仍然面临着一系列问题，有待于在实践中逐步完善。山西旅游文化产业要持续健康发展，视觉媒体的作用不可或缺。视觉媒体是一把双刃剑，近年来视觉媒体对山西旅游文化产业的推进作用越来越显著，然而视觉媒体在推动旅游文化产业发展中，也出现了一些显著的不足之处。从整体上看，山西旅游文化产业发展现阶段的问题，主要表现在以下几个方面：

一、山西旅游文化产业的问题

（一）运营方式不够多样，文化资源整合不足

山西发展旅游文化产业进程中，没有认识到视觉媒介作为一种旅游文化资源开发工具的重要性。大多数景区对旅游地的宣传仍局限于宣传海报、电视广

[①] 乔秀峰、石凤珍：《新媒体格局下的社区文化功能与实践——兼及大同某社区的考察》，《山西大同大学学报（社会科学版）》2020年第02期，第1—4页。

告等，缺乏有效的宣传方式，表现形式太过简单，难以吸引受众。在如何进一步挖掘视觉媒介的推广功能，使其更好地为旅游文化产业服务方面，没有借鉴现阶段流行的情感化、幽默化等表达方式。当前，包括云冈石窟景区在内，其所拍摄并播出的宣传片，多是表达其岁月沧桑的历史风貌，意图唤起观众的内心情怀，可是实际效果并不尽如人意。这些问题严重制约了山西旅游文化产业的对外拓展。

山西旅游文化产业的政策相对滞后，由于政府旅游部门对视觉媒体的重视度不够，导致运用视觉新媒体平台对旅游文化产业的宣传内容很少，并缺乏创新性和能动性，山西各市县仍以传统的电视剧、电影、纪录片为主要传播手段，传统而单一。清朝康熙帝的老师为山西的陈廷敬，是人们从电视剧《康熙帝国》中获知的，也知晓了皇城相府坐落在山西晋城境内；《生死抉择》这部电影，向社会公众展示了山西官员的反腐魄力与城市风光。然而这些电视剧、电影拍摄的初衷，并不是对外传播晋商文化与晋商精神，只是客观上起到了对山西旅游文化产业的带动效果，这种被动性的传播，难以完整、全面、深入地对旅游文化产业产生持久效果。

除此之外，由于对文化资源缺乏整合，视觉传媒难以充分利用视觉传媒本身的优势，与其他各种媒体形不成联动效应。尤其是与网络新媒体的联动仍处于起步阶段，不能高效运用视觉新媒体传播旅游文化产业的最新近况，出现了较多内容简单重复、地方特色并不明显的视频作品。当前，对乔家大院、云冈石窟、洪洞大槐树等知名景区的旅游文化传播，仍以电视剧、电影、宣传片为主，传播范围有限，受众接受度不高，传播效果欠佳；对曲沃县晋国博物馆、翼城县舜王坪等小众旅游文化地的传播，一般都采用条幅、电子屏、宣传手册等的方式进行，新媒体传播方式很少见到。这些传播方式的社会辐射范围极为有限，更不能对山西旅游文化资源整合传播，发挥的引领效果极为有限，影响旅游文化产业的发展。

（二）运营手段不够先进，文化产业形象不佳

旅游景区管理部门对于已有的影视旅游项目，缺乏有效的运营手段来保证游客的粘贴性，以及没有对景区内影视拍摄地的文化形象进行进一步推广，使得旅游景区的知名度随着影视剧热度减退而持续下滑。对此可以将影视作品所传达的文化内涵打造成旅游地的知名旅游文化品牌，如提起晋商文化人们自然就会想起祁县乔家大院内的相应场景，这样可以保证旅游景区的文化效应经久

不衰。并且要保证旅游文化业的长远发展,在影视媒体及其网络播放平台上,要通过技术手段的编辑、创新使其产生持续的文化影响力,时常出现在受众的视野与舆论当中。

当下,山西旅游文化形象的传播途径,仍以传统的电视专题节目、纪录片为主,尤其依靠中央电视台和山西卫视这两大主流媒体及车载 LED 屏的方式,进行山西旅游文化产业形象的推广与营销。在这种对外文化形象的塑造中,忽视了视觉新媒体强大的营销功能利用,对众多的旅游文化资源及其良好的形象传播不到位,宣传的文化内容范围不广泛,社会大众的理解与接受不佳,不利于后续可持续发展。

整体而言,视觉媒体对山西旅游文化产业的营销,由于缺少具体合理的规划设计,造成旅游文化产业发展处于相对自发的状态。文化产业的发展没有带动城市文明进程、旅游经济的高速提升。旅游景区文化产业的发展情况与视觉媒体的宣传不能一致进行,文化形象的塑造成果无法得以巩固。诸如闻名世界的佛教圣地五台山景区,当地政府旅游部门在对它的发展规划中,多次改变运营主体和景区定位,造成发展相对混乱,严重影响了旅游文化形象与旅游产业的可持续发展。

与此同时,视觉媒体对山西旅游文化产业的宣传营销缺少有效模式与手段,这方面表现在,缺少总体策划与受众情况调查,忽视旅游市场的发展实际,投入的资金转化不成良好的社会效果。诸如介休市政府曾在浙江杭州花费大量资金,投入电视广告的营销,以期使得介休市绵山的影响力得以扩展,但实际效果欠佳。其主要原因就在于缺乏整体文化形象的宣传打造,杭州本地游客对山西旅游文化产业的熟悉度偏低,单纯的广告自然不会产生实际效果,起不到带动旅游发展的作用。

(三)运营效果不够理想,文化产业创新不足

山西多数景区对影视旅游项目开发的层次较浅,从形式上来说,影视旅游项目的开发应该从多维度的视角去考虑,而不只是局限于影视拍摄外景的宣传与利用。还可以进一步推进当地习俗、民俗文化的传播,如酿醋文化、山西面食文化等,韩剧的热播使得韩国泡菜和啤酒成为浪漫的象征,啤酒、泡菜一度十分畅销。山西发展旅游文化业同样可以借鉴这种模式,将本省的饮食文化等特色与旅游景区相结合,既吸引游客前来观光体验,又能形成新的文化热点拉动旅游经济发展。

在视觉媒体的推动下，山西旅游文化创意产业虽然已初具规模，但是旅游文化产业缺少特点和优势，体现不出"文化价值"，最明显的是山西的旅游城市并没有出现代表性、独有性的特色文化发展目标。北京、青岛等旅游城市对自身定位清晰，有独特的城市文化发展目标，如北京的城市发展目标是"国家首都、世界名城、文化名城、宜居城市"，青岛的城市发展目标是"沿海中心城市、海滨度假城市"。山西旅游城市虽有目标定位，但没有建立起符合城市文化产业形象的整体预设，对改变山西旅游文化创意产业的现状作用不大，很难发挥应有实效。

除此之外，山西旅游文化资源缺乏全局的调控规划，造成各市文化产业之间联系性差，难以形成完整的产业链和成熟的商业模式。这其中，高端人才的极度匮乏，成为制约山西旅游文化创意产业发展的瓶颈，减缓了山西由旅游文化资源大省向旅游文化强省的转变，使得旅游文化产业的创新举步维艰很难取得实效。

文化创意产业的基础不够扎实，影视旅游设施的规划建设尚不完善，山西目前少有成功的影视拍摄基地，有的影视作品反响极大，但取景地却少人问津。诸如《白鹿原》（电视剧）很多场景取景于山西晋城市阳城县的上庄古村，但却鲜为人知。1986年开播的《西游记》（电视剧）是国人心中难以逾越的经典之作，其中《扫塔辨奇冤》这一集取景于山西大同云冈石窟和太原晋祠，然而公众对它的取景地却一无所知。这些说明在利用媒体传播影视文化、引领山西旅游文化产业方面，需要做的工作还很多。如何发挥媒体的引领作用，成为旅游文化产业发展的问题。

二、山西旅游文化产业的对策

现阶段，山西发展旅游文化产业的条件越来越成熟，旅游文化的消费渐渐成为人们生活的常态。通过视觉媒介来发展旅游文化是一个很大的潜在市场。山西要发展旅游文化产业，需要从以下几个方面着手：

（一）加强媒体运用力度，塑造良好文化生态

山西旅游文化产业的发展亟需利用媒体的社会效应，来形成良好的旅游文化发展生态。目前，视觉新媒体的发展异常火热，用户活跃程度很高，因为短视频更加重视通过内容的产出吸引受众，并且大众消遣娱乐的方式更加视频化。

通过短视频的形式进行旅游文化信息的传播，会产生非常大的社会效应，如西安、厦门等城市借助抖音的传播而愈发成为旅游热点城市。新媒体平台对此有着丰富的经验和成熟的运营手段，因此山西各市旅游部门及景区可以与知名的新媒体平台合作，通过新颖有趣的视频及高质量的内容来吸引国内民众，使旅游景点获得更高的关注率及游客转化率。山西有着许多知名的旅游文化景点，借助良好的文化效应，从多角度进行内容打造，包括故事、风光、人文等，以丰富旅游地的文化形象。旅游景区可以将这些内容，以多样化的表现形式展现在新媒体平台上，通过情感化、幽默化的方式来加强与网民的互动效果，增加本地旅游景点的关注度，带动民众的转发、分享以致实地参与旅游活动，带动山西旅游文化产业发展。

视觉媒体要加快与纸媒（报纸、期刊）、网络媒体的交互融合，对山西旅游文化产业形成立体式全覆盖的社会传播效能。既要利用报纸、期刊等传统媒体的公信力和影响力，还要借助微博、微信等新媒体的渗透力，使更多民众在政府政策的激励引导下，自发采用"随手拍"的方式来传播山西旅游文化的实时发展情况，形成良好的文化传播氛围。政府在其网站开设旅游资讯、投资环境、项目推介、旅游分享等栏目，全方位解读山西旅游文化业，吸引更多企业参与发展建设。

政府要积极培育旅游文化创意人才，为山西旅游文化产业良好生态环境的形成创造有利条件。首先，要创新市场引流人才的方法和模式。通过创新政策的实施，在社会形成引才的"洼池效应"，政府通过在山西举办"创意文化产业论坛"等的方法引进综合型高层次人才。其次，要发挥媒体的舆论监督作用。通过媒体的政策解读，引导企业按照山西旅游文化产业发展的客观现实，来对人才进行对口培养。即从产业发展实际出发，制定人才培养计划，落实政府的人才优惠政策，保证人才作用的发挥。最后，要发挥各级政府的导向作用。即加大旅游文化企业与山西省内高校及科研院所的协作，建立人才孵化基地，加快双方人才培养机制的形成。这样山西旅游文化产业发展的良好生态，一定可以逐步建立起来。

另外在加强媒体运用力度，塑造良好文化产业生态方面，政府还要做到以下几点。

第一，重视新媒体平台，提升对新媒体传播形式的认知与应用能力。深化认知，提升能力。长期以来，各级政府管理者在传统媒体的使用、信息的收集与分析、突发事件的应急处理等方面积累了丰富的经验，这是我国政府在信息传播管理与政府形象塑造方面的重要优势。但是由于对传统媒体的熟悉程度和依赖程度较高，部分管理者出于稳定大局考虑，不愿意接受新媒体传播方式，也不愿意开展新闻传播创新，这势必会在一定程度上影响新媒体时代良好政府形象的传播效果。因此，政府管理者需要从自身出发，不断提升对新媒体传播形式的认知与应用能力，从理论和实践两方面入手，转变工作理念与工作方式。

第二，积极促进媒体融合，打造正能量的政府形象。完善信息获取渠道，改变媒体传播窘境。从传统媒体时代到新媒体时代，公众获取信息的渠道逐渐丰富，信息交流速度与效率日益提升，新媒体对传统媒体的冲击也日益加剧。从社会发展历史视角来看，虽然传统媒体的市场占有率大幅度下降，但其并不会完全退出社会市场，未来媒体行业的发展趋势，必然是传统媒体与新兴媒体的融合发展。目前，在各级政府的支持与引导下，我国部分主流媒体已开始探究媒体融合发展道路，《人民日报》等媒体先后开设了微博、微信客户端等，媒体联动与融合发展成果卓著，其在良好政府形象塑造与传播、社会主义核心价值观传播等方面发挥了重要作用。

第三，推进政府工作信息公开化，打造阳光下的政府形象。推进政府工作信息公开化。各级政府的工作需要以为人民服务为第一要义，政府在良好形象传播过程中，应定期通过新媒体平台公开政府工作情况与阶段性工作成果，接受全社会的监督。只有真正在阳光下行使人民赋予的管理权，才能真正赢得人民的尊重与认可，在人民心中树立起良好政府形象。我国政府在良好形象传播过程中，不仅需要完善内部工作方式与管理方式，也需要加强对新媒体的法治化管理，积极完善新媒体管理相关法律法规，在法律范围内对出现的问题进行及时监督与正确引导，在引导过程中还需要重视政府工作的人性化。[1]

（二）加强媒体使用效果，塑造良好文化形象

山西旅游文化产业的发展需要加强媒体的使用效果，尤其是要发挥新媒体的效果，使其发挥出对旅游文化产业的形象塑造作用。新媒体时代，人人都是内容生产者，内容的创作与传播门槛降低，而微信、微博与各类短视频客户端这些新媒体，往往游客或用户最广泛。政府旅游部门可以通过多样的惠民措施，激发游客自发地运用新媒体方式传播旅游地的自然及人文景致，通过持续不断

---

[1] 乔秀峰：《搭乘新媒体快车 传播良好政府形象》，《人民论坛》2019年第03期，第48—49页。

的裂变式的传播分享，塑造出极佳的旅游文化形象，带动潜在游客群体的加入，推动旅游文化产业的进步。这样就为山西旅游文化产业的形象树立创造出良好的环境。

旅游景区应该积极建设与扩充景点内的旅游设施，使得景区能够给游客提供更加安心的旅游体验，并在保证游客安全的情况下，通过旅游活动项目来引导游客的自愿分享和自主传播。可以在景点内的周边地方，设立适当观赏的平台并提供VR等不同设备，方便游客去欣赏感知与旅游拍摄，进而去分享传播其文化内容。诸如恒山顶峰的纪念石碑前常常人满为患，每天都有大量游客围绕石碑拍照、摄像记录与分享，但石碑周围设施却很简陋，没有足够的空间来满足游客的需求，游览体验与效果很难实现，拍摄出的内容也差强人意，游客传播的动力就会减退。因此，旅游景区要考虑如何规划建设，使得旅游景点的文化体验更加人性化、舒适化，并且引导游客创造内容的同时，需要扩大官方新媒体平台的运营规模与社会影响力。尤其是近期关注度颇高的视觉新媒体抖音、快手、西瓜视频等，都是通过意见领袖的影响力，去引导用户参与分享与传播，旅游景区可以策划与旅游文化有关的活动或者旅游节，激发游客的兴趣与参与热情，扩大文化的影响力。

视觉新媒体要尽可能发挥对山西旅游文化产业的整合营销作用，创新旅游文化产业发展的方式和途径。依托这些新媒体平台的网络辐射力，高效精准地进行整合营销传播。尤其是这些新媒体平台都具有转发、评论、点赞、投票等的社交功能，能够实现景区和游客的良好互动，在互动中完成了对旅游文化形象的营销，还可在这些平台上以微电影、微视频等的方式推广，用极富创意的思想和内容拓展文化的影响范围。这样，从充满地域特色的文化实际出发，将旅游文化的独特景观、独有历史文化，通过视觉新媒体整合起来，通过超越景观实际的视觉感官体验，来提高山西旅游文化的社会声誉与地位，从而拓展其整个产业的市场规模。

（三）加强媒体运营效力，塑造良好产业形态

旅游文化中情感化的故事对游客有着天然的吸引力，不会引起游客的警戒与排斥，而是潜移默化之中让人们对旅游地心生欣赏之情，并欣然愿意前往体验。《乔家大院》便是一个典型案例，这部电视剧讲述了传奇晋商乔致庸，在家族衰颓生意惨败的情况下接手家族事业，并任人唯贤努力奋发，通过个人的人格魅力和聪明才干赢得他人尊重最终振兴家业的故事。这部晋商文化的巨制在

旅游景区和电视媒体等多方合力打造下迅速走红，其影响力遍布全国，主要拍摄地乔家大院景区，随后4天之内就接待游客8万多人，不可谓不是一次相当典型的媒体运营经典之作。如此看来，借助视觉媒体的优势，可以将山西的各处名胜美景以一个海外归来的游子的口吻缓缓道来，通过游子返乡来参观山西各处景观，听身边老人讲诉这些古朴景观背后的文化故事，并深深迷恋上了自己的家乡。通过这种富有情怀的视角、方式展现山西旅游文化，可以取得引人入胜的效果，并且山西旅游文化之美在于悠久的历史积淀、壮观秀丽的山川美景、淳朴自然的民风。这些都可以利用媒体的运营，将景区旅游文化的精髓得以展现，激发民众情怀的同时使得旅游地的美景和文化内涵也深入人心。因此，对于媒体的策划运营应从大众审美的角度出发，除了展现优美景观外，更多地加入人文情怀，使得民众在欣赏的过程中不仅获得良好的视觉体验，而且获知了景区的人文内涵，激发了旅游意愿。

视觉媒体要依托媒体技术对山西旅游文化产业进行全新的、立体化的表达，立足于对特色旅游文化资源的规划，设计出传播的内容、方式、渠道。视觉媒体要在"华夏古文明，山西好风光"的文化基础上，将充满山西特色的历史遗产、民俗民风、饮食服饰等旅游文化资源，融入最新的表现元素，使这些传统文化得以通过媒体的有效策划运营而成为新的旅游潮流。诸如山西的面食文化，可以与动漫产业进行合力打造，创造出亲切、靓丽、直观的卡通形象，借助内容丰富的动漫产品等，来加强山西面食文化对旅游产业的带动效果，赢得全新的发展面貌。

视觉媒体作为山西旅游文化产业发展中的关键因素，要加速自身机制的创新，增强投资、融资、创新发展能力，提高产业融合的能力。山西旅游文化的创新活力要想通过媒体的有效运营被激发出来，需要政府出台相关政策，强化激励与约束措施，加强对文化创意企业的扶植力度，帮助企业应对激烈的旅游市场竞争，并成立文化创意产业汇聚区，使旅游文化产业的发展形态得以逐步形成。

（四）加强媒体运营能力，塑造良好产业品牌

山西旅游文化产业的深度发展，要做好与山西紧密相关的影视作品的创意开发，旅游景区需要主动寻求与影视制作方的合作，促进互利共赢。优秀的影视作品不仅表现在场景的华丽，特效的炫酷这些外在表现上，更多的是其深厚的文化内涵所带来的震撼人心的力量。因此，山西发展旅游文化产业要着力把

握本省的文化特性，发掘几千年来所沉淀的精神风貌、历史人文，并把它们通过影视作品淋漓尽致地展现出来。真正通过文化的力量触动民众的内心，并把其打造为山西独有的文化内容，这样山西旅游文化产业才能更加长远地发展。

山西还要挖掘旅游文化创意产业的元素，利用这些元素来打造旅游文化产业发展的新方向。尤其是在利用山西不同地区的习俗、民俗文化方面，可以将这些本土特色文化经过提炼，利用视觉新媒体与文化创意企业的合作优势，把这些地方文化开发成不同形式的新潮旅游文化项目，在扩展旅游文化产业发展规模与效益的同时，给游客带来了更加富有意义的旅游活动内容。与此同时，旅游景区通过形式各异的创意文化活动周等形式，吸引全国游客与一些旅游达人、网络名人参与进来，对创意文化活动的内容进行全网传播，借助新媒体的传播效应，提高旅游地的知名度。这样，就将创意文化所表现的文化内涵融入旅游景区，形成旅游景区的独特文化品牌，这种文化品牌将会成为旅游地持续发展的宝贵资源。

山西旅游文化产业的发展需要进一步拓展宣传渠道，将"请进来"与"走出去"相结合，全面促进山西旅游文化产业的振兴。一方面，要加大"请进来"的力度。山西省文旅厅和省内规模旅游企业要积极承担责任，带头邀请境外相应政府旅游部门、旅行社及旅游企业来山西考察，建立旅游文化合作关系、密切联系。另一方面，推动山西旅游文化产业"走出去"，在境外树立山西旅游文化产业的良好形象。在对境外旅游文化市场进行详尽的调查分析后，精准营销山西的特色旅游文化产品，扩大旅游文化产业在全球的覆盖面。诸如，山西的三大世界文化遗产在欧洲旅游市场认同度较高，就重点宣传并推介这方面的旅游文化内容；在东南亚国家，就主要传播佛教文化和关公文化等这些熟悉度高的旅游文化内容。通过这种宣传方式，加深境外游客对山西的美好印象，提高他们来山西旅游的意愿与行动，切实提高山西旅游文化产业整体的发展环境、发展质量、发展水平。

（五）加强媒体运营策略，塑造良好产业形象

山西旅游文化产业的发展，需要发挥出本土文化的特点和优势，尽最大限度地展现出其文化价值。山西有着清晰的历史文化脉络，有文字记载的历史长达三千年，是华夏文明的摇篮。深厚的文化底蕴有助于山西更好地展现自身的魅力。山西有着丰富的旅游文化资源，而这些旅游文化资源的开发、推广离不开政府政策和资金的扶持，山西各地市政府部门应该利用激励机制，使得旅游

文化资源的地区特点与优势得以利用，形成其旅游文化产业的独有文化价值。同时应加大文化产业园区、动漫影视基地的建设，完善旅游文化产业的发展体系。利用山西丰富的自然及人文、生态旅游资源，打造完善的旅游文化产业生态链，既可以发挥文化资源的社会价值，又可以带动山西旅游经济发展。

政府对旅游文化产业的扶持，对于文化产业形象的推广能够起到良好的作用。2015年中央电视台纪录频道，播出了由山西省委宣传部、山西省旅游局与中央电视台、山西广播电视台联合摄制的大型高清航拍系列纪录片《飞越山西晋善晋美》，整体风格气势磅礴、意境深远，宣传了山西独特的人文景观，展现了山西深厚的文化底蕴，让人们对于山西有了更为深刻的把握和旅游热情，树立了山西旅游产业的良好形象，这种投资效果佳、影响广，对受众有着巨大吸引力。

所以仍要发挥视觉媒体在山西旅游形象传播中的作用。有研究表明，当下国内旅游者主要通过视觉媒体获得旅游目的地信息。因此要进一步发挥中央电视台和山西卫视等主流电视媒体的作用，同时也不能忽视视觉新媒体平台的推广效果。

山西省内地区性的旅游文化资源较多，必须要对这些文化资源进行创新性规划发展，以发挥其作用。旅游文化产业想要形成有利的商业模式，要以旅游文化资源为基点，形成系统化的发展方式。山西有很多著名的历史遗迹，单独依赖这些历史遗迹，对游客的吸引力不够充分，要以电影、电视媒介及视觉新媒体作为这些文化资源的传播渠道，传播历史遗迹背后的人文故事和深厚文化。诸如，雁门关要想取得良好的宣传效果，要利用杨家将的历史来阐明其文化价值；普救寺要显得更有社会认可度，可利用崔莺莺与张生的爱情来增加其文化价值。除此之外，国内外学者对山西境内的华夏古文明方面的研究成果，都可通过视觉新媒体的方式来扩大影响力，从而引领山西旅游文化产业的新方向，形成崭新发展模式。

第二十二章　部分省区旅游文化的问题与对策

第一节　内蒙古民歌旅游文化的问题与对策

在丰厚的文化资源储备、坚实的产业政策引导等各方面的支持下，内蒙古利用传媒发展民歌旅游文化产业，具有了充分的现实基础和足够的有利条件。可以预见的是，传媒将给内蒙古民歌旅游文化产业发展带来可以期待的巨大变化，不过，在传媒影响下，当前内蒙古民歌旅游文化产业的发展仍然面临着一系列问题，有待于在实践中逐步完善。

一、内蒙古民歌旅游文化的问题

内蒙古民歌一直是内蒙古音乐文化的基础，也是内蒙古整个旅游文化的主流。然而随着社会发展方式的改变，内蒙古民歌旅游文化的传承受到不少限制，出现了很多问题，具体而言主要包括以下两方面。

（一）内蒙古民歌旅游文化社会发展中的问题

首先，内蒙古民众逐渐改变了他们原有的生活方式，使得内蒙古民歌旅游文化失去了赖以产生和发展的物质基础和自然环境。其次，现在很多优秀的蒙古族歌手相继离世，后继的发展中传承者培养机制没有形成，内蒙古民歌面临着文化传承的危机。再次，文化的全球化也影响着内蒙古音乐，现代流行歌曲、摇滚歌曲等音乐文化的盛行，使其吸收了一些流行的元素，导致内蒙古民歌文化的原生性受到一定程度的破坏。最后，内蒙古自治区境内各级政府对内蒙古民歌给予的政策关注度不够，对本土民族音乐文化的长远发展、管理机制缺乏有效的规划，使得内蒙古民歌旅游文化的发展比较缓慢，对于当前社会民众的旅游文化活动影响不够深入。

（二）内蒙古民歌旅游文化媒介传播中的问题

内蒙古民歌旅游文化在发展中，受到媒介传播效应方面的影响颇大。目前内蒙古民歌旅游文化，在媒体传播过程中所存在的问题也不少。

首先，就报纸而言。报纸在版面编排方面很少会设置音乐文化方面的专版，单独报道有关内蒙古民歌的消息比较少，再加上报纸版面限制，即使有一些有关内蒙古民歌的信息，也会因为社会关注度不够而被限制版面、被压缩内容量，无形之中减弱了民众的阅读效果。并且，报纸主要是文字和图片等形式，个别报纸虽然也采用二维码链接形式来扩展其内容表现效果，以期弥补其传播形式上的短板，但相对于内蒙古民歌而言，它的采用率不够高，导致社会影响力度整体偏小。

其次，就广播电视而言。内蒙古民歌大部分是用蒙语演唱的，对于多数不了解蒙语的民众来说，很难体会其独有的意境。内蒙古民歌通过电视得到了很好的传播，然而受电视媒体自身技术限制，民众即使看到所喜欢的内蒙古民歌类节目或综艺节目中的相关演出内容，看一遍就很快结束了，无法深刻体味其文化内涵。电视节目种类比较多，虽然近几年比较重视民族民歌文化，尤其是少数民族民歌的传承与发展，但是这一类的专题节目数量比较少，社会影响力度明显不够强。

最后，就网络而言。目前音乐类的专题网站已经陆续出现很多，但是多为当下流行音乐所占据，内蒙古民歌虽然在其中所占比例不高，但是就国内少数民族的民歌来说，其占有度、影响度还是可以肯定的。当前不少网络移动平台上，也出现了专门的音乐APP主打内蒙古民歌。但是，一般只有内蒙古当地的人才会利用这些内蒙古民歌资源，平时其他地区的人们在使用音乐APP时经常会忽略掉这些内容。这样，使得内蒙古民歌的发展潜力有限，网络平台民歌旅游文化的发展动力明显不足。

二、内蒙古民歌旅游文化的对策

（一）培育内蒙古民歌旅游文化的传播环境

发展内蒙古民歌旅游文化，要抓好音乐文化的普及工作，广泛提高蒙古族音乐在社会公众当中的影响力。现在，内蒙古地区的中小学对蒙古族音乐的教育普及不够重视，蒙语音乐内容很少，导致学生对蒙古族音乐的兴趣不够浓厚。

青少年是文化传承发展的基石，必须从教育机制的完善着手，来保护和拓展蒙古族音乐的影响范围。只有巩固与培养音乐文化的民众基础与社会环境，内蒙古民歌旅游文化才有强劲的发展动力。与此同时，要不断完善内蒙古民歌的传承方式、传承机制，这样这一旅游文化形式，才会在全国范围内受到高度关注与接受。

（二）培育内蒙古民歌旅游文化的传播机制

内蒙古民歌旅游文化的发展，需要建立有效的传播机制，通过政府积极的政策支撑促进内蒙古民歌的传承发展与传播机制的最终形成。政府可以设立专门的基金会，通过募集社会资金的形式来运行，使得内蒙古民歌的传承者、爱好者形成自身的组织。这样就可以对内蒙古民歌的保护、传承、发展建立有效的机制，加强对内蒙古民歌的收集与保存，并对内蒙古民歌的创作与创新进行多种形式的支持，形成内蒙古民歌的传播机制。这样就在保护民族音乐传承的基础上，形成了政府主导的内蒙古民歌的制度化传播体系，为旅游文化业发展建立保障机制。

（三）培育内蒙古民歌旅游文化的创新方式

内蒙古民歌旅游文化的发展，需要建立长效的创新机制，以保障其创新形式、创新渠道的建立。通过政府文旅部门的引领，将散落在民间的内蒙古民歌资源汇集起来，向国内民众展示内蒙古民歌音乐的文化价值与社会价值，用政府的优惠政策激励广大的音乐人了解和熟悉内蒙古民歌，并投入到新作品的创作之中。新的作品可以和草原音乐节联系起来，来带动内蒙古民歌旅游文化的发展方向与潮流，借助多样形式的旅游节、音乐节、赛马会及传统民族节日活动，使得内蒙古民歌旅游文化为全国民众所熟悉。这样，就创新性地带动当地旅游文化业的发展。

（四）培育内蒙古民歌旅游文化的传播渠道

现阶段有关内蒙古民歌旅游文化的内容，在报纸、广播电视节目、主流网络媒体上的报道比较少，而专门性的用来宣传内蒙古民歌的行业媒体就更少了，所以，需要在政府政策的支持下，打造具有内蒙古民歌特色的传播媒介。随着民族文化的融合加强，近几年我国已经开始重视民族文化的传播，很多广播电视节目都不同程度设置相应栏目，弘扬民族民歌音乐文化。内蒙古当地的报纸对内蒙古民歌旅游文化的关注度明显加强，并时常开辟专版进行传播。在主要的旅游网站上，都有对内蒙古民歌音乐节和内蒙古旅游文化的内容，形成对其旅游文化的传播。

（五）培育内蒙古民歌旅游文化的传播形式

随着传媒技术的发展，以手机媒体为代表的新媒体客户端功能越来越丰富，内蒙古民歌旅游文化也需要借此创新其传播形式。现在，无论是报纸、广播电视，还是网站都建立了新媒体客户端，以及微博、微信官方发布账号。因此，内蒙古当地政府旅游部门、旅游景区，都可以利用这些新媒体形式，尤其是开发利用手机 APP 客户端。客户端可以全面传播与内蒙古民歌旅游文化有关的讯息，可以是图文消息的深度说明，也可以是音视频的演出内容，还可以是与内蒙古民歌有关的影视作品等。这样利用新媒体推动了内蒙古民歌旅游文化的全面传播与发展。

第二节　天津相声旅游文化的问题与对策

在丰厚的文化资源储备、坚实的产业政策引导等各方面的支持下，天津利用传媒发展相声旅游文化产业，具有了充分的现实基础和足够的有利条件。可以预见的是，传媒将给天津相声旅游文化产业发展带来可以期待的巨大变化，不过，在传媒影响下，当前天津相声旅游文化产业的发展仍然面临着一系列问题，有待于在实践中逐步完善。

一、天津相声旅游文化的问题

（一）内容表现不够丰富，文化资源利用不足

相声是产生于民间的通俗文化，作为一种通俗文化，格调不高无伤大雅，但是天津相声在表演过程中，存在部分演员打着娱乐观众及游客的目的，传播一些市井气息浓厚的一些文化内容，这样无形之中就降低了天津相声文化的节目品味。虽然现在天津旅游文化市场竞争激烈，对传统相声内容的挖掘已经殆尽，但是不少青年演员对于内容的表现技法运用不够到位，对这些文化内容的

表现不够灵活深入。为了得到台下观众及游客的响应，出现了一些"恶搞大众文化"的演出节目。而这种文化含量低、文化价值低的旅游文化严重损害了相声文化的发展。

相声文化作为一种特殊的旅游产品，要服务于社会公众的文化消费需求，更要将当地的文化资源充分展现给全国民众，使人们可以充分体验相声文化的魅力，获得良好的旅游活动感受。这些方面天津各旅游演出场所，都表现得不够出彩，存在较大问题，在内容的表现上多为程式化的手法，缺少对多样文化的表现。

（二）创新手段不够多样，文化产业动力不足

相声文化是一个不断推陈出新的过程，没有新作品、新创作的延续，相声文化也就停滞不前了，甚至走向消亡。继承与创新是相声不断延续的手段，只有这样才能推动其旅游文化业的发展。当前阶段，天津民营相声社团虽然挖掘整理了几近失传的传统曲艺表演形式，这种相声创作理念与方式虽然保护了传统文化，但是由于缺少和当下文化生活的结合，很难满足观众及游客的文化体验需求。天津相声旅游文化的发展，多是依赖民间相声社团，它们多数缺少创新所需的人才、资金等要素，在创新表演手段上举步维艰，使得旅游文化产业的发展极为缓慢。

随着旅游文化市场的加速发展，天津相声社团之间的竞争加剧，使得新生代相声演员的培养空间被挤压。当前各种选秀节目的热播，一些年轻演员急于借此机会成名，不能安心学艺，导致了基本功还不扎实就急于上台表演。这样长此以往，对于观众及游客都会造成体验效果差，影响了整个旅游文化产业的发展进程。

（三）运营方式不够先进，文化产业效果不佳

天津相声旅游文化的发展中，在运营方式、方法上，缺少政府文旅部门以及行业协会的政策支持、规范引导，多处于自发运营状态。目前，多数相声艺术团及其演出场所，均缺乏专业的经营团队，对相声文化的热情虽然非常饱满，但是面对激烈的旅游市场竞争，其生存发展就显得越发困难。由于缺乏有效的宣传手段，观众及游客的范围有限，他们决定是否看一场相声旅游文化表演活动，要考虑相声演出时间、表演者、票价及演出内容等，这些信息应该通过广播、报纸、电视、网络等媒体及时传播出去，但是这些方面做得还是很难让人

满意。

当前相声旅游文化缺乏与观众及游客的沟通，不注重多方的反馈意见，造成发展过程中的诸多问题，文化效果欠佳。诸如，演出场内设施布置沿用旧式，座椅的舒适度不够，环境条件、音响效果差等。节目演出方面，重复率过高，只换演员而不换表演内容，并且表演内容还存在部分低俗、庸俗问题，整体效果不佳。

二、天津相声旅游文化的对策

（一）强化内容表现力度，整合利用文化资源

天津相声旅游文化的发展，需要协调与平衡多方的利益，使得旅游文化业协调有序的运行，表现出整体的最佳状态，发挥出更大的文化资源整合效应。面对旅游市场中相声演出的火热，剧场不断增多，观众及游客的可选择性逐渐增强，这也促进了相声文化内容质量的提高。演出场馆和相声社团应该遵循优势互补原则，提高演出内容的品味、价值，提升相声旅游文化在旅游市场的影响力，实现资源的互享与产业的共赢。同时，建立相声表演者之间的交流互动平台，使其能够共同进步，达到文化内容与文化形象之间的有效融合，推动旅游文化业的发展。

与此同时，相声文化在与广播、电视、网络等媒体的结合中，可以产生积极的社会影响效果，不断为相声旅游文化吸引更多的观众及游客，为他们提供更加灵活多样的体验、感受相声文化的多种方式，满足全国不同地区游客的文化消费需求。天津当地的演出机构需要借助媒体传播的优势，来传播相声文化的独特魅力，使得相声旅游文化的表现更加出彩，成为天津旅游文化产业发展的助推器，提升整体旅游业发展水平。最终借助相声旅游文化将地方文化有效传播，重塑社会形象。

（二）强化创新手段运用，提高文化产业动力

当前传统的相声旅游文化经营模式受到市场化的冲击，以相声作品经营转向相声品牌经营和文化经营。天津相声社团应该利用各种创新手段，向公众展现自己的最新作品，努力得到公众的认可，并逐步树立起自己的相声品牌与文化特色，使游客想到相声旅游文化就会想起天津当地的品牌。与此同时，逐步培养和提高相声表演者的技能、技巧，打造出特点鲜明的节目，不断提高其在

旅游市场的占有率。做到对相声作品的高标准要求，在传统表演方式中寻求突破点，彰显出相声作品的细节优势，剧场布局也要求新求变，为游客体验服务。全面提高相声旅游文化业的整体服务水平，使游客可以获得崭新的旅游文化体验，喜欢上相声旅游文化。

任何创新都离不开良好的团队实力和优秀资源的融合利用，相声旅游文化形态的创新也亦然。首先，可以采取分主题演出的形式，对符合主题的相声节目进行调整，使其更符合观众的文化体验。其次，相声节目创作的源泉应该贴近群众、贴近生活，充分反映当下社会。最后，相声节目还应注重名人效应，不断培养后起之秀，制造新的看点。这样通过团队实力与优秀文化资源带动旅游业发展。

（三）强化运营方式革新，提升文化产业效果

天津相声旅游文化的发展，需要不断改变原有的运营与管理方式，提升整个相声旅游文化业的运营规模与实力。随着旅游市场的不断深入发展，影响相声旅游文化市场繁荣的因素越来越多样化，观众及游客的满意度与接受度成为这些因素中的重中之重，相声社团要从传统的以相声内容为服务对象，转变为以观众及游客为服务对象。演出场馆要为观众及游客观看相声表演，提供舒适的环境、安心的服务，通过专业化的媒体来提供精准的剧场演出信息等内容，为观众及游客安排其旅游行程、旅游项目，提供便捷有效的服务，以此来提升行业的发展水平。

随着网络时代的到来，相声的版权问题越发凸显出来。维护相声版权需要相应传媒、政府部门、公众等各方的共同努力。只有版权得到了维护，相声旅游文化的发展才会得到保障，才能激发相声旅游文化业不断发展的热情和动力。同时相声与广播、电视、网络媒体不断深入融合，内容的低俗问题需要引起重视，这就需要提高相声表演者的修养，需要媒体提高舆论监督的社会功效，建立受众反馈的有效机制，这样天津相声旅游文化的生存发展环境，就会吸引游客前来体验。

三、天津相声旅游文化的语言文化发展对策

中国传统语言文化是中华民族不断发展的经验总结，是长期社会实践中逐渐凝聚起来的民族精神。天津相声旅游文化，作为我国语言文化的杰出代表之

一，更需要进行传承与保护。天津相声旅游文化是饱含中华民族优良传统的语言文化，不仅为过去中华民族的发展提供了巨大的动力，也必将为中华民族未来的腾飞发挥重要的作用。针对现今新媒体的发展形势，天津相声旅游文化的语言文化发展对策，可以从以下几个方面来进行思考。

（一）出台相关法律法规规范电子语言

国家的支持就像一座灯塔，能够指引中国传统语言文化走向光明的道路。在这方面，国家也曾做过一些尝试，例如"全国普及普通话"，这不仅是方便交流沟通的必要措施，而且也能够有效的规范汉语言文字，有效的传播中国语言文化。除此之外，在创造良好的新媒体环境方面，国家法律法规的作用是别的方法所无法替代的。这种强制力可以引导电子语言朝着正确的道路发展，在规范自身的同时也会促进传统语言文化与电子语言互相吸取优点，取长补短，最后达到双赢的局面。

（二）办好能够传承中国传统语言文化的网站

新媒体时代，科技技术迅猛发展，电子语言也在席卷全网络。如何在这片新奇的领域，开辟中国的传统语言文化的一片天地已越来越受到各方关注。而笔者认为在虚拟的网络中，坚持自己的原则十分重要。要守护传统语言文化，抵住电子语言的侵袭，就首先要让传统语言自己变得强大。而办好一个能够传承中国传统语言文化的网站就是不二的选择。首先字斟句酌是必须的。我们所要的网站不是电子语言毫无意义的堆砌，而是中国传统语言文化的真正的发扬光大。这是一种精神，需要得到百分之百的遵守。毫无疑问，如果真正做到这些，将对语言文字的规范产生重大意义。

（三）普及中国传统语言文化教育

教育历来都是民生之本。搞好教育对于传统语言文化的传播百利而无一害。要加强义务教育阶段国学以及汉语言规范使用的比重，老师要注重对于学生传统语言素养的培养。高中时期不能再重理轻文，而要两手都要抓，两手都要硬。并且，要普及素质教育，从各个方面提升学生的整体素质，为进入大学学习奠定良好的基础。大学课程中要增加中国传统语言文化的课程，以及中国同别国特别是欧美的语言文化的对比赏析，增加学生的鉴赏能力，让广大学子感受到中国传统语言文化的魅力，并且能够在与别国对比的过程中升华认识，以后能为守护语言文化做出更多的努力。为此，民间已经做了不少的尝试。例如"现代私塾"的兴起，这虽然与义务教育法有相抵触的一面，但是，它的这种探索精神还是应该得到肯定的。

（四）媒体要多举办有关传统文化的栏目

要将传统语言文化有意无意的融入到节目之中，使得广大观众得到精神上的升华。传统文化栏目可能会因为单调、节奏慢等原因收视率不高。这就需要媒体编导想办法。在这方面，央视的《百家讲坛》、凤凰卫视的《文化大视野》等就是很好的例子。它们都以新颖独特的方式融传统语言文化于节目中，既向观众传播了语言文化，又带动活跃了气氛，增加了吸引力，收视率自然也会提高，因此成为了各电视台的品牌栏目。又如近年来有关传统语言文化的电影拍摄十分盛行，《孔子》《赵氏孤儿》等都取得了很好的效果，这些电影向世界展示了中国传统的风格魅力，对于传统语言文化的继承与发展都有很大的意义。因此，媒体在这方面任重而道远。[①]

第三节　辽宁满族旅游文化的问题与对策

在丰厚的文化资源储备、坚实的产业政策引导等各方面的支持下，辽宁利用传媒发展满族旅游文化产业，具有了充分的现实基础和足够的有利条件。可以预见的是，传媒将给辽宁满族旅游文化产业发展带来可以期待的巨大变化，不过，在传媒影响下，当前辽宁满族旅游文化产业的发展仍然面临着一系列问题，有待于在实践中逐步完善。

一、辽宁满族旅游文化的问题

（一）内容特色不够鲜明，文化传承力度不足

满族旅游文化的发展，存在着旅游文化内容的特色不够鲜明的问题，同时

---

① 乔秀峰:《新媒体时代电子语言对中国语言文化的影响》,《山西大同大学学报（社会科学版）》2016年第01期, 第81—84页。

旅游文化在传承发展中，也出现了力度不足、效果不佳的问题。当前从人口规模来看，满族已经成为了中国第二大少数民族，然而在民族融合发展中，满族自身的文化传统、民族习俗等特色化内容逐渐消失，使得当前的旅游文化特色不明显，在进一步的开发及发展中遇到不少困境。另外，满族旅游文化在传承过程中也遇到很大问题，尤其是外来文化的冲击、影响，使得满族旅游文化在传承发展中出现了断代现象，包括满族宗教文化、服饰文化、节庆文化、杂艺文化等都有类似的问题出现。这些旅游文化内容，多数都已经趋于汉化，民族自身特色所剩无几。而且辽宁当地的满族人，也不了解本民族的这些文化内容与文化特征。如果不利用传媒对这些旅游文化内容加以有效传播，满族旅游文化极有可能失传。

（二）表现形式不够多样，文化创新动力不足

满族旅游文化快速发展的今天，出现了旅游文化表现形式多样化缺乏的问题，这也使得旅游文化在推进中，表现出创新动力不足的问题。当前在影视媒体的带动下，满族旅游文化中的影视旅游内容增加迅速，给辽宁当地的旅游文化景区带来了极为有利的发展机遇。然而问题也随之而来，影视媒体播出的清宫剧数量很多，但是精品是少之又少，为了赢得良好的收视效果，演绎、戏说、娱乐性的内容过多，使得表现满族文化的元素被忽视或者淡化。无论从剧情的文化内涵、人物的服饰装扮、节日的民俗表演等都偏离了满族本民族的文化特色，这方面"穿越剧"尤为明显，完全不尊重清朝时期满族的历史与文化。这样的文化不是创新，反而给辽宁当地的旅游文化景区的规划发展带来了困境，在影响景区旅游文化的对外展现同时，很难使全国的游客获得真正意义上的满族旅游文化体验。

（三）传播渠道不够全面，文化形象塑造不足

满族旅游文化在加速发展中，遇到了旅游文化的传播渠道不够全面的问题，这也导致旅游文化在对外传播中，出现了文化形象塑造不足的问题。当下网络新媒体的极速发展，给辽宁当地的满族旅游文化景区提供了有利的信息传播渠道，为旅游景区对外形象的塑造、展示做好了准备。不过网络新媒体的负面作用也不可忽视，网络新媒体的开放性，使得满族旅游文化的信息反馈加快、互动交流加深、评论分享加强，在这一过程中不实的信息开始出现，负面的影响力加速扩散。同时，由于缺少其他多种媒体形式的运用，辽宁满族旅游文化内

容的不一致性、不全面性暴露出来，使得国内民众对这一文化形态很难获得真实、客观、全面的把握。这样辽宁满族旅游文化的整体形象感不强，缺乏相应的鲜明特色，在国内游客的记忆中很难留下深刻印象，严重减缓了其旅游文化业的可持续发展动力。

二、辽宁满族旅游文化的对策

（一）加强内容特色表现，提高文化传承效率

辽宁满族旅游文化的发展中，要彰显出其民族旅游文化内容的特色，并且在旅游文化的传承发展中，要逐渐提高传播效率、突出传播效果。这就需要媒体自身要提高满族旅游文化传播的力度和质量。《辽宁日报》等地方报纸媒体需要开设满族文化专栏，让辽宁当地的满族人深刻了解满族文化传统，以便更好地传承满族文化。辽宁电视台可以开设满族文化教育专题栏目，定期制作满族文化类节目，诸如满族文化知识竞答、综艺节目、美食评比等类型的栏目，这样就将满族民俗文化等内容，让更多的民众所了解，带动旅游文化业的快速发展。另外，当地政府及旅游管理部门，需要通过政策、措施的引领，使得满族旅游文化中那些濒临失传的内容，得以有效地保留、传承下去，让广大的国内游客能够有机会参与其中，体验其文化的独特内涵，这样满族旅游文化的传播才体现出社会价值。

（二）加强表现形式变化，提高文化创新动力

辽宁满族旅游文化的发展进程中，需要促进其旅游文化内容的形式变化，以跟上现在年轻消费者对旅游文化的追求。同时在旅游文化创新过程中，要注意文化的创新质量、创新价值。辽宁当地旅游景区，在开发影视旅游过程中，要注意改变清宫穿越剧、宫斗剧等娱乐化倾向的问题，加大清宫正剧的投入力度，通过影视作品来强化满族文化元素的正面文化形象，加大满族文化内容的社会影响。与此同时，在当地政府文旅部门的政策引导下，对满族旅游文化的创新性发展进行整体规划设计，将旅游文化资源的利用达到最佳。尤其是要发挥出其宗教文化、服饰文化、节庆文化、杂艺文化等方面的优势及民族特色，形成多种形式的旅游文化形态，使得游客可以全方位地体验到满族旅游文化的核心内容。这样，通过多样化的旅游文化项目及内容，提高旅游业的创新发展能力与社会综合效益。

(三)加强传播渠道利用,提高文化形象塑造

辽宁满族旅游文化的发展过程中,要加强其旅游文化传播渠道的建设和利用,跟上现今网络与新媒体发展的进程。同时在旅游文化形象改善的过程中,注重文化形象塑造的社会效益与市场效益。辽宁当地政府文旅部门及旅游文化景区,在发展满族旅游文化过程中,要注意对网络新媒体的合理、有效利用,发挥官方网站、媒体客户端、官方新媒体公众号的引领作用,同时发挥民间组织及普通民众参与的热情,利用便捷高效的新媒体形式,积极、全面、深入地推广满族旅游文化的精髓内容。另外,还要借助社会公益组织、旅游文化协会等民间社团的影响力,开展多种形式的线下旅游文化进社区、乡村等活动,期间可以通过公益广告的形式,让更多的民众及游客参与进来,体验多样的民族文化演艺活动。这样对于传播渠道的全面利用,极大地促进了满族旅游文化的快速高效发展。

第四节　吉林延边朝鲜族旅游文化的问题与对策

在丰厚的文化资源储备、坚实的产业政策引导等各方面的支持下,吉林延边利用传媒发展朝鲜族旅游文化产业,具有了充分的现实基础和足够的有利条件。可以预见的是,传媒将给吉林延边朝鲜族旅游文化产业发展带来可以期待的巨大变化。不过在传媒影响下,当前吉林延边朝鲜族旅游文化产业的发展仍然面临着一系列问题,有待于在实践中逐步完善。

一、吉林延边朝鲜族旅游文化的问题

(一)传播内容不够丰富,文化表现程度不足

吉林延边朝鲜族旅游文化发展中,表现出文化传播内容不够丰富,并且在文化表现程度上明显不足的问题。现今,吉林延边地区的媒体在朝鲜族旅游文化传播中,民族化、特色化的内容越来越少,而这仅剩的少部分朝鲜族旅游文化内容,在传播过程中又倾注了较多的媒介观点,使得传播活动本身就失去了明显的民族文化色彩。虽然延边地区的媒体多以地方性、民族性进行定位,但

是在传播思路和传播内容方面，由于媒体市场的影响，很大程度上并不是有意识、有目的地围绕朝鲜族旅游文化进行落实的。目前延边地区媒体传播的主要内容，以当前社会的主流文化和汉族文化为重点，展现的大部分都是汉族民众的旅游文化特色项目、文化发展现状和文化价值观念。这一实际情况背离了地方媒体的发展定位，更丢掉了媒体的发展优势，严重制约了吉林延边地区民族旅游文化业的成熟与发展。

（二）传播特色不够鲜明，文化资源利用不足

吉林延边旅游文化在利用媒体发展方面，尤其是旅游文化的特色定位上，延边地区的媒体拥有打造特色化媒体的优越条件，然而当地媒体并没有真正建立起品牌化的栏目以带动旅游文化业发展。另外，延边地区的媒体在深入利用文化资源上，没有发挥出自身的区位优势。就当前旅游文化的发展现状而言，缺少旅游文化市场的调查分析，没有充分意识到并有效利用朝鲜族旅游文化这一独有资源，一方面媒体尚未发掘出朝鲜族旅游文化的核心内容；另一方面媒体没有找到独特的朝鲜族旅游文化展现视角。目前，朝鲜族旅游文化的内容多数停留在饮食文化、民族演艺等的内容上，使多数民众一提到延边朝鲜族，只会想到泡菜冷面、民族歌舞等。没有充分发掘朝鲜族旅游文化的深层内涵，也就使得文化内容没有深度，难以吸引更多民众参与其中，媒体的传播内容也就很难产生出实际的价值。

（三）传播效果不够突出，文化创新发展不足

吉林延边在利用媒体发展旅游文化业的过程中，对于媒体的使用存在不合理之处，致使传播效果不够理想。表现为媒体在策划旅游文化内容时，对主要部分、次要部分的安排不合理，使整体表现上各个部分相互独立、主次不清，从而影响传播的最终目的和社会效果。以电视媒体为例，吉林延边的电视媒体为迎合民众需求，通常在黄金档播放新闻节目和全国性的电视剧，对于当地朝鲜族旅游文化的综艺节目、专题节目等数量与质量上明显不足，使这一文化形式的影响力很微弱。另外，延边在朝鲜族旅游文化形式与内容的创新上，在政策的引导上缺乏有力支撑，旅游文化企业在利用文化资源打造独特民俗旅游文化上，效果不是很好，社会反响度不高。延边地区在旅游文化业发展中，需要将自身独有的文化内容作为发展重点，突出自己的民族特色，将地区文化特色有效地转化为市场竞争优势。

二、吉林延边朝鲜族旅游文化的对策

(一) 加强文化内容传播,提升媒体表现力度

吉林延边朝鲜族旅游文化的发展,要充分发挥媒体的社会影响力,来全方位展现其民族旅游文化的内涵与风采。这样,延边地区的媒体要对自身进行准确定位,充分利用媒体的社会效力来发掘朝鲜族旅游文化的深层内涵,展现其旅游文化的地域性、民族性等方面的独特优势,形成具有地区特色的文化内容。当下民族地区的文化产业发展迅速,但是当地的朝鲜族在发展过程中很好地保留下许多传统文化内容,使得延边朝鲜族拥有多样化的民俗传统文化、民间歌舞文化和民族艺术文化等,这些都为媒体的传播效应发挥提供了良好的文化储备。在提升媒体的创新表现中,要发挥多种媒体渠道上的优势,对朝鲜族的民族旅游文化内容与形式进行重新打造,找到其民族旅游文化的独特优势。使得当地深厚的历史文化和民族文化相互交融,最终为媒体表现力度的提升创造良好的文化发展环境。

(二) 加强文化特色传播,提升资源利用效率

吉林延边媒体可以通过民族化的栏目内容,来引领其旅游文化业的发展。电视台可以拍摄朝鲜族文化题材的电影、电视剧,制作深度专题访谈节目等;广播电台可以制作播放朝鲜族音乐节目、朝鲜族文化赏析节目等;报刊可以增加以朝鲜族文化为主题的专版、专刊等;网络媒体可以美化专栏页面设计,增加朝鲜族文化相关图片、视频等内容。另外可利用自身的区位特点,发展符合本地特色的媒体品牌栏目及文化内容。延边地区的媒体,可以借鉴海南旅游卫视的成功经验,以延边旅游文化资源为基础,借助其特殊的地理位置和朝鲜族民风民俗的独特优势,打造出具有民族风格、地域特色的旅游文化内容及其产业,从而更加生动形象、详尽深入地展现朝鲜族旅游文化,以满足不同兴趣爱好的游客,吸引更多的全国民众前来体验。这样,有利于朝鲜族旅游文化全方位、多角度的传播与发展。

(三) 加强文化主体传播,提升创新发展效果

吉林延边在借助媒体进行朝鲜族旅游文化的传播中,要善于发挥不同媒体的传播优势,以取得良好的社会效果。随着媒体的不断创新发展,文化信息传

播呈现多样化，进而带来了受众的多元化需求。受众对于旅游文化的多元化需求，使得延边地区的媒体必须顺应这一趋势，对受众进行认真的调查研究，以开发出适销对路的旅游文化节目，从而满足受众对旅游文化的精细化、多元化要求，提升旅游文化形象的整体效果。另外，延边当地政府部门要通过政策的引导，使得旅游文化企业愿意投入资金来发展朝鲜族旅游文化业，尤其是在民俗旅游文化项目的打造与创新上，可以在借鉴的基础上，获得有利的发展。这样，就会形成政府、企业、景区等三方面的良性循环发展，旅游文化景区在政策、资金的助力下，获得持续性发展，形成朝鲜族旅游文化发展的新模式，获得有效的市场竞争优势。

第五节　上海海派旅游文化的问题与对策

在丰厚的文化资源储备、坚实的产业政策引导等各方面的支持下，上海地区利用传媒发展海派旅游文化产业，具有了充分的现实基础和足够的有利条件。可以预见的是，传媒将给上海地区海派旅游文化产业发展带来可以期待的巨大变化，不过，在传媒影响下，当前上海地区海派旅游文化产业的发展仍然面临着一系列问题，有待于在实践中逐步完善。

一、上海海派旅游文化的问题

作为美国人类学的重要学者，博厄斯提出"文化动力"这一概念，认为在研究文化发展过程中，要以动态的视角观察文化的内在动力，因为文化的内在动力是促进文化发展的重要支撑点。海派旅游文化发展的内部动力在促进这一文化形式的发展中，在利用媒体的社会传播上，存在着传统媒体与新媒体发展不均衡的现象，使得上海地区海派旅游文化的发展中问题重重。当前，海派旅游文化的传承与发展，所表现出来的问题，主要有如下几方面：

（一）传播内容不够包容，文化表现范围不足

上海地区海派旅游文化在发展过程中，出现了文化传播内容包容性不够，并且在旅游文化的表现范畴上，也出现了相对狭窄的问题。上海媒体在充分展

现其海派旅游文化内容时，忽视了上海周边地区相关的海派旅游文化内容，表现出很大程度的排外心态，在文化内容的表现视野上比较保守，对周边省市海派文化的融合性比较欠缺，没有全面展现出海派旅游文化的风格。另外，在旅游文化的表现上，过多地依赖主流的传统媒体及其网络媒体平台，对于商业化新媒体的利用不是很充分，尤其是当中自发形成的"意见领袖"，没有很好地发挥出其对上海地区海派旅游文化的带动效应。由此可见，上海亟需吸收与借鉴各地特色旅游文化建设与发展中的有益经验，在取长补短中扩大海派旅游文化发展的视野，使其成为推动上海旅游文化业发展的动力，否则严重影响海派旅游文化的发展进程。

（二）传播渠道不够合理，文化表现形式不足

上海地区海派旅游文化在发展进程中，出现了文化传播渠道分布合理性不够，并且在旅游文化的表现形式上，也出现了相对不足的问题。上海媒体在立体化呈现其海派旅游文化时，过多地依赖其主流媒体的舆论引导力发挥，在新媒体方式的采用上，多数还是集中依托于官方主流媒体的"两微（微博、微信）一端（客户端）"，对于当下流行的短视频、云直播、Vlog等新媒体形式很少运用，使得旅游文化的受众群体扩展受到影响。另外，在旅游文化的表现上，媒体多选取与海派旅游文化发展相关的商业艺术文化，对于表现上海当地的非遗文化、民俗文化、建筑文化等涉及不多，在旅游文化的形式上，没有全面客观地呈现给民众。可见，上海媒体在充分展现其旅游文化的内涵，以人为本面向未来、拓展海派文化发展天地时，还需要加大步伐，否则影响其海派旅游文化业的发展质量。

（三）传播效果不够理想，文化表现力度不足

上海地区海派旅游文化在创新发展中，出现了社会传播效果没有达到应有程度的问题，并且在旅游文化的表现力度上，也出现了相对不足的问题。上海媒体在全面展示其海派旅游文化时，多数侧重于服饰民俗旅游文化、饮食民俗旅游文化、居住民俗旅游文化等内容，并且在对其传播过程中，对于旅游文化内容的挖掘不是很全面，社会反响度并不是很理想。另外，在旅游文化的表现力上，也缺乏深度，尤其是对上海的历史文化、宗教文化、戏曲文化等传统旅游文化内容，在媒体表现上明显较弱，没有产生应有的社会影响力。这些都应该引起当地政府旅游管理部门的重视，以出台积极的政策激励旅游文化景区，

不断加大媒体的合作力度，尤其是和新媒体平台的合作运营上。否则，这些良好的旅游文化资源，就难以发挥出社会价值，长此以往对上海地区海派旅游文化发展产生制约作用。

二、上海海派旅游文化的对策

（一）强化传播内容蕴涵，提高表现范围容量

上海地区媒体在带动海派旅游文化发展中，要注意提升传播内容的文化含量，尤其是要发挥上海及周边地区文化学者的作用。这些文化学者具有一定的学术资源、社会资源、文化资源优势，可以通过理性、客观、全面的视角，对上海地区海派旅游文化的全方位发展做深度的剖析，能高瞻远瞩有效建立海派旅游文化的内容结构，充实文化的蕴涵，深化民众的思想及文化意识。与此同时，上海的旅游文化景区，在提升文化的社会发展效果，扩大文化内容表现范围时，要把握"官方观点"与"网民意见"的有效融合，以提升旅游信息传播的效率，吸引更广泛的民众参加互动交流，使得海派旅游文化的容量不断得到补充加强。这样民间舆论场对海派旅游文化发展的效用得到极大提升，深化了"官方舆论场"与"民间舆论场"的融合效果，为线下海派旅游文化增加新的发展活力、市场动能。

（二）强化传播渠道布局，提高表现形式运用

上海地区媒体在引领海派旅游文化发展中，要注重多种传播形式的灵活性、多样化采用，尤其是不断涌现的新媒体形式，可以最大限度地吸引普通民众，参与旅游文化的实地体验。时下流行的短视频、云直播、Vlog等受众众多的传播形式，完全可以被旅游文化景区运用起来，扩大景区知名度、美誉度的同时，可以更加便捷、有效地吸引更多年轻群体的关注，拓展文化本身的社会影响力。与此同时，上海媒体在表现商业艺术文化形式等现代旅游文化内容过程中，要更多地站在全局的高度，向全国民众展现一个立体、全面的海派旅游文化，包括上海地区的非遗文化、民俗文化、建筑文化等多种文化形式。这些文化形式也是游客体验与感受的主要内容，需要媒体发挥自身多方面的优势，来满足游客对于多样性旅游文化的需求。这样海派旅游文化才能更加高质量、高效率地发展。

（三）强化传播效果影响，提高表现力度显现

上海地区媒体在引导海派旅游文化发展中，要注重对文化内容的全面挖掘与传播，以期使民众对海派旅游文化获得全面的了解，从而使这一旅游文化形式受到更多的游客认可与欣赏。尤其是对服饰民俗旅游文化、饮食民俗旅游文化、居住民俗旅游文化等内容的传播中，要对其中暗含的历史背景、发展源流、文化特征等全面、深入地进行表现，以满足游客对海派旅游文化的内心需求与文化期待。

与此同时，上海媒体要对传统旅游文化形式加大传播力度，这其中包括历史文化、宗教文化、戏曲文化等，这些文化形式通过新媒体的动感打造，以及文化创意企业的策划设计，可以形成新的旅游文化潮流，赢得当今年轻群体的青睐，从而获得极佳的社会影响力。这当中需要政府出台有利的政策，支持并激励旅游文化景区、文化创意企业的积极投入，使海派旅游文化成为带动上海地区发展的引擎。

三、上海海派旅游文化的电视媒体发展对策

作为我国电视节目的三大支柱之一，娱乐节目在传播主流社会价值观、传递正能量方面扮演着重要角色。上海地区海派旅游文化的发展，完全可以借鉴电视娱乐节目的方式，通过这种生动鲜活的表现形态，来向社会公众展现海派旅游文化的广泛内容与多样形式。这样一来，使得上海地区电视娱乐节目，更多担负起传播正能量的作用，使之更好地服务于海派旅游文化建设，并为上海旅游文化业的转型发展提供精神动力，这是当下亟待关注的重要方面。具体来说，可以从以下几方面借鉴这类节目形式，来对海派旅游文化进行发展。

（一）传播科学文化，提升大众的文化素养

人类文明的一个重要体现便是创造了各类科学文化，我国的各类电视娱乐节目为了增强自身竞争力也在不断创新，并将科学文化知识融入到娱乐节目之中，这让大众可以通过观看娱乐节目了解更多人类的精神文明成果，有利于提升社会大众的文化素养。如央视财经频道推出的《是真的吗》求证节目，通过科学试验验证一些说法或现象的真假，让大众增长了科学知识，也掌握了更多生活技巧。再如《中国汉字听写大会》通过让选手听写汉字、解说汉字的来源

典故等，为观众普及了历史、地理、天文知识，也弘扬了我国传统文化。

（二）弘扬社会主流价值观念，推进社会和谐建设

当前我国的电视娱乐节目在娱乐大众的同时，也能传递出积极的价值观念，引导个体形成健康的价值观。如《中国梦想秀》中便出现诸多不断努力实现个人梦想的正面案例，这种为梦想执着奋斗的精神感动了观众，也让观众从中获取了坚持梦想的精神力量。除此之外，我国的《中国好声音》《笑傲江湖》《舞出我人生》等娱乐节目中，也不乏大量坚持追逐梦想的参与者，"个人梦"的构建具有强大的感染力和号召力，并成为支撑"中国梦"的重要力量。除了激励个体努力奋斗实现自我价值之外，这些娱乐节目内容还传递出不怕挫折、懂得感恩、珍惜美好情感等正面价值观，对促进社会和谐有重要推动作用。

（三）体现民主公正，促进社会平等

平等、公正、民主是社会主义核心价值观的重要内容，而一个自由讨论、平等参与的公共领域是民主社会的一个重要体现。我国的一些娱乐节目便为大众提供了一个这样平等的讨论社会公共议题的平台，如《世界青年说》节目邀请不同国家的青年，以方桌会议的形式就各种社会问题展开辩论，这些话题贴近大众生活，给观众带来思考，与此同时，观众也可以通过各种互动渠道对议题发表自己的看法。①

第六节　浙江嘉兴红色旅游文化的问题与对策

在丰厚的文化资源储备、坚实的产业政策引导等各方面的支持下，浙江嘉兴利用传媒发展红色旅游文化产业，具有了充分的现实基础和足够的有利条件。可以预见的是，传媒将给浙江嘉兴红色旅游文化产业发展带来可以期待的巨大变化，不过在传媒影响下，当前浙江嘉兴红色旅游文化产业的发展仍然面临着一系列问题，有待于在实践中逐步完善。

---

① 乔秀峰：《电视娱乐节目的尺度怎么拿捏》，《人民论坛》2017年第16期，第140—141页。

一、浙江嘉兴红色旅游文化的问题

（一）红色旅游文化传播内容拓展不够到位

目前民众对嘉兴地区红色旅游文化了解度较低，多数人认为其文化内容中含有较浓厚的政治色彩，因此兴趣不大，不会主动去了解、认识与体验。这说明浙江当地的媒体对嘉兴红色旅游文化，在内容传播上，还有很多的工作去做，这一红色文化的社会熟知度、接受度不高，媒体在对其文化内容的深入解读、说明、分析等还相当欠缺。当下嘉兴当地的主流媒体，对红色文化内容的传播在数量、质量上都不高，其表达用语多是较为严肃、规范的宣传话语，缺少生动性与形象性，对民众吸引力较差。借助搜索引擎可以发现，国内主要的官方媒体、商业媒体，对嘉兴红色旅游文化的关注点，多集中于以红船为代表的几个重点景区，其余部分内容关注度偏少。在新媒体中，微博上少有官方媒体或者景区开设账号，以专门关注及报道嘉兴红色旅游文化；微信公众号中只有嘉兴当地报纸媒体，会在一些纪念日对红色文化进行传播；其他新媒体平台多是一些商业旅游活动介绍。由此看出，媒体对嘉兴红色旅游文化的全面展示、充分体现方面都不够理想。

（二）红色旅游文化传播渠道运用不够合理

目前新媒体的发展如火如荼，尤其是视觉新媒体成为当下年轻群体的热捧，已经成为其主要的信息来源，国内一些地区旅游文化的发展，在视觉新媒体的带动下，已经成为许多年轻旅游爱好者的青睐之地。然而，嘉兴红色旅游文化的发展，对新媒体传播渠道的运用极少，仍然停留在依靠主流报纸媒体、电视媒体进行传播的阶段，对于主要的年轻旅游群体吸引力很小，发挥不出应有的社会传播效果。而且依托这些报纸媒体、电视媒体的"两微一端"（微博、微信与客户端），虽然已经建立起来，但是在内容的表现方式、更新频率上，都达不到良好的效果，社会影响力不高。另外，嘉兴红色旅游文化景区自身和一些商业网站、新媒体平台合作的程度并不高，使得其旅游文化发展很难在全国范围内产生实质性的影响。嘉兴当地政府旅游管理部门，也没有通过积极的政策支持激励更多的旅游文化企业加入到红色旅游文化的创意塑造与对外传播上。由此看出，其旅游文化很难形成全面的传播网络，各类传播渠道间不能进行优势互补，无法发挥效果。

(三)红色旅游文化传播形式选择不够多样

当前,浙江嘉兴当地的媒体对其红色旅游文化的传播形式,相对不够多样化。主流的报刊媒体,主要以红色文化的专题性报道为主,以图片与文字相配合的形式进行;主流的电视媒体,主要以人物访谈、纪录片为主,没有其他创新的传播形式。这些表现形式,由于其他类型的主题内容也都在使用,并且缺乏变化,所以其社会影响力不高,对民众的吸引度较低。这些传统媒体由于受到来自媒体市场的冲击,发展进程比较缓慢,更使得其对红色旅游文化的社会影响力收效甚微。

另外,嘉兴的红色旅游文化景区没能有效地和国内一线的影视企业合作,制作出社会影响力广泛的影视作品,以带动其旅游文化业的快速发展。景区的线下旅游文化活动,诸如红色旅游文化节等由于和国内其他景区的重复性较高,对国内游客的吸引力极为有限,其对嘉兴红色旅游文化业的拉动作用不够明显。政府旅游管理部门没有及时出台一些积极的旅游政策,吸引省内外的一些优秀文化企业投入参与。这样一来,嘉兴红色旅游文化业很难在发展质量与水平上赢得游客青睐。

(四)红色旅游文化反馈方式实行不够便捷

当下,嘉兴红色旅游文化的传播中,没有建立起有效、便捷的沟通反馈机制,在很大程度上阻碍了旅游文化业发展水平的提升。信息反馈方式的缺乏、滞后,使得嘉兴市政府旅游管理部门对红色旅游文化业的政策引导,产生极为不利的影响作用。当前条件下,最有效的信息反馈方式,还是借助大众媒介的信息传播渠道而形成的,然而这方面浙江嘉兴现有的媒体表现都不尽如人意。嘉兴主流的新闻网站中,多数没有设置专门的互动沟通版块或栏目,只是公布了一个新闻网站的联系邮箱,反馈效果很难得到有效保障;嘉兴主流的报纸媒体、电视媒体,虽然建立了"两微一端"(微博、微信与客户端)的平台,但是由于网民关注量不大,反馈沟通的效果并没有真正发挥出来。另外,嘉兴主要的红色旅游文化景区,虽然开通了官方微博、微信,但是信息发布的数量较少、形式单一、时间不定,网民的关注度不高,偶尔有一些网民的评论,也很少能看到及时的回复,反馈效果不是很理想。由此可见,反馈方式、机制的缺乏制约了嘉兴红色旅游文化业发展。

二、浙江嘉兴红色旅游文化的对策

（一）加大媒体红色旅游文化传播内容的拓展力度

目前，浙江当地的媒体需要对嘉兴红色旅游文化内容，提高传播的质量和效率，要善于运用鲜活、生动的表现技巧，将其文化的价值、意义充分展现出来，于无声无息之中让民众逐步认识、了解与接受这一文化的内容。浙江嘉兴当地的主要媒体，尤其是报刊媒体、电视媒体，要逐步转变对红色旅游文化的表现形式，将当下流行的一些文化元素融入其中，使其版面、节目更加接地气，赢得民众的喜欢。浙江当地政府，要通过线上、线下同步进行的旅游推介会，来拓展嘉兴红色旅游文化的全部内容，使得全国性的官方主流媒体、商业媒体进一步扩大其报道的范围，让游客全面认识、了解其红色文化旅游项目，带动旅游文化业的全面发展。浙江当地的媒体及红色旅游文化景区，要进一步运用以微博、微信为代表的新媒体，借助专题栏目介绍或特色文化推荐等方式，充分展现其红色文化的魅力与风采。这样，嘉兴红色旅游文化内容的传播，就形成了一个全面的系统，相互配合互为补充，向游客真实、客观地再现了其文化内涵。

（二）加大媒体红色旅游文化传播渠道的合理运用

目前，浙江当地的媒体对嘉兴红色旅游文化的引领，需要扩展多样化的传播渠道，以获得年轻旅游群体的欢迎。浙江嘉兴的报纸媒体、电视媒体，应该在充分发挥其主流媒体的社会影响力基础上，加大对"两微一端"（微博、微信与客户端）的人员与技术投入，使其在红色旅游文化业的发展上，仍然起到有效的引领作用，让广大的年轻旅游爱好者喜欢上红色旅游文化。嘉兴的红色旅游文化景区，要逐步融入旅游市场，和国内主要的旅游商业网站、新媒体平台进行深入的合作，借助这些机构的社会影响力，扩大其红色旅游文化的知名度与美誉度，赢得更多民众的关注并产生实际的旅游行为。嘉兴当地政府通过对旅游市场的调查分析，可以出台一些优惠的政策，以激励国内有实力的文化创意企业加入到当地红色旅游文化的发展中，打造出极富时尚感、潮流感的创意文化产品。这样，就将这些线上、线下的传播渠道有机整合起来，产生出系统化的多种媒介联合传播效果，推动嘉兴红色旅游文化逐步走向全国，赢得旅游市场的认可。

（三）加大媒体红色旅游文化传播形式的多样选择

当下，浙江当地的媒体对嘉兴红色旅游文化发展的引导，需要通过多样化的传播形式来扩大其文化本身的社会影响力，来吸引更多民众的关注。浙江嘉兴主流的报纸媒体，可以借助新媒体平台，以及最新的媒介技术，运用H5、VR、Vlog等最新的传播形式，来对红色旅游文化进行打造，以扩大其社会影响力；电视媒体可以在深入挖掘其红色旅游文化资源的基础上，制作出舞蹈类真人秀、户外体验类综艺节目，从另一个角度展现其旅游文化的特色与风采，吸引当前年轻群体的高度关注。嘉兴的红色旅游文化景区，可以根据自身旅游资源、文化特色的优势，邀请国内一线的影视企业实地参观调查，拍摄一些既有历史背景又有现实价值的电影、电视剧，以影视方式带动其旅游文化业的发展。与此同时，借助影视剧的热度，旅游景区在线下开展"影视文化嘉年华"的旅游文化活动，以将其社会影响力发挥到最大。另外当地政府通过一系列互利互惠政策，来吸引更多的省内外文化创意企业投资，推进嘉兴红色旅游文化业的创新、高效发展。

（四）加大媒体红色旅游文化反馈方式的便捷实行

当前，浙江当地的媒体对嘉兴红色旅游文化的传播，需要建立快速、便捷、高效的反馈机制，以推进其旅游文化业的整体发展水平。浙江嘉兴主流的新闻网站，需要在发挥红色旅游文化传播效用的基础上，建立起专业的互动栏目，并针对不同人群及话题类型，进行互动交流信息的设置，以取得更好的社会效果。嘉兴主流的报纸媒体、电视媒体，需要借助已有的新媒体平台，包括微博、微信、客户端等，不断通过表现内容、形式的创新来赢得更高的网民关注度、发帖评论量，同时设立专业的互动联系版块，使网民参与类型多样的互动交流活动，以深入了解其旅游文化内容的社会反响。嘉兴红色旅游文化景区，可以充分利用其官方微博、微信的优势，条件成熟的景区还可以开设独立的官方网站，在对外传播其红色旅游文化资讯、信息的同时，借助相应的互动频道、沟通版块和游客及网民深入交流。浙江嘉兴当地政府及旅游管理部门，应及时出台一些管理措施，规范这些信息反馈方式的实施，使这一系列反馈方式，真正提高嘉兴红色旅游文化业的发展水平。

三、浙江嘉兴红色旅游文化的电视媒体发展对策

电视益智类节目是通过综艺节目的形式，设计多种多样的答题、闯关、竞技活动，最终实现对受众群体的知识启蒙、智力培养或者素养提升等传播效果的电视综艺节目类型。浙江嘉兴红色旅游文化的发展，完全可以借助此类电视节目的信息与交流，使受众获得了红色旅游文化的播出与宣传内容，通过线上、线下的零距离互动，节目在提高文化品牌知名度的同时，扩大了其潜在的受众群体，从而产生更加广泛的影响力。具体来说，从以下三方面借鉴这类节目形式来发展。

（一）以大众文化为载体

江苏卫视《一站到底》一改益智类节目"百科全书"式的知识结构，使提问的知识与大众文化有机地集合在一起，探索出一条传播大众文化的道路。李普曼曾经说过，大众传媒创造了一种拟态环境，连接了客观世界和受众的主观现实。那么，益智类节目在提供给受众拟态环境时，就应该尽量地缩小受众形成的主观现实与客观世界的差距。因此，节目所考量的范畴也应该是最符合大众文化的。根据统计数据显示，在《一站到底》节目的问题中，关于电视电影、流行音乐、网络游戏、时尚、体育以及网络热点等流行文化元素的问题，约占题目总数的三分之一。这也向受众传递了一种信息，在求知的路上，一切符合大众文化品位的杂学，都能丰富人们的认知领域，优化人们的知识结构，最终促使受众形成对客观世界科学、合理的主观判断。

（二）借助新媒体提升品牌优势

全媒体时代，大众传媒已经失去了原有的媒体界限。纸媒可以借助网络平台进行传播，电视媒体可以直接将视频资料推广到网络中，社交平台与个人信息发布平台也参与到信息传播的队伍中。在《一站到底》节目的推广过程中，充分发挥了新媒体平台的优势，让节目流动起来，使之成为一个借助江苏卫视，却又活跃在各种渠道之上的优质品牌。《一站到底》节目借助微博平台、官网游戏、网络直播平台以及其他品牌传播途径，迅速实现了节目的推广与覆盖。

电视节目不再像过去那样，紧守卫视频道这个唯一的阵地，而是通过时下流行的网络视频播出平台：优酷、爱奇艺以及土豆等，实现节目视频的随时、

任选、反复播出。从表面上看,卫视频道可能会损失一定的收视率和广告收益,然而从长远的品牌营销看,这样的播出机制能够迅速帮助广告商建立大数据阵型,实现消费者群体扩大化。这种跨平台播出的方式,满足了不同受众的观看习惯,同时也提高了节目品牌的营销空间。

(三)最大化地满足受众心理需求

使用与满足理论认为,受众是带着某种意图去接触媒介的,受众的媒介接触活动其实是媒介能否满足受众需求的一个过程。受众能否通过媒介接触活动实现自身需求,又决定着受众对媒介的印象以及后期的选择。电视益智类节目究竟满足了受众什么需求。

首先,电视益智类节目满足了受众娱乐消遣的需求,这成为大多数节目策划的条件之一。其次,满足了受众获取知识的需求。部分受众想获取知识,又不想选择稍显枯燥的读书、学习等方式,于是通过电视益智类节目获取,在轻松愉悦的过程中,需求同样得到了满足。再次,受众通过电视益智类节目进行自我评价。尤其是答题类节目,受众会选择跟选手一同答题,来判断自己在这场比赛中所获得的分数,借此实现自我评价的目的。最后,受众可以通过电视益智类节目,实现间接的人际交流目的。受众会视主持人、嘉宾、选手为你的"熟人",将媒介交流虚拟成人际交流,弥补了人际交流过程中的缺失。[①]

---

① 乔秀峰:《电视益智类节目的传播策略——以江苏卫视〈一站到底〉节目为例》,《新闻战线》2017年第04期,第102—103页。

参 考 文 献

1.［美］约翰·费斯克:《理解大众文化》,王晓珏、宋伟杰译,中央编译出版社 2006 年版。

2.［英］尼克·史蒂文森:《认识媒介文化:社会理论与大众传播》,王文斌译,商务印书馆 2013 年版。

3.［美］道格拉斯·凯尔纳:《媒体文化:介于现代与后现代之间的文化研究、认同性与政治》,丁宁译,商务印书馆 2013 年版。

4.［美］戴安娜·克兰:《文化生产:媒体与都市艺术》,赵国新译,译林出版社 2020 年版。

5.［美］罗杰·菲德勒:《媒介形态变化:认识新媒介》,明安香译,华夏出版社 2000 年版。

6.［美］约瑟夫·斯特劳巴哈:《今日媒介:信息时代的传播媒介》,熊澄宇等译,清华大学出版社 2002 年版。

7.［美］理查德·沃林:《文化批评的观念:法兰克福学派·存在主义和后结构主义》,张国清译,商务印书馆 2001 年版。

8.［美］曼纽尔·卡斯特:《网络社会的崛起》,夏铸九等译,社会科学文献出版社 2006 年版。

9.［美］约翰·菲斯克:《电视文化》,祁阿红、张鲲译,商务印书馆 2005 年版。

10.［美］约翰·费斯克等编撰:《关键概念:传播与文化研究辞典》,李彬译,新华出版社 2004 年版。

11.［英］安吉拉·默克罗比:《后现代主义与大众文化》,田晓菲译,中央编译出版社 2006 年版。

12.［美］弗雷德里克·杰姆逊:《后现代主义与文化理论》,唐小兵译,北京大学出版社 2005 年版。

13.［英］阿雷恩·鲍尔德温等著:《文化研究导论》,陶东风等译,高等教育出版社 2007 年版。

14. [英]格雷姆·伯顿:《媒体与社会:批判的视角》,史安斌主译,清华大学出版社 2007 年版。

15. [丹麦]施蒂格·夏瓦:《文化与社会的媒介化》,刘君等译,复旦大学出版社 2021 年版。

16. [美]埃弗里特·E.丹尼斯、梅尔文·L.德弗勒:《数字时代的媒介:连接传播、社会和文化》,傅玉辉、卞清、刘琛等译,中国人民大学出版社 2019 年版。

17. [美]斯坦利·J.巴伦:《大众传播概论:媒介认知与文化》,刘鸿英译,中国人民大学出版社 2005 年版。

18. 江潜:《数字家园:网络传播与文化》,复旦大学出版社 2001 年版。

19. 蔡尚伟主编:《影视传播与大众文化:文化工业时代的影视方法论》,四川大学出版社 2005 年版。

20. 蒋晓丽等著:《奇观与全景:传媒文化新论》,中国社会科学出版社 2010 年版。

21. 陈龙:《传媒文化研究》,中国人民大学出版社 2009 年版。

22. 蒋晓丽、石磊:《传媒与文化:文化视角下的传媒研究》,华夏出版社 2008 年版。

23. 乔秀峰:《媒介认知与文化传播:媒介消费文化现象研究》,中国戏剧出版社 2016 年版。

24. 曾一果:《媒介文化理论概论》,中国人民大学出版社 2015 年版。

25. 张朝霞、黄昭文编著:《文化传播学》,中国人民大学出版社 2019 年版。

26. 罗钢、刘象愚主编:《文化研究读本》,中国社会科学出版社 2000 年版。

27. 陈序经:《文化学概观》,中国人民大学出版社 2005 年版。

28. 王欣:《中国旅游文化演艺发展研究》,旅游教育出版社 2017 年版。

29. 卿志军:《旅游文化传播学研究》,四川大学出版社 2009 年版。

30. 贾玉英等著:《黄河流域旅游文化及其历史变迁》,科学出版社 2020 年版。

31. 沈智慧主编:《旅游文化学》,浙江大学出版社 2012 年版。

32. 宫宏祥、郭建兰编著:《新编中国旅游文化》,山西人民出版社 2013 年版。

33. 周毅、刘洋编著:《旅游文化》,中国人民大学出版社 2016 年版。

34. 杨慧主编：《旅游·少数民族与多元文化》，云南大学出版社 2011 年版。

35. 司若主编：《文旅蓝皮书：中国文旅产业发展报告（2020）》，社会科学文献出版社 2020 年版。

36. 钟栎娜、李群、信宏业主编：《文旅大数据蓝皮书：中国文化与旅游产业发展大数据报告（2021）》，社会科学文献出版社 2021 年版。

37. 卿志军、刘丽琼：《旅游者媒介接触习惯对其认知目的地旅游文化的影响——以海南旅游文化传播为例》，《新闻界》2007 年第 01 期。

38. 卿志军、刘丽琼：《报纸与海南旅游文化传播互动的实证研究——以〈海南日报〉为例》，《新闻界》2006 年第 06 期。

39. 高朝阳：《河南旅游文化传播问题初探》，《新闻爱好者》2009 年第 18 期。

40. 王素芹、杜佳林：《浅析河南旅游文化国际化传播问题》，《新闻爱好者》2021 年第 11 期。

41. 乔秀峰：《新媒体时代的"草根文化"现象研究——以"小沈阳现象"为例》，《当代电影》2013 年第 05 期。

42. 乔秀峰、石凤珍：《新媒体格局下的社区文化功能与实践——兼及大同某社区的考察》，《山西大同大学学报（社会科学版）》2020 年第 02 期。

43. 乔秀峰：《浙江安吉新闻集团智慧化融合模式解析》，《传媒》2021 年第 09 期。

44. 乔秀峰：《网红城市形象塑造的融合传播与主体协同》，《传媒》2022 年第 11 期。

45. 黄娜：《电视对旅游文化的传播作用》，《当代电视》2013 年第 10 期。

46. 石凤珍、乔秀峰：《社会背景差异与"小沈阳现象"的传播研究——来自山西大同的调查分析》，《山西大同大学学报（社会科学版）》2013 年第 06 期。

47. 肖乐：《跨文化交际视阈下的旅游文化传播》，《湖南社会科学》2012 年第 06 期。

48. 姚爱华、戴宇立：《民族品牌打造与旅游文化传播的互动效应探究——鄂西南恩施州与西部地区旅游文化传播现状考察》，《湖北民族学院学报（哲学社会科学版）》2011 年第 06 期。

49. 臧丽娜：《论网络传播趋势下山东民俗旅游文化产业的传播策略》，《山东社会科学》2010 年第 09 期。

50. 冯广圣：《"去地方化"与"再地方化"：乡村旅游传播对村庄社区文化

的影响——基于桂东南 L 村的田野调查》，《新闻界》2014 年第 23 期。

51. 袁智忠、彭浩：《基于影视文化视角的梁平旅游文化传播》，《中华文化论坛》2015 年第 08 期。

52. 乔秀峰、滑冰冰：《电视媒介如何带动旅游产业发展》，《新闻世界》2020 年第 02 期。

53. 卜晨光：《电视旅游文化专题节目的美学传播实践研究——以央视中文国际频道〈远方的家〉为例》，《中国广播电视学刊》2014 年第 05 期。

54. 乔秀峰：《电视益智类节目的传播策略——以江苏卫视〈一站到底〉节目为例》，《新闻战线》2017 年第 04 期。

55. 乔秀峰：《电视娱乐节目的尺度怎么拿捏》，《人民论坛》2017 年第 16 期。

56. 乔秀峰：《深化媒体改革要有创新思维——以山西卫视〈人说山西好风光〉为例》，《新闻战线》2018 年第 06 期。

57. 张才刚、金洪申：《影视传播与黄冈旅游文化形象建构》，《青年记者》2014 年第 17 期。

58. 乔秀峰：《影视媒介与旅游文化的传播研究——以五台山旅游文化为例》，《山西大同大学学报（社会科学版）》2018 年第 01 期。

59. 乔秀峰：《视觉媒体传播对山西旅游文化的效应》，《山西大同大学学报（社会科学版）》2019 年第 05 期。

60. 马建林：《跨文化交际视阈下旅游文化传播研究——评汤砺锋〈后藏旅游文化传播〉》，《青年记者》2016 年第 26 期。

61. 童清艳、［英］LiangTao Shan：《英国文化旅游传播及其保护机制研究》，《西南民族大学学报（人文社科版）》2018 年第 05 期。

62. 陈柯：《媒介生态视域下红色旅游文化的对外传播》，《青年记者》2018 年第 11 期。

63. 朱万春：《探索旅游文化传播的新方法——评〈后藏旅游文化传播〉》，《新闻爱好者》2016 年第 12 期。

64. 王家洪：《跨文化角度下的旅游文化传播——评〈旅游文化与传播〉》，《新闻与写作》2018 年第 01 期。

65. 王醒、乔秀峰：《心系黄河　情定山西——读郭裕怀同志新著〈摸着石头过黄河〉》，《山西水利》2008 年第 06 期。

66. 乔秀峰：《关于王中先生新闻价值观的研究》，《山西大同大学学报（社会科学版）》2010 年第 05 期。

67. 乔秀峰：《网络文学特色刍议》，《山西大同大学学报（社会科学版）》2011 年第 03 期。

68. 乔秀峰：《谈报刊栏目的创新——以〈三晋都市报〉"新闻故事连载"栏目为例》，《衡水学院学报》2011 年第 06 期。

69. 乔秀峰：《我国出版产业发展中的"信用危机"探析》，《长春工业大学学报（社会科学版）》2013 年第 04 期。

70. 乔秀峰：《王中新闻思想与新闻教育理念论析》，《山西大同大学学报（社会科学版）》2015 年第 01 期。

71. 乔秀峰：《项目化：地方高校新闻专业实践教学的有效路径》，《传媒》2019 年第 05 期。

72. 乔秀峰：《地方应用型高校新媒体教育特色化的途径探讨——以"乌大张"地区为例》，《山西大同大学学报（社会科学版）》2021 年第 06 期。

73. 常瑶瑶、乔秀峰：《基于媒介融合的新闻传播效应与路径分析》，《新闻前哨》2021 年第 05 期。

74. 高洁：《新媒体平台助力旅游文化传播研究——评〈旅游文化传播〉》，《新闻记者》2020 年第 01 期。

75. 曹锦阳：《全媒体时代旅游文化传播模式的转化与重塑》，《社会科学家》2020 年第 08 期。

76. 乔秀峰：《新媒体时代电子语言对中国语言文化的影响》，《山西大同大学学报（社会科学版）》2016 年第 01 期。

77. 乔秀峰：《搭乘新媒体快车 传播良好政府形象》，《人民论坛》2019 年第 03 期。

78. 苗润凯、乔秀峰：《浅析旅游文化业发展中的新媒体对策——以山西大同市为例》，《视听》2020 年第 02 期。

79. 卞之峣、杨荔斌：《少数民族地区旅游文化传播机制——以广西为例》，《社会科学家》2020 年第 12 期。

附　录

附录一　关于山西平遥古城旅游文化认知状况的问卷调查

尊敬的朋友们：为了解人们对平遥古城旅游文化的认知情况，特做此调查。此调查采取不记名方式，非常感谢您的参与并欢迎您提出宝贵的建议和意见。

1. **您的年龄是？**［单选题］
   - ○ 18 岁以下
   - ○ 18~30 岁
   - ○ 31~50 岁
   - ○ 50 岁以上

2. **您的性别是？**［单选题］
   - ○ 男
   - ○ 女

3. **您的户口所在地？**［填空题］

   _____

4. **您的文化程度是？**［单选题］
   - ○ 初中及以下
   - ○ 中专
   - ○ 高中
   - ○ 大专
   - ○ 本科
   - ○ 研究生及以上

5. **您的职业是？**［单选题］
   - ○ 学生
   - ○ 公务员
   - ○ 自由职业者
   - ○ 民企、私企职工
   - ○ 民营企业主、个体户
   - ○ 农民
   - ○ 离、退休人员
   - ○ 其他

6. **您平时接触最多的媒体是？**［多选题］
   - □ 报纸
   - □ 广播
   - □ 电视
   - □ 网络
   - □ 手机
   - □ 杂志
   - □ 户外
   - □ 其他

7. 中国四大古城，您更了解哪个？［单选题］
   ○ 山西平遥古城　　　　　　○ 云南丽江古城
   ○ 安徽徽州古城　　　　　　○ 四川阆中古城

8. 下列哪些是您熟悉的平遥古城旅游文化？［多选题］
   ○ 平遥古城旅游景点　　　　○ 冠云平遥牛肉
   ○ 平遥票号　　　　　　　　○ 晋商镖局
   ○ 平遥推光漆器

9. 您眼中的平遥古城是什么样子的？［多选题］
   □ 历史文化悠久　　　　　　□ 人文底蕴深厚
   □ 景色秀丽迷人　　　　　　□ 文化遗址完整

10. 您去过平遥古城吗？［单选题］
    ○ 是　　　　　　　　　　　○ 否

11. 如果您去过的话，您觉得现实中的平遥古城和媒体宣传中的平遥古城差别大吗？［单选题］
    ○ 很大　　　　　　　　　　○ 较大
    ○ 一般　　　　　　　　　　○ 不大

12. 您是通过什么渠道了解到山西平遥古城旅游文化？［多选题］
    □ 报纸　　　　　　　　　　□ 广播
    □ 电视　　　　　　　　　　□ 网络
    □ 手机　　　　　　　　　　□ 杂志
    □ 户外电子屏幕、路牌、横幅　□ 会议
    □ 课堂　　　　　　　　　　□ 亲友
    □ 游览平遥古城　　　　　　□ 其他

13. 您更喜欢哪种渠道来宣传山西平遥古城旅游文化？［多选题］
    □ 报纸　　　　　　　　　　□ 广播
    □ 电视　　　　　　　　　　□ 网络
    □ 杂志　　　　　　　　　　□ 户外电子屏幕、路牌、横幅
    □ 亲友　　　　　　　　　　□ 课堂
    □ 会议　　　　　　　　　　□ 传单
    □ 参观平遥古城　　　　　　□ 其他

14. 您关注过哪些有关平遥古城旅游文化的新媒体类型？［多选题］
    □ 微信公众号　　　　　　　□ 微博

☐ 手机 App   ☐ 网站

15. 您喜欢哪种形式来宣传平遥古城旅游文化？[多选题]

☐ 新闻报道   ☐ 文章、书籍
☐ 电视剧、电影   ☐ 公益广告
☐ 宣传片   ☐ 歌曲
☐ 小品   ☐ 征文比赛
☐ 课堂教育   ☐ 旅游参观
☐ 其他

16. 您认为媒体对山西平遥古城旅游文化的宣传效果如何？[单选题]

○ 很好   ○ 较好
○ 一般   ○ 差

17. 您认为媒体在宣传平遥古城旅游文化过程中存在哪些问题？[多选题]

☐ 渠道狭窄   ☐ 力度不够
☐ 形式单一   ☐ 缺乏互动
☐ 认识不足   ☐ 其他

18. 您对媒体宣传平遥古城旅游文化还有哪些建议？[填空题]

_____

19. 您更喜欢媒体用哪种形式宣传山西平遥古城旅游文化？[填空题]

_____

附录二 关于浙江嘉兴红色旅游文化认知状况的问卷调查

尊敬的朋友们：为了解人们对浙江嘉兴红色旅游文化的认知情况，特做此调查。此调查采取不记名方式，非常感谢您的参与并欢迎您提出宝贵的建议和意见。

1. 您的年龄是？ [单选题] [必答题]
   - 18岁以下
   - 18~25岁
   - 26~35岁
   - 36~60岁
   - 60岁以上

2. 您的性别是？ [单选题] [必答题]
   - 男
   - 女

3. 您的文化程度是？ [单选题]
   - 初中及以下
   - 中专
   - 高中
   - 大专
   - 本科
   - 研究生及以上

4. 您的职业是？ [单选题]
   - 学生
   - 自由职业者
   - 民企、私企职工
   - 民营企业主、个体户
   - 公职人员（党政机关、事业单位、国企职工）
   - 农民
   - 离、退休人员
   - 其他

5. 您的政治面貌是？ [单选题]
   - 共青团员
   - 预备或正式党员
   - 民主党派成员
   - 群众

6. 您平时接触最多的媒体是？ [多选题]
   - 报纸
   - 广播
   - 电视
   - 网络
   - 手机
   - 杂志

☐ 户外　　　　　　　　　　☐ 其他

7. 您清楚嘉兴南湖红船的来源吗？[单选题]

○ 很清楚　　　　　　　　　○ 不大清楚

○ 完全不知道

8. 您听说过"红船精神"吗？[单选题]

○ 听说过　　　　　　　　　○ 没听说过

9. 您是通过什么渠道了解到嘉兴红色文化的？[多选题]

☐ 报纸　　　　　　　　　　☐ 广播

☐ 电视　　　　　　　　　　☐ 网络

☐ 手机　　　　　　　　　　☐ 杂志

☐ 户外电子屏幕、路牌、横幅　☐ 会议

☐ 课堂　　　　　　　　　　☐ 亲友

☐ 游览嘉兴南湖革命纪念馆　　☐ 其他

10. 下列哪些是你熟悉的嘉兴红色人物？[多选题]

○ 龚宝铨　　　　　　　　　○ 倪天增

○ 沈泽民　　　　　　　　　○ 沈钧儒

○ 茅盾　　　　　　　　　　○ 王会悟

○ 褚辅成

11. 下列哪些是你熟悉的嘉兴红色文化遗址？[多选题]

○ 王会悟纪念馆　　　　　　○ 滨海红色长廊线

○ 留云居　　　　　　　　　○ 新四军北撤澉浦之战革命烈士纪念碑

○ 龚宝铨故居　　　　　　　○ 嘉兴地方党史陈列馆

○ 辛亥革命烈士纪念馆　　　○ 南湖革命纪念馆

12. 您喜欢哪种渠道来宣传"红船精神"？[多选题]

☐ 报纸　　　　　　　　　　☐ 广播

☐ 电视　　　　　　　　　　☐ 网络

☐ 杂志　　　　　　　　　　☐ 手机

☐ 户外电子屏幕、路牌、横幅　☐ 会议

☐ 课堂　　　　　　　　　　☐ 亲友

☐ 传单　　　　　　　　　　☐ 参观嘉兴南湖革命纪念馆

☐ 其他

13. 您喜欢哪种形式来宣传红色文化？[多选题]

☐ 新闻报道　　　　　　　　☐ 理论文章

☐ 电视剧　　　　　　　　　☐ 电影

☐ 公益广告　　　　　　　　☐ 宣传片

☐ 歌曲　　　　　　　　　　☐ 小品

☐ 征文比赛　　　　　　　　☐ 书籍阅读

☐ 课堂教育　　　　　　　　☐ 红色旅游

☐ 其他

14. 您认为在当代社会中还有必要传播红色文化吗？[单选题]

○ 很有必要　　　　　　　　○ 已经不适应当今发展潮流，没必要

○ 无所谓

15. 您更喜欢用哪种形式宣传红色文化？[填空题]

_____

后 记

从 2004 年到山西大同大学工作算起，我步入高校教育行业已近 18 年了。这 18 年，虽然仅仅是高等教育中的短暂一瞬，却也是一个人如夏花般绽放风采的人生宝贵时期；这 18 年，我以饱满的激情，参与、见证了高校教育改革发展的历史过程，有幸与高等教育界同行们一起，品味、收获了国内高校教育行业转型的艰难与创新的欣喜；这 18 年，我亲身经历和深切感受了山西大同大学令人瞩目的变化，和学校同人一起把她打造成"高水平应用型大学"，亲历组建了山西大同大学新闻与传媒学院，并有幸成为第一批教师。教育职业的崇高，使我作为一个教育者感到由衷的自豪与光荣，一刻也不曾动摇过为之奋斗不止的信念与理想；十几年的从业经历，又使我深感肩头职责的重量，不敢有丝毫的懈怠与放松。

我一直认为，一个缺少创新精神、缺乏进取意识的个人，是很难获得良好的前景的，而一个对事业失去了热情，不善于调整自我，不善于创新思考的个人，一定也很难成长为优秀的教育工作者。正是这份沉重的职责，鞭策我在近 18 年的高校教育实践历程中，始终坚持着对专业知识的学习和研究。这部书稿的内容，是我近些年对文化传播领域创新发展及相关问题的部分思考，把它们整理出版，既是对自己科学研究工作的一个阶段性总结，更是期望在这个蓬勃发展的时代为我国高等教育的发展强盛，以及走向全球付出自己的一份力量。当然，本书中的多数内容及阐述，仅为"一家之言"，对于自己的一些认识和看法，我既希望得到业界的共鸣认可，更衷心期望得到学界的建议指正。

本书主要分为四篇：山西及部分省区旅游文化介绍、山西及部分省区旅游文化下的媒介和受众、山西及部分省区媒介传播对旅游文化的影响、山西及部分省区媒介传播下旅游文化的问题与对策。从学术思路上说，书中内容既有对国内旅游文化传播轨迹的纵向梳理，也有对旅游文化传播中存在问题的深入剖析，还有对旅游文化传播实际经验的系统概括，尤其是基于现实基础，对一些普遍性问题提出了必要的解决途径。由于上述研究内容都可以归入"文化传播"

这一整体的目标主题框架之内，所以本书最后名以"媒介引导与文化传播"。需要说明的是，书中研究内容，都是在实地调查研究的基础上，所归纳概括出的研究结论，其中有些旅游文化内容及其媒介传播情况，由于实际条件、现实状况的困难，很难收集到确切有效的一手资料，在保证客观真实的原则与前提下最后进行了舍弃。尽管如此，由于认识的局限，书中不足之处在所难免，可商榷之处也存在不少。本书的出版，并不表示自己对文化传播学理论与实践探索的结束，我将以此作为一个崭新的起点，以对文化传播事业的拳拳之心，为我国文化业的持续发展尽心尽力、尽职尽责。

在本书付梓之际，我要衷心感谢中国人民大学教授匡文波先生拨冗为本书作序，他对本书给予的高度评价，是对我莫大的鼓励与鞭策，将成为我今后持续努力、不断探索、勇于研究的不竭动力。最后要特别说明的是，在本书的写作过程中，参考了一些作者的相关文献、图表图片等资料，由于是联系不到图片及相应内容的所有者，如果图片及相应内容的版权方看到可以联系本人，限于篇幅不再一一列出，在此一并表示感谢！

乔秀峰
2022 年 5 月于大同